見ることに
言葉はいるのか

ドイツ認識論史への試み

弘前大学出版会

見ることに言葉はいるのか／目次

第Ⅲ部　ドイツ語で哲学するユダヤ人たち

第Ⅳ部　ドイツ認識論で現象を救う

序　文　〈認識すること〉をめぐって

――ドイツ哲学の場合

嶺岸　佑亮

古代ギリシア人が眼の民族であるのに対し、ドイツ人が耳の民族であると語られることがある。ところが、自身が古代ギリシア哲学の系譜にあることを高らかに謳うドイツ人は、耳で見るかのように真理を認取していたのであるまいか。

ふりかえれば、ヨーロッパ文化は多様性をその特徴としていた。古代よりそれぞれに得意とする分野があり、芸術についてもそうである。古代ギリシアであれば、ホメロスやヘシオドスに代表される叙事詩、あるいはミロのヴィーナスに代表される彫刻が挙げられよう。いずれの場合も、きわめて立体的な造形性が際立っている。イタリアであれば、ダヴィンチやラファエロやティツィアーノの絵画であるとか、ロッシーニやヴェルディのオペラが挙げられるし、フランスであれば、ボードレールやマラルメなどの抒情詩や、ユーゴーやゾラなどの小説が思いつくだろう。イギリスであれば、シェークスピアの劇作品やバイロンやワーズワースなどの詩が思い起こされよう。

では、ドイツの場合はどうだろう。

音楽があるではないか、それもバッハやベートーヴェン、シューマン、ブラームスに代表される器楽作品が。

音楽はもっぱら形式に尽きる、と語ったのはゲーテである。この言葉は非常に示唆的である。なぜなら、たとえばベートーヴェンのピアノソナタや交響曲を聞くということは、単に耳に響いてくる音を聞くという行為を意味するだけにとどまらないからである。そうではなくて、音楽を聴くということは、形式を聞き取るということであり、すなわち響きを通じて曲全体に脈打ち貫く堅固な構造を見て取るということを意味するからである。

こうして分析してみるに、たとえばベートーヴェンの熱情ソナタや運命を聞くということは、広い意味で思考するということであり、まさしく認識するということなのだ。一体なぜ、いわゆるクラシック音楽が難解であり、一つの曲を聴くのにかなりの集中力を要するのかということは、こうしたところに起因する。音という耳で聞き取れる感覚的なものは、形式を通じて認識のはたらきに関わるものへと高められる。ひとは音楽を聴くという行為を通じて、認識することの領域へと導かれる。すでに古代ギリシアにおいて、視覚と光のメタファーを哲学的思索の中心に刻み込んだプラトンが『国家』の中で理想的な国家の教育プログラムに（古代ギリシア独自の意味での）音楽を組み入れ、不可欠の重要な柱としていたのは偶然ではない。音楽は魂を純化し、イデアという超感覚的なものの領域への導入として位置づけられているのである。

だが注意すべきことに、音楽を聴くということは、響きという感覚的なものから離れて独り歩きするのではない。人が音楽作品の形式を見て取るためには、その作品が鳴り響くいわばまさに発生の現場に居合わせる必要がある。たとえばシューマンのアラベスクや花の曲のような、きわめて複雑なテクスチャーのピアノ曲を理解するには、彼自身が訪れたライン川の河畔の丘の上に立って、はるかに見渡せる広々とした田園風景を流れる涼やかな風に触れることが大きな示唆を与えることもあろう。あるいはブルックナーのような宗教音楽の様式をも取り入れた独自の交響曲を理解するには、南ドイツやオーストリアのカトリックの大聖堂の中に身を置き、朗々と鳴り響くオルガンがすっぽりと全身を包み込むような空間を身をもって経験することが秘密を解く鍵を与えてくれることになろう。あるいはベートーヴェンの曲でも、ピアノソナタ第十一番変ロ長調や、ピアノ三重奏第六番変ホ長調のようなきわめて繊細な曲は余り演奏されることも、聞かれることもない。

それは一体なぜだろう。

それは他でもなく、彼の曲は本来雄々しく、勇壮で、闘争的であるという先入観の支配による。だがそれはあくまでも先入観に過ぎない。形式が表現するのは普遍的なもの、全人類的なものだけに限られない。ささやかで繊細な個人の愛もまた、形式によって表現されることが出来るのだ。いずれの場合であっても、人は響きの発生の場に自ら立ち会う必要がある。そうすることによってこそ、形式を聞き取るというようにして見て取ることが出来るようになるのである。

本論集のそれぞれの論文が示そうとするのは、まさにこうした響きの発生の現場である。ドイツの数多くの哲学者がそれぞれ自らの課題として問い抜いた問題の只中に身を置き、そこに示される固有の問いを浮かび上がらせようというのが狙いである。だがここではそれぞれの問いへと向かう前に、そもそも一体なぜ、ドイツ哲学を取り上げるにあたって、〈認識のはたらき〉が本論集の手掛かりとされているかについて若干述べてみよう。


認識のはたらきは、人間をまさしく人間たらしめる本質的な能力である、こうした理解はすでに古代ギリシアの時代に言い表されていた。周知のように、アリストテレスは人間を「理性的動物」と定義するが、そこには人間という存在者の生を包括するような意味が込められているのを見落としてはならない。というのもアリストテレスによれば、人間が「理性的」であり、認識のはたらきによって際立っているということは、単に理論的地平に開かれているというだけにとどまらず、その生全体が認識のはたらきによって貫かれている、ということでもあるからである。そのことは、『政治学』の中で人間が「ポリス的動物」とされていることからも明らかである。人間は認識のはたらきによってほかのひとびとに対して開かれており、共同体に属するようにして生きるというのである。

認識を人間的生全体の中心に据え、そこからして哲学するということ、まさにこうした姿勢こそ、エックハルトに端を発して現代に至るまでのドイツの思索家たちの根本姿勢をなすものである。エックハルトが活動していた十二～十三世紀には、認識と意志のいずれが優位にあるかについてドミニコ会とフランシスコ会の間で激しい論争が交わされていた。エックハルトは師であるアルベルトゥス・マグヌス、さらにはトマス・アクィナスと同様、認識に優位を見る。

だがそれだけにとどまらない。

エックハルトは神の存在を認識であるとするラディカルな主張を提示する。のみならず、人は自らの認識のはたらきを極限まではたらかせることにより、まさにそのはたらきを超えて高まり、神がまさに神として存在するようになる根底へとたどり着くことが可能となる、とさえ主張する。人間は自らに備わる最高のものを通じてさらにより高次への境地へとたどり着くことが出来るというのである。注意すべきことに、こうした神秘主義的な主張は認識の断念や放棄を決して意味しない。むしろ反対に、人間は自らの再考の能力を極限にまで展開させる必要がある。

このように見るならば、認識のはたらきを理解するということは、単に一能力についてその機能や対象や領域を検討するだけにとどまらず、生やそのプロセス、社会や共同体、さらには根底としての神や絶対的なものについても問う、ということであるのが分かる。言い換えると、認識のはたらきを問うということは、人間をその生において一切の領域にわたって問い抜くということなのである。

こうした観点に立つならば、一体なぜカントが『純粋理性批判』の中で認識という能力について論じる際に、自由や道徳の問題にも触れる必要があったかが理解できるようになる。有限な理性的存在者の根本能力の一つである認識を吟味するということは、この存在者の本質を極めつくすことである以上、他の根本能力との関係を閑却することは出来ない。だからこそ、意志や道徳法則や義務、および自由について論じる『実践理性批判』や、美や崇高や有機体を扱う『判断力批判』もそれだけで別個に議論が展開されるのではなく、「純粋理性批判」との関連が至るところで指示されるのであり、認識によって際立つ理性的存在者のありようが常に問い求められるのである。

認識と生の間のこうした密接な関係こそまさしく、フィヒテやシェリングおよびヘーゲルをはじめとするドイツ観念論の一連の思索家たちが追究したところのものである。何かを認識するということは、既存のもの、あるがままに見出されるものととらえることだけにとどまらない。そこからさらに進んで、本来あるべきあり方とはどのようなものであるかを尋ね求め、そのような理想的なあり方を手掛かりに現実の世界へと向き合うことである。このような理解こそ、詩人にして哲学的思索家であるシラーが『人間の美的教育について』の中で主張しようとしたことである。シラーの関心の中心はあくまでも美の領域にあるが、そのあくなき探求の軸をなすのは認識のはたらきをめぐる熾烈な関心であることを見落としてはならない。

シラーの思索においては、現実の社会に対する批判的な視点と社会の問題を哲学によって解決しようとする姿勢が同居する。ヘーゲルがフランクフルト期に自らの哲学的思索を開始したとき、まさにこのような二重の関心が根本基調をなしていた。ドイツという統一国家としてのあり方は数多くの領邦国家によって分裂しており、民衆の紐帯をなすはずの宗教は、硬直化した教義や儀式によってその力を失ってしまっている。こうした事態に直面して、ヘーゲルは哲学することによって事態の改善を図ろうと試みた。『精神現象学』も『大論理学』もまさにこうした問題関心を背景としており、〈意識が学としての哲学へと至る教養形成〉という前者のモチーフも、〈純粋な自己意識の学としての論理学〉という後者のモチーフも、いずれも現実の世界を思想によって和解へともたらそうとする試みの成果である。

以上のように見るならば、ドイツ哲学において認識のはたらきを問うことは、実は人間的生をその全体において問う、ということであるのがはっきり見て取れよう。こうした問題関心は二十世紀になるとハイデガーによってふたたび取り上げられ、『存在と時間』の基礎存在論における現存在の問題として再解釈されるに至る。本論集の各論文が示そうとするのは、こうした一連の流れに浮かび上がる諸側面に光を当てるとともに、そこに脈打つダイナミズムを示すことである。読者各自がそこから何かを拾い上げ、自らの問題として新たに問い返すのであれば幸いである。

序章　ドイツ認識論と超越論的言語哲学

——一つの見取り図

梶尾　悠史

一　〈人間・言語・世界〉の関係をめぐる問い

人間の認識において言語はどのような役割を果たしているのか。われわれが何かを信じたり主張したり、あるいは高度な理論を組み立てたりするとき、言語の助けを借りることなくこれらの知性的活動に携わることは、ほとんど不可能であるように思える。そればかりではない。知覚すら言語的なものの影響を免れないという考えが、現在、多くの人々によって支持されている。たとえばN・R・ハンソンが「観察の理論負荷性」という概念で説明するところによれば、「解釈は見ることの成分なのであって、見ることと並列するような操作ではない」のである。[1]

人間がおのれの生の関心のありように応じて世界の真のあり方を把捉する働きを、広く「理性」と呼ぶのであれば、理性は常に言葉とともにある。このことは「ロゴス（logos）」という語の多義性のうちに現れている。周知のように「ロゴス」は人間に固有の能力としての「理性」と、世界の真理を司る「法則」という二つの側面をもつ概念であるが、同じロゴスが人間と世界を媒介する「言葉」を語義の一つにもつことは改めて強調されるべきである。というのも、この多義性の中に、人間と世界そして言語の関係が、その本来的なありようにおいて示されているように思われるからである。

世界（客観）とそれを認識する人間（主観）とを対立的に置くという広く流布した世界観・人間観に立つならば、ロゴスの多義性は、認識の成立に関わって、世界と人間とが言語という記号によって媒介されるという客観主義とも呼べる見方を反映している。そして、こうした見方は一つの言語観にも結実していく。この言語観においては、経験に依存する意義の揺らぎや曖昧性を一切もたない、世界の普遍的法則を記す非人称的な言語が理想とされる。そこでは、おもに数学の言葉が理想言語のモデルの役割を演じるのであり、近代以降こうした見方は、ガリレイが『偽金鑑識官』で述べた、以下のような考えによって妥当性を与えられてきた。

哲学は、眼のまえにたえず開かれているこの最も巨大な書〔すなわち、宇宙〕のなかに、書かれているのです。しかし、まずその言語を理解し、そこに書かれている文字を解読することを学ばないかぎり、理解できません。その書は数学の言葉で書かれており、その文字は三角形、円その他の幾何学図形であって、これらの手段がなければ、人間の力では、そのことばを理解できないのです。それなしには、暗い迷宮を虚しくさまようだけなのです。[2]

『危機』書のフッサールは、この一節を念頭に置きながら、「自然の数学化」というガリレイ的企てのなかに潜む隠蔽の問題、すなわち「記号の衣」による生活世界の代理の問題を指摘した。いわく「ガリレイは、発見する天才であると同時に隠蔽する天才でもあるのだ」[3]。ここで言われる発見と隠蔽の意味するところを、言語の働きという主題との関わりから、われわれは以下のように理解することができるであろう。ガリレイが発見したのは「それ自体において数学的な自然」、「式として与えられる自然」、「式からはじめて解釈される自然」であるが[4]、このような自然を捉える道具としての式（言葉）が同時に発見されたとも言える。こうして発見された言語は、私が自らの経験を語るための言葉ではない。一人称性が刻印された〈語られる言葉〉、換言すれば、経験主体の関心に応じてさまざまな程度の厳密性や異なる真理の基準が立てられる〈生きられた言葉〉が、われわれにとって既知の言語であるとすれば、自然を非人称的な視座から記述する理想言語は、まぎれもなく一つの「発見」である。

では、このような発見が「隠蔽」と結びつくとされるとき、このことの意味をどう理解したらよいのか。『危機』書のフッサールは、数学化された自然という「理念の衣」によって「生活世界の隠蔽」が果たされたことを強調するが、この趨勢は、理想言語という「記号の衣」による隠蔽を同時並行的に推し進めるであろう。そこで覆い隠されるのは、世界そのものというより、むしろ世界の中に住まい、経験という媒体において世界と直接交流する諸主観の、多様な生活形式である。そのような問題意識のもとに、以下の『形式論理学と超越論的論理学』の一節を読むことができる。

市場の商人には彼なりの市場の真理がある。その真理こそ、その相関関係では良い真理、その商人に役立つ最良の真理ではなかろうか？　市場の真理が仮象の真理だとされる理由は、学者が別の相関関係の中で別の諸目標と諸理念とによって判断し、別の諸真理を求めているのに、人々はそれらの真理によって、市場で必要なことだけでなく、あまりにも多くのことを成しうると思うからではないだろうか？　人々は〈精密な〉諸科学のイデア的で規整的な諸理念と諸方法に惑わされるのを、特に哲学と論理学において、そろそろ止めるべきである。[5]

商人には商人に、科学者には科学者に固有の生の文脈があり、それぞれ自らが生きる生活形式に固有の関心を抱きながら、おのれの関心にふさわしい程度の正確さを備えた真理について語る。このように述べるフッサールは、認識論における「帰属者文脈主義」に近づいていると言えるだろう。ジョン・グレコの説明によれば、帰属者文脈主義とは「知識主張の真理値が帰属者の文脈をまたいで変化しうるという主張」である。[6]また、この立場の標準的なタイプは、知識帰属の真理値が帰属者によって変化するのは、帰属者の文脈とともに「知る」の基準が変化するからだと考える。[7]「Sはpと知っている」という形式の文の真理値は、Sに信念を帰属する話者の文脈に応じて変化する。「その商人は重さを知っている」と述べるときと「その科学者は重さを知っている」と述べるときとでは、真理値の基準が異なる。なぜなら、帰属者は、他者の生活形式や関心を配慮し、それらを引き受けながら相応しい真理値の基準に従って、知識を帰属したりしなかったりするからである。

科学的探究は商取引などと同様、独自の関心を有する諸主体によって営まれる諸々の活動の一つである。そして科学的知識について言えば、その真理値が活動の文脈に適した主体の関心に依存するという点で、その他の知識と変わるところはない。われわれが語る言葉の真理は、われわれが生きる文脈の現実によって規定されている。

こうした見方に対しては、知識主張からその客観性を奪うという懸念がありうる。あるいは、むしろ、このような相対主義の危険を回避するために、従来、「〈精密な〉諸科学のイデア的で規整的な諸理念と諸方法」が希求されてきたとも言えるだろう。注目すべきは、科学の言語は、経験への依存を免れることによってのみ、世界の真理を主体に伝え得るということである。その意味で、理想言語は経験から自らを疎外するという仕方で、一方の〈主体と世界の繋がり〉と他方の〈主体と言語の分離〉とを同時に実現する。

だが、主体にとって、自身から分離された言語によって理解される世界は、よそよそしい記号の衣によって覆われた世界でしかない。したがって、記号を介する世界との繋がりにおいて、世界はすでに直接経験から逃れ去っているのである。世界の直接経験を回復するための唯一の方法は、経験そのもののロゴスの中から世界を現象させ、世界の現象をその原初において直観することである。この方法に徹するとき、〈主観 - 言語 - 世界〉という三項図式は徹底的な批判の対象となる。

いまや〈主観と世界とを媒介する言語〉から〈経験において世界を現象させる言語〉へとわれわれの

関心は移っている。こうした関心に即して「言語の記号化」という趨勢を眺めれば、それは〈世界現象としての言語から世界の代理としての言語へ〉および〈世界の現象としての経験から世界の推論としての経験へ〉という、二つの転換の同時並行的な進行として理解されうるだろう。つまり、一つは言語と経験の原初的な結びつきの隠蔽であり、もう一つは世界を現象ないし直観する経験の忘却である。

隠蔽や忘却についての言説は、そうしたことがなされる以前の何かを示唆する。つまり、言語を介して主観と世界とが二極化されるという語りは、主観と世界との原初的な邂逅を可能にする超越論的な要件としてのロゴスを示唆している。フッサールは、それぞれの生活形式に相応しい多様な真理の基準が存在することと、多様な生活形式の下に普遍的な生活世界のアプリオリが通底していることを一体的に論じることによって、言語の記号化とは異なる仕方で相対主義の問題を解決しようとする。そこで探究されるのは記号的言語ではなく超越論的言語である。

二　言語哲学の二つの方向——分析的方向と超越論的方向

現象学において、自然的態度や自然主義的態度において共有される「世界が存在する」という自明の前提が括弧に入れられる。そのことの意義は、世界が主観において現象してくる原初の経験にまで遡り、世界の存在確信がいかにして構成されるのかを超越論的に分析することを可能ならしめることである。したがって、現象学的エポケーは世界存在についての判断保留であり、それ以上のものではなく、存在否定というもう一つの確信へコミットすることとは無関係である。フッサールが言うように、現象学的エポケーを遂行する間、世界の「定立は現にそこに存在していて、本質的に共に現象に属している」[8]。現象学的態度をとるとき、われわれは、世界とその中の諸事物に関して、既存の所与という身分を通用させることを止めるにすぎない。

ここで指摘したいのは、言語もまた世界に属する所与の一つと考えられ、そうである限り、言語はエポケーの作用範囲から逃れることができないということである。ただし、エポケーによって世界の存在意味が根本から無に帰されるのではないのと同様、世界や諸事物をその与えられ方（現出）において意識にもたらすという、言語の実質的な働きが無効化されるわけではない。無効化されるのは、あくまで世界の所与としての言語であり、言い換えれば、世界を写像する記号という実在とその働きである。他方、現象学的態度において、依然、世界は意識に対して現象しており、存在定立に先立つこの世界現象を可能ならしめる超越論的な要件が、いまや「言語」という標題で論じられる。このとき、言語を構成的な手引きとする遡及的探求が解明しようとするのは、多様な真理の語りに通底する普遍的な秩序としての、前言語的な経験のロゴスであると言えよう。

以上の超越論的なアプローチを言語哲学の潮流の中に置いて見るならば、それは「非分析的」と特徴づけられうる。言うまでもなく、この呼び名は、超越論的アプローチと「分析的言語哲学」との対照に起因するものである。ここで、現代の言語哲学の動向を理解するために、エーリッヒ・ハインテルの『言語哲学入門』[9]を参照しよう。

ハインテルによれば、現代の言語哲学は「分析的」と「非分析的」という二つの立場に別れ、考えの相違ゆえに互いに敬遠しあう状況にある。まず、彼はこの書の緒論で分析派の考え方を以下のように特徴づけてまとめている。「分析的言語哲学によれば、言語は概して、科学と哲学にとって関心の的となる他の多くの所与事実のうちの一つであると見なされる」[10]。つまり、言語は経験に対して与えられてくるものであって、それ自体、経験の可能性に関わる要素ではありえない。これが、分析派を特徴づける一つ目の考えである。

続けてハインテルは、「この所与事実は人間が一般的にもっている要求、とりわけ科学の一定の要求に基づいて探究されるのだが、特に吟味されるのは、この所与事実がそのつどの目的にとって有用な「道具」を表しているかどうかということである」[11]と述べる。ここには自然言語に対する不信の念と、そこから来る「言語批判」という分析哲学に固有の重大な問題設定が現れている。それと同時に、われわれはこの問題設定の中に看過できない循環を見出す。分析哲学において、一方で、言語は有効に機能しているかどうかを吟味されるべき「研究対象」であるが、他方において言語は、そのような吟味の作業において用いられる「道具」でもある。すなわち、研究対象である言語を、当の言語を用いて研究するという循環である。

分析哲学は、雑多な目的に用立てられる日常言語から一線を画す「人工的な」「形式化された」言語を、自らが従事する分析の道具として作り出し、このように言語の階層の違いを設けることで循環を断ち切ろうとする。しかし、ハインテルが正当にも指摘するように、このような対処法は「現代の科学性の枠組みのなかでまさしく近代自然科学と密接に結びつくことによって、不可避的に提出される課題を果たしている」に過ぎないのである。[12]言い換えれば、分析派の戦略は、言語を単なる道具としてみなすがゆえに生じるアポリアに対して、言語の徹底した道具化（理念化）によって応えようというものである。だが、これは科学性の枠組みの中で問題を一時的に解消することであり、結局のところ問題の先送りにすぎない。実際、言語について語るためには言語を用いざるをえないという循環、もしくは、この循環に終止符を打つにはある種の言語を無批判に導入するより仕方ないという分析の「限界」は、テクニカルな解決を要する課題というより、むしろ認識経験そのものの本源的な水準において検討されるべき根本問題である。

たしかに、デカルト始め、方法において懐疑考察を採用する哲学者たちの探究は、まさにその思考において言語を用いることにより、いかなる懐疑も言語への信頼の上にのみ成り立つという事実を傍証している。デカルトですら、自身が懐疑考察において用いる言語の確実性を疑うことはなかった。しかし、議論のこうした趨勢には、「分析の限界」ということ以上の積極的な意味合いがあるであろう。また目下の「循環」は、単に議論の悪循環というより、事象そのものの本質的なあり方の反映と言えるのではないか。

認識という事象の本質に目を凝らし、その中に世界を構成するための基礎としての言語を見出す立場を、われわれは「非分析的言語哲学」と呼ぶことができる。この潮流は、デカルトが世界存在の懐疑の果てに、認識の基礎を実体的な自我に見出したのと異なり、世界への直進的関係を中断することによって、カント的‐フッサール的な意味で超越論的な要件としての言語（経験のロゴス）の機能を浮き彫りにする。これにより解明される言語は、もはや世界の所与ではありえないが、それでもやはり、記号的言語の先行形態であることは容認されなければならない。ハインテルの次の言明は、この立場の言語観そのものである。

言語は世界（けれど、それ自身が再び言語に媒介されている世界）の中の一つの所与としては、そのつど一定の対象性において見出され陳述されうるが、そうした一定の対象性に言語を解消してしまうことができないということが言語の「本質」にはあるのである。[13]

このように、非分析的（超越論的）言語哲学は、言語の二つの水準について鋭敏な目をもつ。一つ目の水準は、世界を構成する超越論的要件としての言語であり、もう一つの水準は、世界における道具としての言語である。

しかし、超越論的次元での語りを可能にするある特別な言語を用いて、世界やその中の所与としての言語——物質的世界と心理学的主観とを媒介する記号としての言語——の構成を解明しようとするのであれば、結局、分析派が直面した先の循環の問題が再び浮上することになりはしないか。実際、超越論的要件とされる言語について、さらなる構成論的な問いは可能である。そして、このような問いに向かうとき、われわれは前言語的な経験を反省する只中において、この反省の可能性を問題化しているのである。そのようなわけで、非分析派もまた循環から逃れられないのだが、他方で、この循環を解明に向けて取り組むべき「問題」として顕在化することにより、分析派が囚われる「現代の科学性の枠組み」から自由になるのである。

多様な言語を理想言語に向けて解消することは、言語の道具的一元化であり、そして、循環——分析の道具はいつでも分析の対象へと変じえ、かつ、そのとき分析の道具が新たに導入され、その過程に終わりはないという事情——の隠蔽である。これに対し、非分析派の試みは「解消」ではなくむしろ「遡行」、すなわち日常的・科学的な諸言語から出発し、それらの基礎にある超越論的言語に向けて遡行することである。このとき、それぞれの言語の真理性は保存され、それゆえ言語の各層を無限に往還する可能性が開かれている。このように、循環をテクニカルに無化するのではなく、反省において見出される当の経験の本質として循環を直視し、この事象がもつ意味への問いを突き詰めていく。その中で、多様な語りの生成と、語られる世界の多元的な構成とが、意識における「現象」という標題の下、一体的に究明されるのである。

三　超越論的言語哲学——語りえぬものを言葉において示す試み

本論集に所収される論考の多くは、非分析的‐超越論的な視点から、世界認識における言語の寄与について論じたものとなっている。これら諸論考の問題設定は多岐にわたるが、共通の関心として次の二つを挙げることができるだろう。第一に、世界の形式と判断の形式との非写像的な関係をめぐる考察。第二に、世界と認識主体の実践的な関係をめぐる考察。以下では、これらの問題関心が特に顕著に表れているように見える、いくつかの論考に言及しながら、ドイツ認識論史における諸論考の位置づけを検討する。

1　世界の根源としての言語

非分析的言語哲学によれば、言語はわれわれが自らの世界を構成するための基礎である。言い換えれば、言語とは、主観において世界を現象させる不可欠の媒体である。

こうした見方は、たとえば、第2章「バウムガルテンの存在論と世界論――世界概念の基礎付けをめぐる思考（1）」において明確に表れている。この論文において増山は、理性による「分析」と経験による「正当化」という二つのアプローチから、世界概念を超越論的な観点から論じる。特に、世界概念の理性的分析により、世界が一個の概念として主観において構成される過程が解明される。増山のバウムガルテン解釈によれば、世界概念は、最高類としての存在者から特殊化することによって得られる。すなわち、世界概念とは、存在者という「最高類」に差異を加えることで得られる「種概念」である。

この分析を成り立たせている基本的なアイデアは、最高類からの概念的な差異化が世界の存在を理解にもたらすというものであり、詳しく言えば、存在者に「偶然的」という「内的選言的述語」を帰属することにより、世界がより特殊な存在者として意識に現前してくるという考えである。この着想に従って、世界の「存在様式」と「認識方法」が、必然的存在者たる神におけるそれらから区別され、究明される。その際、認識論と存在論とを一体的に推し進める、この究明作業の最も基本的な前提として、判断形式が世界の存在様式を反映しているという考えがあるだろう。言うまでもなく、この判断形式は、世界の存在様式を単純に写像するのではなく、超越論的な次元において世界の在り方を規定する。われわれの言語が——存在する世界を指示するのではなく——世界の存在可能性を根本的に開示するという、この着想こそ、超越論的言語哲学の根本思想である。

以上の着想のもと、判断は、命題という客観的形成体に対する超越論的先行形態として考察されることになる。第9章「コーエンにおける無限判断とその射程——序説」において馬場が議論の俎上に載せる論理学は、この水準での判断を扱う。すなわち、「AはBである」という命題において指示される存在者Aを根源的に定立する働き、それが判断である。したがって、この論理学が関わるのは、「対象の定立がどのようになされるか」という問題、言い換えれば、存在者が存在者として妥当し始める起源への問いである。

このような問題設定の背景にあるのは、やはり、認識論/存在論という既存の区別をある意味で無効化する思潮であり、それは「思考と存在の同一性」を説くパルメニデスに起源をもち、「思考だけが、存在として通用しうるものを産出することができる」というコーエンの主張にも受け継がれる。そのような思想を背景とするとき、存在者を既に妥当性を得た「存在の様態」から説明するような、〈存在の自明性〉の上に立った回答は、先の問題に対する答えになりえない。唯一の有効な答えは、あらゆる存在を思考という非物質的な根源において基礎づける説明である。この説明は、「根源に関わる何かの定立」として「根源判断」と呼ばれる。

根源を見つけるためには、特定の性質において限定されるものや、既に存在者として通用しているものの中に、正体を探すことはできない。むしろ、根源判断は限定されえない何かとしての「無」を呈示し、したがって「根源判断は無限判断である」という命題が帰結する。しかし、この命題は問題に対する回答というより、存在についての語りの可能性に関して超越論的次元からなされる、新たな問題の提起であるように思われる。問題とは、前節で述べた循環に関わる以下の問いである。前述定的〈無限定的〉なものを判断にもたらすとすれば、この判断において用いられる言語についてどう理解したらよいのか。そのような存在の起源についての語りは可能なのか。

この問題は、世界の構成に寄与する超越論的言語への「反省」、つまり世界の構成に先立って直観される原的所与という意味で、「内在的なもの」への反省に関わっている。そして、自我の志向的経験は常にこの内在的言語においてなさるのだとすれば、述定的判断と前述定的判断の関係に関する先の問いは、一方の〈世界を経験する自我〉ないし〈世界の中に現実存在する主体〉と、他方の〈世界を構成する超越論的自我〉の関係とも密接に関わるのである。であるならば、実存する主体の実践として認識を捉えることによって、はじめて、この認識を成り立たせる言語について語ることの可能性について十全な仕方で考えることができるであろう。

2　世界の根源を示す語り

改めて、言語に関わる先の循環は、〈世界を語る自我〉の問題として別の角度から捉え直すことができるだろう。すなわち、この現実世界の中を生き、その存在について語る自我が、同時に、世界の存在の可能性を普遍的に語る自我でもありうるのか。ここには、世界に対峙する自我の生のあり方に関する、実践哲学的な問題がひそんでいる。たとえば、「この世界」（個物）を私が経験していることを根拠に、世界概念（種）が正当化ないし充実化されるとする、増山の議論は、世界を普遍の相の下に捉える観想的な視点と、この世界の只中に立脚する実践的な視点との結びつきを示唆している。だが、われわれはこのような二重の視点をもつことができるのか。

第15章「沈黙と饒舌――ヴィトゲンシュタインとショーペンハウアー」は、以上の問題意識に沿った論考として読めるであろう。この論考で千田は、ヴィトゲンシュタインにおける「意志」を「事実性とは異なる次元で世界の在り方を規定している」超越論的な条件として剔出する。ヴィトゲンシュタインによれば、このような意志は、個別の行為を論理空間の可能性の中から「命題」として記述するのではなく、むしろ、現実の諸行為を「〜べし」という当為によって判定することに関わる。なおかつ、そのような意志は、事実の記述で語られないところにおいて「示される」ものだと言う。対比されるショーペンハウアー哲学に引き寄せて言えば、この意志は、実現可能な目的を設定し、その充足を目指すという、個別の意志（意欲）ではない。むしろ、充足による意欲の消滅と、新たな意欲の生成とを絶えず繰り返す世界、それ自身の根本形式としての「意志そのもの」である。それは「表象としての世界」に現象するところの「物自体」であるとも言われる。

両哲学者は超越論的なものへの眼差しを共有する。しかし、事実的な生の只中にある「私」に徹し、事実を背後から規定するものの本性に関して沈黙する、ヴィトゲンシュタインとは対照的に、ショーペンハウアーは超越論的なものを雄弁に語り尽くそうとする。この違いをどう理解したらよいのか。とりわけ後者から強く感じ取られるのは、一歩引いた視点から人生を眺めるときにわれわれが味わうことになる、アイロニカルな人生の風味であろう。これに関連して想起されるのは、人生の無意味さに関するT・ネーゲルの議論である。ネーゲルによれば、「人間は、自分が置かれているまったく独特な状況から逃れることができるという幻想をもつことなしに、その状況を永遠の相の下に眺めることができ」、そして「その眺めかたが人を落ち着かせ、彼の笑いを誘う」のである。[14]

加えて、一歩退いて見る視点（超越論的視点）は、しばしば生の内部にあるものから借用されるメタファーによって語られてきたことを、ネーゲルは指摘する。[15] たとえば、人生の永遠の持続は、それとの対比で人生がナンセンスで冷笑的なものとして現象してくるところの永遠を意味しえない。というのも、たとえ無意味な人生が永遠に続いたとしても、結果、永遠の無意味がもたらされるに過ぎないからである。人生の永遠の持続は、実在を理解するために現象の側から借用されるメタファーにすぎない。同様に次のように言えるだろう。意志とは元来、生において特定の目的に仕える私の心理現象である。したがって意志が世界の形式であるという語りは、一個のメタファーでしかない。実際、意志の生成消滅は自殺によって終息させられるが、その場合ですら、人生を覆う苦悩の真の源泉は無傷のまま残り続ける。それ自体として無目的であるため決して充足されえない、この源泉こそが、表象の世界の根本形式なのである。

このように考えていくと、ショーペンハウアーの雄弁な議論は、メタファーによってしか「語りえない」という言語の限界を通じて超越論的なものを「示す」試みだったとも言え、したがって必ずしもヴィトゲンシュタインの沈黙と対極に位置するわけではない。だが、雄弁と沈黙のこうした重なり合いを見て取るためには、メタファーという道具に注視するあまり事象そのものの本質を見失わないよう注意深くある必要がある。われわれとしては、このことをよく肝に銘じ、メタファーによって事象の本質に肉薄する哲学者の努力に耳を傾けたい。

超越論的なものを語るメタファーとして、たとえば、世界や世界に対峙する自己を照らす「光」が挙げられる。認識が「見る」というメタファーで語られるのも、この光との関わりにおいてである。第8章「実践的推論において見ること――『ニコマコス倫理学』のハイデガー的現象学」は、知慮を「見ること」として捉えなおす。そして、この「見ること」の内実および成立条件を解明し、知慮が実践的推論において占める位置や、判断形成における知性的徳と性格的徳との連携を明確にする。横地のアリストテレス解釈によれば、知慮とは、最高善という光に照らして、生の諸局面を一定のアスペクトの下に知覚する働きである。つまり知慮の実質はアスペクト知覚であり、それは、生の終局という視点を先取りし、それとの関係から現在の直面状況を一定の状況〈として〉見定める働きである。このときに先取される最高善こそが、事実性とは異なる次元で世界の在り方を規定する超越論的なものだと言える。

アリストテレスが述べたように、最高善ないし幸福（エウダイモニア）は、「何か共通の普遍的で一なるもの」として直観されるイデアのようなものではない。[16] また、ある人が幸福であると分かるためには、完全な徳に加えて「完全な人生」が必要であり、[17] つまりは徳に基づく魂の活動の完成を待たねばならないとされる。このことから、幸福は特定の心理状態と違って、経験の対象になりえないことも明らかである。最高善はロゴスによって語りえぬもの、むしろ、諸状況を価値の相の下に見ているという事実において、示されるものだと言える。だからこそ、最高善の光に照らして「見る」ことは、状況を感性的に見ることから区別されるのはもちろん、善のイデアと関係づける「ロゴスの〈として〉的分節化」によって理解することとも異なる。むしろ、それは自分の置かれている現在的状況を引き受けながら、なおかつ、この状況を決して生の途上において実現されることのない完全性の相の下に直観することである。このようにして、実践的推論を行うわれわれは、先に問題化した二つの視点の両方に関わっている。

ところで、最高善に照らしてなされる状況の評価は、この状況を出来させた自己の評価、また、それぞれの状況に応じた「善き実践」に向かい、それらの行為選択を通じて幸福な生の完成を目指すところの、自己の評価へと収斂していく。したがって、世界の知覚や認識は、世界を認識する自己の反省を含むのである。第7章「フッサールとプラトン――知識の起源としての臆見」での梶尾の議論によれば、認識活動のなかで、臆見はエンテレケイアとしての「真理の認識」に向かうデュナミスと位置づけられ、このことにより固有の認識価値を有する。また、歴史拘束性を免れない人間は、常に知への途上にある存在である一方、この歴史性を自らの責任において引き受けつつ、勇気をもって知を「追行的創設」する限り、知者と呼ぶに値する。知識の要件である「正当性」は、知識主体において現れる、こうした優れた性格特性を含んでいる。それゆえ、知を求める者には、知そのものの本質的な要件として、自己吟味が課せられるのである。

第5章「自我と認識――イエーナ期ヘーゲルをめぐって」で嶺岸が論じるところでは、「認識のはたらきは、世界のうちに存在するものを客観的にとらえることに尽きるのではない」。なぜなら、認識においては「世界に向き合うことを通じて自ら自身へと向き直り、立ち返る」という「反省」が重要な役割を担っているからである。もっとはっきり言えば、認識は「自我の自己認識なのでもある」。あるいは、ヘーゲル関連の別の論文で指摘されるように、認識の働きとしてのヌースは、イデアを観る自己の生への再帰的な関係を含むと考えられる（第6章「〈イデアを観ること〉とはどのようなことか――プラトニズムの問題からみたヘーゲル」）。世界を明るみに出す超越論的なもののメタファーが「光」であったとすれば、いまや「反省」という主題のもと、世界を明るみに出し「見させる」理性の光や、さらには、この理性の光自身を可視化する何ものかが、事象の背後に垣間見られるであろう。

世界と自己とを始元から産出するこの超越論的なものこそ、第1章「語り得ないものを語るということ――マイスター・エックハルトにおける認識の問題」において、嶺岸が「神的な光」というメタファーに託してかろうじて語る（示す）ものに他ならない。やはり、この論考においても、存在の根源である神については語り得ないという先述の論点が強調される。「何かについて語ることは、それを一定の限定されたものとして語ること」である。しかるに「神は限定されたものではあり得ない」。よって、先に見た馬場の議論と同様の結論、すなわち、存在の根源に関わる判断は限定されえない何かとしての「無」を呈示する「無限判断」でしかありえないという結論が得られる。だが、いまやこの結論は次の主張と一体のものと理解されるべきである。すなわち、限定の否定という形をとる否定神学的な語りの中で、語りえない神が、それ自身、限定されうる存在者とは隔絶された何かとして示される。たしかに存在の根源は、既に世界との関係のうちに置かれた主観にとって、分析の対象の範疇から逃れ去る。その一方で主観は、世界との認識的な関わりを反省することによって、おのれに世界を現象させる当のものを諸々の所与事実の定立に先立つある特別な仕方で確信することができるのである。

嶺岸によれば、エックハルトは、神的な光を捉えるために、「事物と観念の一致」として説明される伝統的な認識の理解を離れる。というのも、主観と世界とを対立的に置いたうえで「外的な諸事物に向かう」といった探求的理性によっては、「主観と世界との原初的な邂逅を可能にする超越論的な要件としてのロゴス」(本序章第一節)は決して問題にならないからであろう。探求的理性は、このロゴスによって生み出された二つの所産の関係を問うに過ぎないのである。求められるのは、むしろ、認識の働き自身のうちに留まってロゴスが作動する現場を注視するような「より高次の理性」だと言う。このような理性においてのみ、認識は神的な光のもとに認識すると同時に、自己の理性を照らし出す光を捉えてもいるのである。

本来的に語りえない根源をそのような在り方に相応しい仕方で捉える語りは、超越的な何ものかへ赴くことによってではなく、むしろ、根源が作動する原初において自己と世界とが産出されるところの認識という事象へと立ち戻り、そこに深く沈潜していくことによってのみ可能である。このモチーフは、本論集に収められた諸論考に通底するものである。ドイツ認識論史は、自己と世界とを媒介する道具的言語とは全く異なる位相に属する言葉、すなわち、存在の根源を非分析的に示す言葉を、認識という事象そのものの中に求めていく歴史であったと言える。

註

1 Norwood R. Hanson, *Perception and Discovery: An Introduction to Scientific Inquiry*, W. C. Humphreys (ed.), (San Francisco: Freeman, Cooper & Company, 1969), 89.

2 ガリレオ（山田慶児・谷泰訳）『偽金鑑識官』豊田利幸編『世界の名著21 ガリレオ』中央公論社、一九七三年、三〇八頁。

3 Edmund Husserl, *Husserliana* Band VI, W. Biemel (hrsg.), (Den Haag: Martinus Nijhoff, 1954), 53.

4 Ibid.

5 Edmund Husserl, *Husserliana* Band XVII, P. Janssen (hrsg.), (Den Haag: Martinus Nijhoff, 1974), 284. 立松弘孝訳『形式論理学と超越論的論理学』みすず書房、二〇一五年、三〇三頁。引用は立松弘孝訳によった。

6 John Greco, *Achieving Knowledge: A Virtue-Theoretic Account of Epistemic Normativity* (New York: Cambridge University Press, 2010), 102.

7 Ibid., 103.

8 Edmund Husserl, *Husserliana* Band III/1, K. Schuhmann (hrsg.), (Den Haag: Martinus Nijhoff, 1976), 209.

9 Erich Heintel, *Einführung in die Sprachphilosophie* (Darmstadt: Wissenschaftliche Buchgesellschaft, 1972). 同書から

の引用は礒江景孜・下村鍈二訳によった。エーリッヒ・ハインテル（礒江・下村訳）「言語哲学入門」『言語哲学の根本問題』晃洋書房、一九七九年。

10 Ibid., 11. ハインテル、前掲書、五頁。

11 Ibid. ハインテル、前掲書、五頁。

12 Ibid. ハインテル、前掲書、五頁。

13 Ibid., 14. ハインテル、前掲書、九頁。

14 Thomas Nagel, *Mortal Questions* (New York: Cambridge University Press, 1979), 15.

15 Ibid., 21.

16 アリストテレス（神崎繁訳）『ニコマコス倫理学』岩波書店、二〇一四年、三〇頁（1096a）。

17 同前、四〇頁（1098a）、四八頁（1100a）。

第Ⅰ部　哲学するラテン語とドイツ語のあいだ

第1章　語り得ないものを語るということ

——マイスター・エックハルトにおける認識の問題

嶺岸　佑亮

序

マイスター・エックハルト（一二六〇頃～一三二八頃）は、ドイツ神秘主義と呼ばれる哲学・神学上の系譜のはじまりに位置を占めている。一般にエックハルトの思索は神秘主義的であると理解される。そのことは、神が人間の通常の有限な認識によってとらえることの出来ない超越的なものである、という意味ではたしかにその通りである。だからといって、神が認識によって全くもってとらえられないというのではない。むしろエックハルトが主張するには、人間は自らのうちに備わるより高次の認識のはたらきによってこそ、神へと近付くのであり、なおかつ神をそれ自身のうちにあるがままにとらえることが出来る。この意味で、エックハルトの思索はすぐれて思弁的であるといえる。

注目すべきことに、認識は人間のはたらきのなかで際立ってすぐれたものとして位置付けられるだけにとどまらない。のみならず、エックハルトは神についても認識のはたらきに際立った位置付けを与える。そのことは、一三〇二～三年頃の成立と推定される『パリ討論集（*Quaestiones Parisienses*）I』からも明らかである。そこでは、神においては認識が存在に対して優位を占めるという、きわめて独自な理解が言い表される。エックハルトはこの点で、同じドミニコ会に属する先達であるトマス・アクィナス（一二二五～一二七四）とは大きく異なる方向をとる。

こうした理解の背景として、エックハルトにみられる新プラトン主義的な傾向が挙げられる。トマスや、彼の師であるとともにエックハルト自身の師でもあるアルベルトゥス・マグヌス（一二〇〇頃～一二八〇）は、偽ディオニュシオス・アレオパギテース（六世紀頃）の註解を著しているが、エックハルト自身、偽ディオニュシオスから多大な影響を受けている。そうした影響の一つとして否定神学的な側面が挙げられるが、こうした側面は認識の位置付けについてもきわめて重要な役割を果たす。認識のはたらきはなお最終的なものであるのではない。そこからさらに進んで、認識のはたらきがそこから由来するような、根源へと深まる必要がある。ただし注意すべきことに、この場合、認識の意義や役割が完全に否定されるのではない。むしろ認識およびその自己否定を通じてこそ、根源へと深まることが出来るようになる。

以下の論述では、『パリ討論集I』における認識と存在の理解を出発点に、ドイツ語説教においてこうした理解がどのように継承され、さらなる展開をみるかについて考察する。[1] 従来の研究では、エックハルトが他の場合には〈神は存在である〉とするのに対し、『パリ討論集』が例外をなすとの見解が多く見受けられた。だが、その後ラテン語著作の研究が進むにつれてこうした見方は覆され、『パリ討論集』における理解が後の時期の諸著作でも一貫していることが明らかとなりつつある。[2]本稿ではこのことについて、ドイツ語説教における認識に関する議論に即して考察する。そうすることで、人間的認識がどのようにとらえ返されるか、ということについても検討する。それにより、認識のはたらきを通じて神が認識を超えるものであることが人間に対して示されるとともに、人間が自ら自身へと立ち返ることで自らを高める、ということを明らかにする。

考察の手順としてはまず、神における存在に対する認識の優位を確認するとともに、人間的認識および理性の特徴を考察する【一】。つぎに、神が認識の対象であると同時に一切の言葉と認識を超える超越的なものでもあることについて、またこうした理解の背景として、エックハルトによる偽ディオニュシオスの否定神学の受容について考察する【二】。さいごに、人間の魂のうちには超越的なものへと向かうことを可能にするような、ある力が備わっていることについて論じる【三】。

一 〈存在の純粋さ〉としての認識――認識と存在の関係とは

認識の位置付けをめぐる議論は、中世を通じてきわめてさまざまな角度や立場からなされてきた。なかでも、エックハルトも所属するドミニコ修道会とフランチェスコ修道会の間で交わされた、認識と意志の間の優位をめぐる議論は有名である。[3]だが認識は、神との関係における人間の能力として問題とされるだけにとどまらず、さらには神自身の能力としての位置付けも問題とされる。

エックハルトが第一回パリ大学教授時代（一三〇二〜三）の間に行ったとされる『パリ討論集I』には、「神においては存在と認識は果たして同一であるか（Utrum in deo sit idem esse et intelligere)」という表題が与えられている。エックハルトはそのなかで、「神は認識（intellectus）であるとともに認識のはたらき（intelligere）であり、認識のはたらきそのものが存在そのものの基礎（fundamentum ipsius esse）である」（LW5, 40, 6f.）という独自の理解を表明する。神において存在よりも認識を優位に置くという、こうした理解はきわめて先鋭的だといえる。

エックハルトはこうした理解を、「はじめに言葉があった（in principio erat verbum）」という、『ヨハネによる福音書』冒頭の言葉を手掛かりに説き明かそうとする。すなわち「はじめに」という場合の principium は、始元の意味で理解されるのであり、あらゆる事物がそこに由来する原理として理解される。その際、存在は始元そのものに帰属するのではなく、むしろ始元によって生じた諸事物に帰属するのであり、すなわち被造物に帰属する。エックハルトはこのようにして、神の始元としての創造のはたらきを「認識のはたらき（intelligere）」として解釈しており、「神の知とは諸事物の原因であり（scientia dei est causa rerum）」（LW5, 44, 11）、「神のうちにあるものは何であれ、存在そのものを超えており、まったき認識のはたらきである（quidquid est in deo, est super ipsum esse et est totum intelligere）」（LW5, 44, 13f.）と述べる。注意すべきことに、この場合、神に対して存在が完全に否認されているわけではない。むしろ存在は、神のうちにおいてはその原因のうちにあるようにして、よりすぐれた仕方においてある。[4] 神のうちでより高次のものとしてとらえ返される、存在のこうしたあり方は、「存在の純粋さ（puritas essendi）」（LW5, 45, 10f.）と特徴付けられる。[5]

エックハルトはこのように徹底して神を認識としてとらえることにより、被造物としての諸事物とその始元としての神を截然と区別する。[6] このことにより、神の認識と人間の認識の間の関係が一体どのようなものであるかが問われる。神がどこからどこまでも認識のはたらきであるとすれば、人間の認識のはたらきも認識であるところの神に由来するのか、ということが問題となるだけでなく、さらには、果たして人間は自らの認識のはたらきによって、認識であるところの神をとらえることが出来るのかが問題となる。

エックハルトの先達であり、同じくドミニコ修道会士であるトマス・アクィナスは、そのことをはっきりと否定する。トマスによれば、「被造的知性（intellectus creatus）」、すなわち神によって創造された知性である限りでの人間は、神を把握することが不可能である。なぜなら何らかのものを把握することとは、何らかのものが認識され得るかぎりにおいて、その一切の可能性を余すところなく認識する、ということを意味するからである。[7] だが何らかのものに属する可能性を完全に汲み尽くすことは、有限なものである人間にはなし得ない。さらに、「被造的知性」としての人間は、「質料的な諸事物（res materialia）」を認識することは出来るものの、そこからさらに進んで「非質料的な諸実体（substantiae immateriales）」を完全な仕方で認識することは出来ない。たとえもし仮に認識するとしても、あくまでも類似を通じて、不完全な仕方において認識するに過ぎない。[8] 被造物の場合にそうであるとすれば、ましてや非被造的なものたる神を認識することは人間には不可能である。[9]

これに対しエックハルトは、人間の認識が「質料的」で有限な諸事物を対象とするだけでなく、本来的にはより高次のものを対象としており、神をもとらえることが出来ると主張する。たしかに『パリ討論集I』では、「われわれの知は諸事物によって引き起こされたものである（nostra scientia est causata a rebus)」（LW5, 44, 11f.）と述べられており、この点からすれば、認識が「質料的な諸事物」にかかわるとする、トマスの理解を継承しているといえる。だがエックハルトの場合、認識は〈事物と観念の一致〉という伝統的な理解とは異なる意味を有する。[10] なぜなら一致ということのうちには、一致するものどうしの等しさが含意されるものの、人間は自らの外部にあるものに自らを等しくすべきではないからである。人間はいかなるものをも自ら自身の外部に探し求めてはならず、むしろ自ら自身に固有なものとして、かつ自ら自身と一つであるようにして見出さねばならない。このようにしてこそ、神をとらえることがはじめて出来るようになる。

ドイツ語説教六では、このことについて次のように述べられる。「ひとが何らかのものを自ら自身の外側に関係付けたり、受け取ったりするならば、そのことは正しくない。ひとは神を自分の外側にあるととらえたり、みなしたりすべきではなく、むしろ私に固有なもの（mîn eigen）として、かつ一なるもののうちにあるところのもの（daz in im ist）としてとらえ、みなすべきである」（DW1, 113, 1～3)。このように、何らかのものを認識することは、認識のはたらきを行う当の者自身に無関係なものや異質なものにかかわることなのではない。かえってその者の「固有な存在と固有な生（sîn eigen wesen und sîn eigen leben)」（DW1, 113, 5f.）が常に同時に問題とされるのである。

以上を踏まえると、人間の認識をトマスの理解や『パリ討論集Ⅰ』の場合よりも高次のものとして理解すべきことが明らかとなる。[11] そのことについては、ドイツ語説教七十一で二通りの理性が区別されていることからも裏付けられる。その区別によれば、認識のはたらきをつかさどる「理性（die vernünfticheit）」は、一方では外部にある諸事物の間を行き来するような、探求的なものとして特徴付けられる。他方で、外的な諸事物の間で探求するのではもはやなく、自ら自身のうちにとどまるような、より高次の理性が存在する。こうしたより高次の理性は、「自ら自身の純粋で単純な存在のうちにある（dâ stât in irm lûtern einvaltigen wesene）」（DW3, 215, 10）のであり、「いかなる人間の感覚も手の届かないような、神であるところの光（daz lieht, daz got ist）」（DW3, 214, 1f.）のうちに包まれている。ここでは神が光として特徴付けられていることが注目される。理性が外的な諸事物に向かうのではなく、それ自身本来の存在のうちにあることが可能となるのは、理性自身によるのではなく、むしろより高次のものとしての神的な光によるというのである。こうした光に照らされることによってこそ、理性ははじめて十全な仕方で認識することが出来るようになる。

神が光であるということは、光が理性を照らし出すようにして、人間の認識の根源をなすだけにとどまらない。のみならず、理性は自らを照らし出す光をとらえるのでもある。このようにして、神であるところの光は同時に認識の対象でもあるといえる。とはいえ、果たして理性がどのような仕方で、かつどのようなものとしてこの光をとらえるかが問われる。以下ではこの問題について検討しよう。

二　超越的なものとしての神――神について語るとはどういうことか

前節では、エックハルトが神を光であると解釈することについて確認した。そのような解釈の典拠となるのは、新約聖書の『テモテへの手紙I』六・十六にある「神は光のうちに住まっており、誰ひとりとしてこの光へと至ることは出来ない」という言葉である[12]。この言葉を踏まえるならば、エックハルトの場合、神が人間によって認識され得るとされる一方で、それと同時に、神の超越性も強調されていることが分かる。人間的認識は神的な光を根源としており、この光に照らされることによって認識のはたらきを行う。それにもかかわらず、人間的認識はこの光そのものを、その超越性のゆえに完全な仕方でとらえることが出来ない。神的な光は感覚によってだけでなく、認識によってもあるがままにとらえることが出来ないのである。

このことを別の仕方で表現すると、人間は認識のはたらきによっても神が何であるかを言い表すことが出来ない、ということである。神についての語りに関するこうした問題について、ドイツ語説教二十aでは次のように述べられる。「神は、神がそれであるのだと、ひとがそれについて語るようなものであるのではない。神はより本来的には、神がそれであるのだと、ひとがそれについて語るところのものよりも、ひとが神について言い表さないところのものであるといえる」(DW1, 330, 7f.)。何かについて語ることは、それを一定の限定されたものとして語ることである。だが、神は限定されたものではあり得ない。むしろ神はいかなる仕方でも限定され得ない。そうだとすれば、限定を否定するようにして神について語る方がよりふさわしい仕方だといえる。

こうした理解のうちには、偽ディオニュシオス・アレオパギテースの否定神学が反映している。否定神学は、有限な諸事物と神との間に等しさや類比関係を認めず、神の超越性を強調する。否定神学の立場に立つならば、諸事物を手掛かりにして神をとらえることは不可能である。エックハルトは諸事物について語る仕方として、まず、①「諸事物を超えたところにあるもの」(DW1329, 4)、すなわち諸事物の原因を、つぎに、②諸事物の間の等しさを、さらに、③諸事物の作用による結果の三通りを挙げる。まず、①の仕方で神について語ることは、「神を超えたところには何ものも存在せず、かつ神はいかなる原因も有していない」(DW1, 346, 8f.) のだから不可能である。また②についても、「あらゆる被造物(alle crêatûren) は神について何ものもそれ自身のうちに含んでいないも同然である」(DW1, 329, 11) のであって、いかなるものも神に等しくないのだから、やはり不可能である。

これに対し③については、神を諸事物の原因としてみた場合、一定の仕方で可能である。ただしこの場合、事情はいくらか込み入っている。すなわち諸事物は、「被造物」である限りにおいては、それを手掛かりに神をとらえることが不可能であるとされる。その理由として、「あらゆる被造物は、神がまさにそれであるところのものを受け取ることが出来ない」(DW1, 330, 4) というように、「被造物」としての諸事物のうちにはその原因としての神の痕跡や刻印が認められないからである。[13] むしろこれらの事物をそれ自体としては否定されるべきものであるとして、そこから立ち去って、原因であるところの神へと向き返ることにより、神をとらえることが出来るようになる。

このようにみるならば、神について語るということは、自らを取り巻く諸事物が神を語るための手掛かりとなり得ないのを理解し、そうすることで、これらの事物を成り立たせる原因としての神がこれらの事物と同一地平にあるのではなく、むしろ隔絶していることを理解し、高みにある神へと自らを高める、ということであるのが分かる。

偽ディオニュシオスは『神名論（*De divinis nominibus*）』第七巻第三節で、神へのこうした高まりについて論じている。すなわち偽ディオニュシオスによれば、そもそも神は「認識不可能（ἄγνωστον）であり、あらゆる言葉と知性を超え出ている（*πάντα λόγον καὶ νοῦν ὑπεραῖον*）」（DN7, 3, 197, 20）とされる。偽ディオニュシオスはこう述べることで神の超越性を強調する一方で、あらゆる認識の仕方が絶たれているわけではないことも同時に強調する。その仕方とはすなわち、神が諸事物を創造する際に定めたところの、「あらゆる存在するものの秩序（*ἡ πάντων τῶν ὄντων διάταξις*）」（DN7, 3, 197, 20f.）を手掛かりとするものである。こうした「秩序」をもとにして、「われわれは力を尽くして、万物の彼方のもの（*τὸ ἐπέκεινα πάντων*）へと登ってゆく」（DN7, 3, 197, 22～198, 1）というのである。

この場合、「言葉」や「知性」によっては神を全くもってとらえることが出来ない、というのではない。そうではなくて、神がこれらの能力を超え出るような測り難いものであることを理解し、自らの限界を自覚することによってこそ、かえって神へと自らを高めることが出来るようになる、というのである。「神は、知を通しても不知を通しても知られる（*Καὶ διὰ γνώσεως ὁ θεὸς γινώσκεται καὶ διὰ ἀγνωσίας*）」（DN7, 3, 198, 4）という言葉は、まさにこうした意味において理解される。

他方で偽ディオニュシオスによれば、神は超越的であるだけでなく、同時に内在的でもあると理解される。そのことは、神が諸事物の原因であることに基づく。ただし、原因としての神と諸事物は同一の次元にあるわけではない。もし仮にそうだとすれば、汎神論的な理解の余地が生じかねないだろう。[14] そうではなくて、神は「卓越（ὑπεροχή）」（DN7, 3, 198, 1）という仕方で諸事物のうちにある。諸事物はそれ自身のうちにおけるよりも、神のうちにあるそのあり方においてみるならば、よりすぐれた仕方で存在するというのである。

エックハルトは偽ディオニュシオスにおけるこうした「卓越」の思想を継承する。そのことについては、『パリ討論集Ⅰ』の最後の箇所から明確に読み取ることが出来る。「神は一切のものをその純粋さにおいて、充溢において、完全さにおいてあらかじめ有しており、しかもより高くかつより広大な仕方でそうであるが、そのことは神が万物の根源にして原因であることによる（deus omina praehabet in puritate, plenitudine, perfectione, amplius et latius, exsistens radix et causa ominium）」（LW5, 48, 6 ~ 8）。

エックハルトはこのようにして、偽ディオニュシオスの否定神学を独自の仕方で受容することで、「万物の原因にして根源」である神が万物のうちにありながらも、同時により高次の仕方で存在していることを示しつつ、こうしたより高次のものへと自ら自身を高める道を解き明かそうとする。この道を辿ることは同時に、辿る者自身のあり方そのものが問われることにもつながる。なぜなら、より高次のものへと上昇する道を辿る者は、自らが現にあるあり方を否定することで、「根源」としての神において自ら自身をとらえ返す必要に直面するからである。神へと高まることは、同時に自ら自身のあり方をより高次のものとして探し求め、見出そうとすることでもある。

エックハルトはこうした問題を、「魂（die sêle）」の本来的な名とは一体何であるか、という問題として提示する。ドイツ語説教十七では、魂の本来のあり方は地上的なもののうちにあるのではなく、永遠の生のためにあることが述べられる。だが魂は、地上的なもののうちに身を置くかぎりでは、その本来のあり方の通りにあるのではない。魂が〈魂〉と呼ばれるのは、その地上的なあり方にしたがってのことであり、その「根底（der grunt）」におけるあり方にしたがってではない。魂の根底におけるあり方は、〈魂〉というように呼びかけられるものではもはやなく、言い表すことが出来ないものである。

> ひとは魂を最も純粋なものや最も混じり気のないものによって（bî dem blœzesten und bî dem lûtersten）名付けるが、そうはいっても、魂の根底に触れるまでには至らない。神は名前を欠いており（âne namen ist）、いかなる名前も有しておらず（enhât enkeinen namen）、言い表し得ないが、魂もまたその根底においては、神が言い表し得ないのと同じように言い表し得ない。（DW1, 284, 2～6）

魂がその根底において言い表し難いということは、魂のうちに認識よりも高次のはたらきが備わっているということを意味する。魂は神を認識することが出来るものの、まさにそうすることにより、神が認識を超え出るものであることをとらえるのでもある。だがそれだけにとどまらず、魂自身のうちによりすぐれたものが備わっていることが明らかとなる。次節では、魂に備わるより高次の力とは一体どのようなものであるか、またこの力によって魂がどのようにとらえ返されるか、ということについてみていこう。

三　魂のうちにはより高次の力が備わっている——認識を通じて認識を超えて

認識は、人間を他の存在者から際立たせるものであるものの、なお最高のものであるのではない。それとは別のある力が人間のうちには備わっている。エックハルトはドイツ語説教十でこうした力のことを「魂の内なるある力（eine kraft in der sêle）」と表現しつつ、次のように特徴付ける。

> 私は魂の内なるある力について語った。この力はその最初の突破において（an irm êrsten ûzbruche）神を、神が善いかぎりにおいてとらえるのではない。この力はまた神を、神が真理であるかぎりにおいてとらえるのではない。この力は根底にまで突き進んで行き、さらに探し求め、神をその一性においてかつその荒野において（in sîner einunge und in sîner einœde）とらえる。魂は神を、その砂漠においてかつ神自身固有の根底において（in sîner wüestunge und in sînem eigenen grunde）とらえる。したがって、この力は何ものにも甘んじて満足することがない。さらにこの力は、神がその神性においてかつ神自身に固有な本性の財産においてある当のもの（daz got in sîner gotheit ist und in sînem eigentuome sîner eigenen natûre）が何であるかを探し求める。（DW1, 171, 12～172, 2）

ここに挙げた引用では、「魂の内なるある力」はもっぱら神にかかわるとされる。それもこの場合、〈神は善い〉であるとか、〈神は真理である〉というようにしてとらえるのではない。[15] 神が〈善い〉と語られるのは、その創造のはたらきによって存在するところの、被造物に対する関係においてである。だが、魂は被造物という外的なものへと向かうべきではなく、かえって自ら自身へと立ち返って自ら自身において神をとらえるべきである。魂はこのように自らの内側へと立ち返ることにより、自らの内にすぐれた力が備わっているのを自覚するに至る。

エックハルトはこのような力を「ある力」と呼ぶだけで、はっきりと特徴付けるような仕方で名付けることをしない。だがこのことは、特徴付けの欠如を意味しない。むしろ一切の〈何らかのもの〉を取り払うことによってのみ、こうした力はまさにそのものとして明らかとなる。このようにして、一切の〈何らかのもの〉が除き去られたところにおいてこそ、魂は神を見出すに至る。

そのことについては、「荒野」や「砂漠」という表現からも読み取れる。[16]「荒野」や「砂漠」のうちには何も見当たらず、何もない。そのことがこれらのものを特徴付ける。だが、まさにこのように何もないところにおいてこそ、神はその根底において立ち現れるのである。[17]また神が「荒野」や「砂漠」においてて見出されることは、消極的な意味において理解されるべきでない。かえってこうしたところからして、被造物はそれぞれがまさにそれでである当のもの、すなわちその固有で本質的なものを得る。「荒野」や「砂漠」は同時に、「神自身に固有な本性の財産」であって、豊かさとして理解される。このようにみる場合、〈神は一切のものをその充溢においてあらかじめ有している〉という、『パリ討論集Ⅰ』の思想がここでも脈打ちつつ一貫しているのが分かる。

「魂の内なるある力」が〈何らかのもの〉として理解されないように、この力がとらえるところの神もまた、〈何らかのもの〉としては理解されない。[18] このことを言い表す表現としての「荒野」や「砂漠」は極めて神秘主義的な色合いを帯びているが、この表現もまた偽ディオニュシオスの影響のもとにある。エックハルトはドイツ語説教七十一で偽ディオニュシオスの名を挙げつつ、「彼が言うには、神は存在を超えており、神は生を超えており、神は光を超えている」(DW3, 223, 3f.) と述べる。偽ディオニュシオスの『神秘神学』第五章では、〈神は~ではない〉というようにして、さまざまなものが列挙されては否定される。この場合の否定は、上昇の道を辿りながらなされる。このことのうちには、神がこれらの否定されるものよりも高次のものである、ということが含意される。[19]

認識のはたらきが魂に備わる最高の力であるのではないからといって、認識がもはや不要であるというのではない。むしろ認識することを通じてこそ、神はまさに認識を超えるものとしてはじめて示される。認識には区別のはたらきが必然的に付随するが、ここでいう区別とはすなわち、認識のはたらきを行う者とその対象のことである。だがエックハルトによれば、神を認識することは、自ら自身へと立ち返り、かつ自ら自身のうちで神をとらえることである。そうである以上、区別を撤廃することが必要となる。なぜなら、区別が介在し続けるかぎり、認識のはたらきを行う者とその対象の両者は、あくまでも互いに対して異質であり続けるからである。[20] 次に挙げる引用のように、エックハルトが神の認識における直接性を強調する場合、ここでいう直接性は区別の撤廃という、動的プロセスを含み込んだものとして理解されるべきである。[21]

われわれが神を認識すべきだとすれば、そのことは直接的になされねばならず、いかなる異質なものもそこに介在してはならない。われわれが神をかの光において認識するならば、そのことは完全に自立したかたちで、かつそれ自身において閉じたかたちでなされねばならず、何らかの創造された諸事物が介在することなしになされねばならない。そのときにこそ、われわれは永遠なる生を完全に直接的に認識する。（DW3, 227, 2 ~ 5）

このようにして魂は、神との一体的なあり方のうちに自らがあるのを見出す。こうしたあり方において、魂はより高められ、真の意味で自ら自身として存在するようになる。だが、魂が自らをこのようなものとして見出すということは、自己認識を意味するだけにとどまらない。のみならず、魂は自ら自身を脱却しさえする。[22] エックハルトによれば、いかにすぐれたあり方といえども、単に特定の状態である限りそこにとどまってはならず、さらに進んで、そうしたあり方が由来する根底へと立ち返らねばならない。

こうしたことを言い表すものこそ、エックハルトが「突破（ûzbrechen）」と呼ぶものである。[23]「突破」の必要性はまず、認識を照らし出す根源としての神的な光について述べられる。「もしも私が、神が現実にそれであるところの光を、私の魂に触れている限りにおいて受け取るならば正しいことではない。私はこの光を、それが突破するところにおいて受け取らねばならない」（DW3, 230, 10f.）。

けれども、突破するということでもなお十分ではない。なぜならそのこと自体、一回きりの出来事として生じており、そのかぎりにおいて、特定の状態としての性格をなお完全に抜け出ていないからである。そうである以上、突破することにさえとらわれてはならないのである。このように、いかなるものにも全くもってとらわれないことによってこそ、神はそれ自身のうちにあるがままに立ち現れる。

この場合エックハルトによれば、神をそれ自身のうちにあるがままにとらえるといっても、そのこと自体、特定の状態として理解してはならない。なぜならそもそも神には、いかなる特定の状態も認められないからである。エックハルトはこのようにして、神を「仕方を伴うことのない仕方（wîse âne wîse）」や「存在を伴うことのない存在（wesen âne wesen）」と特徴付けて、次のように述べる。

私は神が現実にそれであるところの光を、この光が触れることもなく、突破することもなく、それ自身のうちに漂う（in im selben swebende）こともないような、そういったところで受け取らねばならない。というのもこれら一切はなお、〈存在の〉仕方であるからである。だがひとは神を、仕方を伴うことのない仕方として、かつ存在を伴うことのない存在として受け取らねばならない。というのも神は、いかなる仕方も有していない（enhât keine wîse）からである。（DW3, 230, 15〜231, 1）[24]

神をこのように「存在を伴うことのない存在」とする理解は、『パリ討論集Ⅰ』の「存在の純粋さ」の思想に通じる。こうした純粋さのもとへと遡ることは、「一切のものをその充溢においてあらかじめ有している」ような根源へと自らを解き放つことである。

魂は認識を通じて、自らが何ものにもとらわれないことを自覚する。何ものにもとらわれないというのは、神に対する関係においてもやはりそうであり、かつまさにこうした関係においてこそ、自由の本質が成り立つといえる。ここでいう自由は、意志やその決断に基づくのではなく、認識に基づいており、認識を通じてかつ認識を超えて獲得されるものである。[25] 自由であるということは、〈自分自身のもとにある〉ことを意味する。だが注意すべきことに、エックハルトにしたがうならば、自由であるということは同時に、自分自身を脱却するということを要求する。このようにして魂は、認識を通じてかつ認識を超えて、神のもとに自らを見出すとともに、自ら自身のうちに神を見出すのである。

結

以上の論述では、エックハルトの第一回パリ大学教授時代の『パリ討論集I』における、認識と存在の関係をめぐる議論を出発点に、神と人間それぞれにおける認識の位置付けについて考察した。神における認識の優位は、神を「存在の純粋さ」として理解するものである。また「存在の純粋さ」は、創造のはたらきによって諸事物に対して与えられる存在の始元をなす。これに対し人間の認識のはたらきは、これらの事物を対象とする「質料的」で外的なものであるだけにとどまらず、より内的で高次のあり方をしており、そのようなあり方に立脚することで、神をとらえることが出来るようになる。人間に備わるより高次の認識は、神であるところの光に照らされることによってはじめて、神をとらえることが出来る。

他方でエックハルトにおいては、偽ディオニュシオスの否定神学の影響が認められる。神は超越的なものであるとされ、神をそれ自身においてあるがままに言い表すことは不可能であるとされる。だからといって、神は人間にとって完全に接近不可能であるのではない。なぜなら、認識よりも高次のある力が人間のうちには備わっているからである。人間はこうしたより高次の力により、自ら自身へと立ち返りつつ、神をその根底のうちにとらえるに至る。その際人間は、神がいかなる仕方にもとらわれないように、何ものにもとらわれず自由である。

エックハルトのこうした思索が神秘主義的であるのはたしかにその通りである。だがそうであるのは、認識の断念や放棄という意味においてではなく、むしろ認識を最高の段階にまで高めることを要求する、という意味においてである。[26] 彼の思索は、認識のはたらき、対象およびその位置付けをどれほどすぐれたものとしてとらえ返すことが出来るか、かつその限界は一体どこにあるか、ということを見極めようとする試みとして解釈することが出来よう。この意味で、エックハルトの思索は思弁の内包する可能性を今日において改めて問い直し、徹底的に展開するよう促しているといえる。そしてまた、理性的存在者として認識のはたらきによって際立つ人間に属する自由の本質について掘り下げ、熟考するように促している。

凡例

本稿で用いたテクストは以下の通り。

1　マイスター・エックハルト

DW: Meister Eckhart, *Die deutschen und lateinischen Werke,* hg. im Auftrag der Deutschen Forschungsgemeinschaft, Abt. I: *Die deutschen Werke,* hg. v. J. Quint, Stuttgart 1936ff.（巻・頁・行数を表記）

LW: *Die deutschen und lateinischen Werke,* hg. im Auftrag der Deutschen Forschungsgemeinschaft, Abt. II: Die lateinischen Werke, hg. v. J. Koch u.a., Stuttgart 1936ff.（巻・頁・行数を表記）

2　ディオニュシオス・アレオパギテース

DN: Dionyusius Areopagita, *De divinis nominibus,* hg. v. B.R. Suchla (*Patristische Texte und Studien* Bd. 33), Berlin 1990.（頁・行数を表記）

MT: *De mystica theologia,* hg. v. G. Heil und A.M. Ritter (*Patristische Texte und Studien* Bd. 36), 2. ûberarbeitete Aufl., Stuttgart 2012.（頁・行数を表記）

3　トマス・アクィナス

Thomas Aquinas, *Summa Theologiae,* ed. Leonina Manualis, Turin 1950.

註

1　従来の研究では、ドイツ語著作かあるいはラテン語著作のいずれかに偏重する傾向がかなり強かったといえる。だが近年テクストの編集・刊行が進み、エックハルトの思索の全貌が明らかになるにつれ、その傾向は次第に解消されてきている。その顕著な例として、ドイツ古典叢書の二巻本の編者であるラルギアは、『パリ討論集』の発展史的意義をラテン語著作においてだけでなく、後のケルン・シュトラスブルク期のドイツ語説教との関連、とりわけ魂における神の子の誕生という中心思想との関連において論じている。Meister Eckhart, *Werke* 2. bde., hg. und kommentiert v. N. Largier, Frankfurt a. M. 1993, Bd. 2 S. 868–885, bes. 874ff., 881f. またフラッシュは、エックハルトにおいては大学における学問と民衆に語りかける説教が互いに区別されつつも、それと同時に密接に連関し合っている点を指摘している。彼によれば、そのことは特に現実性の概念や生と知の改革の呼びかけの点に認められる。Kurt Flasch, *Meister Eckhart. Philosoph des Christentums,* München 2010, bes. S. 242ff.

2　この点については、バイアーヴァルテスが『パリ討論集』の発見者であり最初の編者であるグラープマンを出発点とする一連の議論を簡潔に整理している。W. Beierwaltes, *Platonismus und Idealismus,* 2. durchgesehene und erweiterte Aufl., Frankfurt a. M. 2004, bes. S. 50f.

3　この点については以下の拙論を参照されたい。嶺岸佑亮「プラトニズムの系譜における哲学と生の間——認識を通じて認識を超えて——」、『MORALIA』第二五号、東北大学倫理学研究会、二〇一八年、一一九～一四〇頁、特に一二九頁以下。

4　バイアーヴァルテスは、偽アリストテレスの『原因論（*Liber de Causis*）』の第4命題である「諸々の被造物の第一のものは存在である」を手掛かりに、第一原因としての神の創造の活動について論じている。W. Beierwaltes, Meister Eckhart und der Liber de Causis, in ders: *Procliana. Spätantikes Denken und seine Spuren,* Frankfurt a. M 2007, S. 129–164, bes. 149ff.

5　また以下の論考も、「存在の純粋さ」が存在の欠如を意味するのではなく、「純粋性、充満、完全性」を意味すると指摘している。中山善樹『エックハルト研究序説』、創文社、一九九三年、九七～一〇〇頁。

6　バイアーヴァルテスも同様に、被造物に帰属するものとしての存在と神に帰属する純粋な存在としての超－存在（Über-Sein）を区別しているが、他方で神においては存在と認識の両者が神の自己反省の契機として等根源的であると指摘する。W. Beierwaltes, *Platonismus und Idealismus*, bes. S. 37–67，51ff.

7　Thomas, S. theol. I q. 12 a. 7.

8　Thomas, S. theol. I q. 88 a. 2.

9　Thomas, S. theol. I q. 88 a. 3.

10　ドイツ語説教三では、認識についての伝統的な理解が次のように言い表されている。「師たちが言うには、認識は等しさ（glîchnisse）に依存している。〔中略〕私が認識すべきものは、完全に私に現前するとともに私の認識に等しくなければならない」（DW I 49，4～50，3）。

11　ただし注意すべきことに、エックハルトはただ単にトマスの理解を完全に否定しているわけではない。ラルギアはこの点について、エックハルトがトマスの理解を出発点としつつも、フランチェスコ托鉢修道会の神学者たちによる反知性主義的傾向に反論するために独自の仕方で議論を先鋭化したと解釈する。Meister Eckhart, *Werke* 2. Bde., hg. und kommentiert v. N. Largier, Bd. 2 S. 873f.

12　聖書からの引用はエックハルトの原文に従う。なお、この箇所は新共同訳では「近寄り難い光の中に住まわれる方」となっている。

13　また以下の論考は、被造物が相関性としてのみ規定されると解釈しており、創造可能性や被造的なあり方が常に存在と関連付けられているとする。Stephan Grotz, *Negation des Absoluten. Meister Eckhart・Cusanus・Hegel*, Hamburg 2009，S. 79–96，bes. 84f, 90fff.

14　神の被造物における内在については、バイアーヴァルテスがラテン語著作の『知恵の書註解（Expositio libri Sapientiae)』に即して論じている。彼は、こうした内在が汎神論的に解釈されない理由として、超越と内在の諸側面の弁証法的関係を挙げている。W. Beierwaltes, *Identität und Differenz*, 2. Auflage, Fankfurt a. M. 2011, S. 101ff.

15　エックハルトにおいては存在者（ens）、一（unum）、真（verum）、善（bonum）は超越概念とされるが、これについては以下の論考がラテン語著作に即して論じている。Heribert Fischer, Meister Eckhart. Einführung in sein philosophisches Denken, Freiburg / München 1974, bes. 83ff.

16　なおドイツ語説教七十一における無の役割については以下を参照。Burkhard Hasebrink, Predigit 71: 'Surrexit autem Saulus' in: Lectura Eckhardi. Predigten Meister Eckharts von Fachgelehrten gelesen und gedeutet, hg. v. G. Steer und L. Sturlese, Stuttgart 1998, 219-245, bes. 238-241.

17　こうした理解は、知性があらゆる事物を認識するためには、それらのもののうちのいかなるものであるのでもないのでなければならないとする、アリストテレス『魂について』第三巻第四章429a18以下を背景とする。フラッシュは、エックハルトによるこうした理解がイスラムの哲学者であるアヴェロエス、とくに彼によるアリストテレス註解を経由している点を指摘する。Kurt Flasch, *Meister Eckhart. Die Geburt der 《Deutschen Mystik》 aus dem Geist der arabischer Philosophie*, 2. Aufl., München 2008, S. 112-121, bes. 114ff.

18　バイアーヴァルテスは、神が〈何らかのもの〉として存在し得ないことは神が一なるものであることに基づくことであると指摘するとともに、こうした場合の否定を〈否定の否定〉や〈否認の否認〉の意味で解釈する。W. Beierwaltes, "*Und daz Ein machete uns saelic*". Meister Eckharts Begriff der Einheit und der Einung, in ders.: *Platonismus und Christentum*, 2., korrigiierte Aufl., Frankfurt a. M. 2001, S. 100-129, bes. 112ff.

19　MT5, 149, 1：「我々は上昇しながら語ろう（ἀνιόντες λέγομεν）」。

20　以下の論考は、ラテン語著作である『ヨハネ福音書註解（*Expositio Sancti Evangelii secundum Iohannem*）』を基に、神秘的直観が被造物の範型たる御言葉と一になることとして解釈しており、御言葉の働きを直観するには被造的形相から離脱し、御言葉の形相的力動性一体となる必要があるとする。門脇住吉「形而上学的神秘家たるエック

ハルト —どこまで新プラトン主義者か—」、『キリスト教的プラトン主義 中世研究 第2号』、上智大学中世思想研究所編、創文社、一九八五年、二二九〜二五四頁、特に二四九頁以下。

21 以下の論考は、魂の認識の働きが一としてのそのあり方という契機と結びついており、それにより魂が力動性をなしている点を適切に指摘している。田島照久『マイスター・エックハルト研究 ——思惟のトリアーデ構造 esse・creatio・generatio論——』、創文社、一九九六年、一七八〜一八八頁、特に一八〇頁以下。

22 上田は、魂が徹底的に我性を捨てることによって「神から神へ」至ることによってこそ、真の意味で自己となる点を指摘しており、こうしたことのうちに「魂の内に於ける神の子の誕生」という出来事が生じるとする。上田閑照「「神の子の誕生」と「神性への突破」 ——ドイツ語説教集に於けるマイスター・エックハルトの根本思想——」、上田閑照編『ドイツ神秘主義研究 増補版』、創文社、一九八二年、一〇七〜二三二頁、特に一四八頁以下。

23 バイアーヴァルテスは、被造物の多や差異から解放されて「貧しさ（die Armut）」の境地に至ることによってこそ、神の豊かさを受け取ることが可能になるという点を指摘する。W. Beierwaltes, Meister Eckhart und der Liber de Causis, bes. 146ff.

24 〈 〉はテクスト編者であるクヴィントによる補足。

25 上に挙げた引用やその前の引用でも「受け取る（nemen）」という言葉が用いられている。ルーは、この言葉が常に認識にかかわる文脈で用いられている点を指摘する。それによれば、「受け取る」ということは、神を純粋に観ることを意味するのであり、『コリントの使徒への手紙一』十三・十二の「顔と顔とを合わせて神を観ること」という言葉との関連で理解される。Kurt Ruh, *Meister Eckhart. Theologe・Prediger・Mystiker*, 2. überarbeitete Aufl., München 1989, S. 68.

26　この意味で、エックハルトの思索は有限な存在者たる人間の主体性を無限なものたる神との関係のうちに基礎づけるとともに、その意義を積極的なものとしてとらえ返そうとする試みであるといえよう。『パリ討論集』は、近代的主体性の萌芽を示すものとしても注目されているが、この点については、ラルギアによる以下の解説を参照。Meister Eckhart, *Werke* 2. Bde., hg. und kommentiert v. N. Largier, bes. Bd. 2 S. 874ff. 論者は主体性をめぐるこうした問題について、ドイツ観念論の哲学者であるヘーゲルの宗教哲学に即して考察したことがある。ヘーゲルがエックハルトの思索から直接的に影響を受けるに至るのは一八二四年度の講義を行っている時期の最中においてであり、その際の様子については記録が伝えられている。主体性はすぐれて近代的な思想であるとされるが、その射程については時代を大きく遡って考察を深めることが今後の課題となろう。有限な主体性とその根底としての無限な精神に対する関係については以下の拙著を参照されたい。嶺岸佑亮『ヘーゲル　主体性の哲学〈自己であること〉の本質への問い』（東北大学出版会、二〇一八年）の特に二四八頁以下。

［付記］本稿は、「マイスター・エックハルトにおける認識の問題——語り得ないものを語るということ」（『思索』第五二号、九七〜一一九頁、二〇一九年一〇月）を基に、加筆・修正を施したものである。

第2章　バウムガルテンの存在論と世界論

——世界概念の基礎づけをめぐる思考（1）

増山　浩人

序

本稿の目的は、バウムガルテンがどのように世界概念の基礎付けを行ったのかを明らかにすることである。多くの先行研究が指摘するように、『形而上学』「世界論」部門において、彼はスピノザの実体一元論とマールブランシュ的な機会原因説を否定し、ライプニッツ的な予定調和説を弁護している。[1] しかし、この哲学史上重要な成果を彼は世界概念の分析を通して引き出している。したがって、分析の起点となる世界概念が出自不明な概念や「四角い三角形」のような自己矛盾を含む概念だとすれば、分析の成果も誤りになってしまう。その点で、世界概念の起源と正当性を証明し、世界概念を基礎づけることは彼のスピノザ主義批判やライプニッツ主義擁護の生命線をなしていると言っていい。にもかかわらず、バウムガルテンがどのように世界概念を基礎づけているかについてはこれまでほとんど論じられてこなかった。

この先行研究上の欠落は部分的には『形而上学』というテキストの性格に由来する。同書は講義用教科書という性格上、基本用語・基本理論の説明のみが簡潔に書かれている。そのため、同書の記述だけでバウムガルテンの行った論証のプロセスを十全に明らかにすることはきわめて困難である。そこで本稿では、バウムガルテンの弟子G・F・マイアーの四巻本の解説書『形而上学』を適宜参照し、必要な情報を補うことにする。[2]

以上の点を受けて、本稿では、マイアーの解説を頼りつつ、バウムガルテンの『形而上学』「世界論」部門冒頭（三五四〜三五六項）を世界概念の基礎づけの理論として解釈することで、当初の目的を達成したい。議論は以下の順序で進められる。まず第一節と第二節では世界概念の基礎づけの前提となる彼の存在論の対象と課題を確認する。続けて第三節では、『形而上学』三五四項において、バウムガルテンが存在論で論じた道具立てを用いて世界概念を「最高類」としての存在者の「種」の一つとして定義する過程を明らかにする。次に第四節では、『形而上学』三五五〜三五六項において、バウムガルテンがこの「種」としての世界概念が空虚な概念でないことを経験に依拠して論証していることを明らかにする。以上の議論から、バウムガルテンが存在論と経験という二つの道具立てによって世界概念を基礎づけていることが明らかになるはずである。

一　存在論の対象とその外延――「最高類」としての「存在者」

本節では、存在論の対象である「存在者（ens）」の外延を確定する。この点に関連して重要になるのが、バウムガルテンが存在者に「最高類」という性格を与えていたと推定されることである。確かに、この推定は的外れに聞こえるかもしれない。というのも、主に中世哲学において、アリストテレスの挙げた十のカテゴリーこそが最高類概念であり、存在者はカテゴリーを越えた普遍性を持つ「超越概念（transcendentia）」だとされていたからである。[3] しかし、バウムガルテンはこの哲学史におけるマクロな常識とは異なる見解を持っていた可能性が高い。以下では、この点を『形而上学』「存在論」部門第二章「存在者の内的選言的述語」第四節「個物と普遍」の議論といくつかの間接証拠を手がかりに裏付けたい。

この節で、彼は「存在者は汎通的に規定されているかいないかのいずれかである（§10）。前者は《個物》（個体）、[4] 後者は《普遍》である」（M. §148）と述べている。ここでの「汎通的に規定されている（omnimode determinatum）」とは、無数の規定を付け加えることで、ある存在者が他のあらゆる存在者から区別された状態を指す。例えば、アリストテレスが個体と言えるのは、「人間」、「哲学者」、「プラトンの弟子」などの無数の規定が加えられることで、他のあらゆる存在者から区別されているからである。他方、「人間」、「哲学者」といった普遍は、さらに別の規定を加えて特殊化する余地があるため、「汎通的に規定されている」とは言えないのである。

続けて、彼は普遍を「自然的普遍（universale physicum）」と「論理的普遍（universale logicum）」とに区

分する（Cf. M. §149)。「自然的普遍」とはより具体的なものに含まれている普遍、つまり存在者に含まれている規定のことである。他方で、「論理的普遍」とは抽象作用によって具体的なものから切り離されて考察された普遍のことである。そのうえで、彼は普遍を以下のように序列づけしている。

個体の中でのみ具体的に表象可能な普遍、すなわち個体のみを自らの下に含むものは《種》である。普遍の中でも具体的に表象可能なもの、すなわち普遍も自らの下に含むものは《類》である。また《最下類》はいかなる類の中にもないもの、すなわちどの類も自らの下に含まないものである。《最高類》は自らの中にいかなる類もないもの、すなわちどの類の下にも含まれないものである。最後に、《従属類》とは最高類でない類である。（M. §150）

ここでは、普遍が「種」から始まり「最高類」に至るまでの階層をなしているとされる。こうした普遍に関する一連の概念群の内実は以下のような例で説明できる。まず、アリストテレスという個体に含まれている「逍遥学派の哲学者」という普遍的規定は「種」と言える。この普遍的規定を含んでいるのは、アリストテレス、テオフラストスなどの個体だけだからである。他方で、「哲学者」というより普遍的な規定は「類」である。というのも、「哲学者」という規定は、「逍遥学派の哲学者」、「ヴォルフ学派の哲学者」、「マールブルク学派の哲学者」といったより具体的な「種」のうちに含まれているからである。さらに、「哲学者」という「類」の中には、「人間」というより上位の「類」が、「人間」という

「類」の中には、「動物」というより上位の「類」が含まれているのである。こうした類の階梯の中で最も普遍性の高い類が「最高類」である。

　困ったことに、バウムガルテンは「最高類」が何であるかを明示していない。しかし、バウムガルテンによる「最高類」の定義に対し、マイアーは「存在者、可能なものは最高類である。というのも、可能なものの概念を他のいかなる概念とも比較することはできず、両者の間のさらなる一致を考えることもできないからである」（Meier *Metaphysik* I §143）という解説を加えている。また、ヴォルフは『第一哲学の指導的概念と真の効用について』という小論において、「第一哲学においては存在者一般が論じられるだけでなく、それよりも先行する他の概念がありえないような第一諸概念も詳しく説明される。なぜなら、その下にその他全ての類が置かれている最高類は存在者一般だからである」[5]と述べている。さらに、ヴォルフの支持者たちが存在者を「最高類」と同一視している証拠も多数見られる。[6] したがって、バウムガルテンも当時の常識的な見方にしたがって、「最高類」を存在者とみなしていたと考える方が自然である。

　以上のことから、バウムガルテンにとって存在者が「最高類」であることを間接証拠にもとづいて裏付けた。さて、彼は「最高類が持つ諸規定はそれより下位のもの（§148）、すなわち従属類、最下類、種、個体においてある」（M. §154）と述べている。このことから、あらゆる個体とほぼ全ての普遍は、存在者が持つ規定を共有しており、このことによって存在者という概念の外延をなすと言える。世界であろうと、神であろうと、物体であろうと存在者と呼ばれうるのはそのためなのである。

二　存在論の課題——存在者の内包提示と存在者の特殊化

前節では、バウムガルテンの存在論の対象が「最高類」としての存在者であることを明らかにした。この存在者に関連する述語群を包括的に論じることが彼の存在論の課題である。これらの述語群を彼は、存在者の「内的一般的述語」、「内的選言的述語」、「関係述語」の三種類に区分している（Cf. M. § 6）。本節では、特に前者二つの述語の役割を示すことで、彼の存在論の課題を明らかにしたい。

まず、「内的一般的述語」とは、どの存在者にも例外なく妥当する述語のことである。その例として、バウムガルテンは「可能」（M. § 8）と「連結されている」（M. § 24）を挙げる。「可能」とは自己矛盾を含まないこと、「連結されている」とは自らの理由と帰結を持つことである。さらに、彼は「超越論的一」、「超越論的真」、「超越論的善」を「内的一般的述語」に数え入れている。彼によると、存在者に含まれる規定は「本質構成要素」、「属性」、「様態」、「関係」の四種類に限られるという(Cf. M. § 52)。[7]そのうえで、彼は存在者における「本質構成要素」間の不可分性を「超越論的一」（M. § 73）、無数の規定が一つの存在者において矛盾律と理由律に従った形で共存していることを「超越論的真」（M. § 90）、複数の「本質構成要素」がある存在者の本質を形成するという共通の目的を果たすために互いに調和していることを「超越論的善」（M. §§ 99f.）だと主張している。つまり、これら三つの述語は存在者に含まれる規定間の関係、あるいは全ての存在者に共通の内部構造を示しているのである。以上のことから、ここまで紹介した計五つの「内的一般的述語」は、「最高類」としての存在者の内包を示す役割があると言えるだろう。
次に、「内的選言的述語」とは、一対の述語のうちのどちらか片方がどの存在者にも当てはまる述語のことである。その例として、バウムガルテンは「必然的 - 偶然的」、「可変的 - 不可変的」、「実在的 - 否定的」、「個体 - 普遍」、「全体 - 部分」、「実体 - 偶有性」、「単純 - 複合」、「有限 - 無限」の計八組の述語を挙げている。とはいえ、『形而上学』において、バウムガルテンはこれらの述語の役割を詳しく説明していない。しかし、これらの述語の役割の一端を理解するためのヒントは彼の『論理学講義』第一版七項において見いだされる。この項の冒頭で、彼は「哲学は存在者を考察する」(Log. §7)と述べている。そのうえで、彼は考察対象となる存在者の種類と考察方法の違いに応じて哲学に属する学を区分し、表にまとめている。その冒頭部は以下の通りである(Cf. ibid.)。

Ⅰ. 存在者一般　存在論
Ⅱ. 特殊的存在者
　1) 必然的存在者　自然神学
　2) 偶然的存在者およびそれらの連結
　　α) 偶然的存在者一般とそれらの連結一般　世界論
　　β) 特殊的偶然的存在者とそれらの連結
　　　ϰ 物体

作用連関がある限りでの物体　自然学
目的連関がある限りでの物体　自然目的論

ב　精神

a）精神一般　精神学

b）特殊的精神　人間の魂

1）一般的に　心理学

2）特殊的に　すなわち能力の概念を通して

A）認識能力の概念を通して

α）下級認識能力の概念を通して　美学

β）上級認識能力の概念を通して　論理学

（後略）

右の表の一行目から一三行目は、「最高類」としての存在者を区分することで、世界論、心理学、自然神学という特殊形而上学の三部門の対象を導出する議論とみなすことができる。特に、右の表の三行目と四行目で、バウムガルテンは「必然的存在者」を考察する自然神学を「偶然的存在者」を考察する他の諸学問から区別している。このことから「偶然的‐必然的」という「内的選言的述語」には神とそれ以外の存在者を区別する役割があることがわかる。

さらに、この「内的選言的述語」は神とそれ以外の存在者を認識する方法の違いを明らかにする機能も持っている。この点は『形而上学』一五一項における「差異（differentia）」に関する説明から裏付けられる。この箇所で彼は「差異」を「類的差異（differentia generica）」、「種的差異（differentia specifica）」、「数的差異（differentia numerica）」に区分し、それぞれを以下のように定義している。

したがって、《類的差異》とは、ある類において規定されているが、それより上位の類においては未規定である諸規定の総体である。《種的差異》とはその最下類においては未規定である種の諸規定の総体である。《数的差異》（このもの性、個体化の原理）とは種において未規定である個体の諸規定の総体である（§ 148）。(M. § 151)

さて、「偶然的」という述語、つまり「現実存在しないこともできる」(Cf. M. § 109) という規定はこの中の「類的差異」に相当する。この述語は、その直上の「最高類」、すなわち存在者には含まれていない「偶然的存在者」という「類」に固有の規定だからである。また、「偶然的存在者」は「類」である以上、その下に世界、物体、精神などのより具体的なものを持っている。それゆえ、神以外の個体を指示するためには、「偶然的存在者」という「類」をより具体的な「差異」を加えていくことで特殊化しなければならない。この「差異による類の特殊化」こそが被造物を認識する方法の一つなのである。

これに対し、「必然的」という述語、つまり「現実存在しないことはできない」(Cf. ibid.) という規定を持つのは神だけである。つまり、「最高類」としての存在者に「必然的」という述語が付加されるだけで、ただちに神という個体が指示されるのである。それゆえ、この述語は「類的差異」や「種的差異」ではないことになる。また、神がその上に持つのは存在者という「最高類」だけである。となると、この述語は「数的差異」でもないことになる。前述の定義からわかるように、「数的差異」とは「最高類」ではなく「種」を個体化するための規定だからである。したがって、神には「類的差異」も「種的差異」も「数的差異」も付加することができないことになる。これは「差異による類の特殊化」という認識方法が神には使用できないことを意味する。

以上の議論から、存在論は「最高類」としての存在者の内包を論じるだけの部門ではないことがわかる。むしろ、「最高類」としての存在者をより特殊な存在者に区分するための道具立ても扱われているのである。例えば、「偶然的‐必然的」という「内的選言的述語」に神と被造物の存在様式と認識方法を区別する役割があったのは本節で見た通りである。また後述するように、「有限‐無限」という「内的選言的述語」もほぼ同様の機能を持っている。こうした点に着目して、バウムガルテンの「内的選言的述語」とドゥンス・スコトゥスの超越概念、特に彼の「離接的様態（passiones disiunctae）」との連続性を強調する論者もいる。[8] しかし、両哲学者の間の連続性と断絶に関しては本稿ではこれ以上立ち入らない。その代わりに本稿が着目したいのは、バウムガルテンが「内的選言的述語」を「偶然的存在者」をより特殊な対象へと区分するための「差異」としても使用しているという事実である。そこで次節では、バウムガルテンの世界概念の定義の考察を通じて、この点を裏付けたい。[9]

三　世界論の対象としての世界概念の定義——「種」としての世界

本節では、バウムガルテンの世界概念の定義がどのような手続きで行われているかを明らかにする。『形而上学』三五四項において、彼は世界概念を以下のように定義している。「《世界》（cf. § 91, 403, 434, 宇宙、全）は有限な現実的なものどもからなる系列（多、全体）であるが、この系列は他の系列のいかなる部分でもない」（M. § 354）。この定義では、「系列（series）」と「全体（totum）」という用語がほぼ同義とされている。この点を踏まえた場合、バウムガルテンは世界をa.「他の系列の部分ではない」、b.「有限な現実的なものども」、c.「全体」という三つの要素を組み合わせて定義したと言える。このことから、この定義は主に「全体 - 部分」、「有限 - 無限」という「内的選言的述語」に依拠して行われていることがわかる。確かに、上記の引用では、これら三つの要素間の関係については詳述されていない。とはいえ、バウムガルテンは「あらゆる定義は類と差異からなる」（Log. § 88）という伝統的な定義観を採用している。そのため、世界概念の定義も差異を付加することで類を特殊化する手続きとみなされるべきである。以上のことを踏まえた場合、上記の定義は、①存在者を有限な存在者に限定する、②有限な存在者を有限な全体に限定する、③有限な全体を有限な実体からなる全体に限定する、④有限な実体からなる全体を有限な実体からなる絶対的全体に限定するという四段階からなるものとして再構成できる。

まず①に関して。「最高類」としての存在者に対応するものとして、存在者Xを考えてみよう。存在者である以上、Xには「有限 - 無限」という「内的選言的述語」の一方が適用されうる。先行する箇所で、バウムガルテンは「無限な存在者」を「最高の実在性の度合いを持つ存在者、すなわち最も実在的な存在者（ens realissimum）」（M. §248）、それ以外の存在者を「有限な存在者」（ibid.）と定義していた。「最も実在的な存在者」とは当時の神の別称である。そのため、「偶然的 - 必然的」と同様、「有限 - 無限」という「内的選言的述語」には被造物と神を区別する機能があることになる。さて、上記の定義では、存在者に「有限」という「内的選言的述語」が適用されている。このことによって、世界を「無限な存在者」＝神とみなすスピノザ主義的な世界観が回避されるのである。

次に②では、「全体 - 部分」という「内的選言的述語」によって「有限な存在者」が「有限な全体」、つまり複数の有限な存在者からなる全体に限定される。しかし、「有限な全体」という表現は二義的である。この点はバウムガルテンの「複合的存在者（ens compositum）」に関する議論から裏付けられる。彼は「複合的存在者」を「互いの外にある諸部分からなる全体」（M. §224）と定義する。この定義で、彼は全体と「複合的存在者」をほぼ同一視している。そのうえで、彼は「複合的存在者」を「広義の複合的存在者」と「狭義の複合的存在者」に区分する（Cf. M. §§224f.）。前者は、複数の偶有性からなる複合体、後者は複数の実体からなる複合体である。つまり、彼は複数の実体からなる複合体だけでなく、複数の偶有性からなる複合体、例えば単独の個体も全体とみなしていたことになる。さて、「有限な存在者」は有限な個体と有限な普遍のいずれも意味しうる。したがって、「有限な存在者」を「有限な存在者からなる全体」に限定しただけでは、この全体が複数の実体からなる全体か複数の偶有性からなる全体、例えば単独の個体かが特定できないのである。

次に③では、「有限な存在者からなる全体」の部分をなす「有限な存在者」に「現実的」という規定が付与される。マイアーの指摘するように、ここでの「現実的」とは、われわれや神の知性の外に存在するという意味ではない（Vgl. Meier *Metaphysik* II §293）。この点はバウムガルテンの「現実的」の定義から裏付けられる。前節で述べたように、存在者に含まれる規定は「本質構成要素」、「属性」、「様態」、「関係」という四種類に限られる（Cf. M. §52）。そのうえで、彼は「現実的な存在者」を「本質構成要素」だけでなく、「属性」と「様態」の全ても規定されることで個体化された存在者と定義する（Cf. M. §54）[10]。したがって、「現実的な存在者」とは個体とほぼ同義なのである。それに加え、個体であるものは例外なく実体でもある。個体に含まれる全規定は一つの実体の中でしか共存できないからである（Cf. M. §195）。以上のことから、③は「有限な存在者からなる全体」を「有限な実体からなる全体」に限定する役割があると言える。

最後に④では、この「有限な実体からなる全体」に再度「全体 - 部分」という「内的選言的述語」のどちらが帰属するかが問われる。この全体に部分という述語を帰属させた場合、この全体は相対的全体、つまり他のより大きな全体の一部であることになる。他方、この全体に再度全体という述語を帰属させた場合、この全体は最も大きな絶対的全体になる。この二つの選択肢のうちバウムガルテンは後者を採用する。その理由を彼は明言していない。しかしマイアーはその理由をおよそ以下のように解説している（Vgl. Meier *Metaphysik* II §291, 293）。ドイツ語 Welt は宇宙全体だけではなく、地球や天体系を意味する場合もある。しかし、世界論の対象はあくまでも宇宙全体であって、地球や他の天体系ではない。この点を明確にするために、世界概念が有限的な諸物からなる相対的全体、つまり地球や他の天体系と解されてしまう余地を排除する必要があったのである。[11] キムが正しく指摘するように、この手続きはランゲによるヴォルフ批判への対処だと考えられる。[12]

以上の再構成から、バウムガルテンは世界を「有限な実体からなる絶対的全体」と定義したことがわかる。この定義によって、彼は世界を他の学の対象から十分に区別した。すなわち彼は「有限」という述語を付与することで、世界を神から区別し、「全体」と「現実的」という述語を付与することで、世界を他の被造物から区別したのである。したがって、ここで定義された世界概念はこの現実世界と無数の可能世界という複数の個体を下に持つ「種」としての世界だと言うことができる。この「種」としての世界を分析することで、「神が無数の可能世界の中から最善のものを選択・創造した」というライプニッツ的な最善世界説の基礎を与えるのが彼の世界論の目的なのである。

ここまでの議論によって、バウムガルテンの世界概念の起源が明らかになった。つまり、この概念は、存在者の「内的選言的述語」によって「最高類」としての存在者を特殊化したことで得られたのである。しかし、世界概念の起源を示すだけでは、彼の世界概念の基礎づけは完了しない。そのためには、世界概念の正当化、つまりこの概念が「四角い三角形」のような自己矛盾を含む概念や対応する対象のない空虚な概念である可能性を退けることが必要だからである。そこで以下では、バウムガルテンが世界概念の定義を行った直後に、世界概念の正当化も行っていたことを示していこう。

四　経験に基づく世界概念の正当化

本節では、『形而上学』三五五～三五六項において、バウムガルテンが経験に依拠して世界概念を正当化していたことを明らかにする。「世界論」部門の冒頭で、彼は一般世界論を「合理的世界論(cosmologia rationalis)」と「経験的世界論(cosmologia empirica)」に区分している(Cf. M. § 351)。したがって、世界論において経験を論拠として使うことを彼自身が認めていたのは確かである。しかし、彼は「合理的世界論」と「経験的世界論」の区分を「世界論」部門の章立てに反映させていない。この点は「心理学」部門とは対照的である。「心理学」部門は第一章が「経験的心理学」、第二章が「合理的心理学」という構成をとっていたからである。

とはいえ、彼は二つの世界論を区別する基準を設定していなかったわけではない。というのも、「世界論」部門において、彼は形容詞なしの「世界(mundus)」、形容詞hicを伴った「この世界(hic mundus)」、形容詞omnisを伴った「あらゆる世界(omnis mundus)」という表現を一貫して使い分けていたからである。「世界」と「あらゆる世界」という表現が使われるのは、世界の定義を行う場面か定義された世界概念を分析する場面である。そのため、この二つの表現が使われている箇所では理性に依拠した推論によって世界が論じられていると言える。これに対し、「この世界」という表現はわれわれがこの世界を実際に見て知ったこと、つまり世界の経験を手がかりにする際に用いられるのである。

以上の点を踏まえて、三五五項と三五六項の議論を考察していこう。三五五項でバウムガルテンは以下のように述べている。「この世界は現実存在する。したがって、世界は内的に可能である。（§ 57, 18）」（M. § 355）。前半部に「この世界」という主語が使われているため、この項は経験から出発した議論だと言える。しかし、世界の定義を行った直後に、なぜバウムガルテンはこのような記述を行う必要があったのだろうか。この点を知るためには、マイアーの解説がヒントになる。まず、彼は「この世界は現実的である。このことはわれわれの全ての感官によって納得させられる」（Meier *Metaphysik* II § 295）と述べている。この文章は三五五項の前半部に相当する。これに続く文章で、彼は三五五項の後半部を以下のように解説している。

しかるに、現実的なものはみな内的に可能なのだから（§ 61）、この世界は内的に可能である、すなわちこの世界は内的可能性を持つ存在者である。したがって、世界一般は可能でなくてはならない。というのも、存在者の種と類は個体の中になくてはならないからである（§ 146）。しかるに、個体が可能であるならば、個体の中に不可能なものは何一つ見出されてはならない。それゆえ、個体がその下に属する種と類も不可能ではありえない。個々の人間が可能である以上、いったい誰が人類の可能性を疑うのだろうか。したがって、個体の現実性からその種と類の可能性を推論できるのである。それゆえ、われわれが世界と名付けたような存在者一般は可能である。（Meier *Metaphysik* II § 295）

この解説の中盤では、「存在者の種と類は個体の中になくてはならない」という原則が挙げられている。この原則を「原則一」と呼ぼう。さて、『形而上学』一五三項でバウムガルテンは「個体の中には種、最下類、従属類、最高類がある」（M. §153）と述べていた。マイアーの「原則一」はこのバウムガルテンの記述を簡略化したものだと推定される。

さらに解説の後半で、マイアーは「原則一」から「個体の現実性からその種と類の可能性を推論できる」という別の原則を引き出している。この別の原則を「原則二」と呼ぼう。この「原則二」を用いて「種」として世界の可能性を証明することが三五五項の狙いだというのがマイアーの見立てである。確かに、『形而上学』においてバウムガルテンは「原則二」に直接言及していない。しかし、「原則二」は「原則一」の系である。そのため、「原則一」を支持したバウムガルテンが「原則二」も支持していることは自明である。したがって、マイアーの解説は三五五項の解釈としても通用する。

マイアーの解説に依拠した場合、三五五項の議論は以下のように再構成できる。この世界という個体の中には、「数的差異」、「種的差異」、「類的差異」、「最高類」が持つ規定、という四種類の規定が含まれている。「数的差異」はこの世界に固有の規定（e. g.「カエサルはルビコン川を渡った」）、「種的差異」はこの世界と他の可能世界に共通する「種」としての世界に属する規定、「類的差異」は「種」としての世界と他の存在者の「種」が共有する「偶然的」、「有限」などの規定、「最高類」が持つ規定は「一」、「真」、「善」などの神も含む全ての存在者に共通の規定である。さて、われわれはこの世界が現実存在していることを経験によって知っている。これは、これらの四種類の規定が一つの個体において自己矛盾せずに共存できることを現に知っていることを意味する。この経験的な事実から、①

「種」としての世界が「鉄製の木」のような自己矛盾を含む概念ではないこと、②「種的差異」、「類的差異」、「最高類」が持つ規定をこの世界と共有しながらも、「数的差異」だけが異なる他の無数の世界を想定可能なこと、の二つが確証されるのである。①と②をバウムガルテンは「それゆえ、世界は内的に可能である」という形で簡潔にまとめていると推定される。

次に三五六項について考察しよう。この箇所で、バウムガルテンは「この世界において現実的なものどもは互いの外に定立されている。それゆえ普遍的で現実的な連結がある。（§279, 306）」(M. §356）と述べている。この記述について、マイアーは以下のように解説している。

世界とは有限で現実的な存在者どもからなる系列である。さて、有限な存在者どもは可能であり、全ての有限な存在者が相矛盾するのではない。それゆえ、多くの有限な存在者が共に現実存在しうる。したがって、このようなやり方でも世界一般が決して不合理や自己矛盾を含まない存在者であることは明らかである。(Meier *Metaphysik* II §295)

この引用文は上記で引用した三五五項に関する解説の直後の文章である。このことから、この引用文が三五六項の解説であることはほぼ疑いえない。さらに、書き方の違いはあれ、三五六項とこの解説の前半部の狙いはほぼ共通している。その狙いとは、われわれが経験するこの世界が三五四項における世界の定義に合致する性質を持つことを指摘することである。つまり、三五六項では、われわれの経験している「この世界」の中に「種」としての世界、あるいはその「種的差異」が含まれていることがダイレクトに指摘されているのである。したがって、マイアーの解説の後半部でも説明されているように、三五六項も「種」としての世界の可能性を証明する議論だと言えるだろう。

以上のことから、三五五項と三五六項の目的は経験に依拠して「種」としての世界が不合理な概念でないことを証明することにあったことがわかる。しかるに、この「種」としての世界こそがバウムガルテンの世界論の対象であった。したがって、三五六項までの記述を経てはじめて世界概念と世界論という学問の正当性が保証されるのである。

結

本稿では、バウムガルテンが世界概念の起源と正当性をどのように裏付けているかを明らかにしてきた。まず第三節で見たように、彼は存在者に「類的差異」と「種的差異」を加えていくことで世界概念を定義した。したがって、「最高類」としての存在者とその「差異」である「内的選言的述語」に「種」としての世界概念の起源があると言える。さらに第四節で見たように、この世界という個体の経験を起点にして、彼は「種」としての世界概念の正当性を確保した。このように、彼は、世界概念を存在者という「最高類」とこの世界という個体の間にある「種」概念と位置付けることで、世界概念を基礎づけたのである。

もちろん、バウムガルテンの世界論の全体像を明らかにするためには、定義された世界概念を分析していくプロセスもつぶさに見ていく必要がある。しかし、世界概念の起源と正当性が不明であれば、この分析そのものが無意味になってしまう危険がある。本稿は、バウムガルテンがこの危険を認識し、それを回避しようとしていたことを示すことはできたはずである。

凡例

バウムガルテンの著作からの引用の際には、『形而上学』をM.、『論理学講義』第一版をLog. と略記し、項番号を算用数字で示した。マイアーの四巻本『形而上学』は Meier *Metaphysik* と略記し、巻数をローマ数字で、項番号を算用数字で示した。原文のスモールキャピタルは《 》、ゲシュペルトとイタリックによる強調は傍点で示した。［ ］は引用者による補足である。なお、引用に際して使用したバウムガルテンとマイアーの著作の文献情報は以下の通りである。

M. ＝ Baumgarten, Alexander, Gottlieb, *Metaphysica / Metaphysik,* Historisch-kritische Ausgabe, übersetzt, eingeleitet und herausgegeben von Günter Gawlick und Lothar Kreimendahl, Frommann Holzboog, 2011.

Log. ＝ Baumgarten, Alexander, Gottlieb, *Acroasis Logica in Christianum L.B. de Wolff,* Halle, 1761, in: Christian Wolff Gesammelte Werke, 3. Abt. Bd. 5, Georg Olms, 1983.

Meier *Metaphysik* I ＝ Meier, Georg, Friedrich, *Metaphysik,* Erster Teil, Halle ^{2}1765, in: Christian Wolff Gesammelte Werke, 3. Abt. Bd. 108. 1, Georg Olms, 2007.

Meier *Metaphysik* II ＝ Meier, Georg, Friedrich, *Metaphysik,* Zweyter Teil, Halle ^{2}1765, in: Christian Wolff Gesammelte Werke, 3.

Abt. Bd. 108. 2, Georg Olms, 2007.

註

1　バウムガルテンによる予定調和説の擁護に関しては以下の諸文献で論じられている。Casula, Mario, Die Lehre von der prästabilierten Harmonie in ihrer Entwicklung von Leibniz bis A. G. Baumgarten, in: *Akten des II. Internationalen Leibniz-Kongresses, Hannover, 17-22. Juli, 1972*, Steiner Verlag, 1975, Bd. 3, S. 397–415. Watkins, Eric, *Kant and the Metaphysics of Causality*, Cambridge University Press, 2005. 増山浩人『カントの世界論――バウムガルテンとヒュームに対する応答』北海道大学出版会、二〇一五年。Guyer, Paul, Baumgarten, Kant and the Refutation of Idealism, in: Fugate, Courtney, D.; Hymers, John(eds.), *Baumgarten and Kant on Metaphysics*, Oxford University Press, 2018, pp. 154–170.

2　マイアーの解説書の特徴については増山、前掲書、二六頁以下を参照のこと。

3　中世哲学におけるラテン語 transcendens（超越するもの）とその複数形 transcendentia という語の用法とその出自については Aertsen, Jan, A., *Medieval Philosophy as Transcendental Thought: From Philip the Chancellor (ca. 1225) to Francisco Suárez*, Brill, 2012の第一章（pp. 13-34）を参照のこと。アーツェンによれば、中世哲学において transcendens は主に（1）transcendent（超越的）、（2）transcendental（超越論的）という二つの意味で使用されていたという。（1）は高貴さの点で他のあらゆる存在を越えたものとしての神、あるいは自然を越えたものとしての神を、（2）は普遍性の面で最高類や十のカテゴリーを越えたものとしての超越概念を指す。

4　《個物》（個体）という表現は『形而上学』一四八項の SINGULARE（individuum）を直訳したものである。この箇所でバウムガルテンは singulare と individuum を同義とみなしている。そこで以下では、singulare ＝

individuum を単に個体と訳して議論を進める。

5　Wolff, Christian, De notionibus directricibus et genuino usu philosophiae primae, in: *Horae subsecivae Marburgenses*, Frankfurt und Leipzig, 1729, in : Christian Wolff Gesammelte Werke, 2. Abt. Bd. 34. 1, Georg Olms, 1983, S. 338.

6　例えば、バウマイスターは類の定義を補足する際に、「以上のことから最高類が何であるかも理解されうる。すなわち、最高類とは他の全ての類の間の一致点である。例えば、可能なもの、すなわち存在者は最高類である」と述べている。Baumeister, Friedrich, Christian, *Institutiones Metaphysicae Ontologiam, Cosmologiam, Psychologiam, Theologiam denique Naturalem Complexae*, Wittenberg und Zerbst, ^{3}1738, in: Christian Wolff Gesammelte Werke, Abt. 3, Bd. 25, Georg Olms, 1988, §166. さらに、ゴットシェートも個体と種に関して説明した後で、「存在者の様々な種の間の類似性が類を与える（§36）。そして、複数の下位の類の間の類似性がより高位の類の概念を引き起こす機縁をなす（§37）。これら高位の類の中で最高の頂点にあるのが存在者一般（Ding überhaupt）である（§225）」と述べている。Gottsched, Johann, Christoph, *Erste Gründe der gesammten Weltweisheit*, Erster Teil, Leipzig, ^{7}1762. in: Christian Wolff Gesammelte Werke, 3. Abt. Bd. 20. 1, Georg Olms, 1983, §239.

7　「本質構成要素」、「属性」、「様態」、「関係」の内実については、増山、前掲書、三三～三五頁を参照のこと。

8　その一例としてはLeisegang, Hans, Über die Behandlung des scholastischen Satzes: „Quodlibet ens est unum, verum, bonum seu perfectum“, und seine Bedeutung in Kants Kritik der reinen Vernunft, *Kant-Studien*, 20（1-3）, 1915, S. 403-421. がある。同論文四〇七頁以下でライゼガングはバウムガルテンの存在者の述語群を『形而上学』の目次通りの順序で列挙する。その後同論文四〇八頁で、彼は「この順序で存在者の諸述語はバウムガルテンにおいて論じられている。これは本質的にはスコラ哲学において、例えばドゥンス・スコトゥスにおいて見られたのと本質的にまったく同じ区分であり、超越概念の意味も全く変わっていなかったのである」と述べている。また、レイもスコトゥスの「離接的様態」の教説の影響がバウムガルテンの存在論やカントのカテゴリー論にも見られると主張している。Vgl. Lay, Rupert, Passiones entis disiunctae, *Theologie und Philosophie*, 42, 1967, S. 51-78; 359-389.

9 存在者の「内的一般的述語」と「内的選言的述語」については、増山、前掲書、三三〜三九頁でも本節と異なる角度から解説した。しかし、本節の解説は以下の点で拙著のものとは大きく異なる。まず本節では、拙著には欠けていた「超越論的一」、「超越論的真」、「超越論的善」に関する簡単な説明を加えた。さらに本節では、『論理学講義』第一版七項の記述と「類的差異」、「種的差異」、「数的差異」の区別を手引きに、「内的選言的述語」の役割を拙著よりも明瞭かつ実証的に説明した。

10 バウムガルテンによる「現実性」の定義に関するより詳細な説明は、増山、前掲書、三三〜三六頁を参照のこと。

11 マイアーの解説のより詳しい紹介は増山、前掲書、二八頁以下を参照のこと。

12 Vgl. Kim, Chang, Won, *Der Begriff der Welt bei Wolff, Baumgarten, Crusius und Kant. Eine Untersuchung zur Vorgeschichte von Kants Weltbegriff von 1770*, Peter Lang, 2004, S. 136-139.『ドイツ語形而上学』において、ヴォルフは世界を「互いに隣り合い、継起しあいながらも、総じて互いに連結されている可変的存在者どもからなる一つの系列」と定義していた。Wolff, Christian, *Vernünfftige Gedancken von Gott, der Welt und der Seele des Menschen, auch allen Dingen überhaupt*, Halle, ^{11}1751. in: Christian Wolff Gesammelte Werke, 1. Abt. Bd. 2 1-2, Georg Olms, 2009, §544. しかし、ランゲはこの定義からは絶対的全体としての世界よりもハチで満たされたハチの巣や多数の馬が住んでいる牧草地、教会の塔にある複数の鐘からなるチャイムなどの相対的全体が連想されてしまうことを批判している。Vgl. Lange, Joachim, *Bescheidene und ausführliche Entdeckung der falschen und schädlichen Philosophie in dem Wolffianischen Systemate Metaphysico von Gott, der Welt und dem menschen*,[...] Halle, 1724. in: Christian Wolff Gesammelte Werke, 3. Abt. Bd. 56, Georg Olms, 1999, Sektion I, S. 58. なお、ランゲの批判やこの批判に対するヴォルフの応答については Kim, *a. a. O.*, S.

106–125において論じられている。

［付記］本稿は日本哲学会第八〇回大会公募WS「バウムガルテンによる諸学の基礎づけ――形而上学から美学へ」（二〇二一年五月一五日開催）での提題原稿「バウムガルテンによる世界論の基礎づけ――世界概念の起源と正当性の証明」を大幅に加筆修正したものである。WSに一緒に登壇してくださった津田栞里氏、井奥陽子氏、桑原俊介氏、および当日WSに参加してくださった皆様方にこの場を借りてお礼申し上げたい。なお、本稿はJSPS科研費（18K12190）による助成を受けた研究の成果の一部である。

第3章　カントのカテゴリー論と理念論

――世界概念の基礎づけをめぐる思考（2）

増山　浩人

序

本稿の目的は、『純粋理性批判』（以下、『批判』）においてカントが世界概念の基礎づけ、つまり世界概念の起源と正当性の証明をバウムガルテンとは異なる仕方で行っていたことを明らかにすることである。カントはバウムガルテンの『形而上学』を教科書とした形而上学講義を約四〇年間行ってきた。そのせいもあって、バウムガルテンの『形而上学』とカントの『純粋理性批判』（以下、『批判』）には主題および構成上の類似が認められる。存在者一般に関する概念を論じる点で、バウムガルテンの存在論と『批判』の「超越論的分析論」（以下、「分析論」）は主題を同じくする。さらに、『批判』の「超越論的弁証論」（以下、「弁証論」）とバウムガルテンの心理学、世界論、自然神学は、魂、世界、神という共通の対象を扱っているのである。他方、同書の随所で、カントはいわゆる独断的形而上学の一例としてバウムガルテンの形而上学を激しく批判している。

そこで本稿では、『批判』においてカントがバウムガルテンによる世界概念の基礎づけの問題点を指摘し、新たな世界概念の基礎づけの方法を提唱するプロセスをたどってみたい。まず第一節では、カテゴリーの「超越論的使用（der transzendentale Gebrauch）」は不可能であるという主張によって、カントがバウムガルテン形而上学に対する抜本的な批判を行っていたことを明らかにする。第二節では、カントが理性の「論理的使用（der logische Gebrauch）」と「実在的使用（der reale Gebrauch）」を区別していたこと、前者の原理を「論理的格率（die logische Maxime）」、後者の原理を「純粋理性の最高原理（das oberste Prinzip der reinen Vernunft）」と呼んでいたことを確認する。そのうえで、理性の「実在的使用」が経験を超えた対象に関する概念と原則の源泉であることを示す。第三節と第四節ではいわゆる理念の「形而上学的演繹」を概観する。まず第三節では、「論理的格率」を「純粋理性の最高原理」に変換し、そこから無条件者の概念を取り出すことが理念の「形而上学的演繹」の出発点であることを確認する。続けて、第四節では理念の「形而上学的演繹」の展開過程を明らかにする。具体的には、無条件者の概念を特殊化し、魂、世界、神という理念の標題を導出することが理念の「形而上学的演繹」の核であることが示される。第五節では、理念の「形而上学的演繹」はカント以前の形而上学者が仮象に引きずられて魂、世界、神という誤った概念を導出するプロセスをカントが再現したものだ、という通説の問題点を指摘する。以上の考察から、a．カテゴリーの「超越論的使用」を否定するだけでカントはバウムガルテンによる世界概念の起源の証明を否定できたこと、b．理念の「形而上学演繹」はバウムガルテンとは異なる方法で世界概念の起源と意味内容を特定する議論であったこと、c．理念の「客観的演繹」を否定することで、カントはバウムガルテンによる世界概念の正当性の証明を否定したこと、の三点が明らかになるはずである。

一　カテゴリーの「超越論的使用」に対する批判とその射程

本節では、カテゴリーの「超越論的使用」を否定することでカントがバウムガルテン形而上学のどのような点を批判したのかを明らかにする。『批判』「分析論」第二編「原則の分析論」（以下、「原則論」）第三章「あらゆる対象一般をフェノメナとヌーメナに区分する根拠について」で、カントは、①カテゴリーの「超越論的使用」は物一般に対するカテゴリーの使用である（Vgl. B298, B303）、②カテゴリーは「経験的使用」のみが可能であり、「超越論的使用」は不可能である（Vgl. B303）、という二つの主張を行っている。久保が指摘しているように、物一般（Ding überhaupt）とは ens in genere（存在者一般）の独訳であり、一八世紀ドイツの講壇哲学者は存在論の対象を示すためにこの表現を使用していた[1]。したがって、カテゴリーの「超越論的使用」とは、ヴォルフやバウムガルテンが存在論において行っていたカテゴリー使用だと推測される。

確かに、カテゴリーの「超越論的使用」をヴォルフ学派の存在論と切り離して解釈する論者もいる[2]。しかし、カテゴリーの「超越論的使用」を否定することを通じて、カントはヴォルフ学派の存在論を批判したとみなす解釈が先行研究においては主流派を占める[3]。本稿もこの解釈を支持する。この主流派の解釈が正当であることは以下の有名な一節によって裏付けられる。

悟性の諸原則は単に諸現象を解明するための原理にすぎず、物一般に関するアプリオリな総合的認識（例えば原因性の原則）を体系的教説において与えると僭称する存在論という尊大な名称は純粋悟性の単なる分析論という控え目な名称に席を譲らなくてはならない。（B303）

この一節を以下ではB303と呼ぼう。この箇所で、カントは誤った「物一般に関するアプリオリな総合的認識」の例として「原因性の原則」を挙げている。以下では、彼がこの例を挙げた背景を示しながら、B303を解釈し、カテゴリーの「超越論的使用」の内実を確定したい。

B303において「原因性の原則」ということでカントが念頭に置いているのは、バウムガルテンの「充足理由律」とその証明である。バウムガルテンは、前提①「あらゆる可能なものは理由を持つ」か「あらゆる可能なものは理由を持たない」かのいずれかである、前提②後者の場合、あらゆる可能なものの理由が無になるが、それは不合理である、という二つの前提から「あらゆる可能なものは十分な理由を持つ」という「充足理由律」を証明していた（Cf. M. §§ 20-22）。さて、彼は可能なものと存在者をほぼ同一視していた（Cf. M. § 61）。したがって、「あらゆる存在者は十分な理由を持つ」という命題も彼にとっては「充足理由律」だと言える。

続けて、彼は理由を「可能性の理由」、「現実性の理由」、「認識の理由」に区分した（Cf. M. § 307,

311)。これに対応して、「充足理由律」は厳密には三種類あることになる。さらに、バウムガルテンは他の「現実性の理由」を含むものを原因と呼んでいる（Cf. M. § 311）。そのため、「あらゆる存在者は十分な現実性の理由を持つ」という「理由律」の一変種は、「あらゆる存在者は原因を持つ」という「原因性の原則」とほぼ重なることになる。したがって、上記の「充足理由律」の証明によって「原因性の原則」も一緒に証明されてしまうことになる。

実際、『批判』において、カントはバウムガルテンの「充足理由律」の証明を「原因性の原則」の誤った証明とみなし批判を向けている。そのエッセンスは、「超越論的方法論」第一章第四節「証明に関する純粋理性の訓練」冒頭部の以下の記述からうかがい知ることができる。

というのも、この証明〔e. g. 原因性の原則の証明〕が示すのは与えられた概念（例えば、生起するものという概念）が直接他の概念（原因の概念）へと通じているということではない。というのも、そのような移行はまったく正当化できない飛躍であろうからである。むしろ、この証明が示すのは、経験そのものが、それゆえに経験の客観がそのような連結なしには不可能だということである。したがって、この証明は諸物の概念の中には含まれていなかった諸物に関するある種の認識に総合的かつアプリオリに到達する可能性を同時に示さなくてはならなかったのである。（A783/B811）

まずこの引用文の前半部で、カントは概念分析による「原因性の原則」の証明は不可能だと主張している。この主張は明らかにバウムガルテンの「充足理由律」の証明の批判を意図している。続けて、彼は、「原因性の原則」は出来事とその原因との間の連結が経験を成立させるための条件であることを示すことで証明されると主張している。裏を返せば、この箇所で、彼は経験の対象でないものを「原因性の原則」の適用対象から除外しているのである。そのうえで、彼は経験の可能性の条件としての「原因性の原則」が事物に関するアプリオリな認識であることを強調している。実際、この二点をカントは「原則論」の「第二類推論」で証明していた。

このことから、カントはバウムガルテンの「原因性の原則」の証明に以下の二つの誤りがあったと診断していることがわかる。それは、①本来アプリオリな総合判断である「原因性の原則」を分析判断とみなす、②本来経験の対象にしか妥当しない「原因性の原則」を物一般に妥当するとみなす、という二つの誤りである。実際、この二つの誤りこそがヴォルフ学派による「充足理由律」の証明が常に失敗に終わった原因であるとカントはたびたび主張している（Vgl. A217/B264f., A783/B811）[4]。

カントがB303において「原因性の原則」に言及しているのは以上の背景に基づく。確かに、バウムガルテンにとって「原因性の原則」は物一般についての分析的認識である。しかし、この原則は本来誰にとってもアプリオリかつ総合的でしかありえないとカントは考えていた。B303で彼が「原因性の原則」を「物一般についてのアプリオリな総合的認識」と呼んでいたのはそのためである。さらにB303で、カントは存在論を「物一般についてのアプリオリな総合的認識を体系的教説において与える」試みと述べていた。この記述から、カントが前論文で説明したバウムガルテンの「存在者の述語」に関する議論全てを「物一般についてのアプリオリな総合的認識」の試みとして解釈していることもわかる。この点に限れば、カントはバウムガルテンの存在論の特色をよくとらえている。というのも、バウムガルテンは「存在者の述語」を「あらゆる存在者は超越論的一である」、「あらゆる存在者は偶然的か必然的かのいずれかである」といった存在者を主語とする全称命題の形で提示しているからである。

以上のB303に関する考察から、カテゴリーの「超越論的使用」の内実も特定できる。まず、その定義上、この使用はヴォルフやバウムガルテンの存在論におけるカテゴリー使用である。さらに、バウムガルテンの存在論では「存在者の述語」、すなわちカテゴリーが「あらゆる存在者は〜である」という形で列挙されている。B303の記述からは、カントもこの特徴を的確に理解していたと推測される。したがって、カテゴリーの「超越論的使用」とは「存在者＝物を主語とする全称命題の述語としてカテゴリーを使用すること」と定式化できる。B303において、カントは、「分析論」の成果に基づいて、このタイプの全称命題が偽であること、それゆえにバウムガルテンの存在論が不当な前提の上に成り立っていることを示したのである。

しかし、ここで一つ問題が生じる。バウムガルテンは、存在論で提示した全称命題に全面的に依拠して心理学、世界論、自然神学の考察を展開していた。したがって、カントはバウムガルテンの存在論を否定することで、彼が魂、世界、神を定義・分析する道具立ても偽物だったと批判していることになる。では、カントはその代わりにどのような道具立てで特殊形而上学の対象を探求したのだろうか。この点を次節以降では明らかにしたい。

二　理性の「論理的使用」と「実在的使用」

カントは、純粋悟性概念＝カテゴリーと純粋理性概念＝理念を区別し、魂、世界、神は後者に属すると主張した。さらに、『プロレゴーメナ』四一項において、彼はカテゴリーと理念の区別を行わずに特殊形而上学を行うことに強い批判を向けている（Vgl. IV 328f.）。この批判によって、彼はバウムガルテンとは異なる道具立てで、魂、世界、神を扱うことを表明している。本節では、その道具立てである理性の特徴を素描したい。

カントは悟性を「規則の能力（das Vermögen der Regeln）」、理性を「原理の能力（das Vermögen der Prinzipien）」と呼んでいた（Vgl. A299/B356）。そのうえで、彼は以下のような問いを立てている。

> 理性を孤立させることはできるのだろうか。そして、その場合にもなお理性はもっぱら自身から生じる諸概念や諸判断の固有の源泉であり、これらの諸概念や諸判断を通して理性は対象に関係するのだろうか。それとも理性は単に与えられた認識に論理的と呼ばれるある種の形式を与える従属的な能力にすぎないのだろうか。そして、この形式によって、比較を通じて成就されうる限りで、悟性認識が単に相互に、また低次の規則が他のより高次の規則（その条件はより低次の規則の条件を自身の圏域において包括している）に従属させられるにすぎないのだろうか。（A305/B362）

この引用文では、理性の二通りの機能が取り上げられている。後半部では、理性は論理形式を用いて、所与の認識の間に序列をつける機能を持つとされている。これはいわゆる推論機能のことであり、この機能を使用することをカントは理性の「論理的使用」と呼んでいる。しかし、悟性が供給する対象に関する認識や判断がなければ、推論を行うことはできない。それゆえ、仮に理性が推論機能しか持たないとすれば、理性は悟性に依存する従属的な能力でしかないことになる。他方前半部では、「論理的使用」とは異なる理性の機能が示されている。それは、悟性や感性に依存せずに、理性単独で対象に関する概念や原則を生み出す機能であり、この機能を使用することをカントは理性の「実在的使用」と呼んでいる。「弁証論」「序論」では、この二つの使用の相違点が示されている。

まず、カントは理性の「論理的使用」について三段論法の形成過程に即して解説している（Vgl. A304f./B360f.）。例えば（大前提）「人間は死ぬ」は、悟性によって形成される規則である。他方、（小前提）「ソクラテスは人間である」は、判断力によってある概念を規則の主語に包摂することで形成される。最後に、（結論）「ソクラテスは死ぬ」は、小前提の主語を大前提の述語によって規定する理性の働きによって形成される。つまり、理性の「論理的使用」は大前提と小前提から結論を導き出すことで三段論法を形成する働きだと言える。カントが三段論法を理性推理（der Vernunftschluss）とも呼ぶのはそのためである。

さらに、カントは三段論法の大前提、特にその主語を「原理」あるいは「条件（die Bedingung）」、結論を「条件づけられたもの（das Bedingte）」とも呼んでいる。それは、「プラトンは死ぬ」、「アリストテレスは死ぬ」などの他の多くの認識をこの一つの大前提から導出された結論として位置付けることができるからである。もちろん、「人間は死ぬ」といった通常の三段論法の大前提は「相対的原理」（A301/B358）にすぎない。というのも、この大前提を結論とした三段論法をさらに形成することができるからである。それは（大前提）「哺乳類は死ぬ」、（小前提）「人間は哺乳類である」、（結論）「人間は死ぬ」という三段論法である。この二つ目の三段論法において、「人間は死ぬ」という結論は「哺乳類は死ぬ」という「原理」あるいは「条件」から導出された「条件づけられたもの」と位置付けられる。このように、三段論法を連結することで諸条件の系列を遡っていく手続きが「前三段論法（der Prosyllogismus）」と呼ばれている。「前三段論法」によって諸条件の系列を遡っていく際に、理性はこれ以上遡及できない原理、つまり「無条件者（das Unbedingte）」に到達することを目指さなくてはならない。無条件者に到達することによってのみ、理性は唯一の原理に従って多数の悟性認識を統一するという自身の使命を達成できるからである。だからこそ、カントは「悟性の条件づけられた認識に対して無条件者を見出し、この無条件者によってこの認識の統一を完成させること」（A307/B364）という指令を理性の「論理的使用」の固有の原理、つまり「論理的格率」とみなしているのである。

他方で、カントは以下の命題を「純粋理性の最高原理」として導入している。

条件づけられたものが与えられているならば、相互に従属させられた諸条件の系列全体、それゆえそれ自体は無条件的であるこの系列全体もまた与えられている（すなわち対象とそれらの連結において

含まれている）。（A307f./B364）

この原理は三つの特色を持っている。一つ目の特色は、この原理が複数の対象間の制約‐非制約関係に関する命題だということである。二つ目の特色はこの原理がアプリオリな総合判断だということである。というのも、カントによれば、「条件づけられた対象が与えられている」という事実の分析から、「その条件が与えられている」ことは明らかにできるとしても、「その条件の系列全体が与えられている」ことは明らかにできないからである。三つ目の特色は、この最高原理がより下位の原則の源泉となることである。これら三つの特色から、「純粋理性の最高原理」は理性の「実在的使用」の原理であることがわかる。この最高原理を使って理性は単独で対象に関するアプリオリな概念と原則を生み出すことができるからである。

さらに、「純粋理性の最高原理」から生じる原則の性質について、カントは以下のように述べている。

> しかし、この純粋理性の最高原理から生じる諸原則はあらゆる現象に関して超越的（transzendent）であろう。つまり、この原理に関してはそれに適合する経験的使用は決してなされえないだろう。したがって、この原則は悟性のあらゆる原則（それらの使用は全面的に内在的（immanent）である。というのも、悟性の諸原則は経験の可能性のみを主題にするからである）とは完全に区別されるだろう。（A308/B365）

この一節の冒頭では、「純粋理性の最高原理」とそこから生じる諸原則が「超越的」、悟性の諸原則が「内在的」と特徴づけられている。この特徴づけは、先行する箇所で行われた「内在的原則（der immanente Grundsatz）」と「超越的原則（der transzendente Grundsatz）」の区別を下敷きに行われている。「内在的原則」とは「その適用が完全に可能的経験の制限内にとどまる原則」（A295f./B352）であり、「超越的原則」とは「この限界〔＝可能的経験の限界〕を必ず超え出てしまう原則」（A296/B352）である。さらに、後者をカントは「この制限〔＝可能的経験の制限〕を取り去る原則、それどころかこの制限を踏み越えることを命じる原則」（A296/B353）とも特徴づけている。つまり、「超越的原則」とは経験の外に関する事柄を扱う原則、あるいは経験の内部にとどまれという制限を取り払うことを命じる原則なのである。したがって、上記の引用文において、カントは経験の内部と外部という二つの領域を悟性の原則と理性の原則という二つの異なる原則が担当すべきだと主張しているのである。

以上のように、カントは理性に単なる推論機能とは異なる「実在的使用」を認めていたことがわかる。この「実在的使用」こそが経験の領域外の対象に関する「超越的原則」の源泉なのである。しかし、カントは「実在的使用」によってアプリオリな概念も生み出されると主張していた。このアプリオリな概念こそが理性概念、つまり理念である。次節以降では、理性の「実在的使用」によって理念が生み出されるプロセスを考察したい。

三　理念の「形而上学的演繹」の出発点
――「論理的格率」からの「純粋理性の最高原理」と無条件者の概念の導出

本節と次節では、理性の「実在的使用」によって理念が導出される過程を概観する。このプロセスを集中的に論じているのが、「弁証論」第一編「純粋理性の諸概念について」である。同編第二節「超越論的理念について」においてカントは以下のように述べている。

しかし、われわれの意図に沿うように、われわれはここでは実践的理念を脇に置き、それゆえ、思弁的使用においてのみ、しかも思弁的使用といってもより狭く、すなわち超越論的使用においてのみ理性を考察する。さて、ここでわれわれは前にカテゴリーの演繹において採用したのと同じ道をとらなくてはならない。すなわち、理性認識の論理的形式を比較考量し、諸客観そのものを理性の機能のいずれかに関してアプリオリかつ総合的に規定されたものとみなすことで、ひょっとしたら理性が諸概念の源泉にもならないかどうかを見なくてはならない。(A329/B386)

この引用文で、カントは理念を導出するための方針を明示している。まず、彼は理性の「超越論的使用」に考察の焦点を絞ると述べている。前後の文脈を見る限り、ここでの「超越論的使用」は「実在的使用」と同義である。したがって、彼はここでも理性の「実在的使用」が理念の導出の起点になることを強調していると言える。

続けて、カントは理念の導出は「カテゴリーの演繹」と同じ手続きを取る必要があると述べている。もちろん、ここでの「カテゴリーの演繹」とは、カテゴリーが経験の可能性の条件であることを証明する「客観的演繹」や「超越論的演繹」のことではない。というのも、カントは「これらの超越論的理念については、われわれがカテゴリーについて与えることができたようないかなる客観的演繹も本来不可能である。というのも実際には、超越論的理念は、まさにそれらが単なる理念であるがゆえに、それらに合致した形で与えられうる客観と全く関係を持たないからである」(A336/B393) と明言しているからである。むしろ、カントがここで念頭においているのは、いわゆるカテゴリーの「形而上学的演繹」である (Vgl. B159)。

理念の導出との類似点を確認するために、カテゴリーの「形而上学的演繹」の手続きを概観しておこう。第二版「演繹論」において、カントは「与えられた直観の多様が判断の機能に関して規定されている限りにおいて (§ 13)、カテゴリーとはまさにこの判断の機能にほかならない」(B143) と述べていた。類似の記述は『批判』や『プロレゴーメナ』の他の箇所でも多数見られる (Vgl. A79/B104f., B128, IV 302)。これらの記述からわかるように、判断形式とカテゴリーは実は同一の悟性の機能に基づいている。つまり、同じ悟性の機能が、複数の概念や判断を結合するために使われた場合には判断の論理的機能あるいは論理形式と呼ばれ、直観に与えられた対象を規定するために使われた場合にはカテゴリーと呼ばれるのである。この判断形式とカテゴリーとの対応関係を根拠に、一二の判断形式が一二のカテゴリーの起源であることを示すのがカテゴリーの「形而上学的演繹」である。[5] さて、「弁証論」において、カントはカテゴリーの「形而上学的演繹」の手法を理念の導出にも適用している。つまり、彼は推論形式と理念の対応関係を根拠に、三つの推論形式から魂、世界、神という理念を導出しようとするのである。そこで以下では、この議論を理念の「形而上学的演繹」と呼ぼう。

カントが理念の「形而上学的演繹」を「弁証論」のどの箇所で開始しているのかについては議論の余地がある。しかし、本稿ではヴィラシェクが「移行パッセージ」と呼んだ一節[6]を理念の「形而上学演繹」の出発点であると解釈したい。[7] 前節で見たように、カントは理性の「論理的使用」の原理を「論理的格率」、理性の「実在的使用」の原理を「純粋理性の最高原理」と呼んでいた。[8]「移行パッセージ」において、両原理の関係をカントは以下のように説明している。

> しかし、この論理的格率が純粋理性の原理になりうるのは、条件づけられたものが与えられているならば、相互に従属させられた諸条件の系列全体、それゆえそれ自体は無条件的であるこの系列全体もまた与えられている（すなわち対象とそれらの連結において含まれている）、と想定する場合に限られる。（A307f./B364）

冒頭部の「純粋理性の原理」とは「純粋理性の最高原理」のことである。ところが後半部で「想定する」と言われている命題も実は「純粋理性の最高原理」である。したがって、「移行パッセージ」で、カントは「純粋理性の最高原理」を想定することによってのみ、「論理的格率」が「純粋理性の最高原理」になるという一見奇妙な主張をしていることになる。以下では、この主張を、a.「論理的格率」に従う理性は同時に「純粋理性の最高原理」を想定せざるをえないこと、b.「論理的格率」と「純粋理性の最高原理」の間には内容上の対応関係があること、の二点に着目して解説する。

まずa.に関して。前節で見たように、「論理的格率」は、前三段論法によって、条件づけられた認識Q(e.g.ソクラテスは死ぬ)から出発して、「認識Q→認識P→認識O……」という認識の条件の系列を遡ることで、この系列の終項、つまり無条件な認識を発見することを命じる。しかし、この系列に属する認識の具体的内容(Q、P、O……)は認識に対応する対象の側に依存する。そのため、「認識Qの条件の系列を遡行して無条件な認識を見出すこと」という「論理的格率」を達成するためには、それに対応する対象も「対象Q→対象P→対象O……終項」という完結した条件の系列をなした状態で与えられている必要がある。さて、「純粋理性の最高原理」とは、簡単に言えば「ある条件づけられた対象が与えられているならば、その完結した条件の系列全体も与えられている」という命題である。したがって、「純粋理性の最高原理」を想定することなしに「論理的格率」の達成は不可能である。

さて、「論理的格率」は理性による自分自身に対する命令である。しかし、達成不可能だと知っていることを自分に対して命じることは端的にナンセンスである。例えば、「定規とコンパスだけで任意の角を三等分せよ」という達成不可能だと知っている命令を本気で自分に命じることは無意味で矛盾したふるまいでしかない。しかるに、「純粋理性の最高原理」を想定することは「論理的格率」という命令を達成するために不可欠である。したがって、「論理的格率」を自分自身に命じる理性は、同時に「純粋理性の最高原理」を想定せざるをえない。そうでなければ、「論理的格率」は「定規とコンパスだけで任意の角を三等分せよ」という命令と同レベルで達成不可能な命令となり、この命令を自分に命じている理性はナンセンスな行いをしていることになるからである。「ある認識が条件づけられているとみなされる場合、上昇方向への諸条件の系列を完結したものとしてみなし、その全体性の点で与えられているものとみなすように理性は強いられている」(A332/B388)とカントが述べているのはそのためである。

次にb．に関して。前述のように、「純粋理性の最高原理」とは「ある条件づけられた対象が与えられているならば、その完結した条件の系列全体も与えられている」という原理であった。しかし完結した条件の系列全体は定義上他のいかなる対象にも依存していない。それゆえ、「移行パッセージ」でもほのめかされているように、この系列全体こそが対象の側の無条件者である。したがって、「論理的格率」も「純粋理性の最高原理」も「条件づけられたものはその無条件者を要求する」というほぼ同一の内容を持っていることになる。両者の差異は前者が認識の側の無条件者にかかわるのに対し、後者が対象の側の無条件者にかかわるという点にある。このことから、「純粋理性の最高原理」は対象の領域に適用された「論理的格率」と言えるのである。[9]

以上の背景を踏まえた場合、「移行パッセージ」の主張は以下のように解釈できる。「純粋理性の最高原理」を想定することは、理性が「論理的格率」に従うために不可欠な条件であった。しかるに、自らが想定すべき「純粋理性の最高原理」を理性は「論理的格率」を対象の側に適用することで作り出す。このことこそカントが「論理的格率が純粋理性の原理になる」と呼ぶ事態に他ならない。さて、「純粋理性の最高原理」を想定することで、対象の側の無条件者の理念が獲得される。したがって、「移行パッセージ」で、カントは「純粋理性の最高原理」と対象の側の無条件者という理念の起源がともに「論理的格率」という論理的原理にあると主張しているのである。この点で、「移行パッセージ」は理念の「形而上学演繹」の出発点をなしていると言える。

しかし、「論理的格率」に起源を持つ対象の側の無条件者という理念は「あらゆる理念概念に共通の標題」(A324/B380) でしかない。魂、世界、神という理念は、この無条件者の理念を特殊化することで生み出される。次節では、この特殊化のプロセスに着目することで、カントが理念の「形而上学的演繹」をどのように展開していったのかを明らかにしたい。

四　理念の「形而上学的演繹」の展開
——超越論的理念の「三つの標題」と「純粋理性概念の諸様態」の導出

本節では、カントが理念の「形而上学的演繹」をどのように展開していったのかを明らかにする。その過程を理解する鍵となるのが以下の一節である。

あらゆる超越論的理念のこれら三つの標題の下にどのような純粋理性概念の諸様態が属するのかは後

続する数章で余すことなく説明されるだろう。これらの諸様態はカテゴリーを手引きにして展開される。(A335/B392)

ここでカントは超越論的理念の「三つの標題(drei Titel)」と「純粋理性概念の諸様態(Modi der reinen Vernunftbegriffe)」を区別している。三つの標題とは魂、世界、神という理念のことである。他方、「純粋理性概念の諸様態」とはこれら三つの理念のより具体的なあり方のことである。上記の引用文をカントは三つの標題を導出した直後に書いている。このことから、魂、世界、神という三つの理念をカントはその直前の①「弁証論」第一編「純粋理性の諸概念について」第二節「超越論的理念について」(A321-332/B377-389)、②同編第三節「超越論的理念の体系」(A333-338/B390-396)、の二か所で導出していたことがわかる。他方、上記の引用文で、カントは魂、世界、神の諸様態を「後続する数章」、つまり③「弁証論」第二編「純粋理性の弁証論的推論」第一章「純粋理性の誤謬推理について」、第二章「純粋理性のアンチノミー」、第三章「純粋理性の理想」で導出すると予告しているのである。

①〜③の議論は以下のように整理できる。①において、カントは定言的理性推理、仮言的理性推理、選言的理性推理という三種類の理性推理の形式に対応する無条件者を導出している(Vgl. A323/B379f.)。この議論は「論理的格率」と「純粋理性の最高原理」を三種類に区分することで、三種類の特殊な無条件者を取り出す議論として解釈できる。続けて②で、カントは判断における表象の相関者として、主観、現象、思考対象一般の三種類を区別する(Vgl. A333f./B390f.)。そのうえで、この区別に

依拠して、彼は①で得られた無条件者をそれぞれ魂、世界、神という三つの理念の標題に限定する。さらに③において、カントは量・質・関係・様相というカテゴリーの項目に依拠して魂、世界、神という理念の諸様態の導出を試みている。以下では、①から③の議論を仮言的理性推理の形式から世界という理念とその諸様態を導出する場面を例にして説明する。

まず、①に関して。仮言的理性推理とは「(大前提) PならばQである、(小前提) Pである、(結論) Qである」といういわゆるモーダスポネンスのことである。仮言的理性推理を連ねていくことで、われわれは「認識Q→認識P→認識O→……」という前提の系列を上昇することができる。この遡行を行う際に、理性は「さらに何ものも前提しない前提」(A323/B379f.)、つまり究極前提をなす認識という無条件者を見出すことを自らに命じる。これが仮言的理性推理を行う際の理性の「論理的格率」である。この格率に従う際、理性はこの格率に対応する特殊化された「純粋理性の最高原理」を想定せざるをえない。それは条件づけられた認識Qに対応する対象Qが与えられているならば、「対象Q→対象P→対象O……終項」という前提の系列全体も与えられているという原理である。この原理によって想定される対象の側の前提の系列全体こそがカントの言う「系列の諸項の仮言的総合の無条件者」(A323/B379)である。終項を持つ以上、この系列全体はいかなる他の対象にも依存していないからである。次に②において、この前提の系列に含まれる諸対象が現象に限定される。この限定によって得られた「現象Q→現象P……終項」という前提の系列全体、つまり「あらゆる現象の総体」(A334/B391)が世界という理念なのである。

最後に③に関して。「弁証論」第二編第二章「純粋理性のアンチノミー」第一節「宇宙論的理念の体系」において、カントは量・質・関係・様相のカテゴリーに対応する四つの宇宙論的理念を一つの表にまとめて提示している（Vgl. A415/B443）。量のカテゴリーに対応するのは、現時点から過去に遡っていく時間系列全体、および目の前の空間からこの空間を取り囲む別の空間に遡っていく空間系列全体である。質のカテゴリーに対応するのは、任意の物質からそれを構成する諸部分へと遡っていく系列全体である。関係のカテゴリーに対応するのは、目の前の出来事からその原因へと遡っていく因果系列全体であり、様相のカテゴリーに対応するのは、任意の偶然的なもの、つまり可変的なものの現実存在からそれが依存する別の現実存在に遡っていく依存関係の系列全体である。カントはこれら四つの系列全体を「世界に関する諸概念（Weltbegriffe）」[10]とも呼んでいる。それは、これらの系列全体が②で導出された世界という理念のより具体的な内容をそれぞれ異なる角度から示しているからである。

以上のことから、①〜③の議論を経て、カントが魂、世界、神という三つの理念の標題とそれらの諸様態を導出しようとしていたことは疑いえない。彼は魂、世界、神という標題だけでなくその諸様態も理念と呼んでいた。この点に着目して、クリメックとヴィラシェクは九個ないし一二個の理念の諸様態を導出することが理念の「形而上学的演繹」の目的と解釈する。[11]しかし、前節で見たように、「形而上学的演繹」とは個別の論理形式からそれに対応する個別の対象に関する概念を導出する方法論である（Vgl. B159）。理念に関してこの方法論が使われているのは、三つの推論形式からそれに対応する魂、世界、神という理念の標題を導出する場面である。それに加え、カントはこれら三つの標題が理念であることを否定していない。したがって、厳密な意味での理念の「形而上学的演繹」の核は①と②、特に①であり、③はその付論として解釈されるべきである。[12]

さらに、①と②の議論はある哲学史的な意義を持っている。前論文で見たように、バウムガルテンは世界を他の系列の部分ではない「有限な現実的なものどもからなる系列（多、全体）」(M. § 354)、つまり有限な実体からなる絶対的全体と定義した。このように定義された世界概念は、①と②においてカントが導出した「あらゆる現象の総体」としての世界とほぼ同じ意味内容を持っている。したがって、理念の「形而上学的演繹」はバウムガルテンとは異なる仕方で世界概念の起源を説明する議論だと結論づけることができる。

五「超越論的仮象」の理論とカントによるバウムガルテン批判の射程

最後に本節では、この結論とカントの「超越論的仮象（der transzendentale Schein）」の理論との関係を明らかにする。「超越論的仮象」とは、人間の理性が自らの本性に基づき不可避的に陥ってしまう一種の錯覚のことである。カントによると、この仮象は主観的原則を客観的原則と取り違えることによって生じるという（Vgl. A298/B354）。この仮象を暴露し、新たな形而上学の可能性を示すのが「仮象の論理学」たる「弁証論」の目的である。以上の背景から、理念の「形而上学的演繹」はカント以前の形而上学者が仮象に誘導されて魂、世界、神という三理念を導出するプロセスをカントが再現した議論であると解釈されることがある。この解釈を「素朴な再現説」と呼ぼう。[13] しかし、「素朴な再現説」は前節の結論と衝突するように見える。そこで本節では、「素朴な再現説」の問題点を指摘することで、この結論を補強したい。

「素朴な再現説」の問題点の一つは、バウムガルテンの議論のディテールをとらえ損ねている点にある。前論文で確認したように、バウムガルテンは以下の四つの選言的理性推理を連ねて世界概念を導出していた。「推論①（大前提）あらゆる存在者は有限か無限かのいずれかである、（小前提）ある存在者Xは無限ではない、（結論）ある存在者Xは有限である」、「推論②（大前提）あらゆる有限な存在者は全体か部分かのいずれかである、（小前提）ある有限な存在者Xは部分ではない、（結論）ある有限な存在者Xは全体である」、「推論③（大前提）あらゆる有限な全体は有限な実体からなる全体か有限な偶有性からなる全体かのいずれかである、（小前提）ある有限な全体Xは有限な偶有性からなる全体ではない、（結論）ある有限な全体Xは有限な実体からなる全体である」、「推論④（大前提）あらゆる有限な実体からなる全体は絶対的全体か相対的全体かのいずれかである、（小前提）ある有限な実体からなる全体Xは相対的全体ではない、（結論）ある有限な実体からなる全体Xは絶対的全体である」、「推論④の結論の敷衍　有限な実体からなる絶対的全体Xは世界である」。これに対し、理念の「形而上学的演繹」は、世界という理念を「純粋理性の最高原理」を仮言的理性推理の形式によって限定することで導出している。したがって、両者の世界概念の導出方法は全く異なる。しかし、「素朴な再現説」は両者を安易に重ね合わせることでこの相違点を覆い隠してしまうのである。

確かに、以上の指摘だけでは「素朴な再現説」を完全に否定することはできない。バウムガルテン以外のカント以前の形而上学者が仮象に誘導されて理念を導出していた可能性は依然として残るからである。しかし、以上の指摘から、この「カント以前の形而上学者」という大きい主語の中にバウムガルテンを含めるのは無理があることがわかる。したがって、前節で結論づけたように、理念の「形而上学的演繹」はやはりバウムガルテンとは異なる哲学者が魂、世界、神という理念を導出する道筋の示した議論と解釈するのが自然なのである。[14]

とはいえ、カントはバウムガルテンの世界概念の導出方法を批判していなかったわけではない。バウムガルテンは「あらゆる存在者は有限か無限かのいずれかである」という選言命題から出発して世界概念を導出していた。この選言命題は「あらゆる存在者は~である」という全称命題の述語としてカテゴリーを使用すること、つまりカテゴリーの「超越論的使用」に基づいている。したがって、第一節で見たように、バウムガルテンの世界概念の導出を無効化するために、カントはカテゴリーの「超越論的使用」を否定するだけで十分だったのである。

結

本稿の考察を通じて、カントがバウムガルテンを批判しつつ、新たな世界概念の基礎づけを行うプロセスが明らかになった。まず、バウムガルテンと異なり、カントは世界を理性の「実在的使用」に端を発する理念だと主張した。そのうえで、彼は、理念の「形而上学的演繹」というバウムガルテンとは異なる仕方で世界概念を獲得するための方法論を示したのである。他方で、彼はカテゴリーの「超越論的使用」を否定することで、バウムガルテンが世界概念を定義した際の前提を無効化した。以上のことによって、カントは「存在者の述語」、つまりカテゴリーに依拠したバウムガルテンによる世界概念の起源の証明と袂を分かったのである。

さらに、本章第三節で見たように、カントは理念の「客観的演繹」は不可能だと主張していた。これは、世界概念に対応する対象は実際には存在しえないという主張に他ならない。さて、前論文で見たように、バウムガルテンは世界概念に対応するこの現実世界が実際に存在するという前提のもとに世界概念の正当化を図っていた。したがって、理念の「客観的演繹」を否定することで、カントはバウムガルテンが世界概念の正当性を証明した際の前提を無効化したと言える。以上の考察によって、カントが世界概念の起源と正当性をバウムガルテンとは異なる仕方で証明しようとしていたことが明らかになったはずである。[15]

さて、『批判』において、カントはバウムガルテンの『形而上学』というラテン語の書物と対決した成果をドイツ語で発表した。本稿で明らかにしたのはその成果の一部である。しかし、この成果の中には、『批判』の時空論やカテゴリー論、自由論をはじめとする他の多くの議論も含まれる。その後の哲学者たちは『批判』におけるこれらの議論と対峙することを通じて、自らの哲学をドイツ語で展開していった。その一端は、第4章のシラー論、第9章のコーエン論、第14章のハイデガー論において確認できるはずである。

凡例

カントの著作からの引用の際には原則としてアカデミー版カント全集の巻数をローマ数字で、頁数を算用数字で示した。ただし、『純粋理性批判』からの引用の際には、第一版をA、第二版をBとし、その頁数を算用数字で記した。さらに、バウムガルテンの『形而上学』から引用はBaumgarten, Alexander, Gottlieb, *Metaphysica/Metaphysik*, Historisch-kritische Ausgabe, übersetzt, eingeleitet und herausgegeben von Günter Gawlick und Lothar Kreimendahl, Frommann-Holzboog, 2011に依拠し、M. と略記し、原文の項番号を示した。原文のゲシュペルトは傍点で、引用者の補足は〔 〕で示した。

註

1 久保元彦『カント研究』、創文社、一九八七年、二一六頁以下を参照。

2 例えば、藤本忠「カテゴリーの超越論的使用とは何か」、日本カント協会（編）『日本カント研究』、四号、二〇〇三年、七三～八八頁を参照のこと。同論文七六頁で藤本はカテゴリーの「超越論的使用」をヴォルフやバウムガルテンの存在論におけるカテゴリー使用とみなす立場を明確に否定している。

3 国内でこの立場を取る最近の論考としては、佐藤慶太「「区別（Unterscheidung）」と「混同（Verwechselung）」——「フェノメナとヌーメナ」と「反省概念の二義性」の役割分担について」、日本カント協会（編）『日本カント研究』、九号、二〇〇八年、一二三～一三九頁が挙げられる。同論文一三八頁で佐藤は「概念の超越論的使用の分析がドイツ講壇哲学の批判を含意していることは、この箇所の「物一般」という概念から読み取られうる」と述べている。また、ルーアドラーもこの立場を支持している。彼女はカントが旧来の存在論と自らの新しい存在論

=超越論哲学を区別していたことを指摘する。そのうえで、カテゴリーの「超越論的使用」は不可能であるという主張によって、カントは前者を否定したと彼女は主張している。Cf. Lu-Adler, Huaping, Ontology as Transcendental Philosophy, in: Fugate, Courtney. D., *Kant's Lectures on Metaphysics. A Critical Guide*, Cambridge University Press, 2018, pp. 54f.

4　ヴォルフ学派の「充足理由律」の証明に対するカントの批判については、増山浩人『カントの世界論——バウムガルテンとヒュームに対する応答』、北海道大学出版会、二〇一五年、第四章「第二類推論と充足根拠律」(一二五〜一四九頁)においてより詳しい解説を行った。

5　本段落冒頭からこの文章までで行ったカテゴリーの「形而上学的演繹」に関する説明は、増山浩人「世界への接近——カントにおける相互性のカテゴリーの役割」、日本ヘーゲル学会(編)『ヘーゲル哲学研究』、二六号、八九〜九〇頁で行った説明を圧縮し、その力点を大幅に変えたものである。

6　Cf. Willaschek, Marcus, *Kant on the Sources of Metaphysics. The Dialectic of Pure Reason*, Cambridge University Press, 2018. 同書第四章「移行パッセージ(A307-8/B364)を理解すること」においてヴィラシェクはこの箇所に関する詳細な議論を展開している。

7　この解釈の支持者としてはクリメックとヴィラシェクが挙げられる。彼らは「移行パッセージ」とこの箇所でその正体が示される「純粋理性の最高原理」を起点として理念の「形而上学的演繹」を再構成している。Vgl. Klimmek, Nikolai, F., *Kants System der transzendentalen Ideen*, De Gruyter, 2005. Cf. Willaschek, *op. cit.* 彼らの理念の「形而上学的演繹」の解釈については註一一と一二も参照のこと。

8　両原理に独自の名称をつける研究者もいる。例えば、グライアーは「論理的格率」をP1、「純粋理性の最高原理」をP2と呼んでいる。Cf. Grier, Michelle, *Kant's Doctrine of Transcendental Illusion*, Cambridge University Press, 2001, pp.119-123. しかし、本稿では、カント自身が使用した「論理的格率」と「純粋理性の最高原理」という名称を使用して議論を進める。

9　この点について、ヴィラシェクも類似の立場を取っている。彼は「純粋理性の最高原理」を「論理的格率の記述的で客観的な類比物」だと主張しているからである。Cf. Willaschek, *op. cit.*, p. 121. しかし、理念の「形而上的演繹」に関して本稿はヴィラシェクとは異なる解釈を採用している。この点については註十二を参照のこと。

10　Weltbegriffe は通常「世界概念」と訳される。しかし、本章では前論文とのつながりを重視し、「あらゆる現象の総体」という一般的な意味での世界を世界概念と呼んでいる。この意味での世界概念と Weltbegriffe を区別するために、本稿ではあえて Weltbegriffe を「世界に関する諸概念」と訳出した。

11　クリメックは、魂、世界、神という超越論的理念の三つの標題は量・質・関係・様相のカテゴリーに対応する四つの様態を持つため、計十二個（3×4）の超越論的理念を導出できると主張する。Vgl. Klimmek, *a. a. O.*, S. 57-74. 確かに、「誤謬推理」章と「アンチノミー」章でカントは魂と世界の四つの様態を導出するための表を提示している。しかし、「理想」章において、神の四つの様態を導出するための表はない。それに加え、一七七八〜一七八〇年代初頭頃のものとされる覚書五五五三において、カントは「純粋理性の理想においてわれわれは理念を区別する必要はない。理想においてあらゆるカテゴリーは一つの理念において共存しているからである」(XVIII 223) と述べている。以上のことから、ヴィラシェクのように、魂と世界の様態を四つずつと「最も実在的な存在者」という神の唯一の様態の計九つ（2×4＋1）の超越論的理念をカントは導出したと解釈する方が『批判』のテキスト解釈としては自然である。Cf. Willaschek *op. cit.*, pp. 168-171. なお、この問題を「弁証論」の形成史も踏まえて整理した研究としては城戸淳『理性の深淵――カント超越論的弁証論の研究』、知泉書館、二〇一四年、五六〜六二頁が挙げられる。

12　それゆえ、①を除外して理念の「形而上学的演繹」を再構成するクリメックとヴィラシェクの手法には問題があると言わざるをえない。クリメックは、主観的状態、外的現象、思考一般の対象という三つの対象をそれぞれ量・質・関係・様相の四つのカテゴリーによって限定することで一二の条件づけられたものが得られると主張する。そのうえで、彼はこの一二の条件づけられたものに関連する一二の諸条件の系列全体、つまり一二の超越論的理念をカントは導出したと解釈する。Vgl. Klimmek, *a. a. O.*, S. 73f. 明らかにこの再構成は「純粋理性の最高原理」と②と③だけに基づいた議論である。他方、ヴィラシェクは理念の「形而上学的演繹」は③においてのみ展開されていると解釈する。Cf. Willaschek *op. cit.*, pp. 170-175. そのうえで、彼は「純粋理性の最高原理」と③における議論のみに依拠して理念の「形而上学的演繹」の再構成を試みている。Cf. Willaschek, *op cit.*, pp. 187-242.

13 「素朴な再現説」を支持している研究としてはRenaut, Alain, Tranzendentale Dialektik, Einleitung und Buch I (A293/B349-A338/B396), in: Mohr, Georg; Willaschek, Marcus (hrsg.), *Immanuel Kant Kritik der reinen Vernunft*, Akademie Verlag, 1998, S. 353-370 が挙げられる。同論文の三五六頁で、ルノーは前節で扱った①と②をあわせて「三理念の演繹」であると断言している。さらに、同論文の三六六頁以下で、彼は三つの理性推理の形式から魂、世界、神という三理念が導出されるプロセスを解説している。その後、同論文の三六七頁で、彼はこの演繹によって「これまでの形而上学が根底に置いてきた全体構造が理性の機能の仕方から導出されている」と評価している。

他方で、①と②における理念の「形而上学演繹」ではなく③における「純粋理性概念の諸様態」の導出こそがカントが彼以前の形而上学者の手続きを再現した議論であるという解釈もありうる。この解釈を「洗練された再現説」と呼ぼう。しかし以下では、「素朴な再現説」に考察対象を絞り、「洗練された再現説」の評価は稿を改めて行いたい。

14 もちろん、以上の議論から理念の「形而上学的演繹」はカント自身が正しい手続きで理念を導出するための議論ではないという主張は必ずしも帰結しない。カントと彼以前の哲学者の双方が理念の「形而上学的演繹」を経由して魂、世界、神という理念を獲得し、形而上学を行ったと解釈する余地もあるからである。しかし、この解釈を採用した場合にカント自身と彼以前の哲学者の相違をどのように説明すべきだろうか。この問いに対する一つの可能な答えは、カントと彼以前の哲学者は理念を導出するまでは同じ思考過程をたどっていたが、カント以前の哲学者は導出された理念を誤った方法で扱ったために誤謬に陥ったというものである。この誤った方法の内実は「超越論的仮象」をどのように解釈するかで変化する。そこで本稿では、この可能な答えを示唆するにとどめ、そのさらなる検討は稿を改めて行いたい。このカント以前の哲学者の中にバウムガルテンが含まれないことを示せれば、本稿の目的のためには十分だからである。

15　残念ながら、本稿では、カント自身による世界概念の正当性の証明、つまり理念の統制的使用に関する議論については全く扱うことができなかった。この点については稿を改めて論じたい。

[付記] 本稿はカント研究会二〇二一年一二月例会（二〇二一年一二月一九日開催）、第一五回哲学論集研究会（主催：哲学論集研究会、弘前大学西洋倫理思想史研究室、二〇二二年一月二二日開催）で発表した原稿に加筆修正を加えたものである。この二つの研究会に参加し、議論に参加してくださった皆様にこの場を借りてお礼申し上げたい。なお、本稿はJSPS科研費（18K12190）による助成を受けた研究の成果の一部である。

第4章　美は人間を人間たらしめる形成手段である

――シラーにおけるヒューマニズム、カント、ゲーテ

嶺岸　佑亮

序

フリードリヒ・フォン・シラー（一七五九～一八〇五）は詩作の人であると同時に思索の人である。彼の天分は数々の抒情詩や劇にみられるその崇高で情熱的な詩作にあるが、その思索は飽くなき哲学的探究心に裏打ちされたものである。シラーが絶えず問うたのは、そもそも人間とは一体何者であり、その使命とは何であるかということである。彼のそうした探求心に決定的な方向性を与えたのはカントである。シラーは一七九一年から翌年にかけて、カントの『判断力批判（*Kritik der Urteilskraft*）』（一七九〇）と『純粋理性批判（*Kritik der reinen Vernunft*）』（初版一七八一、第二版一八八七）に集中的に取り組んだと伝えられる。彼はその読解を通じて、美の問題を哲学的に理解する術を学んだ。シラーはカントにおける美の問題に徹底的に取り組むことで独自の展開をとげる。シラーによれば、美は理念

として理解される。美は自然や道徳とならんで独自の領域を有する。

のみならず、美は人間のあり方の根幹に関わるとされる。すなわち美は人間を自由なものとなし、感性的なあり方から解放し、道徳的なあり方へと高めるというのである。人間が自立的となり、自らを自ら自身によって律する自己立法的なあり方のうちに人間の尊厳や価値を認める態度は、一方では、実践的理性の自律を掲げるカントの立場を継承するものといえる。だが自然をめぐる理解において、シラーはカントと大きく異なる立場をとる。すなわち人間は美を通じて、自らのうちに本来備わる「自然本性(die Natur)」を取り戻し、ふたたび打ち立てるべきだというのである。自然は単に克服されるべき対象に過ぎないのではない。むしろ人間の本質的なあり方そのものに関わるものとしてとらえ返されるべきである。こうした理解の背後にあるのは、彼独自の古代ギリシアの理解およびゲーテからの影響という二つの要素である。

人間は美によって導かれることで自らの自由を通じて、自らに本来備わるあり方を本当の意味で獲得する。こうした理解は、ヘーゲル論理学における〈純粋な自己意識〉の理論への通路を開くものである。シラーにおける美の思想はその意味でも、ドイツ哲学における認識をめぐる歴史的展開においてきわめて重要な意義を帯びている。以下では、シラーにおける美の理解および人間観が哲学的に最もまとまった仕方で叙述されている『人間の美的教育についての一連の書簡(*Über die ästhetische Erziehung des Menschen in einer Reihe von Briefen*)』(一七九五)を取り上げ、まず【一】理念としての美について確認し、つぎに【二】二つの根本衝動の交互作用による人間性の形成について考察し、さいごに【三】人間の本来的なあり方とはどのようなものであるかについて論じる。[1]

一　人間を人間たらしめる条件としての美——美は純粋理性概念である

人間は美しいものに触れ、感じ、味わうだけにとどまらない。美しいものは感受や享受の対象であるだけにとどまらない。それどころか、美しいものは人間をはじめて人間たらしめる。「美は人間の必然的条件として示されねばならない」(NA20, 340) とシラーは主張する。美は人間の個々の形態や感じ方や考え方を表すだけでない。むしろ美が開示するのは、人間がまさに人間としてあるところの、普遍的なあり方である。彼はこのようにして美を「純粋理性概念 (〔der〕 reine Vernunftbegriff)」(ibid) のうちに数え入れるとともに、美の課題とは人間性の開示であることを次のように明確に言い表す。

われわれは人間性の純粋な概念 (der reine Begriff der Menschheit) へと自らを高めねばならない。また経験は個々の人間の個々の状態をわれわれに示すに過ぎず、人間性を示すことは決してないのだから、われわれは人間性のこうした個別的で変転するさまざまな現れの仕方から絶対的でとどまるものを見出さねばならず、また一切に偶然的な制約を投げ捨てることによって人間性の定在の必然的な諸条件を自らのものとするよう努めねばならない。(NA20, 340f.)

美をめぐるこうした理解はカントとは異なる。なぜならカントによれば、美は概念を欠くからである。『判断力批判』第六節の表題が「美しいものとは、概念を伴うことなしに普遍的な適意の対象として表象されるもののことである」（AAV, 211）とされていることからも、そのことは明らかである。カントによれば、美は感受する者に対して快い感じを与えるものであり、主観的な性格のものである。ただしそこには普遍性の契機も備わっている。すなわち、美はおよそ人間であるかぎりの誰にとっても適意を与えるものであり、普遍妥当性を備えている。[2]

カントとの関係で注目されるのは、美が道徳性への通路としての役割を果たすとされる点である。カントは植物や動物の場合とは異なり、人間に対して理想形としての性格を認める。それは人間がその知性によって際立っており、本来備えてあるべきものを欠くことなく有しているような完全さへと至る資格が認められるからである。『判断力批判』第十七節「美の理想について」では次のように述べられる。

自らの現実存在の目的を自ら自身のうちに有するものだけが、〔すなわち〕理性によって自らの諸目的を規定することのできる人間だけが〔…〕――それゆえこうした人間だけがひとえに美の理想を受け容れ得るし、また知性である限りでの彼の人格における人間性だけがひとえに、世界におけるあらゆる対象の中でも完全性の理想を受け容れ得る。（AAV, 233）

知性によって際立つ人間を理想形において提示することは、美しいものを感受することを通じて人間を知性的なものの領域へと引き上げ、高めることである。美のうちには道徳性に対応するものが認められる。カントはこのようにして、「美しいものとは道徳的な善の象徴（das Symbol des Sittlichguten）である」（AAV, 353）と述べる。

美は人間を高めて、真理を認識し、道徳的に振舞うことが出来るようにする。シラーはカントの思想をこのように受け止め、独自の仕方で発展させようとする。だが人間は生まれつきのままのあり方では、すなわち感性的なままではこうした高次の能力を発揮するに至らない。美は認識や意志の能力を十全な仕方で展開し得るように整える役割を果たす。

美的な状態（der ästhietische Zustand）から論理的な状態および道徳的な状態へと至る（美から真理および義務へと至る）歩みは、物理的な状態から美的な状態へと至る（単なる盲目的な生から形式へと至る）歩みがそうであったよりも無限に容易である。人間は上述の歩みを自らの単なる自由によって果たし得るが、それはなぜかといえば、人間は単に受け取るだけで与える必要がなく、単に自らの自然本性を個別化するだけで拡大する必要がないからである。美的に気分付けられた人間（der ästhetisch gestimmte Mensch）はそう欲するや否や、普遍妥当的に判断するであろうし、また普遍妥当的に行動するであろう。（NA20, 385）

シラーによれば、美を通じて高次の能力を獲得し、展開することは自由に基づく。この点において、彼はカントとは異なる理解を示す。[3]すなわちカントによれば、自由は本来的には道徳の領域に属しており、「意志の自律（die Autonomie des Willens）」（AAV, 33）を意味し、「道徳法則の条件」（AAV, 4）、すなわち「道徳法則の存在根拠（ratio essendi）」（ibid., Anm.）をなす。カント的な自由にみられるこうした自己立脚的なあり方は、感性的なものに依存しないことを意味する。感性的なものと知性的なもの、言い換えると、質量と形式は互いに独立した二つの領域を形づくる。

シラーはこのように互いに独立したものとしてとらえられるものを合一し、調和へともたらそうと努める。彼はそうすることで、調和的なあり方のうちに本来の人間性が成り立つと主張する。一方が他方を支配するのではなく、いずれに対しても人間性の不可欠な要素としての役割を認め、然るべき位置付けを与えようというのである。以下では果たしてそのことがどのように可能であるかについてみていこう。

二　人格と状態――二つの根本衝動の調和としての美

人間のうちには二つの側面が交差する。一つは不変的で常に同一であり続けるのに対し、もう一つは常に新たに変化する。シラーは不変的で「とどまり続けるもの」のことを「人格（die Person）」と呼ぶのに対し、絶えず変化するもう一つの側面のことを「状態（der Zustand）」と呼ぶ。[4] 注目すべきことに、シラーによれば「状態」は「人格」に従属するとみなすべきではない。むしろ両者は互いに独立した部分として理解される。「有限な存在者としての人間においては、人格と状態は異なっているのだから、状態が人格に基づくことも出来なければ、人格が状態に基づくことも出来ない」（NA20, 341）。

ここで注目されるのは、人間が「有限な存在者」と特徴付けられている点である。この場合、念頭に置かれているのは無限で必然的な存在者との対比である。そのことは次の文章からも明らかに読み取ることが出来る。「人格と状態――自己とその諸規定――われわれはこれらのものを必然的な存在者においては一にして同一であると考えるが、有限な存在者においては永遠に二つである」(ibid)。

人間が有限であるということは、自らが置かれているさまざまな状況や環境に左右されるということである。人間はそうしたさまざまな要因に応じて別のあり方をとるようになる。このような観点から、シラーは一側面としての「状態」を「時間」としても特徴付けており、「一切の依存的な存在あるいは生成の条件」(NA20, 342) をなすとする。これに対し、「人格」は時間上の一切の生成の起点として理解される。「人格は永遠にとどまり続ける自我において自らを開示し、またこうした自我においてのみ自らを開示するが、生成することが出来ず、時間においてはじめることが出来ない。なぜなら、むしろ逆に時間が人格において始まるからであり、交替の根底にはとどまり続けるものがなければならないからである」(ibid)。「人格」は絶えざる変転のもとにあって確固としてとどまり続けるが、まさにそのようなものであることは、変転を通じてはじめて当の有限な存在者にとって次第に明らかとなる。[5]

シラーによる「人格」の理解の背後には、カント的な人格概念が挙げられる。『実践理性批判（*Kritik der praktischen Vernunft*）』では、「人格、すなわち全自然の機制（der Mechanismus der ganzen Natur）からの自由および非依存性」(AAV, 87) と特徴付けられる。絶えざる変転にさらされながらも確固としてとどまるという、そうしたあり方のうちには、よりすぐれたものに呼応するものが認められる。そのかぎりにおいて、有限な存在者たる人間は無限なものへと向かう傾向を有している。シラーはそのことを次のように言い表す。「人間は神性への素質（die Anlage zu der Gottheit）を自らの内なるその人格性において抗い難く携えている。神性へと至る道は、もしそれが道と呼ばれるならば、目標へと導くことは決してないのだが、諸感覚において人間に明け開かれる。」（NA20, 343）。このようにみるならば、人間は感覚から解き放たれていながらも、同時に自らがそこから解き放たれている当のもののうちに、より高次のものへと至る出発点を有しているといえる。ただし注意すべきことに、人間が無限なものそのものになるというのではない。ここで示されているのはあくまでも向かうべき方向であり、方向の終極点がどこかに見出されるのではない。有限なものと無限なものの境界はあくまでも撤廃されないのである。

人間が有限な存在者であるということは、世界のうちに身を置き、自らの生を担うということである。人間は自らの「人格」を通じて示されるような、恒常的で確固たるあり方を世界において打ち立てる必要がある。だがそれだけでは十分ではない。「人格」はさしあたり内的なものにとどまっており、現実のものとはなっておらず、そのためまずもってそれ自体明らかにされる必要がある。シラーはこのようにして、人間のうちに二つの異なる方向性を見届ける。人間はこれらの方向性のそれぞれを自らの活動によって遂行する。そのことは次のように表現される。

ここからいまや、人間に対する二つの異なる要求、〔すなわち〕感性的–理性的な自然本性の二つの根本法則（die zwei Fundamentalgesetze der sinnlich-vernünftigen Natur）が生じる。第一の法則は絶対的な実在性へと突き進む。人間は単なる形式であるところの一切を世界となすべきであり、また自らのあらゆる素質を現象へともたらすべきである。第二の法則は絶対的な形式性へと突き進む。人間は単に世界である一切のものを自らにおいて根絶すべきであり、また自らのあらゆる変化のうちへと一致をもたらすべきである。別の言葉でいえば、人間は一切の内的なものを外へと表すべきであり、また一切の外的なものを形式づけるべきである。(NA20, 344)

これによれば、人間は「感性的–理性的な自然本性」に基づいて存在するものと理解される。すなわち人間は感性的、あるいは理性的のどちらか一方であるのでもなければ、どちらか一方が他方に対し優位にあるというのでもない。むしろ感性的なあり方も理性的なあり方も、いずれも等根源的であるというのである。

こうした自然本性に基づく二つの方向性がそれぞれ現実化しようとするあり方のことを、シラーは「衝動(der Trieb)」と特徴付ける。そのうち、「感性的」本性に基づく方は「感性的衝動(der sinnliche Trieb)」(NA20, 344)あるいは「素材衝動(der Stofftrieb)」(NA20, 352)と呼ばれるのに対し、「人間の理性的本性」に基づく方は「形式衝動」(NA20, 345)と呼ばれる。[6] ここでは形式と素材というように、古代ギリシアの εἶδος(エイドス:形相)と ὕλη(ヒューレー:質料)以来の二項関係のモデルが援用されている。

両方の衝動は対立関係にあるのではない。それぞれが向かう方向が異なるのはもちろんその通りである。だが両者は、同じ一つの人間性を形づくるためにはたらく。[7] だからこそ、「両者は本性からして互いに対立しているのではない」(NA20, 347) と述べられる。「素材衝動」と「形式衝動」はむしろ等根源的なものとして、交互作用の関係にある。「両方の原理は互いに対して同時に従属する (subordiniert) のでもあれば、共属する (koordiniert) のでもある。すなわち、両方の原理は交互作用のうちにある。形式を欠くならばいかなる質料もなく、質料を欠くならばいかなる形式もない」(NA20, 348)。シラーによる交互作用の理解の背景にあるのは、ヨハン・ゴットロープ・フィヒテ (一七六二～一八一四) の『全知識学の基礎 (*Grundlage der gesamten Wissenschaftslehre*)』(一七九四) における自我概念である。そのことについてはシラー自身、第十三書簡の注で言及している。二つの衝動は、一方が他方を根拠付ける関係にあるのでもなければ、一方が他方に解消されるのでもない。「両者を媒介し得るような第三の根本衝動」(NA20, 347) は存在しないというシラーの言葉は、こうした文脈において理解される。[8]

だが二つの衝動が互いに目指すのは、同じひとりの人間の調和のとれたあり方であり、美のうちにある状態である。こうした統一態としての活動的なあり方のうちにみられる方向性のことを、シラーは「遊戯衝動 (der Spieltrieb)」(NA20, 355) と特徴付ける。「遊戯衝動においては、「両方の衝動が結び付いたかたちで作用する」(ibid) と理解される。ただし注意すべきことに、こうした統一的な作用に基づくあり方はあくまでも「理念」として理解される。[9]「素材衝動」と「形式衝動」の完全な調和自体が現実へともたらされるのではない。むしろ両者の交互作用を通じて人間をよりすぐれたあり方へと常に高めるという、形成のはたらきこそが問題である。[10] こうした形成を通じて目指されるべき、人間の本来的なあり方とは一体どのようなものであるのだろうか。そのことについて以下で検討しよう。

三　人間の本来的なあり方とは何か――自由・必然性・自然本性

人間を美的に教育するという場合、シラーの主たる関心をなすのは、人間のうちにみられる一見すると相反する二つの方向性が、実際には統一体をなすことを示すとともに、それぞれの能力を十全な仕方で発揮させることで、いずれに対しても然るべき意義を認めることである。このようにしてこそ、人間性を形成するさまざまな要素は本来あるべき通りのものとして現実に存在するようになり、ひとは本来の意味で人間たり得る。シラーはこのようにして、「遊戯衝動」において受動と能動、多様性と統一体が一体をなすと指摘する。[11]

「遊戯衝動」において最も重要となる二つの対をなすものとは、自由と必然性である。「遊戯衝動」においては、自然や道徳にみられるような、法則の拘束力が認められる一方で、そうした拘束力から解き放たれてとらわれないあり方も同時に認められる。[12]「形式衝動と素材衝動の両者は、遊戯衝動において結び付いたかたちで作用するが、遊戯衝動は心（das Gemüt）を同時に道徳的かつ物理的に強いるであろう。それゆえ、遊戯衝動は一切の偶然性を破棄するのだから、一切の強要を破棄することになろうし、また人間を物理的にも道徳的にも自由とすることになる」（NA20, 354）。

そもそも戯れることとそのもののうちに、自由と必然性という両方の要素が認められる。戯れるということは、いかなる必要や要求にも迫られることなく、自発的に行うことである。始めるのも止めるのも戯れる者にゆだねられる。戯れるということは戯れる者次第なのであり、戯れる者から始まる。その意味で、戯れることは自由を特徴とする。他方で、戯れることには一定の規則や約束事が認められる。戯れに加わる者であれば誰でも、こうした規則にしたがう。その意味で、戯れることは必然性を特徴とする。だがその場合でも、規則を守るように他の誰かや何かによって命じられたり、強いられたりするのではない。戯れることはこのようにみるならば、あらゆる強制から解き放たれていることとして理解される。次の文章はまさにそうしたことを言い表す。

言葉遣いは〔遊戯衝動という〕こうした名称を完全に正当化する。こうした名称は主観的にも客観的にも偶然的であるのではないものの、そうはいっても外的にも内的にも強いることのないような一切のもののことを、遊戯という言葉によって表すのが常である。心は美しいものを直観するにあたって、法則と必要の幸福な中間のうちにあるのだから、法則と必要の間に自らを分かつというまさにその理由から、一方の強制からも他方の強制からも免れている。(NA20, 357)

現実においてはどのような事物であっても、真剣な関心事としての性格を備えている。どのようなことでも、何らかの目標を達成するために行われたり、あるいはそのための手段として用いられる。ひとは生きているかぎり、自らを養うためにさまざまな事柄に真剣に向き合わざるを得ない。だが美においては事情が異なる。一切のものは美において、現実を支配する厳然たる真剣さから解き放たれており、純粋な姿において提示される。美のうちに認められるのは重々しさではなく、軽やかさである。「心が諸理念とともにあるようになることによって、一切の現実的なものはその真剣さを失うが、それはなぜかといえば、一切の現実的なものは些細なものとなるからである。また心が感覚と行き合うことによって、必然的なものはその真剣さを脱ぎ捨てるが、それはなぜかといえば、必然的なものが軽やかとなるからである」(ibid)。

かくしてシラーは、人間がその本来のあり方を獲得するのは戯れることにおいてであると主張する。人間が人間らしくあるのは、理念としての美を対象とし、理念の次元へと自らを高めるかぎりにおいてである。「人間は美とは戯れるべきであるだけであり、また人間はもっぱら美とだけ戯れるべきである。というのも、結局のところ腹蔵なく言うならば、人間が戯れるのは、言葉の完全な意味において人間である場合だけであり、また人間は戯れる場合にのみ完全な人間である」(NA20, 359)。ここでいう「べき(soll)」は道徳的掟や命令を意味するのではなく、むしろ人間であるかぎりにおいて備わる真のあり方を指し示すものとして理解される。

このように本来備わるあり方は、「自然本性(die Natur)」という概念と密接に関わる。シラーにとって、「自然本性」は単に克服されるべきものに過ぎないのでもなければ、道徳性に単に従属すべきものなのでもない。むしろ、「自然本性」は人間性の本質をなすものとみなされる。そのことについては、第六書簡で古代ギリシアの文化が近代の文化と対比され、古代ギリシア人にみられる調和のとれた全体的なあり方が「一切のものを合一する自然(die alles vereingiende Natur)」(NA20, 322)に基づく、と述べられることからも明らかである。シラーによれば、近代は「悟性(der Verstand)」(NA20, 323)の時代であり、分離や分割によって特徴付けられる。近代においては人間の調和的なあり方が失われ、特定の職業や身分へと狭められて切り離され、一個の人間としての全体的なあり方を失っている。だからといって、古代ギリシア的な「自然本性」、すなわちφύσις（ピュシス）への還帰を単に目指すべきだというのではない。むしろ理性によって「自然本性」を再び打ち立て、本来あるはずの通りのものとして取り戻すことこそ、近代の課題だというのである。

自然本性はそれ以外のさまざまなその業に取り掛かる場合よりも、人間の場合に一層すぐれているのではない。自然本性が人間のために行動するのは、人間が自由な自発性の持ち主として自ら行動することがまだ出来ない場合のことである。だが人間を人間たらしめるのはまさしく、単なる自然が人間からつくったもののもとに立ち止まることなく、むしろ自然本性が人間にあらかじめ示した歩みを理性によって辿り直し、窮乏の業を自らの自由な選択の業へとつくり変えるとともに、物理的な必然性を道徳的な必然性へと高める、という能力を所有するという、まさにこのことである。(NA20, 313)

「自然本性」に対するシラーの高い評価は、道徳を感性的状態から峻別するカント的な理解とは大きく異なる。[13] シラーは一七九三年の『優美と尊厳について（*Über Anmut und Würde*）』のなかで、カントにしたがって「自然本性」に対してなお否定的な評価を与えていた。たとえば次の文章では、人間と動植物の対比がなされつつ、「自然本性」はそこから立ち去るべきものであるとされる。「動物や植物の場合、自然本性は規定を挙げるだけでなく、むしろ規定をひとりで遂行するのでもある。だが自然本性は人間に対しては単に規定を与えるだけで、規定を満たすことは人間自身にゆだねる。こうしたことだけがひとえに人間を人間たらしめる」（NA20, 272）。

こうした見方に変化を促すきっかけとなったのが、ヨハン・ヴォルフガング・フォン・ゲーテ（一七四九〜一八三二）との交流である。シラーとゲーテの名高い往復書簡のやり取りがはじまったのは一七九四年六月のことである。『人間の美的教育に関する一連の書簡』の執筆が始まったのはまさにこの時期に当たる。ゲーテは一七九四年十月二十六日付のシラー宛ての書簡の中で、同著作の草稿を送ってくれたことに感謝しつつ、自分が長年に渡って考えてきたことがそこでは「きわめて連関していて普遍的な仕方で叙述されている」ことに対して、喜びの気持ちを表明している。[14]またシラーは一七九五年一月七日付のゲーテ宛ての書簡で、「自然本性」をめぐるカント的な理解との距離について、注目すべきことを述べている。すなわちそこでは、「一切の自然は総合に他ならず、また一切の哲学は反定立（Antithesis）に他ならない」と述べられるとともに、次のように述べられる「私は自然についての自分のさまざまな思弁において、分析の概念と折り合うかぎりできわめて忠実であり続けたと、自分に対して証言を与えることが許されます。実際おそらくは、カント主義者たちが許容されると見なし、可能であると見なした場合よりもはるかに、自然に忠実であり続けたかもしれません」（BW, 56）。

シラーもゲーテもともに美を理念と見なす点で、それも唯一的な理念と見なす点で一致する。そのことについては、たとえばゲーテの『箴言と省察（*Maximen und Reflexionen*）』の中で次のように述べられていることからも見て取れよう。「ひとは美的なものにおいて、美しいものの理念と言うことは出来ない。ひとはそうすることで美しいものを個別化することになるが、そうはいっても、美しいものは個別化されたかたちでは思考され得ないからである。ひとは美しいものについて概念を有することが出来るし、またこうした概念は伝承されることが出来る」（GWH12, 468）。シラーも『人間の美的書簡に関する一連の書簡』で同様のことを述べている。「理念における美は永遠に渡って、分かち難く唯一の理念であるに他ならないが、それはなぜかといえば、唯一の平衡状態が存在し得るに過ぎないからである」（NA20, 360）。

ただしシラーによれば、人間はいきなり理念に辿り着くわけではない。そうではなくて、経験のうちに現れたかたちを通じて理念へと近付く必要がある。美を通じて人間を形成することは、このようにして人間を理念の次元へと高めることである。そのことにより、無限なものへの通路が有限な存在者たる人間に対して開かれる。人間はこうした通路を辿ることにより、もはや単なる一個人として存在するのではなく、同時に普遍的なものとして高められている。

いかなる個々の場合でも、自らの判断や自らの意志を類の判断となすという能力を、人間が所有すべきであるとすれば、またいかなる制約された定在からも無限なものへと至る通路を見出すべきであり、いかなる依存的な状態からも自立性と自由へと向かって飛翔することが出来るとすれば、次のことのために努めねばならないが、そのこととはすなわち、人間がいかなる瞬間においても単に個人で

あるに過ぎないのではなく、また単に自然法則に仕えるのではないということである。(NA20, 385)

シラーはこのようにして、美においてこそ真の意味での自由が達成されると主張する。美は自然や道徳とは異なる独立した領域を有する一方で、それだけで隔絶しているのではない。その領域で示されるのは、人間が本来あるはずのあり方である。こうしたあり方は現実の世界において、それぞれの個人によって実際に獲得される必要がある。シラーにおいてはこのように、美の問題は同時に人間性の本質の問題である。

以上で考察してきたような、古代ギリシア的な「自然本性」に範を求める見方や、交互作用を通じて統一的なあり方を追求する姿勢は後にヘーゲルへと継承され、さらなる展開を遂げる。シラーの思索はその意味でも哲学的にきわめて重要な意義を有している。ヘーゲルと古代ギリシアの関係については、第二部第6章でプラトニズムの文脈から論じることになる。だがそれだけにとどまらず、人間性や自由の本質へと洞察を深めるよう、今日においても絶えず促し続けているという意味でも、シラーの哲学的思索はいまなお価値を失うことがない。

凡例

本論で用いたテクストは以下の通り。

・*Brifewechsel zwischen Schiller und Goethe in den Jahren 1794 bis 1805*, 2 Bde., hrsg. v. Manfred Betez, Müünchen 2005(BW と略

記)。

・*Kants gesammelte Schriften,* hrsg. v. Königlich Preußischen Akademie der Wissenschaften, Bd. 5, hrsg. v. Paul Natorp, Berlin 1908（21913）（AAV と略記)。

・*GoethesWerke.* Hamburger Ausgabe, Bd.12, Schriften zur Kunst, 9. Neubearbeitete Aufl., München 1981（GWH12と略記)。

・*Schillers Werke,* Nationalausgabe, hrgs. v. Julius Petersen, fortguf. V. Lieselotte Blumenthal u. Benno von Wiese, Weimar 1942ff. Bd. 20：Philosophische Schriften, Erster Teil（NA20と略記)。

註

1　本稿の論述は一八〇一年の第二版に依拠する。第二版は一七九五年の初版からの若干の異同がみられる。初版は以下に収録されている。*Friedrich Schiller. Theoretische Schriften,* hrsg.v. Rolf-Peter Janz, unter Mitarbeit v. Hans Richard Brittnacher, Gerd Kleiner u. Fabian Störmer, Frankfurt a/M 2008, S. 556-676.

2　vgl. AAV, 212.「趣味判断（das Geschmacksurteil）には、この判断における一切の関心からの分離の意識とともに、どの者にとっても当てはまる妥当性に対する要求が、諸客観に基づく普遍性を伴うことなしに付随しなければならない、すなわち、趣味判断には主観的な普遍性に対する要求が結び付いていなければならない」。

3　シラーにおける美的状態が道徳的状態への移行を目指すだけでなく、普遍妥当的な仕方での判断や行動が目指されている点について、以下の論考はヘンリッヒ、ヤンツ、W・デュージングの先行研究を批判的に吟味しながら適切に指摘する。長倉誠一『人間の美的関心考　シラーによるカント批判の帰趨』、未知谷、二〇〇三年、一四三～一四六頁。

4　Vgl. NA20, 341.

5　以下の論考は、人間が時間性を通じてはじめて人格一般であるだけにとどまらず、具体的な個体性を獲得すると解釈する。その際、こうした解釈を支えるものとして、フィヒテにおける絶対的自我と分割可能な自我の区別が援用される。Udo Thiel, Grundbegriffe von Schillers "transzendentalem Weg" im Kontext, in: *Friedrich Schiller: Über die ästhetische Erziehung des Menschen in einer Reihen von Briefen.* Klassiker Auslegen Bd. 69, hrsg. v. Gideon Steining, Berlin/Boston 2019, S. 99–119, bes. S.103, 111.

6　一七九五年の初版では、「素材衝動」は「事柄衝動（der Sachtrieb）」と表されていたが、友人であるケルナーの勧めにより、一八〇一年の第二版では「感性的衝動」あるいは「素材衝動」に改められている。これについては以下を参照。*Friedrich Schiller: Theoretische Schriften*, S. 1397.

7　以下の論考は「素材衝動」と「形式衝動」の関係を自然概念と自由概念の関係と類比的にとらえるが、後者の場合の統一態が人間を超えた超感性的な基体にあるのに対し、前者の場合の統一態が美における交互作用にある点で異なると解釈する。Horst Nitschack, *Kritik der ästhetischen Wirklichkeitskonstitution.* Eine Untersuchung zu den ästhietischen Schriften Kants und Schillers, Frankfurt a/M 1976, S. 170ff.

8　シラーにおける「素材衝動」と「形式衝動」の交互作用の背景として、カントにおける現象的性格と叡知的性格の分離を指摘したものとして以下を参照。Christoph Binkelmann, Wechselwirkung im Spieltreib. Schillers konfliktuöser Bezug auf Fichte, in: *Friedrich Schiller: Über die ästhetische Erziehung des Menschen in einer Reihen von Briefen*, S. 139–154, bes. S. 144ff.

9　Vgl. NA20, 352f.

10　以下の論考は、美が人間を高貴にするという場合、悟性や意志に直接介入するのではなく、感性に均衡状態をもたらすと解釈する。長倉誠一、前掲書、一三六～一四三頁。

11　Vgl. NA20, 354. なお統一態と多様性の関係については初版でのみ言及され、第二版では削除されている。

12　カッシーラーは、シラーにおける美の概念が「命法（Imperativ）」として理解されると解釈し、ゲーテとの対比を強調するが、それでは古代ギリシアに対する開かれた理解を覆い隠してしまう問題をはらむ。Ernst Cassierer, Die Methodik des Idealismus in Schillers philosophischen Schriften, in ders.: *Aufsätze und kleine Schriften(1902-1921)*(Gesamelte Werke Bd. 9）, Text und Anmerkungen bearbeitet v. Marcel Simon, Hamburg 2001, S. 316-345, bes. S. 337. 以下の論考も同様に、人間は美を通じて自らの使命を自覚し、実現に向かうとして、美を道徳的行為の可能性の条件であると解釈する。Hans-Peter Nowitzki, Schillers Transzendentalanthropologie, in: Friedrich Schiller: *Über die ästhetische Erziehung des Menschen in einer Reihen von Briefen*, S. 175-194, bes. 191.

13　以下の論考では「自然本性」が人間の本質規定として解釈されている。Klaus Düsing, Ästhetische Freiheit und menschliche Natur bei Kant und Schiller, in ders.: *Immanuel Kant: Klassiker der Aufklärung.* Untersuchungen zur kritischen Philosophie in Erkenntnistheorie, Ethik, Ästhetik und Metaphysik, Hildesheim 2013, S. 291-300, bes. S. 298.

14　Vgl. BW, 33.　シラーの場合、「素材衝動」と「形式衝動」のように二つの極の関係性が特徴をなすが、以下の論考は、ゲーテにおける「普遍的な教養形成」（die Allgemeinbildung）においてもそうした極どうしの関係性が根本特徴をなす点を指摘する。Sepp Domandl, Polarität und Erziehung, in ders.: *Goethe, Kant, W. v. Humboldt.* Zur Akutualität der Deutschen Klassik, Frankfurt a/M 1997, S.17-48, bes. S. 40f.

［付記］本稿は、独立行政法人日本学術振興会の科研費若手研究「近代ドイツ哲学における自己意識理論の文化的・社会的側面に関する研究」（課題番号：２２Ｋ－２９５５、代表：嶺岸佑亮）の助成を受けたものである。

第Ⅱ部　ドイツ語で思索する古代ギリシア哲学

第5章　自我と認識

――イエーナ期ヘーゲルをめぐって

嶺岸　佑亮

序

G・W・F・ヘーゲル（一七七〇～一八三一）のイエーナ大学での講義草稿である『体系構想Ⅱ（*Systementwürfe* Ⅱ）』は、一八〇四年から翌年にかけて書かれたと推定される。この草稿は、ヘーゲル自身の哲学的思索がはじめてまとまった形で残されている点できわめて重要である。だが『体系構想Ⅱ』は、『精神現象学（*Phänomenologie des Geistes*）』（一八〇七）や『大論理学（*Wissenschaft der Logik*）』（一八一二～一六）に結実する発展の一段階としての重要性をもつだけにとどまらない。のみならずそこでは、認識のはたらきについて徹底的な考察がなされていることに加え、認識のはたらきを遂行する〈自我〉に対して光が当てられ、集中的な議論がなされていることからも、哲学的にきわめて重要な意義をもつ。ヘーゲルの哲学が〈精神〉の哲学であるのはたしかにその通りである。そして他ならぬ『体系構想

Ⅱ』において、「絶対的な精神」の思想をはじめて提示される。だがヘーゲルにおいて〈自我〉の立場は、単に乗り越えられ、放棄されるべきものに過ぎないのではない。このことは、『差異論文（*Differenz des Fochtschen und Schellingschen Systems der Philosophie*）』（一八〇一）や『信仰と知（*Glauben und Wissen oder die Reflexionsphilosophie der Subjektivität, in der Vollständigkeit ihrer Formen, als Kantische, Jacobische, und Fichtesche Philosophie*）』（一八〇二）で、自己定立的な自我を原理とするフィヒテの思索を激しく批判した後でもやはりそうである。

このことを明確に示すものこそ、『体系構想Ⅱ』の「形而上学（Metaphysik）」である。直後に書かれた『体系構想Ⅲ（*Systementwürfe* Ⅲ）』（一八〇五～六）や『精神現象学』でも、こうした考えは維持される。もちろんその場合でも、「絶対的な精神」という、〈自我〉よりも高次のものが原理としての位置を占めることを忘れてはならない。だがより高次の原理は、〈自我〉を退けるのではなく、かえって保ち、成り立たせる根源である。しかもこの根源は、〈自我〉が自らを担い、認識のはたらきを展開することで明らかとなるのであり、かつそのことによってのみ明らかとなる。たとえ自我がより高次のものに根差すとしても、哲学的思索は自我の認識のはたらきによってこそ展開されるのである。

以下ではまず、認識のはたらきとしての自我の位置付けを確認する【一】。つぎに、自我の〈このもの〉としてのあり方、および普遍的なものとしてのあり方の二側面、ならびに類に対する関係について考察する【二】。さらに、自我が自ら自身を見出し、精神として存在するそのあり方、およびより高次のものとしての「絶対的な精神」に対する関係について論じる【三】。さいごに、『体系構想Ⅱ』以後も自我の立場は放棄されておらず、哲学的思索の展開が自我の認識によってなされることについて確認する【四】。

一　認識のはたらきとしての自我——自己関係性と根拠としてのあり方

『体系構想Ⅱ』の「形而上学」で中心的モチーフをなすのは、認識のはたらき（das Erkennen）である。注目すべきことにヘーゲルによれば、認識のはたらきは同時に、自我（das Ich）として理解される。「認識のはたらきは絶対的な自我（absolutes Ich）であるが、それも、否定的な〈一〉（negatives Eins）としての認識のはたらきとしてそうである」（GW7, 127）。

ここで自我が「絶対的」とされているのは、何らかの特定の個体としての特殊なものではなく、原理的な性格のものであることを意味する。認識のはたらきを自我に他ならないとするこうした考えは、認識が統一的なものとして理解されるべきことを示している。またこの場合、統一は「否定的な」ものであるとされる。すぐ直前の箇所では、「認識のはたらきは、運動の絶対的に否定的な統一（absolut negative Einheit der Bewegung）であり、別の運動を止揚するようにして存在する」（ibid）と述べられるが、このことをどう解釈すればよいかが問題となる。

同じ『体系構想Ⅱ』の先行部分である「論理学（Logik）」では、質や量、実体や因果性、概念・判断・推理などさまざまなものが登場する。「形而上学」では、これら一切が認識のはたらきの契機としてとらえ返される。すなわちこれらはばらばらに並存するのではなく、自我の認識において統一的に理解される。[1]「形而上学」における認識のはたらきの根本特徴をなすのは、〈自ら自身に対して存在する〉というあり方である。認識のはたらきは他ならぬ自ら自身にとってこそ、まさしく認識のはたらきとして存在する。「認識のはたらきが自らの他であること（sein Anders）から自ら自身へと至ること、認識のはたらきとなるところの認識のはたらき（das Erkennen, das Erkennen wird）」（GW7, 126）という表現はまさにこのことを言い表すものである。

だが自我による統一は、さまざまな契機を寄せ集めることではじめてつくり出されるのではなく、むしろ自我の自己関係性に基づく。ここでいう自己関係性は、認識のはたらきに備わる「反省（die Reflexion）」と「自ら自身との等しさ（die Sichselbstgleichheit）」という二つの契機によって成り立つ。「認識のはたらきは単純になった反省（die einfache gewordene Reflexion）としてみるならば、対立そのもののうちにとどまり続けるような、自ら自身との等しさ（die in der Entgegensetzung selbst bleibende Sichselbstgleichheit）であり、すなわち普遍性であるが、ここでいう普遍性は、自らを否定的に規定し、普遍的なものとして定立し、自らに対して普遍性である」（GW7, 128）。

認識のはたらきに備わる「自ら自身との等しさ」は、それ自体認識の対象となるが、さしあたり「同一性の命題（der Satz der Identität）」（GW7, 130）という形をとる。だが認識のはたらきは、命題の形をとるならば不十分である。なぜなら、命題に対しては、そのもとに服する多様なものが対立するからである。そのため、自己関係的なものとしての認識のはたらきとその対象としての多様なものは、あくまでも互いに異質なものにとどまってしまう結果となる。[2]

認識のはたらきはむしろ、多様なものに対してそれらを成り立たせる「根拠（der Grund）」（GW7, 135）として関わる。多様なものはそれぞれ一定のあり方をしており、規定されている。それぞれが他のいかなるものでもなく、まさにそれ自身であることを成り立たせるものこそ「根拠」である。規定されたものと「根拠」はこの場合、別々のものとして関わるのではない。規定されたものはむしろそれ自身、自らに対して他なるものとして向き合い、そうすることによってこそ自己関係的なのである。

　規定されたもののこうしたあり方は「自ら自身の他なるもの（das Andere seiner selbst）」（GW7, 134）と特徴付けられる。根拠は規定されたもののこうしたあり方のうちに立ち現れる。次の文章はまさにそうした意味で理解される。「規定されたものは端的にいって、自ら自身の他なるものであり、言い換えると、自らの反対物（sein Gegenteil）と一体である。そしてこうした統一だけがひとえに、規定されたものの自体的なもの（das Ansich）であり、言い換えると、その根拠である」（ibid）。

「根拠」はさしあたり、「同一性の命題」と同様に命題として登場するが、認識のはたらきがその活動において自らへと振り返り、立ち返ることとしてとらえ返される。[3]こうした点においても、「反省」が重要な役割を担っている。「根拠は、認識のはたらき自身の反省として示され、自ら自身のうちに閉じた単純なもの（das in sich selbst geschlossene Einfache）として示される。認識のはたらきはこのようにして、根拠へと立ち至っていることによって、自ら自身へと立ち至っている」（GW7, 135）。

　以上のようにみるならば、認識のはたらきとしての自我は、対象との関係においても自己関係的であり続け、多様なものを成り立たせる「根拠」として存在することで、普遍的なものとして理解されることが分かる。だが自我にはそれだけでなく、他のいかなるものでもなくそれ自身であるという、〈このもの〉としてのあり方も帰属する。次節ではこうした〈このもの〉としてのあり方について検討しよう。

二 〈このもの〉としての自我と類の関係――世界に対して開かれたあり方

以上にみるように、認識のはたらきは自我として理解される。この場合、自我は認識を遂行する担い手としてみるならば、個別的なものと特徴付けられる。ここでいう個別的なものは、先にみたようにそれ自身へと反省し、そうすることで自己関係的であり、それ自身のうちに閉じている。ただし、自我は他のいかなるものに対しても無関係で没交渉的であるのではなく、かえって「世界（die Welt）」（GW7, 142）に対して開かれている。自我は世界に対峙するが、ヘーゲルはこうした場合の自我のことを「モナド（die Monade）」（GW7, 145）と特徴付ける。「モナド」としての自我の特徴をなすのは、それ自身のうちに閉ざされた複数のものが並存しており、それぞれが別々に世界に向き合うということである。

このようにして「世界を表象する諸モナドの絶対的な多性（eine absolute Vilheit von Monaden, die sich die Welt vorstellen）」（ibid）が存在することになる。だがこれらの「モナド」は実際には、互いに無関心なままに別々に切り離されて並存せず、むしろ同じ一つの「類（die Gattung）」（GW7, 146）に属するものとしてとらえ返される。この場合注意すべきことに、「類」は単に多くの個別的なものの上位に位置するのではない。そうではなくて、それぞれのものがそれ自身において「類」として存在する。このことは、先にみた自我のそれ自身への反省に基づく。「個別性のそれ自身への反省は、生成した類（die gewordene Gattung）である」（GW7, 147）という言明は、まさにこうした意味において理解される。

自我は一方では、他のいかなるものでもない〈このもの〉であり、個別的なものとして存在するが、それと同時に、それ自身普遍的なものでもある。このことは、自我が「否定的な統一」であることに基づく。すなわち自我は、認識のはたらきを遂行する中でさまざまな対象に関わるが、そのことによっても対象のうちに埋没したり、自らの存立を失うことなく、その存立を維持する。自我はこのようにして、いかなるものに関わろうとも自我自身であり続ける。

ただし注意すべきことに、個別的なものとしてのあり方自体がそのまま保たれるわけではない。むしろそのままの直接的なあり方は、当の自我自身によって否定される。ただしこのことは、個別的なあり方そのものが放棄されることを意味しない。かえって個別的なあり方は、「類」としてのあり方のうちに高められたかたちでとらえ返される。次の文章はまさにそのような意味で理解される。「個別的なものが普遍的なものへと生成したことは、個別性が止揚されていることであるが、こうした単純さは個別性の無であるのではなく、〔中略〕個別性と直接に一体である」（GW7, 157）。

自我においては、個別性と普遍性は別々のものであるのではなく、かえって分かち難く一体をなしている。このことは、「個別性と普遍性の絶対的な統一、言い換えると、自我」（ibid）という言明からも裏付けられる。これを別の角度からみるならば、自我はそれ自身無限性として理解される、ということである。「個別性は、それこそが普遍性となっているのだが、現実存在の諸契機においてそれ自身に等しいものであるだけでなく、これらの契機の否定的な統一であり、すなわち個別性とは絶対的な個別性

(absolute Einzelheit) であり、絶対的な規定態 (absolute Bestimmtheit) であり、無限性である」(ibid)。同じ『体系構想Ⅱ』の「論理学」では、それ自身を止揚する規定態こそ、真の意味での無限性であるとされる。[4] ここでいう止揚は、規定態の存立を根絶することを意味するのではなく、規定態がそれ自身にとって他なるものとなることで、一定のあり方に伴う対立を克服し、自己関係的となることを意味する。[5]

自我の無限性は、まさにこうした意味での無限性を受け継ぐものといえる。規定態が「絶対的」であるというのは、たとえどのようなあり方をしようとも、そのことにとらわれることなく自ら自身へと立ち返り、自ら自身に等しいあり方を保ち続けることによる。自我の向こう側に無限なものがある、というのではない。そうではなくて、〈このもの〉としての自我の自ら自身に対するあり方が無限である、というのである。「個別性はこうした単なる規定態であるのではなく、あらゆる次元において、かつそのあらゆる契機において絶対的な反省であるが、無限性としてみるならば単純である。言い換えると、その諸契機における個別性の運動はそれ自身、透徹した普遍的なもの (das durchsichtige Allgemeine) であり、その対立したあり方において止揚されたものである」(GW7, 157f.) という言明は、自我の自己関係的なあり方の単純さを言い表すものとして理解される。

自我のこうしたあり方は、世界に対する関係においても貫かれる。自我は世界に対して異質なものに対するように関わるのではない。自我は世界に対する関係においても、それ自身のもとにとどまり続ける。認識のはたらきは、世界のうちに存在するものを客観的にとらえることに尽きるのではない。自我は世界に向き合うことを通じて自ら自身へと向き直り、立ち返る。認識のはたらきはこのようにして、自我の自己認識なのでもある。[6]

自我の〈このもの〉としてのあり方は、単にはかないもの、過ぎ去り行くものであるのではない。むしろ〈このもの〉としてのあり方は、当の自我の認識のはたらきによって保たれ、維持される。だからこそ、自我の〈このもの〉としてのあり方は「絶対的に普遍的な個別性 (absolut allgemeine Einzelheit)」(GW7, 159) であるといえる。「自我は本質的に、絶対的に普遍的な個別性としてのみ存在しており、その結果、個別性は世界から立ち返っており、反省したもの (ein Reflektiertes) としてのみ存在する」(ibid)。

自我のこうしたあり方は、自我自身によってつくり出されるのではない。むしろそれは見出されたものであり、自我自身のうちに本来的に備わっている。自我のこうしたあり方は、自我が自我であるかぎりにおいて切り離すことの出来ないものである。自我はこのようなあり方に立脚してこそ、世界に向き合うとともに、そこから自ら自身へと立ち返ることが可能となる。自我を「根源的に規定されたもの (ursprünglich Bestimmtes)」(GW7, 159) であるとする言明は、まさにこうしたことを言い表す。〈自我が根源的に規定されている〉ということは、自我がそれ自身の規定においても何ものにもとらわれず、自ら自身のもとにあり、自己関係的であるということである。

自我には認識のはたらきに加えて、「自己維持 (die Selbsterhaltung)」(GW7, 155)、すなわち自らの存立を維持するはたらきが根本特徴として認められる。このことは、自我が現実存在するものであることに基づく。自我の自己維持は他の一切から隔絶し、孤立することによるのではない。世界のうちに存在して自我を取り巻くさまざまなものはかえって、自我がそれ自身として存在するために不可欠な要素をなす。「自我は上述の異質なものを自らに属すると主張しており、異質なものを自らの外側へと消失させることもなければ、自らを止揚されたものとして定立することもない。むしろ異質なものは自我の本質と一体的であるとともに、この規定態として自我の本質そのものである」(GW7, 161)。自我は一定の規定を有するものとして自己維持する。自我の存立が維持されるのは、単に類としてではなく、他のいかなるものでもないまさに〈このもの〉としてのことなのである。世界のうちに存在するさまざまなものとの関わりによって得られる規定は、自我の〈このもの〉としてのあり方にとって不可欠であり、なおかつ、〈このもの〉としてのあり方は自我にとって本質的である。

とはいえ、自我はなお不十分なあり方にとどまる。なぜなら、世界に存在するさまざまな対象との認識のはたらきを通じての関わりや、そこから自ら自身へと反省することによって獲得されるのは、〈このもの〉としてのあり方が同時に普遍的なものでもあり、自己関係的であるということであって、〈このもの〉としての別の側面、すなわち、他のいかなるものでもない自らに固有なものとしての、特殊なあり方を獲得するには至っていないからである。「それは規定態一般であるのではなく、むしろ自我の本質に等しい規定態であり、言い換えると、絶対的な規定態である」(GW7, 163)という言明は、まさにこうした特殊なあり方を意味すると理解される。

特殊なあり方はさしあたり、認識の対象のうちに見出されるものであり、所与としての性格を有する。だが自我は本来活動的であり、自らの活動によって自らを満たす必要がある。そうすることによってこそ、自我は本当の意味で自らを自ら自身によって維持するといえる。こうした活動的な自我については、

「形而上学」の「II．実践的な自我」節で論じられるが、自我はこうした活動を通じてさらにとらえ返され、「精神（der Geist）」として示されるに至る。以下では、精神としての自我とは一体どのようなものであるかをみてみよう。

三　自我は真実には精神である――絶対的な精神をめぐって

自我は認識のはたらきにおいても、類に対する関係においても自ら自身であり続けており、別なもののうちに埋没して自らを失うことが決してない。このことのうちにはすでにみたように、〈自我の自ら自身との等しさ〉が認められる。「理論的な自我は、絶対的に自ら自身に等しいもの（absolut Sichselbstgleiches）として自らを見出すが、絶対的に自ら自身に等しいものは、一切の規定態が消失することから抜け出ている」（GW7, 171）。

ヘーゲルは自我のこうしたあり方のうちに、「精神」としての性格を認める。ヘーゲルによれば、自我が「精神」であるのは、他なるもののうちに他ならぬ自ら自身を見出すことに基づく。「自我はまさにそれゆえ自らに対して、それ自身において対立するものを自ら自身として見出し、自体的なもの（Ansich）として見出しており、言い換えると、反省の閉じた円環（der geschlossene Kreis der Reflexion）としての自我は、反省の閉じた円環を見出す。自我は自ら自身を見出すのであり、自我は精神であり、言い換えると、理性的である」（ibid）。だが、自我が「精神」であるとは一体どのようなことを意味するのか。また〈自我が自ら自身である〉とは一体何を意味するのか。こうした問題について検討する必要がある。
自我が他のいかなるものでもないまさに〈このもの〉としての自ら自身に他ならないという場合、〈このもの〉だけに固有な規定が自我に帰属する。この規定はすでにみたように、自我が自分でつくり出すのでもなければ、他の何かによって与えられるのでもなく、むしろ「根源的な」ものである。だが「根源的な」規定は、まさに「根源的」であるかぎりにおいてなお不十分である。なぜなら、たとえ規定が自我にとって固有なものとして備わっているとしても、自我がそれを対象的にとらえるならば、〈別のものと別のものの関係〉というかたちが依然として残るからである。したがって、〈このもの〉としての自我に固有な規定は真実には、「自体的なもの」であるのではない。こうした事情については次のように述べられる。

自我は、自ら自身を見出した単純な反省（einfache Reflexion, die sich selbst gefunden hat）としてみるならば、自らの規定態としての規定態を止揚すべく、それに対立し対峙している。自我が自らの規定態にしたがって自らに対峙しているのは、個体（ein Individuum）あるいは個別的なものに対峙するようにしてではなく、むしろ根源的で普遍的な規定態としてのことであり、自体的な規定態（Bestimmtheit an sich）としてのことであり、言い換えると実際には、普遍的なものそのものに対してである。（GW7, 172）

ここに挙げた引用を踏まえると、現実存在するとともに自己維持するものとしての自我がその本質、すなわち「根源的な」規定に向き合うことは、自我の自己関係としてはなお不十分だといえる。自我の〈このもの〉としてのあり方が「類」としてのあり方と密接不可分であることについてはすでに述べた。このことのうちには、普遍性の契機が認められる。そのかぎり、自我は同時に普遍的なものでもある。

他方で、自我の〈このもの〉としてのあり方は、他の同じようなものとの関係や比較に基づくような相対的なものであるのではなく、「類」に根差したものである。それも、自我と別の次元にあるものとしての「類」ではなく、自我自身における「類」、あるいは自我がまさにそれである当の「類」に根差したものである。だからこそ、自我はそれ自身において普遍的なものたり得るのである。自我はそれ自身において普遍的であることにより、他の同じようなものから自らが切り離されていることを否定する。このことを別の仕方で表現すると、自我は自己関係的であることでかえって、他なるものに対して開かれているということである。

ヘーゲルによれば、精神としての自我には無限性が属する。だがそこには同時に修正が加えられる。すなわち先にみたところでは、個別的なものとしてのあり方と普遍的なものとしてのあり方が分かち難く一体をなすことに基づいて、自我に対して無限性が認められた。そうはいっても、たとえ精神としての自我が自己関係的であり、「自ら自身のうちに絶対的な個別性を有するような、普遍的な反省」(GW7, 172)であるとしても、自らが無限であることを自覚するには至っていない。[7] こうした事情については、次のように言い表される。「精神はわれわれにとっては無限であるのだが、自らに対して無限であるには至っていない。精神は自らに対しては、自らに等しいに過ぎない。精神は自ら自身を直観するものの、無限性を直観しておらず、自らを他なるものとして直観していない」(ibid)。

これに対し、他なるものにおいて自ら自身を見出すだけでなく、他なるものを自ら自身として見出し、他なるものに等しいと同時に自ら自身に等しいものは、「絶対的な精神(der absolute Geist)」と特徴付けられる。

精神はそのものとしての他なるもの(das Andere als solches)を絶対的に他なるもの(absolut Anderes)として見出し、自らを止揚するものとして見出し、自ら自身として見出す。言い換えると、精神は自らを自らとして直観するだけでなく、そのものとしての他なるものを自らとして直観するのでもある。精神は自らに等しいとともに、他なるものに等しい。他なるものとは、自ら自身を止揚するとともに、自ら自身に等しいもののことである。こうした統一こそ、絶対的な精神である。(GW7, 173)

この場合でいう「他なるもの」は、どのように理解すればよいのだろうか。「絶対的な精神」がまさにそのものとして立ち現れ、登場するのは自我の認識のはたらきを通じてのことであり、それ以外のことによるのではない。「絶対的な精神」は他なるものに対して関係する場合であっても、自ら自身に等しく、自己関係的である。だが自己関係的であるといっても、そのことは自我の認識のはたらきにおいてそうである。そのかぎり、ここでいう「他なるもの」は、精神としての自我のことを指すととることが出来る。

ただし「絶対的な精神」は、単に自我の認識対象に過ぎないのではない。そうでなくて、自我が同時に普遍的であるような〈このもの〉としての存立を維持し、自己反省するはたらきは、実際には「絶対的な精神」の自己関係としてとらえ返される。このことを別の仕方で表現するならば、自我が自ら自身を精神として見出すことは、「絶対的な精神」が「他なるもの」としての自我がまさにそれである精神において、自ら自身を見出すこととしてとらえ返される、ということである[8]。

自我は自らを精神として見出すことを通じて、自らよりも高次のものとしての「絶対的な精神」を見出すのであり、しかも他ならぬ自らのうちに見出すとともに、なおかつそれ自身自己認識するものとして見出す。このことにより、自我の〈このもの〉としてのあり方だけでなく、認識のはたらきに対しても新たな光が当てられる。すなわち認識のはたらきは、「形而上学」のはじめでは「同一性の命題」のように、認識対象の一切がそのもとに服する原理的なものとして理解された。認識のはたらきが「絶対的な自我」(GW7, 127) であるとされるのも、まさにこの意味においてである。だが実際には、認識のはたらきはより高次のものに根差している。この場合、より高次のものたる「絶対的な精神」は認識のはたらきを超越するのではなく、それ自身自己認識のはたらきを行う[9]。

だとすれば、単に精神としての自我やその認識のはたらきが「絶対的な精神」に根差すだけでなく、自我の他のいかなるものでもない〈このもの〉としてのあり方や自己関係もまた、「絶対的な精神」の自己認識的なあり方に根差していることが分かる。自我の〈このもの〉としてのあり方は、「絶対的な精神」においてこそ、過ぎ去り行くはかないものなのではなく、普遍的なものであると確証されるのである。

四　自我の思想をめぐるさらなる展開――哲学における〈知〉の担い手とは

以上でみてきたように、『体系構想Ⅱ』の「形而上学」では、自我の認識のはたらきは究極的には「絶対的な精神」を原理としており、「絶対的な精神」の自己認識のもとにとらえ返される。その後、ヘーゲルの思索が展開するにつれ、「絶対的な精神」は体系の中心的位置を占めるに至る。この点については、最晩年の『エンチクロペディー（*Enzyklopädie der Philosophischen Wissenschaften im Grundrisse*）』第三版（一八三〇）に至るまで変わることがない。

だがだからといって、自我の立場はもはや用済みのものとして放棄されたのではない。むしろ自我が占める重要性は変わることなく維持され続ける。なぜなら、哲学は自我の認識のはたらきによってこそ遂行され、展開されるからであって、認識のはたらきに立脚することに変わりはないからである。そのことは、以後の諸テクストを丹念に検討するならばそれぞれの段階において明らかである。

まず、『体系構想Ⅱ』の直後に書かれた『体系構想Ⅲ』の「精神哲学」の最終節「c．芸術、宗教および哲学」を取り上げてみよう。そこでは、「絶対的な精神」が芸術・宗教・哲学という三つの領域からなるとされる。ここには、後の『エンチクロペディー』と同様の考えがすでに打ち立てられている。そのうち哲学については、「思弁的哲学（spekulative Philosophie）」とは「知るはたらきを行う知（wissendes

Wissen)、精神、精神の自らについての知（Wissen des Geistes von sich）」（GW8, 286）であるとされる。『体系構想Ⅱ』における認識のはたらきに代わって、そこでは「知（das Wissen）」という言葉が用いられる点が異なる。

いま挙げた引用だけでは、「精神」が『体系構想Ⅱ』でいうところの自我を指すのか、それとも「絶対的な精神」を指すのかが判然としない。[10] だが次の言明に注目するならば、自我に対して決定的な重要性が与えられていることがはっきりと見て取れる。「哲学においては、そのものとしての自我（Ich als solches）こそ、絶対的な精神の知（Wissen des absoluten Geistes）であり、概念のうちにあって自ら自身のうちにあり、それも、普遍的なものであるところのこのもの（Dieses, das allgemeines ist）としての自ら自身のうちにある」（ibid）。ここに挙げた引用を踏まえると、『体系構想Ⅲ』の「精神哲学」でもやはり、他のいかなるものでもない〈このもの〉としての自我の立場が貫かれており、しかも、自我が同時に普遍的なものであるとされることが明確に分かる。「自我とは、個別的なものと普遍的なもののこうした分かち難い結び付きである」（ibid）という言明は、『体系構想Ⅱ』における、認識のはたらきとしての自我の立場が発展的に継承されていることを示している。

『体系構想Ⅲ』の「精神哲学」で示されたような、哲学は「絶対的な精神の知」としての自我に立脚するという理解は、直後に書かれた『精神現象学』においても貫かれている。同書では、その最終的境地として「絶対知（das absolute Wissen）」が提示されるが、「絶対知」こそ、哲学的思索が展開される本来の場である。「絶対知」の境地は、宗教の諸段階を経た後に登場する最終段階である。注目すべきことに、そこで知のはたらきを担うのは、〈このもの〉であると同時に普遍的なものである、自我に他ならない。次の文章はまさにそのことを言い表す。

こうした知の本性、諸契機および運動は次のようにして生じたのであった、すなわち、こうした知は自己意識のそれ自身に対する純粋な存在（das reine Fürsichsein des Selbstbewusstseins）である、というようにして。こうした知は自我であるが、ここでいう自我は、他のいかなるものでもないこの自我（dieses und kein anderes Ich）であり、また同様にして、直接的に媒介されており（unmittelbar vermittelt）、言い換えると、止揚されて普遍的であるような自我（aufgehobenes allgemeines Ich）である。（GW9, 428）

この引用によれば、「絶対知」においては、自我は知のはたらきを遂行するだけにとどまらず、それ自身知そのものとして理解される。のみならず、自我は同時に知の内容でもある。「こうした内容は、その区別においてそれ自体、自我である。というのも内容とは、自ら自身を止揚するはたらきの運動（die Bewegung des sich selbst Aufhebens）であり、言い換えると、自我がそれであるのと同一の、純粋な否定性であるからである」（ibid）。ここで「止揚」や「否定性」によって言い表されるのは、『体系構想II』において、自我がいかなる規定にもとらわれることなく、反省によって自ら自身へと立ち返り、自己関係的であり続ける、とされたことを受け継いだものといえる。なぜならすでに述べたように、自我が世界に向き合い、世界のうちにとらえるものを客観的にとらえるとしても、そこで立ち止まることなく、自らへと向き直って立ち返るからである。

さらに『大論理学』でも同様に、認識のはたらきの担い手としての自我に対してきわめて重要な位置付けが与えられている。『大論理学』は「純粋な思想（der reine Gedanke）」（GW11, 21）の境地に立脚しており、その中心的原理をなすのは「概念（der Begriff）」である。同書で認識について主題的に論じられるのは、「概念論」「理念」章においてである。そこで扱われているのは、分析的認識と総合的認識の区別、および定義・区分・定理といった伝統的な素材である。そのため一見すると、『体系構想Ⅱ』に比して認識のはたらきをめぐる扱いが後退しているように思われる。だが他方で、同書の「概念についての一般的序論」を踏まえるならば、自我が概念の現実存在であるとされ、自我に対して積極的な評価が与えられていることが分かる。[11]

概念は、それ自身自由であるような現実存在にまで立ち至っているかぎりにおいて、自我に他ならず、言い換えると、純粋な自己意識（das reine Selbstbewusstsein）に他ならない。自我が概念をもつ、すなわち、規定された諸概念をもつのはたしかにその通りである。だが自我は、概念として定在へと至っているような、純粋な概念そのもの（der reine Begriff selbst, der als Begriff zum Dasein gekommen ist）である。（GW12, 17）

さらに同書では、自我は「普遍性」であると同時に「個別性」であるとされる。しかも、いずれのあり方についても基本をなすものとは自己関係性に他ならない。まさにこの点において、「体系構想Ⅱ」における認識のはたらきとしての自我の思想が継承されているといえよう。

結――〈有限である〉ことの意味とは

以上の議論では、ヘーゲルの『体系構想Ⅱ』を手掛かりに、認識のはたらきが自己関係的であり、自我として理解されることについて、および自我の〈このもの〉としてのあり方が同時に普遍的であることについて、さらには、自我には認識のはたらきのみならず、自己維持のはたらきも備わることについて考察した。認識のはたらきとしての自我は、同時に「根拠」としても理解され、その対象たる多様なものを成り立たせるのでもある。だが他方で、自我は絶えず自己関係的であり、自ら自身であり続けながらも、より高次のものとしての「絶対的な精神」に根差しているのでもある。

だからといって、自我の〈このもの〉としてのあり方が破棄されるのではない。そうではなくて、自我が自らを精神として見出すことは、「絶対的な精神」の自己認識としてとらえ返される。そうすることで、自我は新たな意義を得る。自我をめぐる以上の理解は、ヘーゲルのその後の思索においても維持される。たとえ「絶対的な精神」が体系の中心を占めるとしても、哲学的思索が自我によって担われ、展開されることに変わりない。

以上を踏まえるならば、ヘーゲルの哲学が『体系構想Ⅱ』の「形而上学」以来、〈絶対的な精神の哲学〉

として特徴付けられるとしても、有限な存在者である人間が自ら主体的に思索することを無効化するのではなく、かえって徹底的に思索することで自ら自身へと集中し、〈自らとはそもそも何者であり、いかなるものに立脚しているのか〉ということを熟慮するよう促しているといえる。有限な存在者は、他のあらゆる存在者から自らを際立たせる認識のはたらきを発揮し、十全に展開することによって、自らがそもそも何者であるかを見つめ直し、有限であることの意味について問う。

有限な存在者にとって、〈有限である〉ということは制限を意味するのではない。かえって、有限な存在者は自らの何たるかを省察することを通じて、自らがいかなるものにもとらわれず、自由であることを自覚する。有限な存在者の自由は、より高次のものたる「絶対的な精神」に対する関係においても変わることなく維持される。なぜなら、有限な存在者がこうした関係において自らを否定するとしても、そうすることでむしろ自らの存立を維持しており、かつ自らの存立を普遍的な境地へと高めることでより確かなものとするからである。

このようにみるならば、「絶対的な精神」は単に有限な存在者を成り立たせるより高次のものであるだけにとどまらず、自ら自身を認識して普遍的なものとしてとらえ返し、そうすることで自己維持するという、そういったあり方を成り立たせ、保つものであることが分かる。このようにしてこそはじめて、〈精神が精神に向き合う〉ということが成り立つ。ヘーゲルの哲学が〈精神の哲学〉であるのは、まさにこうした意味においてなのである。

凡例

本稿で用いたヘーゲルのテクストは以下の通り。

G. W. F. Hegel, *Gesammelte Werke*, Hamburg 1968ff.（GW と略記）

GW7：Jenaer Systementwürfe Ⅱ

GW8：Jenaer Systementwürfe Ⅲ

GW9：Phänomenologie des Geistes

GW11：Wissenschaft der Logik. Erster Band. Die objektive Logik（1812/13）

GW12：Wissenschaft der Logik. Zweiter Band. Die subjektive Logik oder die Lehre vom Begriff（1816）

註

1　シェーファーはこうしたことのうちに、認識のはたらきにおける内容と方法の弁証法が認められると解釈する。Rainer Schäfer, *Die Dialektik und ihre besonderen Formen in Hegels Logik. Entwicklungsgeschichtliche und systematische Untersuchungen*, Hamburg 2001, S. 148ff.

2　デュージングは、この場合の認識のはたらきが対象としての多様なものに対する自体的なものにとどまると解釈する。Klaus Düsing, Identität und Widerspruch. Untersuchungen zur Entwicklungsgeschichte der Dialektik Hegels, in ders.: *Aufhebung der Tradition im dialektischen Denken. Untersuchungen zu Hegels Logik, Ethik und Ästhetik*, München 2012, S. 11-42, bes.20.

3　デュージングは根拠の命題のこうした再解釈のうちに、プラトンの『ソフィスト』における最高類としての同一性と矛盾の関係の変容をみる。Klaus Dusing, ibid. S. 24f.

4　vgl. GW7, 33.

5　デュージングは、自我の自己関係に否定の契機が備わることにより、フィヒテの『全知識学の基礎』における自己定立的な自我とは異なり、対立の契機が外的に付け加わる事態が回避されると指摘する。Klaus Düsing, ibid. S. 27f.

6　リヒリは対象が認識に外的となることを認識の運動における構成と証明の観点から解釈し、両者が一体となっておらず、構成が先行するにとどまることのうちその原因があるとみる。Urs Richli, Die Bewegung des Erkennens in Hegels Jenenser Logik und Metaphysik, in: *Philosophisches Jahrbuch der Görres-Gesellschaft*, Jg. 85, Freiburg/München 1978, S. 71-86, bes. 81ff.

7　デュージングはヘーゲルにおける理論的自我がフィヒテの場合とは異なり、神学的性格をもつとして神であると解釈するが、この解釈は適切とはいえない。なぜならヘーゲル自身明確に述べているように、理論的な自我の無限性はなお不十分であり、「絶対的な精神」においてこそ真の無限性が達成されるからである。Klaus Düsing, *Das Problem der Subjektivität in Hegels Logik. Systematische und entwicklungsgeschichtliche Untersuchungen zum Prinzip des Idealismus und zur Dialektik*, Bonn 1976, S. 193.

8　ヘンリッヒはこのことを、絶対的な精神が現実的に存在するのは、有限なものとしての自我を自ら自身として見出し、把握することによってのみ成り立つ、と解釈する。この解釈は適切であるものの、その自己関係において本来無限であるはずの自我がなぜ「有限なもの」とされるのかが問いとして残る。Dieter Henrich, Ausoluter Geist und Logik des Endlichen, in: *Hegel-Studien*, Beiheft 20, Bonn 1980, bes. 114ff. なおこの点については、以下の拙論も参照されたい。嶺岸佑亮『ヘーゲル　主体性の哲学〈自己であること〉の本質への問い』、東北大学出版会、二〇一八年、三〇〜四三頁。

9　ヘンリッヒは、「絶対的な精神」による他なるものとしての自我に対する関係が自己関係として成り立つ場合、この関係が認識的な性格のものとしてのみ成り立ちうると解釈する。Dieter Henrich, *Selbstverhältnisse. Gedanken und zu den Grundlagen der klassischen deutschen Philosophie*, Stuttgart 1982, S. 166f.

10　海老澤はヘーゲルが後に「認識」ではなく「知」という言葉を用いるようになった理由として、自己意識の概念の導入を指摘する。海老澤善一『ヘーゲル論理学研究序説』、梓出版社、二〇〇二年、四四三頁以下。

11　ジープはフィヒテ的な立場から、『大論理学』では絶対的な自我の自己関係から諸規定が導き出されると解釈する。だが同書では自我は「概念」そのものではなく、それを本質として現実存在するものであり、適切な解釈とはいえない。Ludwig Siep, *Hegels Fichtekritik und die Wissenschaftslehre von 1804*, Freiburg/München 1970, S. 42ff. これに対し山口は、自我をカントの超越論的統覚を継承するものと解釈する。山口祐弘『ドイツ観念論の思索圏　哲学的反省の展開と広袤』、学術出版会、二〇一〇年、三六八頁以下。

［付記］本稿は、嶺岸佑亮「自我と認識――イエーナ期ヘーゲルにおける哲学的思索の原理の問題――」（『哲学』第七二号、二〇二一年四月、一五二～一六三頁）を基に、加筆・修正したものである。

第6章　〈イデアを観ること〉とはどのようなことか
――プラトニズムの問題からみたヘーゲル

嶺岸　佑亮

序

イデア（ἰδέα）を観ること――これは、古代ギリシアの哲学者プラトン（前四二七頃～三四七頃）によって、哲学的思索が目指すべき究極的目標として掲げられたものである。それ以来、彼の弟子であるアリストテレス（前三八四～三二二）が『形而上学』で提起したように、数多くの異論や反論を受けながらも、イデアは認識のはたらきにとって究極的なものをなすとされてきた。

プラトンによれば、《イデアを観る》ことは単に哲学という、すぐれた意味での知の営みに対して差し出された課題であるだけにとどまらない。むしろイデアは哲学的思索を営む者たちにかぎらず、およそ人間であるかぎりの誰にとっても、その本性からして近付き得る。《イデアを観る》ことは、哲学という特定の営みの範囲内にかぎられた問題であるのではなく、それどころか、有限な存在者たる人間の生そのものにとって決定的に重要な役割を果たしさえする。なぜなら有限な存在者は、イデアの認識に基づいて自らの生をとらえ返すことにより、自らの生を一層すぐれたものとすべく方向付けられるからである。[1]

こうした考えを受け継ぎ、発展させた重要な人物として、新プラトン主義哲学の創始者ともいうべきプロティノス（二〇五頃～二七〇頃）が挙げられる。プロティノスはプラトンの思想を独自の仕方で継承してさらに推し進めて、イデアそのもののうちに思考のはたらきや活動性、さらには生をも認めた。彼が主張するには、イデアは単に人間という有限な存在者によって認識されるだけにとどまらない。むしろイデア自身が認識のはたらきを行うとする。しかもこの場合、イデアは他のいかなるものでもなく、自ら自身を認識する。こうした自己認識のうちに、イデア自身の固有な生が成り立つ。

プロティノスは、自己認識的な生によって特徴付けられるもののことを、ヌース（νοῦς）と呼ぶ。ヌースは有限な存在者より高次のものであり、純粋に知性的な性格のものである。だがそれと同時に、有限な存在者のうちにその痕跡を刻印するのでもある。有限な存在者はこの痕跡を手掛かりとすることで、自らをより高次のものとして見出し、とらえ返すことが出来るようになる。

近代ドイツの哲学者G・W・F・ヘーゲル（一七七〇～一八三一）は、近代哲学の出発点であるルネ・デカルト（一五九六～一六五〇）の《思考する自我》のうちにすでにその萌芽がみられるような、主体性（die Subjektivität）の思想に立脚する。その一方でヘーゲルの思索は、〈純粋な認識対象を通じての自己認識〉という、プラトンおよびプロティノスの思想の系譜に連なるのでもある。[2] ヘーゲルの論理学は、「純粋な思想」としての性格をもつ。だがその場合、「純粋な思想」は生や現実性から隔絶しておらず、かえってそうしたものを固有の契機として内包する。「純粋な思想」はそれ自身において自己関係を形成しており、しかもこうした自己関係性を自発的な活動によってプロセスとして展開する。こうしたプロセスは、「純粋な思想」自身の自己認識に帰着する。

プラトン、プロティノス、ヘーゲルという三者の思索を辿るならば、哲学というすぐれた意味での知の営みが有限な存在者の生にとって一体どのような意義をもつのか、ということについて新たな角度から解明するための手掛かりが得られる。有限な存在者は、こうしたすぐれた意味での知の営みを通じて獲得された洞察に立脚することで、自らの生をその根底にまで立ち返って掘り下げ、自らの生をよりすぐれたあり方へと方向付けることが出来る。

以下では、つぎの手順で論述がなされる。まず、プラトンの『国家』第六、七巻におけるイデア論を取り上げる。それによりイデア自体の特徴や、認識に対するその関係について検討する。また、『ソフィステス』におけるイデア固有の関係性や、イデア自身のうちに備わる認識や生の契機について論じる【一】。つぎに、プロティノスの『エネアデス』のⅤ3、およびⅥ7におけるヌース論を取り上げる。ヌースの自己認識の特徴、および自己認識における対象性の問題について考察する。またそれを踏まえた上で、ヌースとその自己認識が有限な存在者に対してどのような役割を果たすのかについても検討する【二】。さいごに、ヘーゲルの『イエーナ体系構想Ⅱ（*Jenaer Systementwurfe* Ⅱ）』（一八〇四～五）の「形而上学」を取り上げることで、精神における認識のはたらきと内容の間の関係性について考察する。また、『大論理学（*Wissenschaft der Logik*）』（一八一二〜一六）の「概念論（Lehre vom Begriff）」における理念（die Idee）の思想を取り上げ、理念固有の生や活動性についてみていく【三】。

一　イデア——魂によってかろうじて観られるもの

プラトンにとって、イデアは知的な認識の対象であるだけにとどまらない。のみならず、イデアは有限な存在者たる人間をその生の全体において支えて保ち、導く役割を果たすのでもある。イデアを知り、認識することとは、それ以外のさまざまなものを対象とする知識や認識のみならず、日常のさまざまな場面における行為にとっても不可欠だというのである。もしイデアの認識を欠くならば、有限な存在者は思わく（δόξα）という、あれこれと揺れ動く不安定なものの見方にとらわれたままで、自分が目指す目的を十分に達成することが出来ないままにとどまってしまう。

イデアは認識のはたらきにとっての導き手という役割を果たすだけでない。さらには、このはたらきが目指すもの、すなわちそれぞれのものごとの真なるあり方や本質といったものもまた、イデアによって担われ、支えられている。プラトンは『国家』第六巻の太陽の比喩の中で、「善のイデア（ἡ τοῦ ἀγαθοῦ ἰδέα）」（508e2-3）を太陽になぞらえて次のように述べる。

「諸々の認識されるものにとっても、それらが認識されることが《善》によって可能であるだけでなく、さらには、《存在する》ということや実有（οὐσία）もまた、諸々の認識されるものに対して

《善》によって付与される。だからといって、《善》が実有であるというのではなく、むしろ尊貴さにおいても力においても、実有の彼方にあって超然としているのだが」（509b6-10）。

太陽は光を放つ。有限な存在者、あるいはプラトンの言葉でいえば、人間の魂（ψυχή）は太陽の光によってそれぞれのものごとの真のあり方を見定め、とらえることが出来るようになる。[3] このような仕方での認識は、「上方にある諸々のものを観ること（θέα τῶν ἄνω）」（517b4）と表現される。ここでは、認識のはたらきが「観る」というように、視覚に類比した仕方で言い表されていることが注目される。[4] イデアは思考のはたらきによってとらえられるもの（νοητόν）であり、その限り、肉眼でとらえられる感覚的なもの（αἰσθητόν）とは明確に区別される。その一方で、イデアをとらえることは感覚器官としての眼を用いるのとは別の仕方で、すなわち、魂のうちに備わる固有の器官を用いて《観る》ことである。

だがイデアをとらえることは容易な事柄ではない。プラトンによれば、「善のイデア」は、「かろうじて観られる（μόγις ὁρᾶσθαι）」（517c1）ものであるとされる。イデアの認識、言い換えると、イデアを観ることはあくまでも最終的な到達段階である。したがって、この認識はさまざまな手順や段階を踏むような、分節的な思考とは区別される。むしろ、これらの手順や段階を経てさまざまな規定や区分を経た上ではじめて、イデアに触れることが出来るようになる。

さまざまな段階を踏む思考の方法は、「哲学的問答法（διαλεκτική）」と特徴付けられる。「哲学的問答法」は秩序立った仕方で進行し、それぞれのものごとのうちに含まれる多様な規定を区別し、そこから決定的に重要な規定を取り出し、《それぞれのものが何であるか》を明らかにして、定義付けを行う。[5]『国家』第七巻で提示されるような、理想的国家の指導者育成のための教育プログラムでは、「哲学的問答法」が「善のイデア」を観ることに至るための訓練として提示されているが、有限な存在者の認識が目指すのは、問答法それ自体ではなく、訓練を通じて到達すべき境地としての《観る》ことである。

注意すべきことに、イデアにはただ一つの種類だけがあるのではない。「善のイデア」は究極の認識目標であるとともに、一切の物事の存在の究極的な根拠としても特徴付けられ、そのことから際立った位置付けを占める。だがそれ以外にも、たとえば《美しいもの》や《正しいもの》、またそれ以外のさまざまなものについても、それぞれにイデアが存在する。[6]だとすれば、これらの多様なイデアが互いに対してどのような関係性にあるか、ということが問われることになる。この問題については『国家』では考察されることがなく、後になって『ソフィステス』ではじめて詳細に取り上げられる。以下ではその辺りの経緯についてみていこう。

『国家』では、イデアはもっぱら有限な存在者の認識対象として特徴付けられていた。これに対し『ソフィステス』では、諸々のイデアどうしの間で一定の関係性が形づくられるとされる。[7]プラトンはこうした関係性のことを、「諸々の類の本性は、互いに対して関係し合うというあり方をする（ἔχει κοινωνίαν ἀλλήλοις ἡ τῶν γενῶν φύσις）」（257a9）と表現する。ここではイデアが「類」として特徴付けられているが、特に重要なものとして、「存在（τὸ ὄν）」、「動（κίνησις）」、「静（στάσις）」、「同（ταὐτόν）」

および「異（τὸ θάτερον）」という五つの「類」が挙げられる。[8] なかでも、「動」と「静」はイデアに対して新たな角度から光を投げかける。すなわち、認識の対象たるイデアはそれぞれの事物をあらしめる役割を果たしており、「完全な意味で存在するもの（τὸ παντελῶς ὄν）」（248e8）として理解される。

だがそれだけにとどまらない。イデアは有限な存在者によって認識されるだけではない。むしろつぎにみるように、イデア自体のうちに「知性（νοῦς）」のはたらきが備わっているとされる。

エレアからの客人「だがゼウスに誓ってどうだろう。《動》や《生》や《魂》や《思慮》が、完全な意味で存在するものに備わっていないということを、われわれは果たして本当にそう簡単に信じてよいのだろうか。完全な意味で存在するものが生きてもおらず、思慮をはたらかせることもなく、厳かで畏怖を抱かせるようにして、知性をもつことなく、不動のままに立っている、というように」
テアイテトス「たしかに客人よ、われわれとしては恐ろしい論に同意することになりましょう」
エレアからの客人「しかるに、知性をもっていながら、生をもっていないということを、われわれは主張したものだろうか」
テアイテトス「どうしてそうすることが出来ましょう」（248e7–249a5）

このようにして、イデアに対しては「存在」、「生」および「知性」という契機が帰属することが明らかとなる。[9] こうした理解は存在・生・思考という、以後の哲学的思想の展開にとってきわめて重要な役割を果たすモチーフの萌芽を提示する。これは近代に目を向けるならば、後で触れるように、ヘーゲルが『大論理学』で「理念(die Idee)」のうちに「生(das Leben)」の契機を導入する思想的背景となっているといえる。ただし『大論理学』ではプラトンの場合とは異なり、生は純粋に知的なものや存在論的なものとしてではなく、むしろカントの『判断力批判(*Kritik der Urteilskraft*)』(一七九〇)やF・W・J・v・シェリング(一七七五〜一八五四)の自然哲学にみられるように、有機体をモデルにして議論が展開されているのではあるが。

もし『ソフィステス』の場合のように、イデアという真の意味で存在するもののうちに《生》や《思考》の契機が認められるとすれば、その場合、これらの契機が人間という有限な存在者の生や思考に対してどのような関係にあり、どのような意義をもつかが問われる。『国家』第七巻の洞窟の比喩では、人間の魂は「善のイデア」を観ることによって養われるとされていた。これを踏まえるならば、有限な存在者の生や思考もまた、イデアのうちに備わるより高次の生や思考をその根底しなければならないだろう。こうした理解は、プラトン自身によって提示されることはなかったものの、彼の思想を独自の仕方で継承したプロティノスによって示されるに至る。以下では、こうしたことが具体的にどのようにしてなされるかについて検討しよう。

二 〈イデアを観ること〉は同時に自己認識である――プロティノスのヌース論

プロティノスの場合、イデアは、第一義的には人間の魂によって観られるものなのではない。むしろイデアは、より高次のものたるヌースによって観られるものである。[10] 本節では、《イデアを観るもの》としてのヌースについて詳細な議論が展開されている、『エネアデスⅥ7「どのようにして諸々のイデアの群が成立したのか、および善について（Περὶ τοῦ πῶς τὸ πλῆθος τῶν ἰδέων ὑπέστη καὶ περὶ τἀγαθοῦ）」およびⅤ3「諸々の認識する存在者、および彼方のものについて（Περὶ τῶν γνωριστικῶν ὑποστάσεων καὶ τοῦ ἐπέκεινα）」の二篇を取り上げつつ考察を進める。

注目すべきことにプロティノスによれば、イデアは別のものによって観られるというようにして、単に受動的なもの、別なものにとっての対象的なものに過ぎないのではない。むしろイデアに対するヌースの関係とは、他ならぬヌース自身の自己関係として理解される。ヌースとイデアの両者は別々なものであるのではなく、同じ一つのものである。

> このようにして、ヌース、ヌースの対象〔思考されるもの〕（τὸ νοητόν）、および存在するものは一であり、また、存在するものは第一番目の意味で存在するものであり、しかも、諸々の存在するものを有するところの第一番目のヌースである、というよりもむしろ、これらの存在するものと同じものである。（V3, 5, 26–28、〔　〕は論者による補足）。

プロティノスのこうした理解のうちには、存在と思考を同一のものであるとする、パルメニデス（前五世紀）のテーゼが反映している。[11]

なぜならば　思考することとあることとは同じであるから。（断片三）
思考することと、思考がそのためにあるところのものとは同じである。
なぜならば、思考がそこにおいて表現を得るところの　あるものがなければ、
汝は思考することを見出さないであろうから。まことにあるものの他には何ものも現にありもせずこれからあることもないだろう。（断片八）[12]

この点を踏まえるならば、ヌースが認識するのは、単なる対象的なものであるのではないのが分かる。むしろヌースは自ら自身を認識する。しかもプロティノスによれば、ヌースが認識するのは、自己認識のはたらきを行うものとしての自ら自身である。したがってヌースの認識の対象は、それ自身において同時に活動的なものであることが分かる。この点については、プロティノス自身、「思考されるものはある何らかの活動（ἐνέργειά τις）である」（V3, 5, 32f.）と明確に述べている通りである。その際、自己認識は単一な仕方でなされるのではなく、限りなく多様なかたちで展開される[13]。しかも、多様なかたちをとりながらも、ヌースは常に同じ一つのものとして自ら自身を認識するのである。

もしもヌースが活動しないならば、諸々の存在するものが存在することもないが、ヌースは絶えず次から次へと異なる活動をしており、また言うなれば、あらゆる彷徨（πλάνη）を彷徨しており、かつ

自ら自身において彷徨している。その彷徨は、真実のヌースがその本性からして、自ら自身において彷徨するようになっているような、そういった彷徨である。ヌースはその本性からして、諸々の実有のうちに（ἐν οὐσίαις）彷徨するようになっている。ヌースは至るところで、自ら自身として存在する。（VI7, 13, 28-33）。

このようにして、ヌースの自己認識のうちには、「同」と「異」という、先にプラトンの『ソフィステス』に即してみたような、五つの「類」のうちの二つが固有の契機として認められる。[14] ただし「異」が帰属するからといって、自己認識の対象としてのヌースは、当のヌースそのものと別の何かになるのではない。なぜなら、ここでいう対象は、かぎりなく多様なかたちをとりながらも、同時に《全体性》としての性格を維持し続けているからである。ヌースの自己認識は次にみるように、同じ一つの全体が同じ一つの全体に対して関わる、という仕方でなされる。

生じたものは《同》と《異》から生じており、同じであるとともに異なる、という本性を有する。ただし異なるといっても、何らかの点で異なるのではなく、全体において異なる。なぜなら、生じたものに属するところの、同じであるということもまた、全体において同じであるのだから。全体において同じであり、かつ全体において異なるのだから、諸々の異なるもののうちで取り残されるものは存在しない。だとすれば、生じたものは、一切のものへと変わる（ἐπὶ πᾶν ἑτεροιοῦσθαι）という本性を有する。（VI7, 13, 21-25）。

このようにみるならば、たとえばＤ・ヘンリッヒが指摘した自己認識（あるいは自己意識）の反復（die Iteration）という問題は回避される。[15] なぜなら、反復の場合に問題となるのは、自己認識における主体と対象の両者において内容が全く同一であり、両者の間にいかなる差異も認められないということであるが、いまの場合、ヌースは常に異なる仕方で自己対象化されるからである。

プロティノスによれば、ヌースの自己認識は、プラトンにおける「善のイデア」の場合と同様、《観ること》として特徴付けられる。《観ること》は、《観る》というはたらきを行うものの外側へと向かい、他なるものへと関わることである。このはたらきは、当のはたらきを行うもの自体へと直接向けられるのではない。もし仮にそうしたことが起こるとすれば、《観られるもの》はあくまでも内的なものに過ぎないことになろう。むしろ実際には、《観ること》とは、現実に存在するものへと関わることなのである。ヌースは、単に内的に存在するのではなく、その対象たるイデアと同じように、《現実性》という契機を内包する。[16]

ヌースは《自ら自身を観る》ことを必要とする。というよりもむしろ、《自らを観る》ことを有しているが、そのことは第一に、ヌースが多なるものであることにより、つぎにまた、ヌースが他なるものに属することにより、それからまた、必然的に、《観る能力をもつもの（ὁρατικός）》、それも他なるものを観る能力をもつものであり、なおかつ、ヌースの実有とは《観るはたらき（ὅρασις）》であることによる。というのも、観るはたらきは、存在するところの何らかの他なるものに関わらねばならないからであるが、もし〔他なるものが〕存在しないならば、無駄であることになろう。（V3, 10, 9–16.〔 〕は論者による補足）。

注意すべきことに、《観られるもの》は、ヌースがはたらきを行う前に先行的に存在していたのではない。むしろこれらの多様なものは、ヌースの活動によってはじめて存在する。またこれらのものは、ヌースが活動を通じてそれ自身を展開することで、他ならぬヌース自身がそのようになったものである。《観る》ということは、現に存在するものに対する関わりである。ところが同時に、ヌースはこうした関わりを通じて自己自身をとらえることで、自己自身として存在する。ヌースの存在とは活動的なものであり、しかも自己自身を認識するようにして活動的である。

プロティノスの場合、自己認識は本来的には、神的なものたるヌースに帰属する。ヌースはその本質からすれば、あくまでも有限な存在者たる人間よりも高次のものであり続ける。だが有限な存在者たる人間の魂も、ヌースにならって自己自身を認識し得る。この場合、自己認識は二重の意味をもつ。魂が自己自身を認識することは一方では、自ら自身が何であるかをとらえることであるとともに、自ら自身をその根底たるヌースのもとでとらえ返すことでもある。[17] 魂とヌースの間に段階上の差異が認められるからといって、両者は完全に隔絶していない。むしろ魂のうちには、より高次のものたるヌースの痕跡が認められる。[18] 有限な存在者はこの痕跡を手掛かりとして自ら自身へと立ち返り、自らの生をよりすぐれた方向へと導くことが出来る。[19]

一体何が魂のうちに純粋なヌース（νοῦς καθαρός）が存在することを妨げるというのか。何ものも、とわれわれは言うであろう。だがそれでもなお、それを魂に属するものだと言わねばならないのか。いや、魂に属するのではない、とわれわれは言うだろう。そうではなくて、われわれのヌース（ἡμέτερος νοῦς）と言うであろう。このヌースは理性的な部分とは別のものであり、より上方に位置を占めるが、それでもなお《われわれの》である、たとえそれを魂の諸部分に数え入れることはないとしても。あるいはむしろ、このヌースはわれわれのものであり、かつわれわれのものではない。（V3, 3, 21–27）。

ただしプロティノスは、プラトンとは異なり、イデアの認識や自己認識を最高の事柄であるとはみなさない。認識はあくまでも最高の事柄の手前の段階にとどまる。むしろ究極的に目指されるべきは、超越的な一者である。一者は思考をも存在をも超えており、ヌースに認められるような、一切の多を含むことはない。有限な存在者の魂は自己の内なるヌースを知ることを介して、このように純粋に一である一者に触れることこそ目指すべきだ、というのである。[20]

プロティノスの一者の思想は、プラトンにおける「善のイデア」の思想を背景として成立する。[21] すでに述べたように、「善のイデア」は「実有の彼方に」（509b9）あるとされていた。プロティノスはこのようにして、「善」に対して超越的なものとしての性格を認めつつも、その一方で、イデアとしての性格をもはや認めず、言い換えると、純粋な思考の対象としての性格を認めない。「善」は、有限な存在者の魂の認識のはたらきがこうした対象へと向かい、とらえようとする際の究極的な根拠の役割を果たす。その事情について、プロティノスはこう述べる。

ヌースは最終的なものであるのではない。一切のものが目指すのはヌースであるのではなく、むしろ《善》である〔中略〕。ヌースを有していないものの全てがヌースを獲得しようと求めるわけではなく、他方で、ヌースを有しているものがすでにして停止するわけでもなく、むしろこんどは《善》を求める〔中略〕。もし一切のものが生をも求め、また《常にあること》（τὸ ἀεὶ εἶναι）や活動すること（ἐνεργεῖν）をも求めるとすれば、求められているのはヌースである限りでのヌースではなく、むしろ《善》である限りでのヌースであり、かつ《善》から発して《善》へと至る《善》であろう。（VI7, 20, 17–24）

ヌースが最終的なものであるのではなく、あくまでもその前段階にとどまることは、ヌース自体に即してみた場合よりも、有限な存在者に即してみた場合の方が明らかとなる。というのもヌースとは異なり、有限な存在者は常に自ら自身として存在するのではなく、むしろ自己本来のあり方を十分には現実化していない状態に置かれているからである。ヌースの自己認識は「一にして一切である（ἕν καὶ πᾶν）」という、自己充足的なあり方に基づくが、その一方で、有限な存在者は自ら自身のうちに何かを欠いているがゆえに、その欠乏を満たそうとして自己認識を求める。[22] しかるに、それ自身本来の存在のうちにあって安らい、充足することこそ、《善》のもとで言い表されていることである。

このようにみるならばプロティノスにおいても、ヌース固有の認識対象としてのイデアが問題とされるのは、ヌースそれ自体のためではなく、有限な存在者がヌースという、より高次のものに倣うことで自ら自身を知り、それにより、真の意味で自ら自身として存在することを求めてであるのが分かる。この点を踏まえるならば、プロティノスは魂による《イデアを観ること》という、プラトンの思想を忠実に継承しているといえよう。

三 「純粋な思想」、生、現実性 ―― ヘーゲル論理学における自己認識の問題

《イデアを観ること》というモチーフ自体は、古代ギリシア哲学に特有のものである。だがこのモチーフは近代に至って、ドイツ観念論の哲学者であるヘーゲルの哲学的思索において新たな展開をみる。ヘーゲルがプロティノスの原典に本格的に取り組むのはベルリン期に入ってからであるが、プラトンについてはすでに若い頃から取り組んでいた形跡が認められる。[23] さらに時期を遡ると、テュービンゲンの神学校時代からさまざまな著作に収録されている抜粋を通じて、新プラトン主義的な思想に触れる機会があった。[24]

そうしたことについては、イエーナ期の著作・草稿群からも見て取ることが出来る。特に、一八〇四から翌年にかけて行われた講義の草稿である、『体系構想Ⅱ』の「形而上学」では、彼の哲学的思想の根本モチーフをなす「精神」、とりわけ「絶対的な精神（der absolute Geist）」の思想がはじめて本格的に論じられる。

この草稿では、精神に対して認識のはたらきが帰されているが、その際注目すべきことに、認識のはたらき自体とその内容の両者は異なるものではなく、むしろ同一のものであり、精神そのものに他ならないとされる。「認識のはたらきに対立するものは、それ自身認識のはたらきとなり、精神の内容はそれ自身精神となる。精神はこのようにして、自らの《他》において（in seinem Anders）、自ら自身に対して自らを見出した」（GW7, 176）。精神がその認識の内容あるいは対象へと関わる場合、それ自身とは別の何かに関わるのではなく、他ならぬ自ら自身に関わる。ヘーゲルはそのことを次のように表現する。「自らの《他》において自らを自ら自身として見出した精神は、《他》において自ら自身へと関連付けられているだけであり、ある一つの他なるもの（ein Anderes）へと関連付けられているのではない」（ibid）。

精神にとっての認識内容は、単に精神によって認識されるだけのものに過ぎないとすれば、「受動的なもの」（GW7, 174）の域を出ないであろう。だが認識内容は、認識するというようにして活動的である当の精神自身に他ならない、というようにとらえられる必要がある。だとすれば「他なるもの」といっても、精神にとって異質でその本質に無関係なものであるのではないのが分かる。むしろ精神には

「自ら自身の他なるもの（das Andere seiner selbst）」という契機が帰属する。「精神的なものとは、自ら自身の他なるもののうちに自らを見出すという、こうしたものである」（ibid）。

このようにして、認識内容に対する精神の関わりは、当の精神自身の自己関係として理解される。[25]こうした自己関係は、固有の認識対象であるイデアを通じての自己認識という、プロティノスのヌースの思想の系譜に連なる。[26]その際、近代の哲学者たるヘーゲル独自の理解を見落としてはならない。それは《無限性》の問題である。古代全体を通じて無限という思想に対しては、定義付けられ得ないもの、確たる規定を求めることの出来ないものであるとして、否定的な位置付けが与えられてきた。対照的に、ヘーゲルは精神のうちに「無限なもの（das Unendliche）」としての性格を認め、《無限性》に積極的な位置付けを与える。「自ら自身に対する精神のこうした関係――ここでいう《自ら自身（sich selbst）》は、それ自身に即して同時に自ら自身の他なるものであるが――、それは無限なものである」（GW7, 175）。精神が「無限なもの」であるということは、いかなる場合であれ、またいかなるものに関わろうとも自ら自身であることを失わない、ということである。このようにみるならば、「至るところで自ら自身として存在する」という、プロティノス的な理解がヘーゲルの思索のうちに独自の仕方で反映しているといえる。

『大論理学』では『体系構想Ⅱ』とは異なり、「精神」が表立って登場することはない。代わって中心的なモチーフをなすのは「概念（der Begriff）」である。「概念」は「純粋な思想（der reine Gedanke）」（GW11, 21）の境地に立脚する。この場合、「純粋な思想」は客観性を欠いておらず、客観性と対立するのでもない。「純粋な思想」はその本性からして、それ自身のうちに固有の客観性を備えている。それ自身のうちに客観性を備えた概念こそ、「理念（die Idee）」である。「理念とは、概念と実在性との統一態である」（GW12, 175）。ヘーゲル的な意味での「理念」はプラトンのイデアとは異なり、人間という有限な存在者の魂によってとらえられるものではなく、プロティノスの場合のように、それ自身にとっての認識対象であり、かつそれ自身認識のはたらきを行う。

ヘーゲルの意味での「理念」は「純粋な思想」として理解されるからといって、「現実性（die Wirklichkeit）」の契機を欠いていない。[27] ヘーゲルはカントの『純粋理性批判（*Kritik der reinen Vernunft*）』の「超越論的弁証論」での理念の位置付けを念頭に置きつつ、理念が有限な存在者の手の届かないところにある「目標」や「彼岸」であるのではない点を強調する。

理念は目標とみなされるべきではない。むしろ一切の現実的なものが存在するのは、理念をそれ自身のうちに有しており、理念を表現するかぎりにおいてだけである。対象、すなわち主観的・客観的な世界一般は、ただ単に理念と合致する（kongruieren）べきだというのではない。むしろこれらのものはそれ自身、概念と実在性の合致である。（GW12, 174）

『大論理学』の「理念」章の議論で目につくのが、「理念」に対して認識の側面だけでなく、「生（das Leben）」の側面も認められるという点である。[28] この点は、ヘーゲル自身は直接触れていないものの、先にみたプラトンの『ソフィステス』におけるイデア固有の《生》の考えに連なるものといえる。[29] いずれにせよ、ヘーゲルが独自の思弁的論理学に「生」の思想を導入する背景には、古代ギリシアの哲学者たちによって提示された《生》の思想のうちに、近代の生命概念よりも深いものを見て取ったからであるのは確かである。これについてはヘーゲル自身、「魂、あるいは思考の概念についてのより古い時代の哲学の一層深遠な諸理念、たとえば、アリストテレスの真に思弁的な諸理念」（GW12, 195）と述べている通りである。[30]

「理念」に「生」という契機が帰せられることは、「理念」が自らを自ら自身によって担い抜くということである。言い換えると、現実性は「理念」にとって、他のものによって与えられるのではない。現実性は「理念」にとって単なる前提として存在するのではなく、それ自身によって実現されるべきものである。このようにして、「理念」は「純粋な思想」としての性格と併せて、活動的なものと特徴付けられる。[31] 先にみたように、プロティノスはヌースの存在を「活動（ἐνέργεια）」としても理解されるとしたが、こうした線はヘーゲルの思索にも引き継がれている。

「理念」に特有の活動が目指すのは、今まで存在しなかった何らかの新しいものではない。むしろ目指されているのは「理念」自身の自己実現であり、当の「理念」自身が本来それである当のものである。「理念」はその活動を通じて、自らをその本来のあり方においてとらえる。「理念」の自己実現とは「理念」自身による自己認識である。

こうした結果において認識のはたらき（das Erkennen）が打ち立てられており、実践的な理念（die praktische Idee）と合一されている。目の前に見出された現実性（die vorgefundene Wirklichkeit）は同時に、遂行された絶対的な目的として規定されているが、ただし探求的な認識のはたらき（das suchende Erkennen）とは異なり、概念の主体性を欠いた客観的な世界としてではなく、むしろその内的な根拠と現実の存立とが概念であるような、そういった客観的な世界として規定されている。このようなものこそ絶対的な理念（die absolute Idee）である。（GW12, 235）

ここに挙げた引用を踏まえるならば、「理念」が「客観的な世界」へと関わること、もっといえば、「客観的な世界」のうちに存在するさまざまなものに関わることは、「理念」自身の自己関係であるのが分かる。「理念」はいかなるものへと向かおうとも自ら自身であり続けており、自己同一性を失わない。このことに基づき、ヘーゲルは「理念」に対して「純粋な人格性（die reine Persönlichkeit）」（GW12, 251）を認める。[32]「理念」自身が「人格性」をなしており、自ら自身にとって存在し続けるという理解は、ヌースが存在する多様なものの認識においてもそれ自身であり続けるとする、プロティノスの理解に沿ったものといえる。ヘーゲルは「理念」によるこうした自己認識のことを、すぐれた意味での「学（die Wissenschaft）」であると主張する。

理念はそれ自身、純粋な概念（der reine Begriff）である。この概念はそれ自身を対象としており、またそれ自身を対象とすることで、それ自身の諸規定の総体性を隈なく通り抜けていき、自ら自身の実在性の全体へと自らを形成するとともに、学の体系（das System der Wissenschaft）へと自らを形成する。このようにして、純粋な概念は自ら自身を把握するはたらき（Begreifen seiner selbst）をとらえることを完結するとともに、そのことにより、内容や対象としての自らの位置付けを止揚し、学の概念を認識すること（den Begriff der Wissenschaft zu erkennen）を完結する。（GW12, 252f.）

ここに挙げた文章にはヘーゲルが自らの論理学を、さらにはその哲学的思索全体をどのようにとらえているのかが凝縮された仕方で示されている。「学」はその本質からすれば、有限な存在者が展開する認識であるのではなく、「理念」自身による認識活動であり、その自己対象化である。[33]

このように理解するならば、「理念」や「純粋な思想」が有限な存在者の知や認識にとっていかなる意義をもつか、あるいはもち得るかが問われる。ヘーゲル自身は論理学の中でこうした問題について積極的に語ってはいない。彼が示しているのは、もう一つの主著である『精神現象学（*Phänomenologie des Geistes*）』（一八〇七）がそうであるように、いかにして有限な意識が「学」という純粋な境地へと高まるか、というプロセスやその方法だけである。

だがそれではあくまでも一つの方向を指し示しただけにとどまり、十分とはいえない。さらに進んで、いかにして有限な存在者が「純粋な思想」の境地からして自ら自身やその生をとらえ返し、自らの生を導き、担うかという問題についても改めて問う必要がある。[34] なぜならヘーゲル自身『大論理学』の序論で、「学の概念とは次のこと、すなわち、真理が純粋な自己意識（das reine Selbstbewusstsein）であり、自己の形態（die Gestalt des Selbst）を有するということであり、また自体的に存在するもの（das Ansichseiende）とは概念であり、かつ概念とは自体的に存在するものである、ということである」（GW11, 21）と明言するからである。[35] もしヘーゲルをはじめとするドイツ観念論の思索家たちが提示した「体系」というものが、有限な存在者にとって過大な要求ではなく、その本質からして欠くべからざるものであるのを示そうとするならば、まさにこうしたことこそ改めて熟慮する必要があるといえよう。

結

以上の考察では、イデアの思想を主張したプラトンから出発して、その継承者であるプロティノス、および近代ドイツの哲学者であるヘーゲルにおける展開・変容をみてきた。三者に共通するのは、純粋な思考や認識の境地が存在するという理解であり、また認識がこうした純粋な境地において外的なもの・異質なものを対象とするのではなく、むしろ認識のはたらきが当の認識にとって対象となる、という理解である。

こうした共通理解からそれぞれ独自の理解が生じる。プラトンにおいてはなお曖昧であったが、プロティノスとヘーゲルは、純粋な境地における認識対象が単に《対象》という受動的なあり方をするだけにとどまらず、それ自身活動的であり、認識のはたらきを行うと主張する。またプラトンとプロティノスによれば、純粋な境地における自己認識は、有限な存在者の生をよりすぐれた方向へと導くための導きや手掛かりとなるとされるのに対し、ヘーゲルの場合、こうした境地はもっぱらそれ自体として問題とされる。

だがヘーゲルの哲学的思索の出発点にまで立ち返るならば、いかにして有限な存在者のうちに内なる無限というより高次のあり方を見出し、有限な存在者を無限なものへと近付け得るかということこそ、彼の思索の根本的関心であったことに気付かされる。ヘーゲルが哲学へと転じた時期に書かれた「一八〇〇年の体系断片（*Systemfragment von 1800*）』では、「有限な生から無限な生への」「人間の高揚（die Erhebung）」ということが語られている。[36] そこでは、有限な存在者の高まりがなお「宗教（die Religion）」として理解されるが、こうした言明に底流するものはその後の彼の哲学的思索の展開においても維持され続けている。だからこそベルリン期の『哲学史講義（*Vorlesungen über die Geschichte der Philosophie*）』においてプラトンとプロティノスと徹底的に取り組み、自らの思索をさらに深めることとなったのである。もし今日においてもヘーゲルから学ぶことで何かを得ようとするならば、自己の思索の淵源へのこうした問い、さらには自ら自身の本質についての問いをヘーゲルとともに、またプラトンやプロティノスとともに遂行する必要があろう。

凡例

本稿で用いたプラトン、プロティノスおよびヘーゲルのテクストは以下の通り。

Platonis Opera. Recognovit brevique adnotatione critica instruxit . Burnet, 5 Bd. 1900.

Plotini Opera, ediderunt P. Henry et H.- R. Schwyzer, Tomus Ⅰ - Ⅲ, 1964-1982（editio minor, H-S2）

G.W.F. Hegel, *Gesammelte Werke*, in Verbindung mit der Deutschen Forschungsgemeinschaft, hrsg. v. Nordrhein-Westfälischen Akademie der Wissen- schaften, Hamburg, 1968ff. Historisch - Kritische Ausgabe（GW と略記）

GW7 : *Jenaer Systementwürfe* Ⅱ

GW11 : *Wissenschaft der Logik. Erster Band. Die objektive Logik (1812/1813)*

GW12 : *Wissenschaft der Logik. Zweiter Band. Die subjektive Logik oder die Lehre vom Begriff (1816)*

註

1　プラトンにおいてはこのように、哲学は現実の生と切っても切り離せない関係にある。以下の拙論では、哲学と現実の生の密接不可分な関係について、ソロンの言葉を手掛かりに、アリストテレス、カントおよびフィヒテに即して考察している。嶺岸佑亮「真実の生の追求としての哲学――人間的生の完成についてのソロン的理解とドイツ古典哲学における変容――」、『Moralia』第二四号、二〇一七年、二七～四七頁。

2　ヘーゲルによるデカルトの自我概念の解釈については、『哲学史講義』における議論を参照。G.W.F. Hegel, Werke in zwanzig Bänden. Bd. 20: Vorlesungen über die Geschichte der Philosophie Ⅲ, Frankfurt a. M. 1971, S. 123, 130ff.

3　以下の論考は、『国家』第六巻の太陽の比喩における太陽について、三通りの原因としての役割を挙げている。それによれば、太陽には、①眼の見るはたらきとしての、②見られる対象の見られるあり方としての、さらに、③《見る》というはたらきにおける主体と対象との統一性としての原因の役割が認められるという。J. Halfwassen, Der Aufstieg zum Einen. Untersuchungen zu Platon und Plotin, Stuttgart, 1992, bes. S. 247ff. また以下の論考では、善のイデアを観ることが認識にとってのみならず、理性的な行動にとって有する意味について議論されている。R. Ferber,

Platons Idee des Guten, 2. durchgesehene und erweiterte Aufl., Sankt Augustin, 1989, S. 130ff.

4　太陽とその光、および視覚の間の関係については、ハイデッガーが一九三一／三二年度の講義で詳細に論じている。M. Heidegger, Gesamtausgabe. II. Abteilung: Vorlesungen 1293-1944. Bd. 34. Vom Wesen der Wahrheit. Zu Platons Höhlengleichnis und Theätet, Frankfurt a.M., 1988, S. 100f. bes. S. 105f.

5　プラトンの哲学的問答法とヘーゲル論理学の関係については以下を参照。K. Düsing, Das Seiende und das götrliche Denken. Hegels Auseinandersetzung mit der Antiken Ersten Philosophie, Paderborn, 2009, S. 9ff.

6　507b2以下を参照。なお以下の論考は、美や正義と対比することで善独自の特性を明らかにしようと試みている。W. Wieland, Platon und die Formen des Wissens, Göttingen, 1982, bes. S. 172ff.

7　岩波書店版『プラトン全集』の『ソフィステス』の翻訳者である藤沢は、『ソフィステス』におけるイデアについての議論が『パルメニデス』におけるソクラテスとゼノンの間の論争を受け継いでいる点を指摘する。『プラトン全集　3』、藤沢令夫・水野有庸訳、岩波書店、一九七六年、四一三頁以下。

8　254d4以下を参照。なお、『哲学史講義』におけるヘーゲルによる最高類の思弁的解釈については以下を参照。K. Düsing, Hegel und die Geschichte der Philosophie. Ontologie und Dialektik in Antike und Neuzeit, Darmstadt, 1983, bes. S. 84ff.

9　イデアとヌースの関係については以下を参照。G. Martin, Platons Ideenlehre, Berlin / New York, 1973, bes. S. 233ff. また以下の論考は、『ソフィスト』におけるイデア相互の関係性を永遠性の観点から考察する。Walter Mesch, Reflektierte Gegenwart. Eine Studie über Zeit und Ewigkeit bei Platon, Aristoteles, Plotin und Augustinus, 2. Aufl., Frankfurt a. M. 2016, S. 195- 227, bes. S. 221ff.

10　プラトンのイデアからプロティノスのヌースに至るまでには、さまざまな展開が繰り広げられた。とりわけ、アリストテレスの『形而上学』第十二巻での「思考の思考（νοήσεως νόησις）」の思想は重要である。ただしアリストテレスの場合、思考の主体よりも対象の方に優位が置かれており、この点でプロティノスと異なる。これについては以下を参照。Th. A. Szlezák, Platon und Aristoteles in der Nuslehre Plotins. Basel / Stuttgart, 1979, S. 126ff. また以下の論考は、クセノクラテスとヌーメニオスをプラトンからプロティノスへの重要な橋渡しとして論じる。H. J. Krämer, Der Ursprung der Geistmetaphysik. Untersuchungen zur Geschichte des Platonismus zwischen Platon und Plotin, Amsterdam, 1967, S. 21ff.

11 以下の論考は、パルメニデスのテーゼがプラトンの『ソフィステス』に与えた思想的影響について論じている。W. Beierwaltes, Identität und Differenz, 2. Aufl., Frankfurt a. M., 2011, S. 14ff.

12 訳文は藤沢訳に従いつつ一部を変更。傍点は訳者による。『ソクラテス以前哲学者断片集』第Ⅱ分冊、内山勝利他訳、岩波書店、一九九七年、七九、八九頁。

13 ハルフヴァッセンはこうした点にヘーゲルの『精神現象学』における「自ら自身を知る精神」との親縁性をみる。J. Halfwassen. Plotin und der Neuplatonismus, München, 2004, S. 64ff, 74ff.

14 プロティノスのヌースにおいて『ソフィステス』的な「類」が果たす役割については以下を参照。W. Beierwaltes, Identität und Differenz, S.29ff., bes. S. 31.

15 Dieter Henrich, Fichtes ursprüngliche Einsicht, in: Subjektivität und Metaphysik. Festschrift für Wolfgang Cramer, hrsg. von D. Henrich und H, Wagner, Frankfurt. a. M., 1966, S. 188-232, bes. S. 191ff. また以下の論考は主体性理論の観点からヘンリッヒの議論を分析する。K. Düsing, Selbstbewusstseinsmodelle. Moderne Kritiken und systematische Entwurfe zur konkreten Subjektivität, Munchen, 1997, bes S. 116ff.

16 ヌースとアリストテレスのエネルゲイア概念との関連については以下を参照。W. Beierwaltes, Selbsterkenntnis

und Erfahrung der Einheit. Plotins Enneade V3. Text, Übersetzung, Interpretation, Erläuterungen. Frankfurt a. M. 1991, S. 111.

17　V3, 4, 7-13を参照。

18　魂のうちに認められる「純粋なヌース」については以下を参照。W. Beierwaltes, Selbsterkenntnis und Erfahrung der Einheit, S. 103ff., 190ff.

19　人間の魂が自らのうちにヌースとしてのあり方を見出すことで真の自己へと到達することが出来ることについては以下を参照。W. Beierwaltes, Das wahre Selbst. Studien zu Plotins Begriff des Geistes und des Einen, Frankfurt a. M. 2001, S. 103ff.

20　プロティノスの根本思想である〈一者との合一〉については以下を参照。W. Beierwaltes, Denken des Einen. Studien zur neuplatonischen Philosophie und ihrer Wirkungsgeschichte, Frankfurt a. M. 1985, S. 123ff., bes. S. 128f.

21　《善》の思想のうちに含まれる一者としての性格については以下を参照。J. Halfwassen, Der Aufsiteg zum Einen, S. 261ff.

22　この点については、VI 7, 41, 22以下を参照。

23　以下の論考はヘーゲルの『哲学史講義』テクストの旧版と新版を比較考察し、一者概念についてのヘーゲルの理解について詳細に論じる。山口誠一・伊藤功『ヘーゲル「新プラトン主義哲学」註解』、知泉書館、二〇〇五年、一〇七頁以下。

24　これについては以下を参照。J. Halfwassen, Hegel und der spätantike Neuplatonismus. Untersuchungen zur Metaphysik des Einen und des Nous in Hegels spekulativer und geschichtlicher Deuteung (= Hegel – Studien Beiheft 40), Bonn, 1999, bes. S. 27ff.

25 ヘンリッヒは精神を認識的自己関係として解釈する。D. Henrich, Andersheit und Absolutheit des Geistes. Sieben Schritte auf dem Wege von Schelling zu Hegel, in ders.: Selbstverhältnisse. Gedanken und Auslegungen zu den Grundlagen der klassischen deutschen Philosophie, Stuttgart, 1982, S. 142–172, bes. S. 169f.

26 この点について以下の論考は『エンチクロペディー』を援用して論じるが、プロティノスにおいては認識が知的直観のかたちをとるのに対し、ヘーゲルにおいてはカテゴリーの展開というかたちをとる点に根本的な相違があるとする。J. Halfwassen, Hegel und der spätantike Neuplatonismus, S. 377ff.

27 現実性については以下の拙論を参照。嶺岸佑亮「「定立されていること」と自らを根拠とすること――ヘーゲル論理学における現実性について――」、『ヘーゲル哲学研究』第二〇号、二〇一四年、一五八～一七一頁、特に一五八、および一六八頁以下。

28 Vgl. GW12, 211ff., bes. .212f.

29 バイアーヴァルテスはヘーゲルの『哲学史講義』における『ソフィステス』２４８ｅの引用について取り上げ、プラトン本来の意図がヘーゲル独自の弁証法との関連でどのように変容しているかについて議論する。W. Beierwaltes, Distanz und Nähe der Geschichte: Hegel und Platon, in ders.: Fussnoten zu Plato, Frankfurt a. M., 2011, S. 303-324, bes. S. 310ff.

30 ヘーゲルにとって、アリストテレスの「諸理念」のうち特に重要な役割を占めるのは、「思考の思考」としての神的なヌースである。ヘーゲルの解釈については以下を参照。K. Düsing, Ontologie bei Aristoteles und Hegel, in ders.: Aufhebung der Tradition im dialektischen Denken. Untersuchungen zu Hegels Logik, Ethik und Ästhetik, München, 2012, S. 131-158, bes. S. 156f. Ders., Das Seiende und das göttliche Denken, bes. S. 19ff. また以下の論考は、同時代の哲学よりも古代哲学における諸理念を高く評価するヘーゲルの態度のうちに、古代と近代それぞれに対するヘーゲル

の両義的な態度をみる。Walter Mesch, Hegel und die Bewegung der Idee. Zur platonischen Vorgeschichte der spekulativen Dialektik, in: Von der Logik zur Sprache. Veröffentlichungen der Internationalen Hegel-Vereinigung Bd. 24, hrsg. v. R. Bubner und G. Hindrichs, Stuttgart, 2007, S. 182–204, bes. S. 186f.

31　これは主体性の問題としても理解される。以下の拙論は主体性に特有な活動性について論じている。嶺岸佑亮「自己知の本質とその射程について——近代的主体性概念の再考——」、『Moralia』第二三号、二〇一六年、五四～七一頁、特に五九頁以下。

32　概念の人格性については以下の拙論を参照。嶺岸佑亮「概念の主体性における個と普遍の本質について——ヘーゲル論理学における「概念の人格性」をもとにして——」、『ヘーゲル哲学研究』第十八号、こぶし書房、二〇一二年、一二八～一三九頁、特に一三五頁以下。

33　デュージングはヘーゲル論理学を構成的・生産的な絶対的な主体性の理論として解釈する。K. Düsing, Kategorien als Bestimmungen des Absoluten? Untersuchungen zu Hegels spekulativer Ontologie und Theologie, in ders.: Aufhebung der Tradition im dialektischen Denken, S. 201–217, bes. S. 210ff.

34　この問題について、ヘンリッヒは「意識的生」という独自の思想のもとに論じる。ドイツ観念論特有の思弁的思考が有限な存在者の生に対してもつ意義については以下を参照。D. Henrich, Grund und Gang spekulativen Denkens, in ders.: Bewusstes Leben. Untersuchungen zum Verhältnis von Subjektivität und Metaphysik, Stuttgart, 1999, S. 85–138bes. S. 106ff. また、哲学と生の関係については、以下を参照。Ders., Denken und Selbstsein. Vorlesungen über Subjektivität, Frankfurt a. M., 2007, S. 76ff.

35　「純粋な自己意識」については以下の拙論を参照。嶺岸佑亮「純粋な自己意識の学としてのヘーゲル論理学」、『実存思想論集』ＸＸＸ号、二〇一五年、一二三～一四〇頁、特に一三三頁以下。

36　G.W.F. Hegel, Werke in zwanzig Bänden. Bd.1, Frühe Werke, Frankfurt a. M. 1971, SW1, 421.

［付記］本稿は、嶺岸佑亮「ヘーゲルにおけるプラトニズムの問題――再考――イデアを観ること――」（『文化』第八二号（1・2）、二〇一八年、一～二一頁）を基に、加筆・修正を施したものである。

第7章　フッサールとプラトン

――知識の起源としての臆見

梶尾　悠史

序

本章の目的は、知識に関するプラトンとフッサールの言説を比較することにより、知識の正当化に関する新しい視角を提示することである。両哲学者は、何らかの普遍者を視る働きに知識の実質を求め、普遍者へ向かうこの視作用を自覚的・反省的に遂行することに知識の正当性の根拠を見定めた。したがって、プラトンの想起説やフッサールの本質直観の理論は、哲学者の洞察が何らかの仕方で知識に正当性を与える、とする議論の構造を共有する。だが、自己正当化と呼べるこうした議論の構造は、一種の独断論に陥りはしないか。また、このような批判に対して、プラトンとフッサールの議論の枠組みの中で、どのように応答することができるのか。これが本稿で考えたい問題である。

以下では、二つの視点を強調することによって、上記の批判に対する応答を試みる。一つは、知識の根拠に解釈学的な流動性をもたせる歴史性の視点。もう一つは、正当化に自己決定という倫理学的な意味合いを与える主体性の視点である。

論述は以下の手順を踏んでなされる。まず、プラトンとフッサールのうちに知識の自己正当化という同型のアポリアを見出し、内在主義が直面する知識の正当化問題を顕在化させる（一）。次にフッサールからの応答として、知識の根拠となる永遠不変の何かが意識において見出されるとする、アプリオリズムの考えを否定する。代わって、歴史に埋め込まれた有限なあり方を知識主体の根本的な様態として認める、解釈学的な視座をフッサールに読み取る（二）。最後に、プラトンとフッサールによって共有される倫理的視点を指摘し、この視点から認識論問題に対する固有のアプローチを提起する。具体的には、臆見と知識の関係を探求の目的論的な運動に即して捉え直す。そして、知識へ動機づけられた主体の実践理性の側面に着目して、認識の自己正当化が含む「自律」ないし「責任」という積極的な意味を明らかにする（三）。

一　想起説と本質直観の理論

知識の哲学の古典として広く知られる対話篇『メノン』は、「徳は教えられうるか」という問いとともに始まる。この問いに対し、ソクラテスは、徳の何たるかを探求することが先決であると応じ(71B)、「徳とは何か」という根本的な問いへとメノンを誘導する。このような議論の進み行きを動機づけているのは、探求者ソクラテスの中にある、探求の対象（徳）に関する無知の自覚である。しかし、「無知の知」が認識への道の出発点となりうるかどうか、また、そこで言われる「無知」とはいかなる意味合いで語られる言葉なのかが問題となる。

実際、メノンは無知を自認するソクラテスを訝しがり、次の「探求のパラドクス」を彼の態度の中に見出す（80D）。Xについて無知な人は、「Xとは何か」と問うことも、その答えを得ることもできない。というのも、その人は探求すべき当のXを目標として設定できず、なおかつ、その目標への到達を自覚することも不可能だからである。探求者がXについて無知である限り、探求は始まりも終わりもしない。仮に探求を始動させる目標やその終わりを知らせる終点としてXを明確に特定できるのであれば、探求者はXの何たるかを既に知っていることになるだろう。

大略以上のようにまとめられる探求のパラドクスへの応答として、プラトンは想起説をソクラテスに語らせる（81A-E）。想起説によれば、不死である魂は既にすべてを見、学び、知ってしまっている。一つの同じ魂が、現在（現世）においてXを未だ知らず、だが魂の転生を貫く永遠の相の下ではXを既に知っている。つまり忘却しているのである。未知と既知との間に位置づけられる、この忘却という境域において、探求の可能性が開かれるという。すなわち、「探求するとか学ぶとかいうことは、じつは全体として、想起することにほかならない」（81D）。そして、この想起のプロセスが未完成である状態を指して、ソクラテスは「無知」と呼んだのである。

想起説は『パイドン』にも登場するが、この書において、想起の対象は単一の「形相」ないし「イデア」という、いっそう明確な存在を与えられることになる。多くの美しいものは時の流れとともにその性質を失う。今あるこの「美しい」花は、将来、反対の性質を帰されるかもしれない。それに対して、形相は美そのものとして常に同じように自己同一性を保ち、いかなる変化も決して受け入れないとされる（『パイドン』78D）。少なくとも『パイドン』の想起説においては、述語的規定の揺らぎを決して被らない何かある実体的なものが、おのれの属性を変化させるものとの対比において考えられている。すなわち、形相ということで、個物との結びつきを要しない自立的な存在者が想定されている。そのような形相は、「Xであるa」という判断形式においてではなく、むしろ「Xであるもの」ないし「Xそのもの」として端的に直観されるべきであろう。

プラトンによれば、人は「勇気をもち、探求に倦むことがなければ」イデアを直観することができる（『メノン』81C）。時代を遥かに下り、フッサールもまた「ある個物の自己固有の存在のうちにその個物の何であるかとして見いだされるもの」としての「本質」について語り（III/1, 13）、個的直観は本質直観へと転化されうると言う。だが、フッサールにとって、ある種の普遍者を把握する働きは、かならずしも哲学的探求を極め果せた一部の人間によってのみ遂行可能な特殊な能力ではない。たとえば、一般的な知覚について、「意味（Sinn）を通じて対象に関係する」という記述が与えられる（III/1, 297）。感覚されるあるものに統握の形式を与え、それにより、あるものを他ならぬそのものとして知覚する所以となるもの、それが意味である。したがって、日常的な知覚が既にある普遍者の洞察（イデア視）を含んでおり、そのことによって知覚はまさに真理の把握（Wahr-nehmen）となる。

以上の洞察を現象学者が獲得するのは、知覚を遂行しつつ同時に知覚の本質を反省的に直観し、当の知覚のなかで働く多様な意味志向を顕在化させることによってである。こうして諸々の思念から導かれる構成や充実化の諸過程が解明され、とりわけ、事物の認識（知覚）における本質直観の寄与が解明されるべき事柄として問題化される。しかし、以上の認識批判は、知覚の認識（反省）という一種の本質直観を遂行することから出発する限り、何らかの循環を含むと言わざるをえない。[1] フッサールはこの「回帰的関係（Rückbeziehung auf sich selbst）」（III/1, § 65）を無害のものとみなす。しかし、ここには認識の正当化に関わる重大な問題が潜んでいるのではないだろうか。

　想起説は再び「想起のパラドクス」[2]を招来するという指摘は、哲学的思惟へのドクサの流入に関わる問題をより端的に示すものである。誰もが、イデアを漠然とであれ想起する限り「真なる思いなし」をもちうる。これに対して哲学者は、想起そのものを自覚的に行うことによって、真なる思いなし以上の認識価値に到達するとされる。だが、次の疑いを払拭できないのではないか。哲学者は、想起と称する自身の体験を拠り所として、依然、この体験内容こそ真であるという思いなしを述べているにすぎないかもしれない。その場合、その人は知者を僭称しながら、その実、形相を想起していると独断するのみであろう。プラトンもまた、知識の源泉として相応しいかどうかを哲学的に吟味すべき一つの体験（想起）を、自らの認識論を支える中心概念として無批判に利用しているように見える。

　現代の認識論の観点から見て、想起説は知識の正当化条件に関する主張とみなされうる。[3] プラトンは想起を「根拠の思考によって縛り付ける」理知の働きと捉え、そのうえで、「知識は根拠の思考によって縛り付けられているという点において、真なる思いなしとは異なる」と主張した（『メノン』98A）。

この言明を見る限り、知識の古典的定義（「知識とは正当化された真なる信念（Just, ified true belief）である。」）の源流をプラトンの論述に求める、ゲティアの解釈は妥当であると思われる。

この解釈に沿って見るならば、プラトンとフッサールが共通して直面するのは、内在主義という認識論的立場から生じる、知識の正当化問題だと言える。知覚の基礎に意味の思念を置くフッサールは、「志向性の内容理論」[4]と呼ばれる内在主義の一形態を擁護するように見える。ここでの内在主義の要点は、主観は自らが理解する判別の規準を媒介してのみ対象と関係する、ということである。同様の考えは、既にプラトンに現れている。藤沢によれば、「Xとは何であるか」という問いにおいて問われているものは、個物がそれによって「Xである」と呼ばれることになる当のものである。[5]したがって、それはまた、「ある行為や事象がXであるかないかをそれに照らして判別するところの判別規準」でもある。[6]

プラトンとフッサールは、特定の時間位置に拘束される個物に比して、いわば遍在的な時間性をこの判別規準に認めているように見える。プラトンはこの規準を「イデア（形相）」と呼び、生きられた現在に先立つ無限の時間の中に、その存在を位置づける。フッサールの「本質」は、「遍時間性（Allzeitlichkeit）」というプラトン的な意味で、理念的（ideal）存在性格を有する（EU, 309–14.）。両者は、事象を普遍性の相の下に見ようとする認識的努力の過程の中で、これらの理念的なものが洞察されるようになると考える。

だが、プラトンの想起にせよフッサールの反省にせよ、主体が組み込まれる個別の状況のもと、一階の経験が生起する現在において遂行される、一段高い経験に他ならない。ならば、この高階の経験が真理の規準となるものを確かに与えるのだという信念は、はたして当の経験そのものから妥当性を汲むだろうか。この疑念は、哲学的誠実さから生まれると言える。というのも、われわれは哲学的な誠実さを持つ限り、個別的なものの不完全な経験に対して行うのと同様の仕方で、普遍者の洞察をも批判すべきだからである。このように考えていくと、哲学者は経験の不完全さを容認するのと同じ柔軟性をもって自らの立脚点を流動化させるか、さもなければ、知識の担い手という自己の身分にあくまで固執することになるであろう。

いま浮上してきた選択は、哲学者としての態度決定に関わるものであり、通常の認識論の問題設定と趣を異にする。たしかに、認識批判の可能性そのものへの批判は、標準的認識論が持ち合わせない特別な視角からなされることが予想される。だが、それ以上に、信念主体の存在様態の側から知識の可能性を問い直すことが、自己正当化のアポリアに解決の糸口を与えるという、より積極的な仮定を立てることもできるだろう。次に志向的体験に関するフッサールの分析をもとに、知覚の歴史拘束性を明らかにし、信念主体の存在様態に迫るさらなる議論の足掛かりとする。

二　類型論による応答――意味の歴史性

スコットは『想起と経験』においてプラトンの想起説を詳細に分析した。[7] 彼によると、真なる信念（ドクサ）は、噂や伝統、習慣などに起源をもち、信念主体にとって外在的なこれらの権威に依存することによって、経験的に形成される。他方、知識（エピステーメー）は、これらの外在的な根拠から手を切ることによって、経験的な過程から独立に、想起という内在的な遂行のみを通じて獲得される。彼のプラトン解釈にしたがえば、知識を正当化しうるのは、経験や事実との相互関係が断ち切られているという意味で、「内在的」ないし「非歴史的」精神活動（＝想起）のみなのである。

フッサールは、スコットが言う意味でプラトン的哲学者の道を踏襲するのか。彼は現象学的エポケーを通して、外的世界からの独立を保つ「絶対的意識の全領野」を、「現象学的残余」として取り出そうと努める（III/1, 106f.）。この努力を通じて発見される純粋意識の内容は、外的世界の偶然的なあり方に依存せず、超越論的現象学という特別な分野によってのみ正しく研究される。フッサールの中にこのような「残余テーゼ」[8]を読み取るならば、彼は内在主義を方法論的独我論にまで推し進めたように見える。

これらの解釈は、プラトンやフッサールの内に「無歴史的アプリオリズム」を読み取るものである。[9]だが、後期のフッサールは、理念的対象が歴史的地平のうちで構成される様へと関心を向け変え、それとともに、本質直観という方法を用いて事象を対象化する現象学者の視点自体を、歴史性の中に位置づけ直していく。こうした動向は、『危機』書や同書の付録に位置する『幾何学の起源』において、顕著に認められる。ここでは、本章の認識論的なアプローチを堅持し、判断論との関わりから『経験と判断』に即して考えてゆきたい。後期に属するこの書において、フッサールは、ドクサこそエピステーメーの起源であるという、一見、前期からの転回とも受け取れる主張を提示する。ある倫理的な態度決定が、この主張の背景に認められること、そして、既にプラトンの中に、この立場が胚胎されていたことが明らかになるであろう。

ところで、現象学的エポケーによって、対象の与えられ方としての「意味」へ新たに眼差しが向けられるが、このとき、意味が対象を一意的に同定する仕方に関して、実質を伴う議論がなされるようになる。たとえば『イデーンI』は、意識と対象とを媒介するノエマを分析の俎上に載せ、当のノエマと対象との関係を保証する契機として、いっそう詳細に述語的内容の寄与について論じる（III/1, 297）。言語的な指示との類比で言えば、ノエマは「規定」や「述語」と呼ばれる意味の成分を含んでおり、この成分が、対象の一意的同定において決定的な役割を果たすとされるのである。

マッキンタイアは、クリプキの言う「フレーゲ - ラッセル見解」をフッサールの中に見て取り、最終的に、フッサールの志向性理論を、以下の二つの主張からなる「同定記述理論（identifying-description theory）」として定式化する。[10]（a）ノエマ的意味の「内容」は、確定記述を使用することによって言語的に表現されるような、複合的な記述的意味である。（b）作用がある対象へ志向的に関係するのは、当該の対象が、その作用の意味の内容によって指定される（すべての、もしくは十分な数の）特性を有する、唯一の存在者である場合のみである。

この解釈は、知覚ノエマを言語的意味そのものと同一視する限り、認識の典型をおのずと判断経験に求めることになるだろう。また、一方の（非述定的）直観と他方の（述定的）判断とを区別することは、フッサールの統握理論の中に、直観的所与（ヒュレー）と解釈的形式（モルフェー）という、互いに独立した二つの要素を読み込むことにもつながる。このバイアスのもとで、認識は、所与を直観する段階と、解釈形式としての内容を所与に付与する（対象を統握する）段階の、二つの段階の合成として説明される。だが、直観と判断を分離するこの方針は、「ものと知性の一致（adaequatio rei et intellectus）」を認識主体に保証する内在的な根拠は何か、という問題をめぐって、アポリアに直面する。記述的内容は、その内容を満たす複数の個体の中から特定の個体を選び出す十分な根拠を与えない。かといって、内容を捨象された指示詞は、純粋に形式的なものでしかなく、それ自体、直観に寄与しない。この二つの主張のいずれも反論が困難である。

アポリアを解決するために、二つの方針が検討されうる。第一に、知覚をいくつかの抽象的な諸契機に分解し、その合算として説明する、還元主義的な見方を否定する道である。第二に、対象を同定ないし判別する規準として、歴史的な文脈から切り離された何かを想定する、アプリオリズムを拒絶する道である。知覚経験を抽象的な諸契機に分解するのではなく、むしろ、それを取り巻く歴史や文化との関わりの中で全体論的に解明するとき、二つの道の可能性が一体的に探究される。「解釈学的転回」と呼ぶことのできる、この研究方針こそ、後期のフッサールの思索を導くライトモチーフであった。ここでの解釈学とは、歴史に組み込まれた有限なあり方や、歴史に規定された相対的なあり方を、人間の基本的な存在様態として認めていく立場である。

『経験と判断』のフッサールは、知覚と判断とを歴史性という次元において統一的に捉え直し、臆見的知覚／認識的判断という、プラトン哲学に発する伝統的な区別を流動化させる。のみならず、外的感性的な知覚こそが判断に明証性を供給する唯一の源泉であるとして、プラトン的伝統の大胆な転回を図る。そこでは、明証性の問題圏が二つの段階に分けて問われ、「判断の明証性」に対して、「最終的基体」の直観における「根源的対象的明証性」が開陳される（EU, 20）。判断形式に先立つ「Xそのもの」に明証性の源泉が求められるものの、ここで「基体」と呼ばれるそれは、プラトンが考えるような普遍者ではなく、物的知覚の「個別的対象」であり「個物」である（ibid.）。かといって、捨象という思考操作によってのみ理解可能な、感覚与件のごとき抽象的存在が、この概念によって意味されているのでもない。フッサールが考えているのは、多様な諸規定をそのうちに含蓄し、かつ、諸規定から未だ分離されない、意味統一体である。

マグカップの知覚において、その把握の眼差しが強調する側面は、内側（p）から底面（q）へ、そして把手（r）へと、微妙に変わっていくだろう。しかし、その過程を通じてマグカップは主題という性格を失わない。片や諸規定（p、q、r、…）の一つひとつは、あくまで対象の側面ないし契機として非主題的にとどまるが、かといって、対象がこれらの諸規定から独立に存在するのでもない。規定の「解明」が一歩進むごとに、これら諸規定は「重なり合いによって基体の意味内容に組み込まれ」（EU, 132）、漸進的に主題Xの内容を豊かにしていく。“X(p) → X(p, q) → X(p, q, r) → …” というように[11]、新しい規定が主題のうちに「沈澱（Niederschlag）」していく中で、主題はいっそう内容豊かなものとして反復的に再設定される。「解明」というこの過程において、基体と規定は、分離不可能な仕方で一つの主題野を形成するのである。基体が分節化を許容しないのは、述語的規定と無縁だからではない。基体が既に諸規定を内包しながらも、未だ述語として析出された諸規定と結合されないためである。知覚は前述定的な様態で判断の形式を蔵しており、内容と形式の両方の面から述定的判断に基礎を提供する。

『経験と判断』において、意味は「〜である何か」から「この個物」に至る「類型化の諸段階の複合的で動的なシステム」の全体として考えられている。[12] この全体的意味は、無から創造されるわけではない。それは、常に既に前もって与えられている対象的な環境の中に、おのれの出自をもつ（EU, 33f.）。フッサールが提示するのは、還元主義に代わる知識の説明である。還元主義は、純粋無垢の感覚与件や、永遠不変の形相といった、何らかの非歴史的実体によって知覚を基礎づける。それに対して、意味の形成と再編を推し進める経験過程の全体が、知覚の実相として明るみに出される。こうしてフッサールは、意味志向を核とする自身の内容理論に、解釈学的な力動性を与える。さらに、次節で検討するように、統握作用を解釈学的な循環のなかに置き入れることによって、自己回帰性に端を発する正当化のアポリアに、より積極的な意義を見出すのである。

三　認識の理論と認識者の実践

主題野とは、諸規定の単なる寄せ集め以上のレリバントな統一を意味する。このような主題野の把握として、知覚は「現実に直観的に与えられる以上のものを、既に常に統覚的に含む」（EU, 136）。私は何かを常に既にマグカップや掃除機、アボカド「として」知覚するのであるが、このことは、これらの主題を意識に浮かび上がらせるに十分な諸規定が、「類型的に親しまれている地平」（ibid.）を形作ることによる。「未知はいつでも既知の一様態」（EU, 34）なのであって、対象は「既知の未知性（bekannte

Unbekanntheit)」(EU, 35) において与えられる。こう看破するフッサールは、一方で知覚の理論負荷性という着想を先取りし、他方でプラトンの想起説を、形而上学を脱色した姿で蘇らせる。

基体や「類型（Typus）」と呼ばれる主題野は、ここにあるこれが何であるかについて、その事象に帰属する諸特性を手掛かりに判断する際の規準として働く。しかし、このような判断の規準は、経験の進み行きに応じて再編成される可能性を、絶えず示唆してもいる。『経験と判断』において、意味という志向性の媒体は、認識の枠組みと経験の開放性という二つの側面を併せ持つのである。主題野は、認識の枠組みとして有効に働くために、論理整合性を維持しなければならない。だが、この整合性の要件は、主題野に含まれる各規定がある時点において無矛盾であることのみであり、主題野にとって、時間の流れの中で不変であることは必須ではない。

このような見方は想起説に適用されうる。たとえばT・H・アーウィンは、決まった性質に恒常的に固定されているという意味での、不変性を形相に負わせる解釈をアリストテレスに帰し、この伝統的解釈とは異なる見方を提案する。[13] この新解釈によれば、形相の要件は、性質の通時的な流転性（s変化：self-change）を免れることではなく、むしろ、同時に相反する性質を持つという反対共在性（a変化：aspect-change）を絶えず排除することである。[14] s変化は前節のわれわれの表記法を用いて“$X(p) \to X(\neg p)$”と表記され、これは主題の再設定という認識的な意味をもつ。他方、“$X(p, \neg p)$”と表記されるa変化は、懐疑や葛藤をはじめとする認識的な困惑を主体にもたらす。

想起説が初めて登場する『メノン』において、想起の対象が「「美そのもの」「善そのもの」といったイデア的真実在であるということは、まったく語られていない」と藤沢は指摘する。[15] むしろ、この書で語られる想起対象は、想起を補助する個別の感覚経験の中で、意味規定が漸進的に解明ないし改定されていくもののように見える。このことは、性質の流動性を形相に認める新解釈にとって論拠となるであろう。しかし『パイドン』に至っては、いついかなる時にも同じあり方を保つ自己同一的な形相が考えられ、このような形相が、感覚に依存しないイデア的真実在として探求されるようになる。こうしたプラトンの進み行きと、『論理学研究』に顕著なイデア主義からの歴史的・解釈学的転回という、フッサールの自己批判的な企ての間には、興味深い対照が認められる。

不変的真理の希求と流動的ロゴスの自覚という、二人の哲学者に共通して認められる二面性の大元には、両者が共有する倫理的な問題意識がある。この倫理的関心のもと、解釈の歴史性が指摘され、また、解釈者としての自己の歴史性への自覚が促される。このとき、自己への回帰的関係は、認識者としての自己の存在構造、あるいは認識という経験の構造に本質的に蔵される解釈学的循環として、健全な様態で理解にもたらされるのではないか。以下、倫理的観点から、知識の正当化に関わるアポリアについて解決の道筋を探ってゆく。

われわれは、認識対象をその流転性において経験し、この過程の中でときに反対共在性という事態に直面する。このとき、ある倫理的課題がわれわれの眼前に現れる。認識の理論を認識者の倫理へと昇華させる点で、プラトンとフッサールは問題意識を共有している。まずは『パイドン』からプラトン（ソクラテス）の言葉を引こう。

〔……〕この心の有様は嘆かわしいものではなかろうか。なにか真実で確実な言論が存在し、それを理解することもできるのに、同じ言論でありながら、時には真実であるように思えたり時には思えなかったりするような、なにかそんな風な言論にたまたま出くわしたがために、自分自身や自分自身の心得のなさに責任を帰さずに、ついには苦しみのあまり責任を自分自身から言論へと押しやって喜んでいるとすれば。そうなってしまった者は言論を憎しみ罵りつづけながらその後の人生を過ごすことになり、本当に存在するものの真理や知識を奪われてしまうことになる。(90C-D)

懐疑やジレンマに直面するとき、ともすると、われわれの中で「真実で確実な言論」が存在することを否定したい思いや、言論によって探求することを厭わしく思う感情が芽生える。ソクラテスが戒めるのは、相反する規定づけの動揺に倦み果て、最後には真理の自律的な探求を放棄する、われわれの怠惰な傾向である。「いままたま君が知識をもっていないような事柄があったとしても〔…〕心を励まして真実を探求し、想起するよう努めるべきではないだろうか?」(『メノン』86B)このように言ってメノンを鼓舞するとき、ソクラテスは、怠惰な「言論嫌い」を克服した境地に優れた人間の模範、善い生き方の理想を見出している。ここには、イデア論(形而上学)や魂の不滅(神話)とは別の、想起説の倫理的な側面が認められる。

それを希求することが善い生き方を実現するとされる、真理とは何か。なぜ人間は真理を探求することによって優れた者になるのか。「類型」概念が開示する知の開放性というあり方の中に、答えを探ってゆこう。

われわれの経験は、沈澱された諸規定へ多方向的に注意の眼差しを振り向け、もって統一的な主題野の中を自由に駆け巡るという、流転において展開される。もしも主題野が論理整合的な体系という閉じたあり方で一挙に与えられたならば、認知的不協和が生じる余地はない。経験の流転性（s変化）は、反対共在性（a変化）への気付きを主体にもたらし、「Xはpであるか、それともpでないか」という問いを誘発する、可能性の条件なのである。と同時に、懐疑やジレンマを解消しようとする意志が、流転を免れる確実な言論を獲得せんとする努力へと、われわれを駆り立てるのでもある。ヴァルデンフェルスの言葉を借りれば、「認識の困惑」を誘発する相対性（反対共在性）が、「「さまざまな相対性の中での非相対的なもの」を見出し規定するようにわれわれを促す」のである。[16]

これに関連してフッサールは、反対共在性をきっかけに生じる「受動的ドクサ」の動揺を「問い」の端緒と捉え（IV, 269）、そこからさらに、認識主体としてわれわれはどう生きるべきかという、倫理の問題へ踏み込んでいく。フッサールによれば、「pであるか、それともpでないか」という疑いにおいて問題となるのは、相反する規定どうしの対立という単純な現象ではない。吟味にかけられるのは主題野の全体なのであり、突き詰めて言えば、主題野を培ってきたおのれの経験過程の全体が、現在の私の視点から自己批判にさらされるのである。したがって、ここで私は「自我の自己自身との不一致（Uneinswerden des Ich mit sich selbst）」、端的に言って「自己分裂」に陥っている（EU, 366）。認識主体の安定した自己を脅かすこの状況は、実存的な苦悩をわれわれに強いる。「そのような問題に一義的な答えなどありはしない」「それは私にとって生を賭して探求するに値する課題ではない」そう自らに言い聞かせ、直面する苦境をなきものとしてやり過ごしたくなる欲求が、われわれの中に確かにある。だがフッサールは、プラトンを彷彿とさせる以下の言葉で、こうした自己欺瞞が認識者の生き方の本性と相容れないことを力説する。

この分裂に出会うと、自我は立場決定の整合性を目指すその本質性格からして、自分に不満を覚え、それを超えて一体性という正常状態に立ち至ろうとする根源的衝動に突き動かされる。〔……〕まったく一般的に言えば、問いとは、様態的な変動、分裂、阻止から確固たる決断に至ろうとする努力である。（EU, 372）

ここで語られるのは、「勇気をもち、探求に倦むことがなければ」（『メノン』81C）われわれは自己分裂という困難な状況に打ち克つことができる、というプラトンの理想である。勇気ある探求者は、「最終決定的に確実な判断、それを所有すれば自我が主観的に安定し、再び新たな様態化の分裂に陥ることのないような判断」（EU, 376）を努力目標として自律的に打ち立て、その実現に向けて自らの生を絶えず鼓舞し続ける。もちろん、経験主観にとって流転性を免れる判断はありえず、したがって分裂の危機と無縁なエピステーメーは理念でしかありえない。しかし、だからこそ、エピステーメーは認識活動を駆動するエンテレヒーという実践的な意義をもつ。われわれが所持できるのは可謬的なドクサのみかもしれない。けれども、ロゴスへの信頼を貫き、自身の立場決定を真理の希求とともに表明する勇気を保持する限り、ドクサは単なるドクサとしてではなく、「エンテレヒーに至るべきデュナミス」（EU, 24）という固有の価値を帯びて所持されるのである。

問いは、信念内容への疑義であると同時に、信念主体の生き方への問いかけでもある。信念内容の真理性は、信念主体の誠実性との相関関係において浮かび上がってくる理念なのであって、その探求は人格の陶冶という意義を併せ持つ。「一切の理性は同時に実践理性であり、したがってまた論理的理性である。〔……〕問いの作用とは判断に関係する実践的活動である」（EU, 373）。このように述べるフッサールにとって、知識の成立に関わる問題群――とりわけ知識の正当化問題――は、知者と呼ぶにふさわしい人格の形成という、倫理的な動機から切り離しては論じられない。

こうした倫理的転回を経て、フッサールは、正当化について知識の標準分析とは違った見方を提示する。『メノン』期の（前形而上学的）想起説と極めてよく似た、その見方は、正当化のアポリアに解決の道筋をもたらすものである。信念を真とみなす根拠――したがって信念主体が真正の知識を請け負う根拠――を信念主体自身の経験の中に求めるという、ある種の循環が、認識論的なアポリアとしてわれわれの目に映った。しかし、いまや、こうした自己回帰的関係は、真理の理念に向けてなされる自律的な立場決定を表すものと理解されるだろう。それは真理の先取りを独断的に自負することではない。そもそも探求の指導的理念は、探求の過程から独立に認識者を待ち受けるイデア的真実在ないし「真理自体」とは別ものである。主体がそれとの関係から自己の知者としての真正さを吟味するところの理念は、探求という経験の過程の中で、とりわけ意味充実化というその際立った局面において、反復的に創設される。

探求は〈意味志向（デュナミス）／意味充実化（エネルゲイア）／真理の認識（エンテレケイア）〉という三つの局面から成る目的論的構造を有する。意味志向は、類型的に下図を描かれた意味地平についての部分的な予料であり、そこには体験流を過去と未来の両方向へと超え出ていく意識の運動が認められる。すなわち、薄れゆく直観のもとで過去把持される類型的意味の再活性化と、そして、そうした意味の再度の充実化を——無限の「以下同様」という理想のもとで——企図する未来予持とである。ところで、経験は歴史というより広範な文脈から独立には遂行されえない。類型に含蓄される諸規定は、個人の体験流を超えた歴史性の地平のうちに沈澱される。こうして間主観的に蓄えられた諸成果が、常に既に、諸主観によって思念される意味地平に流入してきている。したがって、探求において企てられる真理の創設は、いつでも「追行的創設（Nachstiftung）」なのである。

正当化における循環が一種のアポリアであるように見えるのは、「内在主義か外在主義か」という硬直的な問題設定を立てる限りでのことである。たとえばスコットは、知識の源泉を認識主体が独力で遂行する想起に求め、それに対して、真なる臆見の起源を噂や伝統など外的な要因に置く。しかし、晩期フッサールが強調するように、真理の理念は常に歴史性の地平において創設され、そうである限り、探求は類型的「文化事象」（VI, 379）が受け継がれてきた「歴史性を意識すること」（Ibid.）から逃れることはできない。このように、探求の過程そのものが歴史のうちに位置づけられるとすれば、知識の正当化に関して、内在的／外在的という二分法は無意味である。歴史の現在において自ら知を「追行的創設」し、自己の有限性を自覚しつつこの創設に「責任」を負うこと、これ以外の仕方で正当化について有意味に語ることはできない。

結

現代の徳認識論にも通じる以上の見方は、既にプラトンによって道筋をつけられていた。たとえば『メノン』における、幾何学の問題を用いた想起の実証的証明は、認識論の標準的見解とは異なる仕方で知識の成立過程を描き出す（82B‐85D）。

信念に焦点を当てる標準分析は、単なる信念に何らかの条件が付け加わった結果が知識であると説明する。他方、そこで描き出されるのは、ソクラテスとの問答を重ねる召使が、そのつど信念を足掛かりに新たな信念を産出しつつ、知識主体へとなりゆく未完の過程である。探求の途上にある者が知者と呼ぶに値するとすれば、それは、その者が探究心や知的勇気などさまざまな知的徳を、自ら遂行する「原因根拠の思考」において示すからである。このように知識の成立は、知的遂行の中に現れる主体の性格特性という観点から評価され、そして、知的遂行がおよびうる有限な時間の中に位置づけられる。

経験の構造を歴史性のもとに捉えるならば、ある主体が所有する現在の臆見は、過去地平と未来地平の双方から明証性を受け取っている。主体は、自己が投げ込まれる歴史性を理念化の起源（理念の原創設）に向けて遡及し、「既に起こった主観的能作の歴史的全体を繰り返す」（EU, 48）。こうした「追体験」を通じて主体は、沈澱された諸々の意味を曖昧な部分をも含んだ類型的全体として直観へもたらす。それと同時に、主体は新たに遂行される探求ないし充実化の過程を予料する中で、現在の不十全な臆見のうちに、知識に至りうる出発点という固有の価値を未来から汲み入れるのである。

既存の信念への問いかけとともに新たに探求を出発する姿勢、また、探求の暫定的な成果に絶えず批判的吟味を加え、再び新たな出発点に立ち続ける姿勢、そうした姿勢のうちに知識主体としての「責任」が見出される。主体がその歴史拘束性ゆえに担うこの責任は、認識主体にのみ相応しい知的徳である。そして、この知的徳の発現として信念が形成されるとき、この信念は知識として評価されることができる。「真の歴史的説明の問題は「認識論的」基礎づけないし解明と一致する」（VI. 381）という言葉に表れている通り、フッサールが切り開いたのは「認識者の倫理」と「認識の理論」とを一体的に追求する問題設定だったのである。

凡例

① フッサールからの引用については、『フッサール著作集』(*Husserliana, Edmund Husserl Gesammelte Werke*) の巻数をローマ数字で、頁数をアラビア数字で表記する。『経験と判断』(*Erfahrung und Urteil.* L. Landgrebe (hrsg.), Hamburg: Felix Meiner, 1999.) からの引用は EU と略記し、頁数を表記する。

② プラトン『メノン』『パイドン』からの引用については、以下の翻訳文にそれぞれ拠り、ステファヌス版全集の頁数と段落を表記する。藤沢令夫訳『メノン』岩波書店、一九九四年、岩田靖夫訳『パイドン』岩波書店、一九九八年。

③〈 〉は意味のまとまりや強調を表す。また、引用文中の〔 〕は筆者による補足を表す。

註

1 「われわれは現象学的態度において、何らかの純粋体験に眼差しを向け、この純粋体験を探求する。しかしこの探求することそのものの体験、つまり、このような態度と眼差しの振り向けという体験も、現象学的純粋性において見れば、同じく探求されるべき領域に属するはずである」(III/1, 137f.)。フッサールは探求が含むこの循環を無害とみなす。フッサールによれば、現象学者が意識の出来事を本質把握しようとするとき、この試みには、自らの意識のこうした振る舞い方の本質についての学的反省が既に含まれている。そして、この反省によって探求の方法は予め基礎づけられている。

2 中畑正志「プラトンにおける知識とドクサ―『メノン』での認識論分析」『理想』六三三号、一九八六年、二一五頁参照。

3 Edmund Gettier, "Is Justified True Belief Knowledge?" *Analysis* 23（1963）: 121.

4 David W. Smith and Ronald McIntyre, *Husserl and Intentionality* (Dordrecht: D. Reidel, 1982), 106.

5 藤沢令夫『プラトンの哲学』岩波書店、一九九八年、八三頁。

6 同前。

7 Dominic Scott, *Recollection and Experience: Plato's theory of learning and its successors* (Cambridge University Press: Cambridge, 1995), 45f.

8 Christian Beyer, "Noematic Sinn: General Meaning-function or Propositional Content?" in F. Mattens (ed.), *Meaning and Language: Phenomenological Perspectives* (Dordrecht: Springer, 2008), 76.

9 Ludwig Landgrebe, *Der Weg der Phänomenologie* (Gütersloh: Gerd Mohn, 1963), 165.

10 Ronald McIntyre, "Intending and Referring," in H. L. Dreyfus and H. Hall (eds.), *Husserl, Intentionality and Cognitive Science* (Cambridge, Massachusetts: The MIT Press, 1984), 222.

11 『イデーンI』の用語法に従えば、Xはノエマ的意味の「主語」を、p、q、rはノエマ的意味の「諸述語」を表す（cf. III/1, 301f.）。本稿の記号表記は、規定可能なXの下に（ ）内の諸規定が調和的に結合し、そのつどの意味統一の全体を形成することを表している。なお"↓"は時間的な経過を意味する。

12 Balle, J. D. "Husserls typisierende Apperzeption und die Phänomenologie dynemischer Intentionalität," in F. Mattens (ed.), *Meaning and Language: Phenomenological Perspectives* (Dordrecht: Springer, 2008), 98.

13 T. H. Irwin, "Plato's Heracleiteanism," *Philosophical Quarterly* 27. 106（1977）: 3f.

14 Ibid., 4. アーウィンはｓ変化とａ変化をそれぞれ以下のように定義する。"x s-changes iff at time t1 x is F and at

time t2 x is not-F, and x itself is not in the same condition at t2 as it was at t1." "x a-changes iff x is F in one aspect, not-F in another, and x is in the same condition when it is F and when it is not-F." 中畑は s変化を「流転性」、a変化を「反対共在性」と呼ぶ。本章はこの用語を借用した。中畑正志「イデア論はどのように成立したか」『古代哲学研究』五〇号、二〇一八年、一三頁。

15 プラトン『メノン』（藤沢令夫訳、岩波書店、一九九四年）所収の訳者解説、一四七頁を参照。

16 Bernhard Waldenfels, "Intentionalität und Kausalität," in *Der Spielraum des Verhaltens* (Frankfurt am Main: Suhrkamp, 1980), 101.

第8章　実践的推論において見ること

——『ニコマコス倫理学』のハイデガー的現象学

横地　徳広

序

一九二四／二五年冬学期講義『プラトン：ソピステス』（*GA19*）でマルティン・ハイデガーは伝統的解釈学の手法にならい、前半部で読み解いたアリストテレス『ニコマコス倫理学』の「明るみ」を光源に、後半部でプラトン『ソピステス』篇の「暗がり」を照らし（*GA19*, §1, S. 11, §27, S. 190）[1]、そこにひそむ「存在概念の革新」、つまり、「在らぬことが在ること」の意味を解き明かす（*GA19*, §27, S. 189, vgl. S. 192）。本章でとりあげるのは、この解明にむかう途上の講義前半部における「実践的推論（*syllogismos praktikos*）」と「知慮（*phronēsis*）」の現象学的解釈である[2]。

この知慮は、「善きひと（*agathos*）」に明らかな人間的「最高善（*to ariston*）」をふまえ（*GA19*, §24, S. 166, §19, S. 137）、実践的推論全体に「方向づけ」を行なう「知性的徳（*dianoētikē aretē*）」である[3]。つまり、「他でありうるという性格、人間的現存在という性格をもつ一定の存在者をあらわにする仕方」（*GA19*, §24,

S. 165）が知慮である。その機能を特徴づける"Sehen（見ること）"の諸術語は、「目配り（Umsicht）」、「見通し（Durchsichtigkeit）」、「眼差し（Hinsehen）」、「目配り的眼差し（umsichtiges Hinsehen）」、「洞見（Einsicht）」、「瞬視（Augenblick）」などだが、これらの諸術語で実践的推論の契機が説明される。

本章の進行は以下である。**第一節「見ることとロゴス」**では、「アレーテウエイン（*alētheuein*）」（*GA19*, §4, S. 21）の観点から『プラトン』講義前半部における知慮や実践的推論の存在論的解釈と後半部における『ソピステス』篇の存在論的解釈との連続性を見定める。**第二節「実践的推論の小前提における目配り」**では、小前提で働く「実践的ヌース（Praktischer *nous*）」（*GA19*, §23, S. 160）がどのように〈見ること〉なのかを明らかにする。これをふまえ、**第三節「実践的推論を方向づける知慮の視」**では、小前提と大前提の関係を采配する知慮の特徴を〈見ること〉の観点から確認する。最後に**「結に代えて」**、ハイデガーの「現象学」規定をふりかえり、本論集の第三部および第四部との関係を示す。

以上の諸節を通じて保持された考察の構えを記しておく。『プラトン』講義は、実践的ヌースを「状況のアスペクト知覚」として解釈しうるテキストゆえ、「カントの発見」をきっかけに誕生した「超越論的ハイデガー」[4]が強調する「構成主義的」な「企投」概念[5]の契機である「可能性」概念との連続性を見定めつつ、『プラトン』講義の段階で「現象」概念に読み取りうる受容的「認取（*noein*）」とそのロゴス的媒介によって――「ディア‐ノエイン（*dia-noein*）」[6]によって――状況のアスペクト知覚は遂行されることを明らかにし、自己、他者、状況の共開示に確認できる相即的動性を本章では際立たせる。

こうした考察の結果、前半部から後半部を照らし出す仕掛けが散りばめられた『プラトン』講義において[7]ハイデガーが〈見ること〉にまつわる諸術語を用い、後半部におけるプラトン『ソピステス』篇の「問答術」や「分割法」にかんする現象学的解釈を予定しつつ、『ニコマコス倫理学』の実践的推論にかんする現象学的解釈を行なったことが見えやすくなるはずである。

一　見ることとロゴス

『プラトン』講義の後半部でハイデガーは、哲学者とソフィストの多様な存在をとらえるため、[8]「釣り師」という「よく知られた些細なこと」(*GA19*, §40, S. 261, cf. Sophista, §2) から出発し、「存在、動、静、動、異」という「最大類」を「見通し (durchsichtig machen)」、「見分ける (einsehen)」ことで (*GA19*, §40, S. 259, vgl. §76, S. 523f., Sophista, §§40–42)、「存在者の多様性が一に帰せられる」さい、最大類のあいだで「結合 (koinōnia)」と「分離 (*diairesis*)」がなされることを解き明かす (*GA19* §76, S. 525f., vgl. §26, SS. 184–186, *Sophista*, §44)。この解明のもと、哲学者とソフィストの存在は「在ることの明るさ」と「在らぬことの暗さ」の対比として相即的に解釈され (*GA19*, §76, S. 530, cf. *Sophista*, §39)、〈在らぬものが在る〉という「偽 (*pseudos*)」の存在を語るソフィストのロゴスは「同 (*tauton*)」と「異 (*heteron*)」の結合に基づくことが解き明かされる。[9]ハイデガー的に言えば、その総合的ロゴスも「として (als)」構造をそなえており、「何かとして」のその「何かをおきちがえること (Verstellen von etwas)」で (*GA19*, §26, SS. 181–185)、偽の存在を語ることができる (vgl. *GA19*, §80, S. 605f., §81, S. 607, Sophista, §26)。

こうしてソフィストの第五定義までは日常的事例である釣り師の分析が行われ、しかし、第六定義と第七定義において哲学者とソフィストの本質が表裏一体で解明される展開のなか、「存在の意味への問い」が仕上げられていく。

以上を導くプラトンの「“問答術”」は根本的がおしゃべり（Gerede）の分割」（*GA19*, §28, S. 195）であり、すべてを騙りうるソフィストの「偽なるロゴス（*logos pseudēs*）」、つまり、「隠蔽するおしゃべり」から哲学者の「真なるロゴス（logos alēthēs）」を区別する（*GA19*, §28, S. 195, cf. *Sophista*, §20, §21）。こうした動性をはらむ「プラトンの問答術はそれ自体のうちに或る見ること（Sehen）、或る露呈（Aufdecken）への傾向をそなえる」（*GA19*, §28, S. 197f.）。「問答すること（*dialegesthai*）」は、偽が隠れた蔽いを取り払って真理を明かすアレーテウエインである（*GA19*, §28, S. 195）。そもそもアリストテレスの「推論（*syllogismos*）」概念は『トピカ』で説明されるように、プラトン的問答術の改鋳であり、[10] この『トピカ』にふくまれるとも言われる『ソフィスト的論駁』の「事象にそくして（*kata to pragma*）」（*Sophistici elenchi*, I-11, 171b6）という語句をハイデガーは「諸事象を眼差して（im Hinblick auf die Sachen）」と訳し、問答家の視と連動する「語りの事象性（Sachlichkeit der Rede）」をソフィストは欠くと指摘していた（*GA19*, §30, S. 216, S. 627）。

講義後半部を照らす光源の前半部では（vgl. *GA19*, §23, S. 164f.）、「魂が肯定と否定によって真理を明らかにする」仕方を論じた『ニコマコス倫理学』第六巻の（EN, VI-3, 1139b15, cf. *GA19*, §26, SS. 184-186, *Sophista*, §47）、「ロゴスを伴う（*meta logou*）」アレーテウエイン、つまり、知性的徳の「知慮」、

「技術知（*technē*）」、「知恵（*sophia*）」、「学知（*epistēmē*）」が考察される（*GA19*, §4, S. 21f.）。このなかでハイデガーはアリストテレス『弁論術』の実践的推論にふれつつ、ニコマコス的な実践的推論と知慮をこう解釈する。

> 知慮は選択（*proairesis*）のもとで始まる。主旨であることのために（Um dessentwillen）、善（*agathon*）のために……それはなされるべきである（sollen）。これが第一〔大〕前提である。とはいえ、行為の事情や状態はかくかくであるというのが、第二〔小〕前提である。それゆえ、私はしかじかに行為するというのが結論である。第一前提では、共通見解として抱かれた（*endexomenon*）、～のために（*hou heneka*）の把握が問題である。第二前提での問題は最終的なこと（*eskhaton*）の発見であり、最終的なことというもっとも外的なことのもとで考量は停止する。（*GA19*, §23, S. 159, vgl. §8, S. 50）

いくつか確認しておく。一点目。「知慮は選択のもとで始まる」が、選択において先取りされるのは行為可能性であった。二点目だが、小前提で「知慮が思案すること（Überlegen）は論じ通すこと（Durchsprechen）、考量すること（*logizesthai*）である」（*GA19*, §8, S. 50）ので、考量は「思案すること（*bouleuesthai*）」とほぼ同じ意味である（*GA19*, §22, S. 144, S. 149f.）。三点目。実践的推論において結論は行為か、大前提は何を指すか、その解釈はアリストテレス学の内部でも立場がわかれているが[11]、ハイデガーの場合、結論は行為であり、大前提には「当為（Sollen）」が認められている。

こうした実践的推論において行為遂行の順序をいくつか確認できる。

まずは、①状況認知よりも主立って行為可能性が先取られ、その行為可能性に主導されて状況認知の確定が済み、実際に行為するパタンである。というのも、「私が決定した内容をつねに眼差すことから状況は見通されるべきだ」からであった（*GA19*, §22, S. 148）。たとえば、従軍経験のある市民たちが自分の居住区で人間を襲った野犬を探している場合、この行為に主導されて状況認知が行われるなか、野犬を発見することもあれば、野犬探しを打ち切ることもある。このとき現存在は、【大前提】普遍的な最高善に照らして選択されうる行為の可能性を先取りしつつ、そのもとで【小前提】直面した具体的状況を知覚し、これにまつわる個別的な諸事を考量しながら、【結論】野犬探しという行為を実行する。とはいえ、野犬を発見したとき、その場所、その状況に合わせて野犬を捕獲するのか、あるいは捕獲を諦めてその居住区への警報を継続するのか、そうしたことが決定される。この意味では、選択において先取られる行為可能性と状況認知のいずれが先なのか、実際の人間的生では決定的な始まりは決めがたい。「一定の生連関が広がるなか、行為の安定はどの決定（Entschluß）にも求められる新たな始まりによってつねに中断されている」、ハイデガーはそう述べていた（*GA19*, §25, S. 174, vgl. §22, S. 150）。

次に②状況認知が先行するなか、それにふさわしい行為の可能性が吟味されるパタンだが、それは野犬捕獲か、警報継続か、その選択を状況に迫られるケースであった。このとき現存在は【小前提】直面した具体的状況を知覚し、これにまつわる個別的な諸事を考量しながら、【大前提】普遍的な最高善に照らして【結論】なすべき行為の一つを選択して実行する。

二　実践的推論の小前提における目配り

小前提における〈見ること〉は、「善き実践（*eupraxis*）」の「善さ（*eu*）」という「目的へむかう事柄（*ta pros to telos*）」を思案しながら、[12]そのつど異なる「状況（Situation）」の最終的なことを認知する「目配り」であり（*GA19*, § 20, S. 138f., cf. § 7, SS. 45-47）、実践的ヌースという一種の「感覚（*aisthēsis*）」による状況開示がふくまれる（*GA19*, § 23, SS. 158-160, EN, VI-12, 1143b1）。「目の瞬き（*Blick des Auges*）」というアイステーシス、瞬‐視（*Augen-blick*）というアイステーシスとして知慮は、それ自体でつねに他でもありうる、そのつど具体的なことにむかっている」（*GA19*, § 23, S. 163f.）。

実践的ヌースは状況のアスペクト知覚を遂行するだけに、その「アイステーシスにあって私が見ているのは、構成要素の全体であり、通りや家々、木々、人びとの全体である[13]」。

> 「このアイステーシスが必要であり、それはヌースである」（1143b5）。〔ハイデガーの訳出では〕《そのために必要なのは、ひとにアイステーシスが、つまり、まっすぐ認取すること（Vernehmen）が所持されることである》。私が或る状態で行為すべきとき、その状態を考量するが、ここで私が最終的にぶつかるのは、手前の或る諸事情、或る諸状況、或る時である。すべての思案はアイステーシスで終わる。（*GA19*, § 23, S. 159）

こうして「知慮のヌース」（*GA19*, §23, S. 163）として働く目配りによって認識された「最終的なこと」は、行為遂行の順序で言えば、その着手点となる「最初のこと」である。[14] 裏返せば、「人びとは自分の行為がなされる具体的状態にそのつど目配りし（sich umsehen）、『そのように第一の原因まで辿っていくが、この第一の原因こそ、発見の順序にあって最終的なことである』（1112b18-20）」（*GA19*, §23, S. 162）。

行為遂行の順序に注目すれば、選択において先取りされた行為可能性から実践的推論が始まる場合と、状況に迫られて行為可能性の吟味が始まる場合、これら二つが主立ったパタンである。本節では、実践的推論における状況認知の成り立ちを明らかにするため、ハイデガー的アリストテレスの現象学を参照しながら、実践的ヌースによって状況のアスペクト知覚が行われる仕方を問うている。

> アイステーシスはこのとき……、知慮における停止維持であり、この停止維持にあって事象とシンプルに出会わせる位置を事象に与えることが問題となる。こうしてノエインにおいて重要であるのは、事象そのものをシンプルに思い浮かべることであり、その結果、事象は事象そのものから語り、もはやわれわれから語り示す必要はない。ここでなお言われうるのは次のことである。つまり、明らかであること（*phainetai*）は事象がみずからをそう示すことである。眼差す（hinsehen）可能性やその眼差し（Hinsehen）のなかで把握する可能性が成り立つのは唯一そういう場合である。（*GA19*, §23, S. 161）

「ノエイン」をハイデガーは「認取すること（Vernehmen）」というドイツ語で訳出していたが、認取の受容性が響くなかで『プラトン』講義の現象学が際立っている。すなわち、状況認知にあって「事象がみずからをそう示す」のであれば、現存在は実践的ヌースによってそれを正しく眼差す必要がある。こうして状況という事象に迫られる現象概念と事象の受容的認取が強調される場面では、幸福に照らされながら選択において先取られた行為可能性は、状況認知を主導するよりも状況に合わせて修正される点が見えやすくなる。

「知慮は、確かに諸事情を最終的に眼差すことだが」、「目配りしながら眼差すこと（ein *umsichtiges Hinsehen*）」であり、「善き実践という目的にむかっている」（*GA19*, §23, *S.* 163）。つまり、普遍的善の「幸福」に照らされながら、知慮をそなえた善きひとの「この目配り的眼差しは正しさによって導かれており」（*GA19*, §23, *S.* 163）、「賢慮（*euboulia*）」と呼ばれる。[15] 以上、小前提の現象学的考察であった。

ここで大前提の考察もふくめつつ、実践的ヌースとロゴスの関係を『プラトン』講義の内在的可能性として問いたい。

「知慮は、人間的善についての実践にかかわるロゴスを伴った（*meta logou*）真の性向（*hexis*）である」（*EN*, VI-5, 1140b20–21）。このロゴスは、「何かとして（als）何かに言い及ぶこと、つまり、何かについて何かを語ること（*legein ti kata tinos*）」（*GA19*, §22, *S.* 144）であり、「何かを何かとして見させる（sehen lassen）」構造をもつ（*GA19*, §26, *S.* 186）。人間の実践的ヌースは、発見の順序で言えば、それ以上はもうロゴスの〈として〉的分節化を受けつけず、すなわち、最終的にこの意味では「ロゴスなしに（*aneu logou*）」（*GA19*, §26, S. 179f.）、直面状況を一定の状況〈として〉見定めていた。

状況のアスペクト知覚である。[16]

たとえば、病弱な思索家がいつも哲学にふける散歩道で獰猛な野犬を見つける。状況は一変し、そこは危険な道〈として〉認知される。彼が「知慮あるひと（*phronimos*）」なら、杖で野犬を追い払う「向う見ず」な行動はとらず、逃げ道〈として〉野犬がいない遠回りの道を選ぶ。それは、「勇気」という「性格的徳（*ēthikē aretē*）」を野犬への「恐怖」で失ったからではなく、その状況に適した性格的徳の「慎重さ」を発揮し、その場そのときの自分にふさわしい行為の一つを選択したからである。[17]

ハイデガーは、こうして性格的徳と連動しながら、状況のアスペクト知覚を行なう人間的ヌースを次のように説明している。

しかしながら、人間的なかかわり合いは、たいてい、特にさしあたりは純粋なノエインではなく、ディアノエインのなかで動いている。人間の存在はゾーオン・ロゴン・エコンとして規定され、人間は自分が見た諸物のことを話し、話題にするので、〔人間の場合は〕純粋な認取はつねに論じ通すことである。（*GA26*, §26, S. 179）

「論じ通すこと」は「考量すること（*logizesthai*）」であったが（*GA19*, §8, S. 50）、それゆえ、「ロゴスをもつ動物（*zōon logon ekhon*）」[18]の人間的ヌースは「ロゴスを伴ったノエイン（*noein meta logou*）」（*GA26*, §26, S. 180）、すなわち、ディアｰノエインなのである――ディアはロゴス的媒介を意味した。

こうした実践的ヌースと選択の関係を確認しておくと、選択とは「欲求にかかわるヌース」または「思想にかかわる欲求」であり（*EN*, VI-2, 1139b4-5, *GA19*, §22, S. 151, Anm. 7）、「それ自体を見通す行為を特徴づける」（*GA19*, §22, S. 151）。そう行為したい「欲求（*orexis*）」と、ヌースがロゴスを介してその行為を吟味する「思想（dianoia）」との相関的一体化が選択である点に注目すると、小前提で働く状況知覚と大前提で働く性格的徳との連携が見えやすくなる。すなわち、「性格的徳は選択にかかわる性向であり、選択は思案にかかわる欲求である」が、だからこそ、「選択が優れたものであるためには、〔思案の〕ロゴスの告知内容が欲求の追求内容であるように、ロゴスは真で欲求は正しい必要がある」（*EN*, VI-2, 1139a22-26）。ここで「思案」は「思想」と同じ働きを指すが、行為を吟味した「思想それ自体は何も動かさない」（*EN*, VI-2, 1139a35-36）。それゆえ、選択には、そう行為したい欲求が欠かせない。[19]

最高善の幸福に照らされながら、その場そのときに特有の事情に対して知慮の目配り的眼差しが正しく遂行されるとき、数ある徳目のなかでもその状況にふさわしい性格的徳が発揮され、善き行為が選択される。「知慮を欠いても、〔性格的〕徳を欠いても、正しい選択は成り立たないだろう」（*EN*, VI-13, 1145a3-5）。有徳な人間が「ロゴスを伴う実践的生（*zōē praktikē meta logou*）」（vgl. *EN*, I-7, 1098a3-4）に与かるとき、この「実践的生はそのつど一定の環境世界（Umwelt）のなかを動いている」（*GA19*, §22,

S. 146)。

こうして人間が住まう行為世界のなかで状況のアスペクト知覚が遂行されつつ、人間に行為可能な善の一つ一つが先取られ、実践的推論によって吟味される。

三　実践的推論を方向づける知慮の視

前節をふまえ、本節ではハイデガーが知慮にそくして実践的推論の連関全体を解釈した様子の確認を行なう。彼はこう述べていた。

知慮は、純粋にあらわにすること、つまり、まっすぐに認取すること（Vernehmen）の可能性二つにおいて成り立つ。第一に、知慮にあって端的に示される、すなわち、「明らかである」（1144a34）のは、私が選択において決定する（sich entschließen）さいに参照する善である。そのかぎり、第二に知慮において示されるのは、或るアイステーシスにおける考量の最終的なことである。瞬視において私が見わたす（übersehen）のは行為の具体的状況（Lage）だが、その状況からその状況にむけて私は決定する。（*GA19*, § 24, S. 165)

善きひとが「選択で決定するさいに参照する善」とは、最高善の幸福と有機的に協働するなか、人間に行為可能な具体的善のことだが（cf. EN, I-6, 1096b30-35）、ハイデガーは、アリストテレス哲学では区別されるべき知慮の幸福と知恵の幸福とを「独立した知慮」概念によって重ねもし（*GA19*, §16, S. 124f.）、「幸福は、完成存在として……人間存在に該当する」と述べる（*GA19*, §25, S. 172）。「幸福な生は徳に基づく」（*EN*, X-6, 1177a1-3）とアリストテレスは考えるが、こうして有徳な「行為は、その意味によれば、状況や時、ひとに応じてそのつど異なる」（*GA19*, §25, S. 174）。知慮は①幸福を眼差しつつ、②状況に固有な諸事に目配りして③行為までを見通すが、善きひとはその場そのときの自分にふさわしい性格的徳にそくして善き行為を決定＝選択する。ジャック・タミニョーが説明するに、「実践に対応する発見的性向（disposition）」の「知慮は、つねに個々別々に変化する状況に直面し、所与の或る瞬間にあって善美な生の要請に適うことを判断する明察や洞見である」[20]。

実践的推論にあってこう吟味される行為の可能性は選択において先取りされているが、このことに注目してハイデガーは彼独自の概念で次のように説明する。

> 行為のアルケーはフー・ヘネカ（〜のために）、主旨（Worumwillen）である。このフー・ヘネカは行為の端緒にあって選択されること（*proairetón*）、つまり、私が選択において先取りすることである。〇〇のことは今、××のひとにむけて自分から□□で起きる。（*GA19*, §22, S. 147f.）

現存在という「主旨」は、それに外在する他の「何かへむけて（*pros ti*）」や何かのために（*heneka tinos*）」ではなく、「現存在のために」という「端的な目的（*telos aplôs*）」であり、これを説明してハイデガーは「人間が正しく存在すること」だと言う（*GA19*, §8, S. 50）。「人間にかかわるのは現存在自身であり、つまり、人間の最善、幸福である」が、「知慮は、この幸福にむかう指針を与え」、「行為をなしとげるさい、現存在を見通し、人間が善く生きる（*eu zēn*）ようにする」（*GA19*, §19, S. 135, vgl. §8, S. 54）。

アリストテレス『ニコマコス倫理学』とこれを読むハイデガーの「事実性の解釈学」、そして、両者をふまえて可能性の問題がカント的に突き詰められた「理由の空間の現象学」[21]、この三者がそれぞれに固有性を示してハイデガーの思索的変容を垣間見せながら、互いに響き合うところであるように思われる。というのも、アリストテレスは、いわば「ポリスの倫理学」を講ずるにあたり、こう述べていたからである。

それゆえ、美しく立派な行為や正しい行為、総じてポリスにかんする事柄について、これを十分に聞こうとする学生たちは、習慣によって適切に育てられていなければならない。というのも、事実（*to hoti*）が出発点であり、そのことが十分に明白な者にとって、それ以上になぜそうなのかという理由（*to dioti*）は必要ではないからである。（*EN*, I-4, 1095b4-8）

古代ギリシアのポリスに「住まう」市民たちはアリストテレスと共に「理由」を問い続けて「事実」という岩盤にぶつかり、そうした彼らの知慮が行為の善さを吟味するさいに眼差す「幸福（*eudaimonia*）はもっとも善く、もっとも美しく、もっとも快い」（*EN*, I-8, 1099a24-25）。ポリスを防衛する市民たちは、このことを講じるアリストテレスの言葉を聞いてその意味を思索することができる。[22]

神崎繁の訳注では、『『幸福』（エウダイモニアー）および『幸福であること』（エウダモネイン）における『エウ』というのは『善い』の副詞形」であり、「『よく行うこと』（エウ・プラッテイン）とは、行為の成功とともに、行為の正しさ・美しさをも意味する」。[23] "eudaimonia"は「善きダイモーン」とも訳せるが、[24] 多義的なダイモーンを伴う「魂（psychē, Seele）」は『プラトン』講義で「人間の存在」を指すから（vgl. GA19, §4, S. 23, §24, S. 171, §56, S. 369）、実践的推論にあって主旨はやはり「人間が正しく存在すること」を指す。[25] わけても、実践的推論の存在論的構造を問いうる思索家の場合、『プラトン』講義の後半部をふまえれば、それは正しさの脱底に向けて存在の意味を問うて存在することであった。

ダイモーンの全体的な"eu"は個々別々の"eupraxis"と有機的に協働し、"eu"という「人間の善は徳に基づく魂の現実態（energeia）である」（EN, I-7, 1098a16-17）。人間の現実態のうち、最高の「安定性」をそなえるのは徳の性向に基づく魂の現実態であり、ゆえに「幸福なひと」は「最期を見届ける」までそう決まらないわけではなく（EN, I-10, 1100a10-11）、「何よりも優れた連続的生を送る」（EN, I-10, 1100b12-16）。実践的生のこの可能的全体にわたって幸福な自分が人間の正しい存在であり、ハイデガー的アリストテレスの幸福は、死の可能性に限定された現実態である。[26]

「幸福は、生きる者が終わりにもたらされる存在可能性という観点から、当人の純粋な現在である」（GA19, §25, S. 173）。

知慮に采配されて性格的徳が発揮される実践的推論では、状況に応じてそのつど異なる善き行為の個別的〈多〉は幸福〈一般〉と有機的な全体連関をなすが、これは、『プラトン』講義なりの「エルゴン・アーギュメント」だったと言える。[27]

この幸福を眼差す「知慮はアレーテウエインの或る性向であり、つまり、《その知慮にあって私は自分自身を見通すことが自在にできるよう、人間的現存在が用立てられていることである》」(GA19, §8, S. 52)。この知慮に注目してハイデガーは、実践的推論の時間的順序を改めて辿りなおす。

> たしかに行為は私の決定内容として先取りされているが、先取りされたアルケーにあっても、事情なり、行為の遂行に属すことなりは特徴的な仕方ではまだ与えられていない。むしろ、私が決定した内容をつねに眼差すことから状況は見通されるべきである。選択されることから見れば、行為の具体的な状態はなお探求されるべきこと（*zētoumenon*）であり、覆われて（*verdeckt*）いる。〔中略〕それゆえ、さしあたり隠されて（*verborgen*）いる行為の具体的状態を行為のアルケーという視点からあらわにすることが重要であり、こうして行為そのものを見通すことが重要である。（*GA*19, § 22, S. 148）

「私が決定した内容をつねに眼差すことから状況は見通されるべきである」（*GA*19, § 22, S. 148）。「行為のアルケー」は選択において先取りされた行為の可能性を指すが、上述の引用でハイデガーに指摘されているのは、隠蔽を剥いでいく動態から見た、大前提と小前提の循環的相互規定関係である。とはいえ、選択において先取られる行為可能性と状況認知のいずれが先なのか、実際の人間的生では決定的な始まりは決めがたく、状況にまずは迫られ、その状況にふさわしい行為の可能性が選択において吟味されていくこともある。

いずれにせよ、現存在が直面した状況はそのつど異なる個別的〈多〉であり、それにふさわしい善き実践の種類や徳目もそのつど変わる個別的〈多〉だが、知慮は【小前提1】その状況知覚でも「切り分けられていない全体を前もって視野に収め」(vgl. *GA19*, §26, S. 183, S. 186)、【大前提1】その状況にふさわしいと思える行為を目的として先取りする。「私が決定した内容をつねに眼差すことから状況は見通される」にせよ、決定した行為可能性の内容が状況に合わせて修正されることはあるかぎり、この修正は【小前提1】と【大前提1】のなかで同時的に遂行されるからである。

こうしたなか、【小前提2】その目的を「つねに眼差すことから、状況は見通され」つつ、「目配りして自分に相談すること(das umsichtige Mit-sich-Rate-Gehen)」(*GA19*, §21, S. 143) の思案や状況のアスペクト知覚が正しく遂行される。こうして思案は「行為の主旨を受け入れ」(*GA19*, §8, S. 53)、こののち、【大前提2】その場そのときの自分にふさわしい善き行為が正しく思考され欲求される。つまり、実践的生の可能的全体にあって幸福な自分〈一般〉という主旨のもと、以上の「探求」によって「行為の具体的状態」を隠していた覆いが剥され、【結論】選択のなかでその可能性が吟味された善き行為が実行される。

「知慮で示されるのは、特徴的な意味でのア‐レーテウエイン、つまり、隠されている何かの露呈という意味である」(*GA19*, §8, S. 52)。知慮は、実践的推論の場面で〈見ること〉とロゴスとの多様な相即を内蔵しながら、知慮あるひととその実践的存在に巣食う隠蔽を剥いでいく動的な働きである。[28] この考察をたずさえ、ハイデガーは『プラトン』講義の後半部でアレーテウエイン論へむかう。

結に代えて

序章でふれたが、「天体運動」を説明する「仮説に保証されて、すべての現象的運動が救われるならば、天体運動が生ずるのは、こうした（周転球・離心球の組み合わさった）複雑な運動からであることを見出しても、いったい驚く必要があろうか」とプトレマイオスが述べたのは『アルゲマスト』においてであった。[29] 現象学は、仮説ではないが、行為可能性に先取られた状況内認知運動で事象にそくしていく。すなわち、ハイデガーに解釈された実践的推論にあって知慮はアレーテウエインの一つとして実践的事象全体の隠蔽を剥ぎ、行為にまつわる「現象を救う（*sōizein ta phainomena*）」。その仕方は次のように説明される。

選択されるもの（*prohaireton*）から見れば、行為の具体的な状態はなお探求されるべきものであり、覆われて（*verdeckt*）いる。『形而上学』第七巻第十三章でアリストテレスは、探求されるべきものを隠されているもの（*lanthanon*）として特徴づける（1041a32）。探求されるべきものはなお隠されている。それゆえ、さしあたり隠されて（verborgen）いる行為の具体的状態を行為の始まりという視点からあらわにすることが重要であり、行為そのものを見通す（durchsichtig machen）ことが重要である。隠されていることの露呈は、行為を見通すという意味で知慮の事柄である。（*GA19*, § 22, S. 148）

こうして隠蔽を剥ぐことは、とはいえ、人間の受容的認知が遂行することであった。「ノエインにおいて重要であるのは、事象そのものをシンプルに思い浮かべることであり、その結果、事象は事象そのものから語り、もはやわれわれから語り示す必要はない」（*GA19*, §23, S. 161）。『プラトン』講義の現象学とは、知慮の眼差しのなかで「事象がみずからをそう示すこと」にそくしていく営為であり、かつ、その成り立ちを明らかにすることであった（*GA19*, §23, S. 161）。

最後に『見ることに言葉はいるのか』第四部「ドイツ認識論で現象を救う」と本章との連続性を確認するため、『存在と時間』の「現象学（*legein ta phainomena*）」概念にふれておく（*SZ*, S. 34）。『プラトン』講義の「アリストテレス解釈」を「本文とする序論[30]」と呼んだ一九二〇／二一年冬学期講義『アリストテレスの現象学的解釈——現象学的研究入門』を日本語で訳出した門脇俊介いわく、『存在と時間』の「現象学は、隠蔽や歪みによる仮象と一体になった、ある文化におけるある人の存在了解という現象を、仮象と戦いつつそれ自身の方から見せしめることなのである[31]」。もちろん、古代ギリシアのなお古き文化にあってこそ、そうであった。

『存在と時間』でハイデガーは「事象そのものへ！（Zu den Sachen selbst!）」というモットーを掲げなら、「現象学とみずから称する研究の形式的意味」をこう説明している（*SZ*, S. 34）。

現象学という表現は、ギリシア語で定式化すると、*legein ta phainomena*（現象のロゴス化）になるが、とはいえ、この*legein*は、*apophainesthai*[32]を指す。したがって、現象学とは*apophainesthai ta phainomena*、すなわち、おのれを示すもの自体から示されるとおりに、おのれを示すものをそのもの自体から見させることである。(*SZ*, S. 34)

このとき、その“*legein*”つまり、「*logos*の特殊的意味である記述それ自体の性格は、とにかく『事象性』(《Sachheit》)にそくして確定されうるが、それは、『記述される』べきことの『事象性』、現象という出会われ方において学的規定性へともたらされるべきことの『事象性』である」(*SZ*, S. 35)。「事象がみずからをそう示すこと」にそくしていく現象学の多様な豊かさは**第Ⅳ部「ドイツ認識論で現象を救う」**のヘーゲル論、フッサール論、ハイデガー論、ヴィトゲンシュタイン論をお読みいただきたい。また、こうした現象学の祖フランツ・ブレンターノと同時代を生きたのが、マールブルク学派の祖ヘルマン・コーエンであった。その弟子は、「ダヴォス討論」でハイデガーと相見えたエルンスト・カッシーラーであり、『存在と時間』の換骨奪胎を試みたエマニュエル・レヴィナス『全体性と無限——外部性への試論』(一九六一年)の独自性に強い思想的影響を与えたフランツ・ローゼンツヴァイクである。彼らの思索は、つづく**第Ⅲ部「ドイツ語で哲学するユダヤ人たち」**にて確認されたい。

凡例

GA は V. Klostermann 版ハイデガー全集を示し、巻数、節数、頁数を記す。*italic* には傍点をふす。〔 〕による補足と太字強調は発表者のもの。*Sophista* は OCT を参照し、節数は岩波版プラトン全集に従う。神崎繁訳『アリストテレス全集15　ニコマコス倫理学』（岩波書店、二〇一四年）と *Ethica Nicomachea*（revised by I. Bywater, OCT, 1988[1920]）は略号 EN のあと、巻数、章数、頁数、ab、行数を示す。引用のさい、T. Irwin の英訳（第二版）を参照して神崎の訳文を変更した箇所がある。紙幅の都合上、上記テキストへの参照は文中に（ ）で文中に示し、註は最小かつ簡素にとどめた。ご寛恕を請う次第である。

註

1　Vgl. G. Figal, *Zu Heidegger*, Klostermann, 2009, p. 58.『ソピステス』篇の内在的解釈は、納富信留『ソフィストと哲学者の間——プラトン「ソフィスト」を読む』（名古屋大学出版会、二〇〇二年）を参照。『プラトン』講義をとりあげた論集として以下を参照。Diego De Brasi, Marko J. Fuchs, *Sophistes: Plato's dialogue and Heidegger's lectures in Marburg (1924-25)*, Cambrid Publishingge Scholars, 2016.

2　Cf. "*syllogismos tōn praktōn*"（*EN*, VI-12, 1144a31f.）。ハイデガーのアリストテレス解釈は以下を参照。*Reading Heidegger from the Start*, ed. by Th. Kisiel & J. van Buren, SUNY Press, 1994. 特に F. Volpi 論文。『プラトン』講義に出席していたハンナ・アレントによる実践的推論の解釈は以下を参照。Hannah Arendt, *The Life of the Mind, Two / Willing*, Harcourt, 1971, §7, pp. 58-62.

3　Vgl. *GA19*, §17, S. 129f., §8, S. 54, §22, SS. 149-151.

4　Cf. Steven Crowell, Jeff Malpas, *Transcendental Heidegger*, Stanford University Press, 2007. アリストテレスが『ソピステ

ス』篇を批判した『形而上学』第九巻第十章にかんするハイデガーの存在論的解釈は、「カントの発見」を介して、超越論的構成主義の企投概念へと彫琢されていくが、このプロセスにかんしては、細川亮一『意味・真理・場所――ハイデガーの思惟の道』（創文社、一九九二年）の一三六～一四〇頁を参照。

5 ハイデガーのフッサール宛書簡で提示された「超越論的構成主義」にかんしては、エドムント・フッサール『ブリタニカ草稿――現象学の核心』（谷徹訳、ちくま学芸文庫、二〇〇四年）の一六二～一六六頁を参照。

6 *GA19*, § 26-a, § 19-a. Cf. D. Webb, *Heidegger, Ethics and the Practice of Ontology*, Bloomsbury, 2009, p. 12, p. 24f.

7 本章の第一節で基本事項は確認するが、ハイデガーは、たとえば『プラトン』講義の後半部で自身の「アレーテイア」概念をプラトンの「カロス（美しさ）」概念と結びつけ、そのカロスは、「アグノイア（無知）」である「魂のアイスコス（醜さ）」と対になっていた。ハイデガーは、魂のその醜さを「パラ-プロシュネー（逸脱した-知慮）」と呼び、「視の逸脱」と言い換えている。『プラトン』講義の前半部でこのパラ-プロシュネーは、『ニコマコス』における知慮の「失敗」に対応するが、ハイデガーから「目配り的な眼差し」と説明されたその知慮は「ロゴスをともなう」アレーテウエインの一つであった。また、『ソピステス』篇のアグノイア概念は、『ニコマコス』の「アクラシア（自制心のなさ）」概念から解釈された。こうして具体的な事象と概念にそくして『ニコマコス』の明るみから『ソピステス』篇の暗がりを照らし出しつつ、ハイデガーは独自の仕方でアレーテイア概念の構造的諸相を伝統的概念史に確認していくため、『プラトン』講義の前半部、間奏、後半部が連携する仕方で議論を展開する仕掛けが『プラトン』講義には散りばめられていた。こうした考察の一部は横地徳広『戦争の哲学――自由・理念・講和』（東北大学出版会、二〇二一年）の§4「視で語られる知慮」を参照。

8 Vgl. *GA19*, § 36, §§37, SS. 243–249, § 30, § 31, SS. 215–221, § 57, SS. 381–383, *Sophista*, § 1, § 18, § 39, § 52. 『プラトン』講義の後半部にかんする先行研究にかんしては、以下を参照。Diego De Brasi and Marko J.

Fuchs (ed.), *Sophistes: Plato's Dialogue and Heidegger's Lectures in Marburg (1924-25)*, Cambridge Scholars Publishing, 2016.

9　*GA19*, §81, S. 607, §80, S. 605f., cf. *Sophista*, §§24-26.「類」概念のハイデガー的解釈は以下を参照。B. Person, *Mit Aristoteles zu Platon*, Peter Lang, 2008, 2te Kapitel.

10　Vgl. *Topica*, I, *GA19*, §28, S. 203, §30, SS. 214-216.

11　「実践的推論」各種の簡潔明瞭な見取り図として以下を参照。*Logical Analysis and History of Philosophy, Focus: The Practical Syllogism*, vol. 11, Mentis, 2008, pp. 93-98.

12　*EN*, III-3, 1112b11-12, GA19, §23, S. 161f.「アリストテレスの本旨は」、知慮が「目的を含めて目的へと至る過程を考慮する」点にある（神崎訳『ニコマコス倫理学』、二五七頁、訳注3、四四二頁）。

13　*GA19*, §23, S. 160. Cf. D. Webb, *Heidegger, Ethics and the Practice of Ontology*, Bloomsbury, 2009, pp. 17-21, p. 31.

14　*GA19*, §23, S. 162, *EN*, III-3, 1112b11-20, cf. VI-2, 1143b1-10.

15　*EN*, VI-9 1142b27, vgl. *GA19*, §22, SS. 146-149, §20, S. 138f.

16　菅豊彦『アリストテレス『ニコマコス倫理学』を読む』（勁草書房、二〇一六年）の九九頁。Cf. J. McDowell, *Mind, Value, and Reality*, Harvard Uni. Press, 1998, p. 55f., p. 70.

17　Vgl. *GA19*, §22, S. 146. 門脇俊介「徳（virtue）のありか――ハイデガーとマクダウェル」（『破壊と構築　ハイデガー哲学の二つの位相』、東京大学出版会、二〇一〇年）を参照。

18　人間が「ポリス的動物（*zōon politikon*）」であることを確認した文脈で「動物のなかで人間だけがロゴスをもつ」と説明されていた（cf. *Politica*, I-2, 1253a1-10, 山本光雄訳『アリストテレス　政治学』、岩波文庫、一九六一年、三五頁）。

19　欲求が"Sorge"概念の原型と目されることの解釈は、坂下浩司「なぜ若きハイデガーは『動物運動論』を「広範な基盤」として『魂について』と『ニコマコス倫理学』を解釈する計画を『ナトルプ報告』で立てたのか」（*Heidegger-Forum*, vol.2, 2008）を参照。

20 J. Taminiaux, *La fille de Thrace et le penseur professionnel*, Payot, 1992, p. 54.

21 門脇俊介『理由の空間の現象学——表象的志向性批判』（創文社、二〇〇二年）の第五章「ハイデガーによる「理由の空間」の拡張」を参照。ただし、アリストテレスの選択概念が超越論的ハイデガーのカント的構成主義によって彫琢され、「企投」概念となった経緯をふまえている。

22 『存在と時間』へのアリストテレス的展開として引用すれば、「覚悟する現存在は他者たちの《良心》になりうる」（SZ, S. 298）。この点は、拙著『超越のエチカ——ハイデガー・世界戦争・レヴィナス』（ぷねうま舎、二〇一五年）の§9「実存論的《独我論》における他者」を参照。

23 神崎訳『ニコマコス倫理学』、二五頁、訳注1、四四三〜四四四頁、四五九頁。

24 Cf. *Liddell and Scott's Greek-English Lexion*, p. 148.

25 ヘラクレイトスの箴言「エートスは人間にとってダイモーンである」はエートスの原義「住まうこと」にそくしたハイデガー『ヒューマニズムについて』の解釈が著名だが（M. Heidegger, *Über den Humanismus*, Klostermann, 2010[1949], S. 46f.）、そのダイモーン概念が『プラトン』講義なりの仕方で多重的に示されていたと言える。ダイモーン概念史にかんしては、岩田靖夫『ソクラテス』（勁草書房、一九九五年）の第八章「ダイモニオン」、また、岩田『神の痕跡——ハイデガーとレヴィナス』（岩波書店、一九九〇年）所収「自由と運命——ソフォクレスの悲劇的人間像」の第五節「ダイモン」を参照。また、ダイモーンがある種の神と重ねられていた可能性にかんしては、田中龍山『ソクラテスのダイモニオンについて——神霊に憑かれた哲学者』（晃洋書房、二〇一九年）のたとえば五九頁以下を参照。

26 解釈視点として細川『ハイデガー哲学の射程』の一六一～一八三頁。本章では『プラトン』講義の内在的解釈に限定し、実践的推論の善、『形而上学』の「存在者（*on*）」、『ソピステス』篇のソフィストとのあいだにアレーテウエインの観点から〈一と多〉への問いを見出しつつ、幸福概念を解釈した。

27 Cf. R. Kraut, *Aristotle on the Human Good,* Princeton Uni. Press, 1991, pp. 211-237; L. Brown, Introduction, in: *The Nicomachean Ethics,* OWC, 2009, pp. x-xvii; 高橋久一郎『アリストテレス』(NHK出版、二〇〇五年)の四八～六一頁、一一三頁。

28 いくらでも詳しく語りうる行為の過程を図式的にとらえた実践的推論は、行為がうまくいかない場面ほど、行為者や考察者に対して前景化する点は、以下を参照。G. E. M. Anscombe, *Intention,* Harvard Uni. Press, 2nd ed., 2000, p. 79, p. 53.

29 伊東俊太郎『近代科学の源流』（中公文庫、二〇〇七年）の五五頁を参照。

30 ハイデッカー全集第六一巻『アリストテレスの現象学的解釈』(門脇訳、創文社、二〇〇九年）の二二三頁を参照。

31 門脇『『存在と時間』の哲学Ⅰ』（産業図書、二〇〇八年）の三八頁を参照。

32 *"apophainesthai"* は『プラトン』講義で「存在者を見させること」とパラフレーズされていた（*GA19,* §26, S. 180）。

［付記］本章は、拙稿「ハイデガー『ソピステス』講義における「実践的推論」と「知慮」の解釈について」（日本現象学会編『現象学年報』、第三四号、二〇一八年、一九三～二〇〇頁）に大幅な加筆と修正を加え、新たに準備した最終節で本論集の第二部と第三部および第四部との関係を紹介したものである。

第Ⅲ部　ドイツ語で哲学するユダヤ人たち

第9章　コーエンにおける無限判断とその射程

——序説

馬場　智一

序

本稿は、ヘルマン・コーエンにおける無限判断が、その哲学体系の中でどのような位置付けであるのか、『純粋認識の論理学』の叙述に沿って再構成することを目的とする。ただし、それに先立ち、かつて勢力を誇ったが今や過去のものとなった新カント派マールブルク学派の領袖というイメージが未だ拭えないこの哲学者を扱う意義について、近年の研究動向および筆者がこれまで従事してきたレヴィナス研究の観点から、十分な説明をしておきたい。

論述の順番としてはまず、近年のコーエン研究の動向およびレヴィナス研究からの関心の在りかを論ずる（**第一節「問題の背景」**）。次に、コーエン研究者でもあり、レヴィナスの思想形成にも一定の影響を与えたことが推測されるヤコブ・ゴルディーンが、コーエンの哲学体系と宗教哲学との間に想定した関係性を、先行研究の中に位置付けるための予備的な検討を行い、コーエンにおける無限判断を、ゴルディーンの所論とは独立に再構成する必要性を確認する（**第二節「本稿の課題」**）。これらを確認した上で、最後に本稿の目的である、コーエンにおける無限判断論の再構成を行う（**第三節「コーエンにおける無限判断」**）。

一　問題の背景

1　コーエンへの近年の関心

ヘルマン・コーエン（Hermann Cohen　一八四二〜一九一八）は、一九世紀後半及び二〇世紀初頭にドイツで活動したユダヤ系哲学者である。アンハルト公国コスウィヒのユダヤ系家庭に生まれ、プロイセン領ブレスラウ、現ポーランドのウロツワフのギムナジウムやユダヤ神学校に通った。ドイツにおけるカント哲学復興の立役者であり、マールブルク大学の同僚パウル・ナトルプ（一八五四〜一九二四）、弟子でブレスラウ出身のエルンスト・カッシーラー（一八七四〜一九四五）らとともに、新カント学派のうち、マールブルク学派を形成した。のちにベルリンのユダヤ教学高等研究所でも教鞭を執り、その哲学的なユダヤ教論は、後進のフランツ・ローゼンツヴァイク（一八八六〜一九二九）にも多大な影響を与えた。新カント学派は二〇世紀初頭のドイツで大きな影響力を保ったが、その後フッサール現象学の興隆により次第に退潮した。日本では戦前にコーエンの『純粋認識の論理学』（一九〇二、以下『論理学』）が、翻訳・紹介されている。[1]西田幾多郎も自らの哲学体系を構想する時期に、度々コーエン哲学に言及しており、対決相手の一人であったことが推測される。[2]
現代日本では、フッサールやハイデガーに比すれば過去の哲学者というイメージが否めないが、ヨーロッパでは、スイスのチューリッヒにヘルマン・コーエンアルヒーフがあり、[3] 全集（Hermann Cohen Werke）刊行の基盤となった。数はそれほど多くないものの、全集の編者によるモノグラフなど、堅実な研究成果が積み重ねられている。日本でも近年コーエンに関する論文が少数ではあるが見られるようになってきた。また、日本のカント研究では、無限判断論の文脈でコーエンが参照されることがある。石川文康は『カント　第三の思考』でコーエンおよびゴルディーンの無限判断の解釈を取り上げ、その限界を指摘しつつも一定の肯定的評価を下している。[4] 他方、石川求は『カントと無限判断の世界』において、コーエンの無限判断解釈を哲学史上の無限判断論の意図的な「曲解」としている。[5] コーエンの無限判断を巡る解釈の対立について、本稿は立ち入らないが、結論部で論じるゴルディーンとの微妙な差異は、これら相容れぬ解釈の評価に一定の材料を与えるかもしれない。
とはいえ、筆者のコーエンへの関心は別の場所に出発点がある。その観点からはどのようなことがコーエンの無限判断論の緻密な読解に期待されるのか、以下少し詳しく述べたい。
筆者はもともとエマニュエル・レヴィナスの哲学を出発点に、二〇世紀のフランスおよびドイツのユダヤ系思想家の研究に進んでいった。超越論的観念論と現象学という方法の点で大きく異なるとはいえ、実のところレヴィナスとコーエンの思想は、倫理が一つの重要なトポスであるという点で共通している。日本では合田正人氏が早くからその親近性を指摘し、フランスでは、コーエン晩年のユダヤ教論

『ユダヤ教を源泉とした理性の宗教』の仏訳者、マルク・ドゥ・ローネイが、『ユダヤ教の理性的再構成』（二〇〇二）において、レヴィナスの謦咳に触れた年長の研究者（ジャン・アルペランなど）らと共に、両者の哲学的ユダヤ教論を比較している（de Launay, 2002）。より若い世代としては、コーエンの宗教哲学の研究を出発点にしたソフィー・ノールマン（一九七五〜）が複数の著作でレヴィナスとの関係を論じている。[6]ドゥ・ローネイやノールマンがコーエンからレヴィナスへと関心を移したのに対し、筆者はレヴィナスから出発してコーエンへと関心を寄せている。その理由を以下に述べておきたい。

2 レヴィナス、ゴルディーン、コーエン

レヴィナスは一般に「他者の倫理」の思想家として知られている。しかし、初期からその思想の発展を追ってゆくと、倫理のモチーフが十全に現れるのは、レヴィナスが国家博士号請求論文として提出した『全体性と無限』（一九六一年）である。本書は、西洋哲学を、〈同〉に〈他〉を還元する存在論として厳しく批判し、自我の自己中心性を審問するものとして、無限の他者との倫理的な関係を、全体性に対置した。近年のレヴィナス研究が明らかにしているように、第一の主著と言われる『全体性と無限』に至るその思想の発展は、ハイデガー哲学との批判的な対話によるところが大きい。[7]確かに、存在論批判はハイデガーをはじめとした西洋哲学に向けられてはいる。しかし、西洋哲学が他性を同一性へと還元するその論理によって形成される「全体性」については、ヘーゲルへの批判も重要である。さらに「全体性」がレヴィナスのテクストの中で主題として扱われるのは一九五一年の「自我と全体性」あたりか

らであり、しかもそこで「全体性」は、やや漠然としているが「社会性」の意味でも使用され、論文全編を通じて批判の対象として扱われているわけではない。実際、博士論文口頭試問の折、審査員の一人ガブリエル・マルセルから、全体性を問題として導入する手続きがないという批判が寄せられている。こうしてみると、意外なことにタイトルにも使われている「全体性」概念は、レヴィナスが長年にわたりその批判を準備してきたわけではないことが窺われる。[8]

一般には、「全体性への批判」で想起されるのは政治体制としての全体主義への批判である。全体性概念は、一九二〇年代から政治的な文脈で使われ一般に流布するようになった。アーレントの『全体主義の起源』（初版一九五一年）は、『全体性と無限』に近い時期の、全体主義批判の記念碑的な著作と言える。

他方、レヴィナスが『全体性と無限』で行ったのは、現実の政治体制の分析ではなく、ヘーゲル哲学などが体現する全体性の論理への批判である。とはいえ、レヴィナスが現実の全体主義的なイデオロギーについて、ずっと沈黙を保っていたわけではない。一九三四年の「ヒトラー主義哲学についての若干の省察」（以下「ヒトラー主義」）は、人種主義的イデオロギーについての哲学的な分析であり、翌年の「マイモニデスの現代性」（L'actualité de Maïmonide）は、人種主義を扱っているわけではないものの、内容としては明らかに、マイモニデス哲学およびそこに読み取れるユダヤ的な実存様態を、血と大地に根ざす新たな異教としての人種主義的イデオロギーに対置するものである。[9]

「ヒトラー主義」における人種主義的イデオロギーの哲学的分析は、その前年に書かれた「逃走論」（一九三三年）における存在への繋縛という、哲学的モチーフを引き継いでいる。ハイデガーにおける現存在の存在様態、「己の存在へと関わり行くことが重要である」存在様態とは別の様態を、レヴィナスは、吐き気や恥についての現象学的な記述を通じて浮き彫りにした。これに対し、世界という存在の外へと脱出しようとする存在様態を、マイモニデスの哲学の中に見出したのが一九三五年のマイモニデス論だった。

ところで、この前年にほぼ同じタイトルの論文「マイモニデスの現代性」(Actualité de Maïmonide)が、レヴィナスが所属する世界イスラエリート同盟(以下AIU)の機関紙『カイエ・ジュイーフ』(*Les cahiers juifs*)に掲載された。著者は、ラトヴィア出身のユダヤ系哲学者であり、ベルリンのユダヤ教学高等研究所からフランスに渡り、AIUの図書館職員となったヤコブ・ゴルディーン(Jakob〔Jacob〕Gordin 一八九六〜一九四七)である。ゴルディーンは、このマイモニデス論の末尾で、当時のヨーロッパが抱える危機を乗り越えるためには、「宗教的な道」(chemins religieux)による他はないとし、「それだけ一層の信頼を持ってわれわれは(…)〔マイモニデスの〕『迷えるものへの導き』に戻ろう」と論文を結んでいる(Gordin, 1995 : 143)。翌年にマイモニデス生誕八〇〇年を控え、AIUも関わる催事が予定されている中、レヴィナスはこの同僚かつリトアニアユダヤ教の流れを共有する「リトヴァク」が初めてフランスで公刊したこの論文を、確実に読んでいたものと推測される。そのマイモニデス解釈の痕跡は、レヴィナスのマイモニデス論のみならず、彼の倫理思想にも読み取ることができる(馬場二〇一二)。マイモニデス思想の「倫理」的な側面を取り出す身振りは、コーエン(「マイモニデスの倫理の特徴」一九〇八年)、ゴルディーン、レヴィナスに共通しており、そうした読解の「偏り」は、コーエンの読みから学びつつも、むしろマイモニデスの「政治」的な側面を強調するシュトラウスと比較すると明確になる（馬場二〇二〇）。

このゴルディーンがベルリン時代に出版したのが『無限判断の理論の探求』（一九二九年、以下『無限判断』）である。本書でゴルディーンは無限判断の歴史（カント以前、カント、マイモン、ヘーゲル）をたどったのち（第一部）、コーエンにおける無限判断の論理の骨子を再構成する（第二部）、最後に無限判断としての（コーエンの）根源判断を論じ、超越論的方法による弁証法が築き上げる哲学体系の核心に、この判断を位置付けている（第三部）。補論では、そうしたコーエンの「根源の弁証法」をヘーゲルの「体系の弁証法」と対置させ、論理上の前者の優位を論じている。レヴィナスは後年ゴルディーンに捧げた小論《Jacob Gordin》で、本書の内容、特に補論におけるコーエンとヘーゲルの差異を紹介している（Levinas 2003 : 253／二二三）。

3　レヴィナス、ゴルディーン、コーエンを並行して読むことの意義

レヴィナス自身によるコーエンへの明示的な言及は数が限られており、『全体性と無限』に限って言えば否定的な言及に留まる。全体性に抗する姿勢について言えば、よく知られるようにローゼンツヴァイクからの影響が本人により明言されている（Levinas 2000 : 14／二七）。他方、レヴィナス思想の発展史からすると（上述の通り）やや唐突に現れたとも思える、存在の次元の外部にある無限の他者との関係という発想には、デカルトの神の無限の観念の換骨奪胎に加えて、同僚ゴルディーンとの知的交流が

少なからず影響を及ぼしていると考えられる。[10] 以上の経緯から、ゴルディーンやコーエンをレヴィナスと比較しながら読むことは、レヴィナス哲学の解明に資するはずである。[11]

さらにこうした比較作業は、それぞれの哲学者の思想の共通点と同時に独自性を露わにもする。その際、特に重要なトポスとなるのが、哲学とユダヤ教との関係である。カント研究から出発し、独自の哲学体系を形成したコーエンにとって、晩年の『ユダヤ教を源泉とした理性の宗教』が哲学的にどのような意味を持つのかについては、後述するように現在でも議論が続いている。ゴルディーンは、先述の通り、危機を切り抜けるために「宗教的な道」を、特にマイモニデスの『迷えるものへの導き』への回帰を唱えたが、それは哲学を捨て盲目的な宗教的信条に帰依することを意味しない。むしろ、ユダヤ教の哲学への回帰であり、コーエンは、現代においてその論理を体現するものとみなされている。[12] レヴィナスは哲学的著作とタルムード講話を区別し、ユダヤ人哲学者というレッテルを拒んでいたことが知られている（Nordmann, 2017 : 8）。とはいえ、哲学とユダヤ教が無関係であるかというとそうではなく、むしろユダヤ教は哲学に非常に近いと考えていたし、[13] ユダヤ教がギリシア語（哲学）を必要としていたというラビの見解をタルムード解釈の中で披露してさえいる。[14] ユダヤ教という伝統的宗教思想（それ自体多様な傾向やテクストを含み一枚岩ではないが）と哲学の関係が、「哲学」という営みにとってひとつの問題になることは、ユダヤ教の伝統の中で生きながら哲学者となった人々に特有の問題であるように見える。しかし、近年唱えられている「世界哲学」の発想からは、同様の問題が世界各地の伝統思想においても提起されうる。それゆえ、ユダヤ教と哲学という問題設定は、（西洋哲学史には通常含まれない）

伝統思想と哲学の関係という一般的な問題についての、ひとつのケーススタディとなる。

二　本稿の課題

1　ゴルディーンとコーエンの差異

これまで筆者は、ゴルディーンのコーエン論を通じて、レヴィナスの「倫理」や存在論批判、全体性批判の理解の手がかりを探してきた。『無限判断』にゴルディーンの残した西洋哲学史への最も大きな見取り図が残されているゆえ、そこに示されたコーエンの無限判断論を元に『全体性と無限』の論理との共通点を探る作業を行った（馬場二〇一六）。ゴルディーンの論じた無限判断論は、例えばコーエンによるヘーゲルへの批判的な言及を手がかりに、コーエンとヘーゲルの体系の差異をより包括的に論じたり、ヘーゲルの無限判断理解をコーエンのそれと比較したりすることで、ゴルディーンの独自の解釈を提示している。そこで前提となる無限判断論は、コーエンの展開したものに概ね忠実であるように思われるが、コーエン自身の議論構築とはやや違って見える部分もある（これについては第三節で後述）。また、ゴルディーンは、コーエン哲学を『理性の宗教』まで含めて超越論的方法に基づいた一貫した体系であると解釈しようとしている。しかし『無限判断』で示されたのはその方向性のみであり、五一歳で世を去ったゴルディーンに解釈の全体を描く時間はなかった。ただし、一九二九年に打ち出されたその方向性は現代のコーエン研究でも「大胆な」（ノールマン）と評される。そこで、以下ではコーエンの哲学体系とその『理性の宗教』との関係についての解釈史をノールマンに拠りつつ簡単に辿ってみたい。

2 コーエンの哲学体系と『理性の宗教』についての解釈史

ローゼンツヴァイクは一九二四年、コーエンの『ユダヤ論集』の序文において、『理性の宗教』は、コーエン自身が囚われていた「観念論の円環を打ち破った」と評した。『理性の宗教』はコーエン思想にとって「宗教的転回」であり、新カント派的な観念論体系との断絶を示しているのである（Nordmann, 2017 :39）。これに対し、一九六二年にA・アルトマンは、ローゼンツヴァイクの解釈に反対し、コーエン晩年の宗教哲学はむしろ観念論的哲学体系の延長線上にあるとした。その根拠は、「相関関係」(Korrelation）概念及びユダヤ的源泉の使用が、あくまで観念論の限界の枠内にあることに存している（Ibid.）。

一九九七年の『ヘルマン・コーエンの批判的哲学』におけるA・ポマの解釈もこれを継承している。それによると、コーエンの宗教哲学は、哲学体系の中にとどまっており、体系と宗教哲学の一貫性を保証するのは「批判哲学」である（Nordmann, 2017：40)。前述のドゥ・ローネイは、コーエンのプラトン論への注釈で（de Launay, 2000）、体系と宗教哲学の「連続性」を認めるのみならず、コーエンが『論理学』で展開した主張、とりわけ「純粋性の方法」と、宗教哲学を絶えず一致させようと努めていると論じた（Ibid.）。

ノールマンもまた、このような連続性の立場に立っている。さらに彼女は、体系そのものから引き出される哲学的要求（倫理において個々の人間の唯一性を認める）が、哲学体系の一部としての、倫理学からは答えられない「倫理的袋小路」(impasse éthique) に迷い込むゆえ、哲学体系自体が宗教哲学へとその適用範囲を拡大する必要があったと主張する (Nordmann, ibid)。コーエンがユダヤ教のテクストを哲学的省察の対象とし、ユダヤ教に内在している合理的内容を浮かび上がらせようとしているというローネイの主張に同意しつつ、ノールマンは、コーエンにとって第一の争点は、ユダヤ教についての哲学的解釈の確立ではなく、あくまで哲学体系の練上げである点を譲らない。哲学体系における倫理学を「補完し」、倫理学を「可能にする」、「合理性の特定の様態」、すなわち宗教へと体系を開いてゆくことが、第一の問題だとされる (Nordmann, 2017：42)。

筆者は博士論文において[15]、『理性の宗教』にも超越論的方法が貫徹されているというゴルディーンの解釈を扱った。ノールマンは、筆者が紹介したゴルディーンの解釈を、上述の解釈史の中に次のように位置付けている。

> もうひとつ別の解釈仮説を喚起せねばならない。(…) ゴルディーンはコーエン哲学の全体を (哲学体系3巻も含めて)、マイモニデスへと遡る哲学のユダヤ的方向づけという見通しの中に位置付けている。大胆な主張だ、これは『理性の宗教』がコーエンの著作における転回ではないということを含意し、またローゼンツヴァイクと同時にアルトマンの立場とも異なる。この主張に従えば実際、コーエンの哲学体系と宗教哲学の間には断絶がないことになる。つまり、連続性があるが、この連続性はコーエンの著作の「全体」に一貫するユダヤ的方向づけの連続性なのである。この方向づけは、ユダ

ヤ的源泉への参照によってというよりは、コーエン哲学体系の全体の基礎、つまり超越論的方法そのものによって見出される。(Nordmann, 2017：41 n.1)

ゴルディーンの解釈仮説は、断絶がないという点でローゼンツヴァイクと異なり、連続性はあるがそれを保証するのが、相関関係概念やユダヤ的源泉の使用が理性の限界内に留まることではない点で、アルトマンとも異なる。では、「倫理的袋小路」ゆえに体系自体が超越論的方法を宗教の領域へと拡大することを要請するというノールマンの立場とは、どのような関係にあるだろうか。少なくとも、ノールマンの立場とゴルディーンの立場がそれ自体で両立不可能ではないと思われる。

ゴルディーンは「倫理的袋小路」のような体系内部の問題を指摘してはいないが、この「哲学のユダヤ的方向づけ」にとって、個々の人間の唯一性という問題は、本質的である。「マイモニデスの現代性」では、ユダ・アレヴィにおける、「個々人に語りかける神」(Gordin, 1995：129) や、マイモニデスにおける創造としての個人化 (individualisation) が論じられている (Gordin, ibid.)。[16] コーエンの倫理学、宗教哲学でこれに相当するのは「個人」(Individuum) の問題である。『無限判断』でゴルディーンは、個人概念に関する数ページにわたる長い脚注で、『論理学』における超越論的方法としての思考法則に含まれる「隔離」を宗教哲学上の概念である「個人」と関連付けている。十分な論述ではないにしても、哲学体系と宗教哲学が超越論的方法により結びつけられうる可能性を示していると言える。

ただ、ゴルディーンのコーエン解釈およびその前提となる西洋哲学史解釈を検討するためには、「ユダヤ的方向性」および「キリスト教的方向性」の分水嶺となる幾つかの概念についての整理と評価が必要である。その中心が「無限判断」であるが、『論理学』では、「無限判断」に独立した章ないし節が割かれているわけではない。『無限判断』では思考法則として同一性法則と矛盾法則がセットになり、根源判断としての無限判断はその重要さゆえに別枠で扱われているが、コーエンは、同一法則と矛盾法則に根源判断も加えた三つの判断を思考法則としている（以下の第三節6を参照）。筆者は、レヴィナスとの比較のためにゴルディーンに依拠した無限判断論を以前論じたが、ゴルディーンとコーエンそれぞれ別個に評価するためには、コーエン自身の無限判断概念を理解しなくてはならない。

次節では、今後の作業の準備として『論理学』における無限判断の意味と、コーエンの体系における意義を、あくまでコーエン自身の叙述に即して整理しておきたい。

三　コーエンにおける無限判断

1　純粋認識と判断の定義

まず、無限判断がコーエンの哲学体系に占める位置を概観しよう。コーエンの「哲学体系」は当初次の四部立ての予定だった、すなわち『純粋認識の論理学』（一九〇二）、『純粋意志の倫理学』（一九〇四）、『純粋感情の美学』（一九一二）、哲学のエンチュクロペディーとしての心理学（講義で扱ったのみ）である（Werke 6, S.VII）。[17]『論理学』が体系の最初に位置し、そしてその基盤となるのがあらゆる学的認識における思考法則である。『論理学』では、概論ののち、三つの思考法則（根源判断、同一性判断、矛盾判断）

が詳述される。無限判断は根源判断の解説の中に現れる用語である。

では、無限判断と純粋認識は、どのように関連しているのだろうか。認識（Erkenntnis）には、次の四つの意味があり、その四番目が「純粋認識」である。①個々の知（Kenntnis）。②一つ目と区別された、知が持っている一般的なもの（das Allgemeine des Wissens）（S.2）、人間が持っている知識の総体（Inbegriff）。③知るという行為、出来事、意識のプロセス（Bewußtseinsvorgang）（S.3）。④「純粋認識」（reine Erkenntnis）。「純粋」は、「ギリシアにおいて、哲学を数学と同時に磨き上げた（pflegen）人々によって使われた表現」であり、具体的にはピタゴラス学派やプラトンがこの表現を重視したとされる（S.5）。「純粋」は、「純粋ではない、真正ではない内容（Inhalt）」と対立する概念である。ただし、純粋なもの（das Reine）は非純粋な内容へと広がっており、非純粋な内容もまた純粋な内容へと変化する。純粋と非純粋は、相互に不干渉な、完全に相互排他的な関係ではない、とされる（Ibid）。「純粋」概念と非純粋なものに見られるような「相関的な関係」は、学的認識が持つ思考法則（以下3〜5を参照）にも見られる特徴である。では、思考法則との関連から純粋認識はどのように説明されるのであろうか。

学的認識の思考法則は、三種類の「判断」（Urteil）として捉えられている。「表象」（Vorstellung）や「印象」（Empfehlung）は固定化されず不安定だが、これに比べると、判断は肯定（Bejahung）によって固定化される。肯定とは裁判における質問に答えるように、ある事柄について確証することである（S.96–97）。ところで、「判断」は「命題」（Satz）と取り違えられることがよくある。この誤解に応じて肯定もまた（主語と述語の）連結（Verbindung）であると取り違えられる。主語と述語は、判断の要素ではない。判断は表象と混同されもするが、表象は心理学の基本要素である(S. 98)。判断は命題ではないという事実は、純粋認識の基礎づけに関わる、コーエンが度々強調するポイントである。「AはBである」という命題の「A」を定立するのが判断である。純粋認識とは、この判断に相当する。したがって、純粋認識の論理学とは、三段論法のような命題同士の結びつきを扱うものではない。この対象の定立がどのようになされるかを考察するのが純粋認識の論理学である。この定立されるAは、学的認識に関わる以上、われわれが日常的に目にする、本やテーブルといった任意の「物」ではなく、物事の本質や根源を指す何かである。本質や根源を問い尋ねるのは哲学が行ってきたことであり、それはあらゆる学的認識に受け継がれている。学的認識の根底にはこの問いがあり、それに対する答えがある。この問いかけに対する答えとしての根源判断の歴史は、次のように素描される。

2　根源の判断の復権

古代ギリシアではパルメニデスが学的な哲学を開始し、思考と存在の同一性を説いたが、これは「思考が産出する」というコーエンの主張を先取りしたものである。ソクラテスではWas ist ?（ti esti）が存在の問い（本当にあるもの）を提起し、アリストテレスはWas war?（to ti ên einai）と問い、存在の根源（過去、始まり）、前存在（Vor-Sein）、絶対的先行者（absolute Prius）を問うた。中世では、思考の自存性と根源性がアリストテレス主義者らによって主張され、固定化された。こうして存在の本質をなすのは、思考であるとみなされるようになる。初期ルネサンスでは、クザーヌスが、数学を確実性の基礎とみなし、無限の数学的概念を学的認識の主要な論点にした(「無限そのものを私は万物の基準と呼ぶ」(S.32))。数学は自然科学の基礎となり、その後ガリレイ、ニュートン、ライプニッツにおいて発展してゆく。

他方、論理学に目を向けると、アリストテレス以後、目立った進展はなく、微分法が論理学においてもつ意味が考えられてこなかった。カントの『純粋理性批判』もこの点に関しては方向性を示せていない。コーエンによれば、(学的な)思考は、根源についての思考でなければならず、論理学もまた、根源の論理学でなければならない。「認識を原理であると認証するあらゆる純粋な認識においては、根源の原理が貫かれていなければならない」(S.36)。それゆえ、根源の論理学は、純粋認識の論理学でもある。コーエンは論理学に新たな形、新たな基礎を与えようとしている。

ところで、物事の本質や由来についての関心は、哲学以前にも遡ることができる。例えば、諸物(Dinge)の起源(arche)に対する関心(Interesse)を、人々は神話を通じて表現してきた。起源を意味する「アルケー」は、単なる始まり(Anfang)ではなく、根源と訳さねばならない。哲学は、根源に対する神話的関心から主観的、感情的要素を排した上で、根源への関心を表現し始めた。タレスやアナクシマンドロスがその初期の例である。その際、物とは異なる「物質」(Stoffe)という概念が生じ、水(タレス)や無限なもの(Unendliche、アナクシマンドロス)が根源であるとみなされた(S. 79)。

無限なものという概念によって、根源の概念は、水のような物質的なものではなく、精神的な存在(geistigen Sein)となった(S.80)。そこからラテン語で原理(Prinzip)と言われる語がもつ意味が徐々に形成されていき、近代におけるこの概念の使用が一般化してゆく。根源概念の精神化は、人間がもともと持っていた根源への関心を抑圧したが、科学がそれを様々な仕方で表現した。根源への問いが本来もっていた「ファウスト的な意味」が希薄化してしまったことで、その後の論理学は多大なる危害を被った。論理学が命題の論理として現在理解されているのは、その結果である。論理学は、根源への関心をほとんどなくしてしまい、今では形而上学がその残余をわずかにあてがわれているのみである。

存在論における様々な論争は、こうした観点から説明できる。つまり、かつて人はあらゆる存在が、思考（水や無限といった概念）において基礎づけられると考え、あらゆる存在の種類をそこから説明できると考えた。しかし、それに対して異議が唱えられると、人は思考の様態ではなく、存在の様態を説明することでその異議に答えようとしていった。自然においては、自然のなかでまだ認識されていないものを認識して、存在様態についての認識の欠落を埋めようと努めた（Ibid.）。こうして思考は存在を基礎付けることができないものとされていった。

存在を説明することで存在の根源を明らかにしようとする立場をコーエンは、存在論的議論（ontologischen Argument）と呼ぶ。現在では、思考から説明する立場（その代表はパルメニデス、「存在は思考である」と考える立場）は、下火になっているように見えるが、根源への関心は変わらず存続してはいる（S.81）。この問題に関するコーエンの立場は、以下のように明確に述べられている。「思考だけが、存在として通用しうるものを産出することができる」（Ibid.）。根源となる「なにか」を定立する思考の働きを考究する純粋認識の論理学は、アリストテレス以降の論理学の発展で忘れられた根源判断の復権を意図して構想されているのではないだろうか。

根源を問い尋ねる疑問に答えるのが根源判断だとすると、上述のようにそれが「無限判断」であるというのは一体どういうことなのだろうか。

3　根源の論理と無限判断

根源たる「なにか」（Etwas）を見つけるためには、「なにか」そのもののなかにその根源を探すことはできない。

（根源を求める）判断は、したがって冒険的な迂回路に尻込みしてはならない、もし判断がなにかを（判断）自身の根源のなかに探し求めるのであるのなら。思考によるこの冒険は無を呈示する。無へと回り道する途上で、判断はなにかの根源を呈示するのである（S.84）。

デモクリトスの me on（Nichtseiende）、アリストテレスの ouk anthrôpos、プラトンの anupotheton における否定の語（me, ouk, a-）がこの迂回路で出会われる無である。

アリストテレスの非人間は、「非人間」という存在者を指すのではなく、人間ではないものを指しており、その限りで未規定なもの（Unbestimmt, ahoriston）である。「未規定なものが、Infinitum となる。そうして生じたのが無限判断である」（S.87）。アナクシマンドロスやピタゴラスの思想においても無限なもの（das Unendlichen, apeiron）が形成されていた。デモクリトスは、me on、非存在を本当の存在者であると宣言するために、非存在者という概念を作り上げたのではなく、真の存在者の第一の種類である原子を表現するために、「非」という否定の接頭辞を用いた。プラトンにおける anupotheton（仮定・前提（Hypothesis）のないもの）は、数学にとっては、「問題のないもの」（unbedenklich）、証明の必要のないものという意味に解しうる。ただ、これが倫理的な意味であった場合、事情は異なってくる。学が証明しうるのが、存在（ousia）だとすると、善のイデアは、学が証明できるもの以上のなにかになる。そこでプラトンは、善のイデアを「存在の彼方」（jenseit des Seins, epekeina tês ousias）とした。これが証明されるのは、単なる学（存在についての様々な学）ではなく、イデアについての学によってである（ちなみにカントにおける実践理性の優位は、このような、倫理の基礎づけをしようとする傾向を示している）。

無限判断は、数学や数学を基礎とした物理学をはじめとしたあらゆる学問領域で応用されている。精神科学の分野では特に法学（Rechtswissenschaft）において顕著に用いられている（S.89）。しかし、一九世紀には、ヘーゲルやロッツェによって無限判断が誤った形で使われたとされる。この点はゴルディーンが詳しく論じているところである。

以上が一つ目の思考法則、根源判断とその一様態としての無限判断についてのコーエンの論述である。次に、残る二つの思考法則である同一性判断と矛盾判断を見てみよう。

4　同一性判断

「AはBである」という結合（Verbindung, sunthesis）は、学的判断において重要であるが、繰り返すように、純粋認識の論理学で問題になるのは、その前提となるAである。このAの確実性を確保するのが、純粋認識の論理学が明らかにする思考法則のうちの二つ目、同一性判断である。根源として思考される何らかの「A」なるものの「隔離」（Isolierung）、「固定維持」（Festhalten）がこの判断にとって、課題となる（S.100）。

アリストテレスは、S ist Pという形で結合を論じ、論理学と文法を混同した。それによって、彼は判断を、SがSとは別のもの（つまり述語）へと向かうこととして捉えた。これに対し、純粋認識の論理学は、Aに留まって、Aの肯定を考える(S.101)。AがAであること、同一性(Identität)は、Aの同等性(Gleichheit)とは異なる。「同等性は数学的概念である」（Ibid.）。同等性が、他のものとの比較（Vergleichung）によって生じるのだとすると、同一性は、そのもの自身との比較によって生じる（S.103）。同一性は、Aの要素の自分自身におけるまとまり（Zusammenhalt）を保証している。対して連続性は、Aの要素の、根源との関連（Zusammenhang）を保証している（Ibid.）。A以外のものとの結合（たとえば「AはBである」）の前提となるのが、Aの同一性と連続性である。

しかし、このように同一性を確保するだけでは、根源の論理学としては不十分である。根源の現れを最後に保証するのが矛盾判断である。

5　矛盾（反論／否定）判断

根源判断は、媒介として「非」（Nicht）を必要とする。非は、「無」（Nichts）とは異なり、媒介的概念、「間にある思考」（Zwischengedanke）である（S.104）。それ自体で成立するような「無」ではないのが、「非」である。絶対的な無ではなく、相対的な非である。「根源の - なにか」（Ursprung-Etwas）が、この「非」であり、ここへと迂回（Umgehung）することで、「根源的相関者」（ursprünglichen Korrelativ）へと関係することになる（S. 105）。

Nichts（無）は、名詞を形成するが、Nicht（非）は判断の行為と関係するのみである。「〜ではない」という判断は、判断に対する判断なのではなく、判断以前の判断である（S.106）。判断は、同一性の判断における肯定によってのみ成立するのではない。「判断の最重要の権利は、誤った判断の解任（Abdankung）であり、その否定（Vernichtung）である」（Ibid.）。否認（Verneinung）という自立した、不可欠の働きが矛盾の判断を思考法則にしている（Ibid.）。Non-AというAにとっての危険を否認することにより、否認はAの同一性を確実にする（S.107）。ここで「矛盾」と訳しているWiderspruchは、「矛盾」というよりは本来の動詞としての意味、「反論する」（widersprechen）という意味で理解しなければならない。ギリシャ語ではantiphasis、ラテン語ではcontradictioであり、どれも動詞としては「反対のことを言う」という意味である。したがって、反対のことを言う（反論する）ことによって、同一性を守る、というのがWiderspruchの意味である。「同一性は善であり、価値である。反論（Widerspruch）は、保護であり、権利である」（S.108）。

ここでも結合と判断の区別に注意が促される。肯定(Bejahung)や否定(Verneinung)を、繋辞を伴った(主語と述語の)結合や否定と捉えることは、判断の「属としての特徴」(Gattungscharakter)を、「判断の一種」(eine Art des Urteils)と取り違えることである。主語となるAは、否定を通じて分離される(Sonderung)が、この否定作用をコーエンは棄却(Verwerfung)と呼ぶ(S.109)。

したがってWiderspruchは、法廷弁論になぞらえられた意味からすると、「反論」や「否定」とも訳せる。このWiderspruch(矛盾/反論/否定)は、命題におけるGegensatzと混同されると言われる。命題におけるGegensatzは、反対命題(「AはBである」に対する「AはBではない」)のことであろう。しかるにWiderspruchは、ゴルディーンの表現で言えば、Aの「規定領域」からあらかじめNon-Aを排除するということである。「矛盾」という表現は、誤解を招きやすいことに注意しておきたい。なぜなら、「矛盾」という表現では、二つの両立不可能な命題(「この矛は全てを貫く」、「この盾は何も通さない」)があることが想定されるからだ。ところが、ここでは命題が問題なのではない。「根源」として定立され、同一性を担保されたAは、A以外のものではないと否定することで、Aの同一性を確保するのが、Widerspruch(矛盾/反論/否定)の判断である。

6　ゴルディーンとコーエンの違い

以上を踏まえ、ゴルディーンの所論との違いを改めて確認しておきたい。

まず確認しておきたいのは、『論理学』には「無限判断」という独立した項目はないということである。本書の構造は、「導入と配置」、「第一部門　思考法則の判断」、「第二部門　数学の判断」、「第三部門　数学的自然科学の判断」、「第四部門　方法論の判断」に分かれている。「第一部門　思考法則の判断」は、「第一判断―根源の判断」、「第二判断―同一性の判断」、「第三判断―矛盾の判断」にさらに分かれている。思考法則の判断は従って、根源判断、同一性判断、矛盾判断の三種類であり、ここに「無限判断」は、思考法則の一つとしては含まれていない。しかし、根源判断の後半で、根源を無限（無限定なもの、未規定なもの）とみなす場合、それを発見する判断を無限判断と呼んでいる。したがって、無限判断は、根源判断の別名であると言える。

ところが、ゴルディーンの所論では、同一性の判断と矛盾の判断もまた、無限判断の説明のなかに含まれている。ゴルディーンの再構成の仕方は、この点に関してはややミスリーディングかもしれない。紙幅の都合上詳述できないが、コーエンの無限判断と矛盾判断を一緒くたにしているようにも思われる。というのも、コーエンにしたがえば、思考法則として思考を規定するものは、「根源判断」、「同一性判断」、「矛盾判断」の三つであり、それらが純粋思考の三つの「性質」(Qualität) ないし「性状」(Beschaffenheit) であるからだ。さらに、この三つのうちどれも思考法則にかけることはなく、またその順番も入れ替えることはできない (S.120)。コーエンによれば、アリストテレスはカテゴリー表を「性質」から始めたが、これは物に帰される性質である。本来性質は、思考が産出し物に当てはめているので、思考に帰されるべきである。これらの三種類の判断は、判断そのものの種類でありこれらが、思考の基礎 (die Grundlage des Denkens) を形成している (Ibid.)。

ゴルディーンの論述とコーエン自身の論述で異なる点は、次のように整理できる。前者の論述では、無限判断と根源判断の関係性がやや不明確である。さらに、思考法則には、根源の判断、同一性の判断、矛盾の判断の三種類があるはずだが、同一性の判断と矛盾の判断だけが思考法則であり、これら二つが根源の判断の二側面であるかのような印象を与えている。実際には、Aの定立、ゴルディーンの言葉で言えば、規定可能領域の定立としての判断は、根源、同一性、矛盾の三つの判断をその三性質とするのであり、その生起の順序までが定められている。

結

本稿は、まずコーエン研究の動向およびレヴィナス研究やユダヤ哲学研究から見た、コーエン研究に期待されることを概観した（**第一節**）。次に、コーエンの哲学体系と宗教哲学の関係をめぐる解釈史にとって、筆者がこれまで取り組んできたゴルディーンの解釈がどのような意味を持ちうるのかを検討した（**第二節**）。しかし彼の解釈を正確に評価するためには、その基準となるコーエンその人による叙述との比較が必要となる。そのため、最後にコーエンにおける無限判断について、『論理学』に即してできるだけ大胆な再構成を経ずにその論理を再現した（**第三節**）。

以上で「序」で設定した課題は果たされたが、本稿はコーエンの無限判断論の射程を検討するための序説に過ぎない。次に取り組むべきは、上で触れたようにゴルディーンが長大な脚注で触れている「隔離」（Isolierung）と個人の問題である。同一性判断の特徴として触れた「隔離」が（**第三節4**）、宗教哲学において唯一神との関係から構成される個人概念にも適用されているると言えるのかどうかが検討課題となる。ただし、その際にはゴルディーンが触れていない「唯一性」(Einzigkeit) と「統一性」(Einheit) との違いや、「一神教」としてのユダヤ教というコーエンの理解も同時に扱わねばならない。

ところでコーエンは、もともとはカント哲学解釈を自らの体系の糧としていたはずである。根源判断に関して言えば、カントはその論理を継承した哲学者とはみなされていない。この点についてはゴルディーンも幾つかの論点を上げており、カントをヘーゲルと同じ類比の論理の側に位置付けている。本稿および続編ではこの点は扱えないが、これについては独立した論考を用意する必要がある。

コーエンの倫理学および宗教哲学には、科学的認識の基礎づけを行った観念論者というイメージを過去のものにするだけの豊かさがある。レヴィナスの思想を先取りし、今日のケアの倫理にも通ずる要素も数多く見られる。この点についてもまた独立した論考を準備したい。

註

1 『純粋認識の論理學』村上寛逸訳、第一書房、一九三二年。『純粋認識の論理學』藤岡藏六訳述、岩波書店、一九二一年。

2 これについては、準備的作業を以下の発表において扱った。馬場智一「ユダヤ哲学と日本哲学、架橋のための準備的検討」科学研究費補助金・基盤研究C「近代日本哲学の紹介書出版に向けた日仏共同研究」研究会、二〇一三年七月二八日。

3 ただし筆者が二〇一九年にアルヒーフ代表の Helmut Holzhey 氏（コーエン全集編者の一人であり、『純粋認識の論理学』の全集版の編集を担当した）に問い合わせた限りでは、現在アルヒーフは閉鎖している。
4　石川文康『カント　第三の思考　法廷モデルと無限判断』名古屋大学出版会、一九九六年、第五章「コーヘンの非存在論――無限判断のゆくえ」。
5　石川求『カントと無限判断の世界』法政大学出版局、二〇一八年、一二頁。無限判断論の、コーエンも含めた哲学史的見取り図については、三重野清顕「無限判断論の射程」『江戸川大学紀要』（二四）、二〇一四年、六五～八〇頁。
6　博士論文を基にした『個別的なものから普遍的なものへ　コーエン宗教哲学についての試論』（Nordmann, 2007）、コーエン、ローゼンツヴァイク、レヴィナスにおける哲学とユダヤ教の関係を論じた『哲学とユダヤ教　H・コーエン、F・ローゼンツヴァイク、E・レヴィナス』（Nordmann, 2008）、教授資格論文を基に執筆された『レヴィナスとユダヤ‐ドイツ哲学』（Nordmann, 2017）などがある。デリダが「Interpretations at War」（デリダ一九九三）でコーエンを扱ったことから、コーエンの政治思想に関心が一時集まったが、関連の日本語文献としては大竹弘二「ユダヤ‐ドイツ的ナショナリズムと国際連盟理念――ヘルマン・コーエンの政治思想」（『社会思想史研究』第三〇号、二〇〇六年、一四九～一六四頁）がある。
7　戦時中のノートや、哲学コレージュでの講義録などの新資料や、単行本に収められていない小論も含め、『全体性と無限』に至るレヴィナス思想の発展をつぶさに捉えた最近の研究としては、渡名喜庸哲『レヴィナスの企て『全体と無限』と「人間」の多層性』勁草書房、二〇二一年が挙げられる。発展史的研究に基づき、「人間の存在様態の多層性を哲学的に記述する企て」として『全体性と無限』を捉えた本書は、倫理というモチーフが現れてくる経緯をレヴィナスのテクストに即して丹念に跡づけている。ただし、このモチーフが「なぜ」現れたのかという問いには答えていない（二〇二一年八月七日のオンライン書評会での石井雅巳氏の指摘）。

8　この点については筆者が執筆を担当したレヴィナス協会編『レヴィナス読本』法政大学出版（二〇二二）の「全体性」（二三三～二三四頁）の項目で簡潔にまとめた。

9　詳しくは拙著『倫理の他者　レヴィナスにおける異教概念』勁草書房、二〇一二年、Ⅲ「レヴィナスにおける異教概念」、第3章「存在者の文明論的諸様態―ユダヤ、キリスト教西欧、異教」を参照。

10　他方、レヴィナスはその後半生において、コーエンを読み、評価していたと思われる手がかりもある。①アルペランによる証言。晩年のレヴィナス（一九九四年）に、今の研究テーマを尋ねられ、レヴィナスとコーエンを並行して研究するつもりだと答えたところ、「私を巨人の傍らに置きましたね」« Vous m'avez mis à côté du géant. » と言われた（de Launay, 2002 : 79）②ノアの末裔に関するレヴィナスの記述は、コーエンに倣ったものと思われる。③フリブール大学での集中講義のテーマを『理性の宗教』にしていたという記録がある（AIU アーカイブにある、新聞記事（「ユーディッシェ・ルントシャウ・マッカビ」、第四二号一九六九年一〇月二四日付、四頁）の内容を抜粋した文書（一九六九年一一月一八日付 « Extrait : "JUDISCHE RUNDSCHAU MACCABI" N°42–24 octobre 1969 p. 4 »）に以下の記述が見られる。「午前の講義はヴォロズィンのラビ・ハイームのネフェシュ・ハハイーム（『生命の魂』）（伝統的なスタイルの宗教思想）の分析を扱う予定。他方、ゼミのタイトルは「ヘルマン・コーエンのテクストの解説、ユダヤ論集：理性の宗教」。

11　その他、エロスや裸性などレヴィナスとコーエンに共通するテーマは多岐にわたる。両者の比較研究については他日に期したい。

12　ゴルディーンは、フランスに来てからジルソンらのトマス研究に刺激を受け、西洋哲学におけるキリスト教的な方向性（トマス、カント、ヘーゲル）とユダヤ的方向性（マイモニデス、コーエン）という図式を構想していた（Gordin, 1995 : 143-144）

13 「レヴィナスにおけるブランシュヴィク受容――「無神論」と「成年者の宗教」」、『フランス語フランス文学研究』一〇〇号、日本フランス語フランス文学会、二〇一二年、二五五～二七二頁。

14 前述の『レヴィナス読本』に所収の『諸国民の時に』の解説を参照（二二六～二二八頁）。

15 Tomokazu Baba, *Emmanuel Levinas et l'histoire de la philosophie – Genèse d'une éthique (1929-1955)*, Université Sorbonne-Paris IV, sous la direction de Jean-Louis Chrétien.

16 ちなみに、ゴルディーンによれば、「個人化」という用語のアラビア語の原語は、ヘブライ語では「選び」を意味する語によって訳される（Gordin, 1995:129）。

17 以下『論理学』への参照が連続して頻出するので、ページ数はカッコ内に全集第6巻のページ数を記載する。

参考文献

（日本語訳のあるものについては、本文中で参照ページを漢数字で示した。）

Francesca Albertini, *Das Verständnis des Seins bei Hermann Cohen*, Königshausen und Neumann, 2003

Tomokazu Baba, *Emmanuel Levinas et l'histoire de la philosophie – Genèse d'une éthique (1929-1955)*, Université Sorbonne-Paris IV, sous la direction de Jean-Louis Chrétien.

Hermann Cohen, *Werke Band 6. Logik der reinen Erkenntnis*, 4. Auflage, Einleitung von Helmut Holzhey, Georg Olms Verlag, Hildesheim/New York, 1997

— *Werke Band 7. Ethik des reinen Willens*, 6. Auflage, Einleitung von Peter A. Schmid, Georg Olms Verlag, Hildesheim/Zürich/New York, 2002

— *Werke Band 8. Ästhetik des reinen Gefühls, 3. Auflage*, Einleitung von Gerd Wolandt, Erster Band, Georg Olms Verlag,

Hildesheim/Zürich/New York, 2005
— *Werke Band 9. Ästhetik des reinen Gefühls, 3.* Auflage, Zweiter Band, Georg Olms Verlag, Hildesheim/New York, 1982
— *Werke Band 10. Der Begriff der Religion im System der Philosophie,* Einleitung von Andrea Poma, Zweite, revidierte Nachdruckauflage, Georg Olms Verlag, Hildesheim/Zürich/New York, 2002
— *Religion der Vernunft aus den Quellen des Judentums,* Marix Verlag, 2008
Marc de Launay, « Notice introductive à « La théorie platonicienne des Idées et la mathématique », in *Néokantisme et théories de la connaissance,* Paris, Vrin, 2000, p. 23-48.
— *Une reconstruction rationnelle du judaïsme,* Labor et Fides, 2002
Jakob Gordin, *Untersuchungen zur Theorie des unendlichen Urteils,* Akademie-Verlag, Berlin, 1929
— *Écrits: Le renouveau de la pensée juive en France,* Albin Michel, 1995
Emmanuel Levinas, *Totalité et infini,* Livre de poche, 2000（エマニュエル・レヴィナス『全体性と無限』藤岡俊博訳、講談社学術文庫、二〇二〇年）
—*Difficile liberté Essais sur le judaïsme,* troisième édition revue et corrigée, Livre de poche, 2003（レヴィナス『困難な自由 増補版・定本全訳』合田正人監訳／三浦直希訳、法政大学出版局、二〇〇八年）
Sophie Nordmann, *Du singulier à l'universel : essai sur la philosophie religieuse de Hermann Cohen,* J. Vrin 2007
— *Philosophie et judaïsme : H. Cohen, F. Rosenzweig, E. Levinas,* PUF, 2008
— *Levinas et la philosophie judéo-allemande,*Vrin, 2017）
石川文康『カント 第三の思考 法廷モデルと無限判断』名古屋大学出版会、一九九六年。
石川求『カントと無限判断の世界』法政大学出版局、二〇一八年。

ジャック・デリダ「Interpretations at War――カント、ユダヤ人、ドイツ人」鵜飼哲訳、『現代思想』二一（五）、四六〜五六頁、一九九三年。

――「民族問題の根源へ Interpretations at War――カント、ユダヤ人、ドイツ人―承前―」鵜飼哲訳、『現代思想』二一（九）、二三八〜二四五頁、一九九三年。

渡名喜庸哲『レヴィナスの企て『全体性と無限』と「人間」の多層性』勁草書房、二〇二一年。

馬場智一『倫理の他者 レヴィナスにおける異教概念』勁草書房、二〇一二年。

――「レヴィナスにおけるブランシュヴィク受容――「無神論」と「成年者の宗教」」、『フランス語フランス文学研究』一〇〇号、日本フランス語フランス文学会、二〇一二年、二五五〜二七二頁。

――「ユダヤ哲学から西洋哲学批判へ――ジャコブ・ゴルダンと初期レヴィナス」、『哲学』第六三号、二〇一二年、一八一〜一九五頁。

――「全体性の彼方へ―コーエン、ゴルディーン、レヴィナス」、『京都ユダヤ思想研究』第六号、二〇一六年、四〜三四頁。

――「コーエンのマイモニデス読解とその余波――ゴルディーン、レヴィナス、シュトラウス」、『京都ユダヤ思想研究』第一一号（二）、二〇二〇年、九八〜一二〇頁。

三重野清顕「無限判断論の射程」『江戸川大学紀要』（二四）、二〇一四年、六五〜八〇頁。

［付記］本稿は、科学研究費補助金基盤（C）「ヘルマン・コーエンを中心としたユダヤ系哲学者における宗教と倫理」（課題番号 17K02198）の成果の一部である。

第10章　ローゼンツヴァイクのコーエン論におけるハイデガー

――「入れ替えられた前線」を起点として

佐藤　香織

一　序

「入れ替えられた前線（Vertauschte Fronten）」について

一九三〇年、フランツ・ローゼンツヴァイク（一八八六～一九二九）の没後に「入れ替えられた前線[1]」という題の小論が発表された。これは、ヘルマン・コーエンの没後一〇年を経て第二版が出版された『ユダヤ教を源泉とする理性の宗教[2]』（一九一九―以下、『理性の宗教』と略記する）の広告としてローゼンツヴァイクが執筆した、二ページほどの記事である。この記事には、一九二九年三月一七日から四月六日まで行われた第二回国際ダヴォス会議における最大の呼び物であった、ハイデガーとカッシーラーのカント解釈をめぐる討論に関するローゼンツヴァイクの見解が含まれている。当時、筋萎縮性側索硬化症（ALS）に冒され麻痺の状態にあったローゼンツヴァイクはなお弛まぬ知的活動を続けていた。

ヘルマン・ヘリゲルが『フランクフルター・ツァイトゥンク』誌に寄せた短い報告によって、「古い思考と新しい思考の代表的な対決」(GS III, 236) として、ローゼンツヴァイクはダヴォス会議で行われた議論を知ったのである。[3]

「入れ替えられた前線」において、ローゼンツヴァイクはコーエンがなした研究の二つの側面に言及している。一方で、コーエンは『カントの経験の理論』(一八七一)、『カントの倫理学の基礎づけ』(一八七七)、『カントの美学の基礎づけ』(一八八九) といったカント研究を著している。これらの執筆は、ナトルプやカッシーラーとともにマールブルク派を創設する契機となった。他方、コーエン自身の哲学体系を形づくる『純粋認識の論理学』(一九〇二)、『純粋意志の倫理学』(一九〇四)、『純粋感情の美学』(一九一二) は出版後に話題になるようなことはなかった。コーエンの没後出版された『理性の宗教』はコーエンのユダヤ的な著作の補完としての役割を果たしている。ただしローゼンツヴァイクの見るところ、この著作の「現代的意義」は出版後すぐに認められてはいなかった。ローゼンツヴァイクはこの小論において、コーエンが用いる「相関関係 (Korrelation)」という概念が、「ハイデガー的に言えば、〈現存在に飛び込むこと (Einsprung in das Dasein)〉への助走となりうる」(GS III, 237) と述べている。〈現存在に飛び込むこと〉というのはヘリゲルの表現であるが、ともかくローゼンツヴァイクはそうした評価を受け入れ、ダヴォス討論におけるハイデガーがコーエンの哲学体系の「現代的意義」の継承者であるとみなしたのである。「入れ替えられた前線」とは、カッシーラーがマールブルク派の「古い思考」を引き継いだことに対して、ハイデガーがコーエンの「新しい思考」を受け継いでその後継者となったことを意味している。[4] ローゼンツヴァイクは実際のところ、カッシーラーが晩年のコーエンの正統な後継者であるということを認めていなかった。[5]

コーエンの弟子と目されていたカッシーラーではなく、マールブルク派を批判していたハイデガーこそがコーエンの思考を受け継いでいると見て、コーエンの「相関関係」という概念がハイデガーの〈現存在に飛び込むこと〉への「助走」となりうるとするローゼンツヴァイクの見解は一見奇妙である。[6] またローゼンツヴァイクが、コーエンのユダヤ的諸著作と、ユダヤ教とは無縁のハイデガーの議論の間につながりを見出だそうとしているとするならば、その試みは、ピーター・エリ・ゴードンが述べるように「挑発的」(Gordon, 276) でさえある。

問題となるのは、ローゼンツヴァイクがコーエンの思考のいかなる点にハイデガーの「現存在」についての思考の「助走」を見て取ったのかという点であり、また、コーエンの議論がハイデガーの議論へと続いていくものとみなすようなコーエン読解は、ローゼンツヴァイク自身の「新しい思考」とどのような関係にあるのかという点である。この問いから出発して、ローゼンツヴァイクによるハイデガーの「現存在」への言及の意義を検討することが、本章の目的である。本章では、まずこの論点に関する、レーヴィット、ゴードン、クルティーヌなどによる先行研究を検討する。さらに、『理性の宗教』第五章「理性における人間の創造」におけるコーエンの「相関関係」概念を分析したい。というのも、「入れ替えられた前線」においてローゼンツヴァイクは、この第五章を「マールブルクを遥かに凌ぐ天才的な章、つまり、観念論の「産出的な」理性 ("erzeugende" Vernunft)[7] の代わりに、神によって創造された理性、被造物としての理性を置くような章」（GS III, 237）と位置づけているからである。本章は、この「被造物としての理性（Vernunft als Kreatur）」をローゼンツヴァイクの思想との関係で検討し、最終的に、コーエンとローゼンツヴァイクに共通しているのは、聖書分析を現存在の分析論として行うという態度であることを明らかにする。

二 「入れ替えられた前線」に関する先行研究

1 ローゼンツヴァイクによる「現存在」理解とレーヴィットの読解

ハイデガーとローゼンツヴァイクの同時代性からくる共通点には、早くにはグラッツァーが言及していた。ローゼンツヴァイクにおいては、「窮乏しており自分が死ぬことに気づいている人間は、思考および観念論の「産出的な」理性に先立つ」（Glatzer, XXVI）という人間観が提示されているのであるが、この思考は実存主義と一致しており、「マルティン・ハイデガーの洞察に匹敵している」（Glatzer, XXVI）。グラッツァーによる「死」についての言及は、『救済の星』の冒頭の節「死からの出発」を念頭に置いたものとみられる。ただし、グラッツァーは、ローゼンツヴァイクの思考が聖書分析を通じて行われることから、彼を実存主義の思想家としては見ていない。また、ローゼンツヴァイクがその晩年においてハイデガーの思想を理解していたかどうかは疑わしく、彼をハイデガーの読者とみなすことは難しい。ゴードンは、ローゼンツヴァイクがダヴォス会議について、ヘリゲルの報告以外の資料は持たなかったことを指摘する（Gordon, 289）。さらに、「入れ替えられた前線」の執筆以前に『存在と時間』

は公刊されていたが、ローゼンツヴァイクがこの書を読んだということは、書簡や日記に残されていない。

ローゼンツヴァイクの、こうした限定的な資料から得たハイデガーの「現存在」の解釈は、合田が指摘するように問題含みであるように思われる(合田、一七五)。ローゼンツヴァイクによると、「ハイデガーはカッシーラーに反対して、「特殊なしかたで有限な存在」である人間に「自由であるにもかかわらず」付き纏う固有な「虚しさ」を啓示し、人間を「単に精神の作品しか利用しないような怠惰なありかたから、その運命の過酷さへ呼び戻す」(GS III, 237)。つまり、ローゼンツヴァイクは、ハイデガーの「現存在」に「個」としての人間の特殊性を読み取っている。ダヴォス会議の該当する議論は、「現存在」は「カッシーラーの概念へと翻訳されない」(GA3, 290) とハイデガーが述べた箇所である。ハイデガーは、ここで「現存在」を「根源的統一およびいわば身体において束縛されておりそして身体における束縛性においても存在するものとの自分自身の拘束性の中にある人間の関係の内在的構造が、存在するものの只中に見出だされること」(GA3, 290) であると説明している。つまり問題となっているのは現存在の被投的な事実性である。ローゼンツヴァイクは、ハイデガーの提示する「哲学の課題のこうした決定的な定式化」(GS III, 237) が、「思想家を心の底から尊敬し、したがって知性によって文化の永遠性に至ることが、惨めな人間的個人の主要な能力」である「学者・ブルジョワ思想」(GS III, 237) と対置されるコーエンの「それでもやはり個人 (Individuum quand même)」(GS III, 237) の「情熱的な擁護」(GS III, 237) と同じものであるとみなすのだが、ハイデガーの述べる「現存在」とコーエンの「個人」を同列に並べることは困難なように思われる。

ただしレーヴィットは、この点に関してローゼンツヴァイクに疑義を提示するよりもむしろ、ローゼンツヴァイクに与する読解を模索しているように思われる。レーヴィットは「入れ替えられた前線」に早くから着目した論者のひとりであり、「M・ハイデガーとF・ローゼンツヴァイク、または時間性と永遠性」[8]（1942/43）という論考を発表した。レーヴィットの読解は、コーエンとローゼンツヴァイクを同じ側に置き、彼らとハイデガーの間の思考の類似性を確認したうえでその差異を明らかにしようとするものだ。レーヴィットは、コーエンにおいて「気分や物の考えかたが束の間に移りゆくということは常に変わらぬ人間的事態である」（Löwith, 55）ということに着目することで、コーエンの「個人」概念の被投的ありかたを見出だす。コーエンとハイデガーは共に、人間は自由な主体であるにもかかわらずその存在のしかたにおいて受動的であると考えていることによって接近するというのが、レーヴィットの見立てである。

レーヴィットはさらに、コーエンとハイデガーの間の共通点と差異を見出だしたのと同様のしかたで、ローゼンツヴァイクの『救済の星』（一九二一）とハイデガーの『存在と時間』（一九二七）の間にある共通点と差異を見出だす。

レーヴィットの分析のうち、ハイデガーの「現存在」とそれに対応するローゼンツヴァイクの思考に関する部分のみを抜き出そう。まずレーヴィットは、出発点が「あらゆる文化的状況に先立つその有限な実存における赤裸々な人間」（Löwith, 55）であることにおいてハイデガーとローゼンツヴァイクは立場を同じくすると考えている。つまり、ハイデガーが「己が常にすでに現存在している（immer-schon-da-sein）」と述べるときの「事実性（Faktizität）」と、ローゼンツヴァイクの「事象性（Tatsächlichkeit）」は共通している（Löwith, 61）。他方、レーヴィットは、「二人称」の問題においてハイデガーとローゼンツヴァイクの道は分かれると指摘する（Löwith, 61）。ハイデガーにおいては「相互承認」の分析が欠けており、そしてローゼンツヴァイクにおいては、人間と人間の関係、そして人間と神との間の言語的関係の分析が行われている。さらにレーヴィットは、『存在と時間』における「偶然性」と「可能性」[9]が『救済の星』における「創造」と「救済」に対応し、「死への自由」が「永遠の生の確実性」に対応し、そして「私自身が時間である」という（ハイデガーの）主題は、「神の時間」が永遠であって、それゆえ無時間的であるという（ローゼンツヴァイクの）命題に対応するのであり、さらに有限な実存の時間的真理（ハイデガー）には、「星」の永遠の真理（ローゼンツヴァイク）が対応すると指摘する（Löwith, 64）。レーヴィットが際立たせるのは、ハイデガーが、歴史的な現存在についての分析をしているのに対して、ローゼンツヴァイクが、いかなる瞬間においても「現在における永遠」を生きる民族としてのユダヤ民族を提示しているという差異である。

ただし、レーヴィットの分析は、あくまで「時間性」の問題を軸に置いた『救済の星』のローゼンツヴァイクと『存在と時間』のハイデガーの比較にとどまっている。ダヴォス会議におけるハイデガーの議論や、ローゼンツヴァイクのコーエン読解に関する詳細分析をレーヴィットは行っていない。

2　ローゼンツヴァイクとハイデガーの接近――ゴードンの読解

ローゼンツヴァイクによるハイデガーへの言及を額面通りに受け取ることは難しい。したがって、ローゼンツヴァイクによるハイデガーの言及とは別途、「ローゼンツヴァイクの個人的認識とは独立して」(Gordon, 290) ローゼンツヴァイクとハイデガーの比較を行うのが有効である、というのがゴードンの立場である。ゴードンはダヴォス会議についての専門的研究も行っているが[10]、それとは別に、著作『ローゼンツヴァイクとハイデガー――ユダヤ教とドイツ哲学』(二〇〇三) の第六章において、ダヴォス会議を通じたハイデガーとローゼンツヴァイクの関わりを論じた。ゴードンは「入れ替えられた前線」を典拠とすることによって、ローゼンツヴァイクとハイデガーを、コーエンの宗教思想を受け継ぐ「哲学的な兄弟」(Gordon, 276) とまで呼んだ。ゴードンはローゼンツヴァイクとハイデガーの思想上の「類似性」(Gordon, 276) に着目するのである。

ゴードンの方法は、ダヴォス会議におけるカッシーラーとハイデガーの議論を検討し、そのうちのハイデガーの議論にローゼンツヴァイクの思想との共通点を見出だすというものである。ダヴォス会議におけるハイデガーの議論とローゼンツヴァイクの思想のうちで明らかに異なっているように見えるのは、「神」についての思考の有無であるが、ゴードンによると、ローゼンツヴァイクの「有神論」とハイデガーの「無神論」の間の差異は、見かけほど大きなものではない (Gordon, 284)。ハイデガーは神について全く言及していないのではなく、神や天使の概念を人間の実存との関連から問題にしている、とゴードンは指摘する。

ハイデガーのダヴォス会議における言葉を確認してみよう。まずハイデガーは、カントの倫理学において、「定言命法のうちには有限な存在者を超え出るものが存在する」というカッシーラーの主張を引用したうえで、「命法」という概念がそれ自体有限な存在者への内的連関を示していると述べる（GA 3, 279）。このとき、ハイデガーが「被造性と有限性の内部にとどまる」超越を言い表す語として選んだのが「天使」である。ただし、ハイデガーにとって、この「天使」という語は、現存在の有限性を述べるために導入されたものであって、神学的な意味合いを持たない。さらに、そのすぐ後で『純粋理性批判』の図式論を扱う際に、ハイデガーは、図式作用を行う構想力を「根源的開示（exhibitio originaria）」の能力として特徴づけ、「有限な存在者」としての人間に「ある種の無限性」を見出だしつつも、カッシーラーとは異なって、この無限性は「本質的に存在的経験に結びつく」ものであると考えていた。「神」という語が登場するのはその場面である。

神は存在論を持たない。そして人間が開示（exhibitio）を持つということが、人間の有限性にとっての最も鋭い論証である。なぜなら、単に有限な存在者だけが存在論を必要とするからである。（GA 3, 280）

この文言は明らかにハイデガーによる神学の拒否を示しているのであるが、ゴードンは、こうしたハイデガーの言明に「神学的感性の結実」（Gordon, 284）を見てとる。「ハイデガーは、何世紀にもわたる宗教的思索を通じて哲学的な語彙のうちに置かれた神学的価値の名を挙げ、それから抹消することで歩みを進めた」(Gordon, 284)というのである。つまり、ここで「神は存在論を持たない」とことさらに述べること自体が、神学を完全に無視することは不可能であるというハイデガーの態度を表しているというのがゴードンの見立てである。ただし、ハイデガーの議論に「神」が不在ではないと示すことによって、ローゼンツヴァイクの議論との何らかの内的な関連を見出だすことは困難であろう。

さらにゴードンは「入れ替えられた前線」を詳細に辿り、ハイデガーと後期コーエンの間に類似を見出だそうとするローゼンツヴァイクの議論を「二〇世紀に書かれたドイツとユダヤ教の知的歴史のうちで最も挑戦的なものの一つ」(Gordon, 294)と位置づけ、その妥当性を問いに付したうえで、ローゼンツヴァイクの議論に利点を見出だそうとする。その読解はレーヴィットの読解と大きく異なることはない。第一に、晩年のコーエンと若きハイデガーが「特殊なしかたで有限な存在」(GS III, 237)として哲学が人間を暴き出すと考えているという共通点をローゼンツヴァイクが見出だしている(Gordon, 294)ことを、ゴードンはレーヴィットと同様に高く評価する。さらに、コーエンの哲学における「被造物」[11]としての人間と、ハイデガーの哲学における「自由であるにもかかわらず虚しい」人間の間に「類似した感覚」(Gordon, 297)を見出だし、「創造された」ものとしての「理性」の新規性を評価している点においても、レーヴィットとゴードンは共通している。さらにゴードンは、「西欧哲学の伝統が存在に対する誤解に基づいているというハイデガーの信念」(Gordon, 297)が、「観念論の言語を放棄して宗教の源泉を取り戻す」(Gordon, 297)コーエンを思い起こさせると指摘する。

ところがゴードンは、ハイデガーとコーエンの比較をさらに進めることはしない。ゴードンは、そうした比較が「失敗に陥る」(Gordon, 297) と見ている。問題は、ハイデガーの「現存在」が「死」つまり「現存在の終わり」によって有限であるのに対して、コーエンの哲学において「有限性」の問題が「終わり」ではなく「始まり」つまり「創造」にあることだ(Gordon, 298)。人間を創造する神という主題はハイデガーに存在しないのである。しかし、「創造」という論点は、コーエンとローゼンツヴァイクを繋ぐ紐帯である。ハイデガーとコーエンの類似性を見出だすという目的から離れ、ローゼンツヴァイクの目には、「創造」に関するコーエンの議論がいかにして「ハイデガーの「現存在」への助走」として映ったのかという問いから、もう一度この議論を検討する価値はあるのではないか。こうした観点から、コーエンにおける「創造」という論点を、三節でもう少し詳しく検討したい。

3 「原細胞」書簡に遡って――クルティーヌの読解

クルティーヌは、『レヴィナス――存在の論理的連なり（*Levinas. Le trame logique de l'être*）』（二〇一二）の第五章「新しい思考――ローゼンツヴァイク―ハイデガー」で、「入れ替えられた前線」を論じている。この章は、「神学的政治に直面したレヴィナス」と題された章の後に置かれており、続く第六章で扱われるシェリングやベンヤミンとともにドイツの近現代思想を検討することで、神、歴史、時間といったレヴィナスにとって重要な諸問題を、レヴィナスとは別の観点から検討する部分を構成している。

この章において、クルティーヌはレーヴィヴィットによる「ハイデガーとローゼンツヴァイク」に言及したうえで、ローゼンツヴァイクによる、一九一七年一一月一八日のルドルフ・エーレンベルク宛て書簡『救済の星』の原細胞（Urzelle）」に遡って『救済の星』、さらに「新しい思考」（一九二五）までの歩みを確認したうえで、『救済の星』における「時間と言語」に関する語彙がハイデガーの何に対応するのかを検討していく。クルティーヌによれば、ハイデガーは「時間の根源的な時間性」（Courtine, 189）を、「自らに関係する現存在がその「固有性」、その「本来性（Eigentlichkeit）」のうちに保持する」（Courtine, 189）ことによって特徴づけている。それに対して、ローゼンツヴァイクは、「時間性の根源的経験を出来事として、形而上学的人間が自分自身の外へと呼ばれ、こうしてその閉塞（clôture）を乗り越えることとして描いている（Courtine, 189–190）。こうした検討を行ったうえでクルティーヌは、コーエンとハイデガーを「新しい思考」という結び合わせる試みの妥当性を、「形而上学、とりわけドイツ観念論の形而上学との断絶への共通した意志」（Courtine, 192）に見てとっている。[12] そして、そうした「ドイツ観念論の形而上学」との断絶は、ローゼンツヴァイクにおいては『救済の星』の第二部、とりわけ「啓示」の章における「時間における存在の真理の問い」（Courtine, 190）によって特徴づけられていると見積もっている。

クルティーヌの読解のうち本章に関連して興味深いのは、クルティーヌが「ローゼンツヴァイクおよび「新しい思考」の諸概念のうちで「現存在」の翻訳は何であろうか」（Courtine, 166）という問いを立てていることである。クルティーヌはとりわけ『救済の星』の原細胞」の出発点に着目する。この書簡の最初の問いは、「啓示」であった。問題となっているのは「哲学的理性（die philosophierende

Vernunft)」が「自らの足で立っている」(GS III, 126) のであり、「自己充足している」(GS III, 126) ことだ。ここでローゼンツヴァイクは、「哲学的理性」が「全てを自らに受け入れ、自分だけが実存することを宣言した後で、人間はとっくの昔に哲学的に消化されたはずの自分がまだ存在していることを突然発見する」(GS III, 126) と述べる。「原細胞」書簡においては、「哲学的理性」における「自分自身を含む形式」は、A＝Aという「論理的な認識の形式」で表されている (GS III, 126)。つまり、「自己充足」する人間、「哲学的理性」を備えた人間によって、人間は自分自身を含むはずである。しかし、哲学的理性による自己同一性の形成の営みの後に、なお「ごくありふれた私的な主体としての〈私〉」「姓名を持つ〈私〉」「塵芥である私」が「まだ存在している」(GS III, 126) とローゼンツヴァイクは述べる。クルティーヌも言及している通り、「哲学的理性」を備えた「人間」と私的な主体としての〈私 (Ich)〉は、『救済の星』の冒頭で峻別されていることも思い起こしたい。ローゼンツヴァイクの「新しい思考」は、観念論では扱うことのできない私的かつ具体的な〈私〉という存在者を取り出す営みから出発するのである。これは、ローゼンツヴァイク自身がハイデガーとは別のしかたで「現存在」を探求するための方法でもあったと言えよう。

三　コーエン「理性における人間の創造」読解

ここまで確認した通り、コーエンとハイデガー、そしてローゼンツヴァイクとハイデガーの間にそれぞれ「類似」を見出だそうという試みは全て、部分的な成功にとどまる。その理由の一つはコーエン／

ローゼンツヴァイクとハイデガーの間には、「神」に対する態度の違いという根本的な隔たりがあるからである。では、コーエンの思想とハイデガーの思想の間に連続性を見出だすローゼンツヴァイクの試みの正当性はいかにして示されるのか。

むろん、全く共通点がない場合には、ある思考は別の思考の「助走」となり得ないし、そうした共通点に関しては、ここまで確認してきた通り、諸先行研究が十分に示していた。しかし、ハイデガーとコーエンの直接的な類似を探すのではない、もう一つ別の問いの立てかたが可能であるように思われる。ある思考が全く別の思考の「助走」となりうるとしたら、それはいかなる「助走」なのかという問いである。以下においてこの問いに取り組みたい。

1　ローゼンツヴァイクによるコーエンの「相関関係」の理解

もともと、ローゼンツヴァイクは『理性の宗教』が出版される前、コーエンの著作『哲学体系における宗教概念』(一九一五)が出版された当時にコーエンの読者として「相関関係」の概念に着目し、この概念に対する考察を展開していた。[13] ローゼンツヴァイクがコーエンの講義を受けはじめたのは、博士論文『ヘーゲルと国家』を書き上げた後の一九一三年であった。

一九世紀末から二〇世紀のドイツでは、一方ではユダヤ人のドイツへの同化が進み、ユダヤ教の信仰およびユダヤ教の伝統と文化によって結びつくことのないユダヤ人が増えた。他方、マルティン・ブーバーの「ユダヤ・ルネサンス」(一九〇一)を皮切りに、二〇世紀初頭にはドイツのうちにユダヤ文化やユダヤ神秘思想を再生する動きが始まった。しかしコーエンはこの流れに与することなくして宗教哲学へと関心を移していた。晩年を迎えていたコーエンはベルリンのユダヤ教学アカデミー（Hochschule für die Wissenschaft des Judentums）で教鞭をとっており、ローゼンツヴァイクはこの時期のコーエンの哲学を吸収し、その後も継続的に批判検討していくことになったのである。[14] コーエンにおける「相関関係」概念は、『哲学体系における宗教概念』『理性の宗教』の両著作において、神と人間の関わりを意味している。ただし、『理性の宗教』とは異なって、『哲学体系における宗教概念』の中では「個人」に関する問題は大きな役割を果たしていない。

では、ローゼンツヴァイクによる「相関関係」概念への着目のありかたに変化は見られるだろうか。「入れ替えられた前線」の発表に先立って、ローゼンツヴァイクは『理性の宗教』の書評を「ヘルマン・コーエンの遺作」（一九二一）[15] という題で執筆しているほか、「ヘルマン・コーエンの『理性の宗教』について」（一九二四）をコーエンの『ユダヤ論集』に寄せている。書評の中では、ローゼンツヴァイクは西欧哲学を「自我（Ich）」の哲学の歴史とみなし、コーエンを「観念論の自己欺瞞」に反する「コロンブス」に例え、この書を「新天地を探し求める」ものであると表現している（GS III, 230）。「以前のすべての思考が〈それ〉や〈私〉から出発するのとは違って、〈私〉と〈君〉の相関関係から出発するような思考」（GS III, 230）は、ローゼンツヴァイクがコーエンのうちに「あらゆる哲学的な発見の中で最も人間的な発見」（GS III, 230）として見出したものであると同時に、ローゼンツヴァイク自身が『救済の星』の中で自らのしかたで展開したものでもあった。この一九二一年の『理性の宗教』への書評でローゼンツヴァイクが注目していたのは、第一八章から第二二章の「ユダヤ的心理学」についての章であった。つまり、この時期にはローゼンツヴァイクはコーエンの議論における「民族」の意義に注目している。それに対して「入れ替えられた前線」を執筆した晩年のローゼンツヴァイクが着目する第五章は、人間の構造をその起源から思考するものである。ローゼンツヴァイクは、「入れ替えられた前線」において、ユダヤ民族の特殊性の問題よりもむしろ、コーエンにおける、「被造物」としての人間、つまり神と人間の「作る―作られる」という関係に着目していたように思われる。

以下、『理性の宗教』第五章に限定して、コーエンによる「相関関係」に関する議論、とりわけその議論における「人間」の役割を検討してみたい。[16]

2 被造物としての人間

『理性の宗教』第五章「理性における人間の創造」は九節からなる、一〇ページ程の短い章である。この章は、第三章「創造」、第四章「啓示」に続く部分で、その最初の三節は、旧約聖書における、神による人間の創造についての分析に当てられている。「創世記」の第一章と第二章には、それぞれ異なるしかたで人間が創造されるという記述がある。「創世記」第一章では、人間が「神にかたどって」(「創世記」一―二六～二七)作られたと述べられる。それに対して、「創世記」第二章では、神が「塵芥(アダマー)」を「人間(アダム)」として形作ると述べられる。[17]「そして、大地を耕す人間はいなかった。しかし水が地下から湧き出て、土の面をすべて潤した。そして永遠なる者は人間を大地の塵芥から形づくり、その鼻に生命の息吹を吹き入れた。こうして人間は生ける魂となった」（『創世記』二―五～七）。先に確認しておいたように、クルティーヌによる「入れ替えられた前線」の読解のうちでは、書簡『救済の星』の原細胞」が扱われていた。一九一七年の段階でローゼンツヴァイクが、哲学的理性を備え同一性に回帰するものとしての人間と区別された〈私〉の説明の一つとして、「塵芥である私」（GS III, 127）という表現を導入していたことは興味深い。では、コーエンの場合には、人間が「塵芥」から形づくられたという聖書の一節はいかなる意味で捉えられているのか。

コーエンは「神の像、つまり神との類似性にしたがって人間が創造されえたのであるが、そうした像や類似性は実在するのか」（Cohen, 123）と問う。そして、神に似た像にしたがって「人間が創造されえた」際に、そうした像を人間として実在させる営みが、第二章における記述に繋がると解釈する。「第一章は神の像および人間の肖像を備えており、素朴に神話に一神教的な色合いを与えることを狙いとしているが、第二章は創造を完全に文化の中心に置いている」（Cohen, 124）というのがコーエンの見立てである。「創世記」第一章における「創造」は神が人間を無から作ることを意味している。しかし、第二章は、人の営みのうちで、人間の像の形成のされかたが問題となっているのである。

創造は、神が唯一の存在であることの論理的帰結であり、この帰結は、もし生成という前提がなかったら何の意味も持たない。「しかしながら実際のところ、人間が生物である限りにおいてではなく認識の樹が人間のために花ひらく限りにおいて、あらゆる生成において人間は中心点となる。」（Cohen, 124）

コーエンによると、「創造」は一神教の「論理的帰結」である。「神であるのみではなく永遠なる者」[18]が「塵芥」としての人間を作ったということは、人間の姿形の範型としての神ではなく、「理性」としての神が人間を作ったということを意味している。この場合の人間は単に「生命」であるのではなく、理性を備えた主体であり、認識、それも道徳的認識を得ようとする主体であり、それゆえに蛇に「あなたたちは善悪を知れば神のようになれる」（「創世記」三―五）と誘惑される主体である。

こうして創造の問題は、人間の場合、今や認識に関わる。認識に関しては問題は人間の神への関係に関わる。蛇はそれを同一性と呼ぶ。われわれ哲学の言語はそれを相関関係と呼ぶ。これは相互的な関係についてのあらゆる概念を表す術語である。(Cohen, 124)

第五章における「相関関係」という語の初出はこの箇所である。神が人間を創造し、人間が神を認識しようとするという関係が、この節の主題であることになる。この認識は、「道徳的」であることをコーエンは強調する。というのも、「神と人間の間の相関関係は……その意味を道徳的要求の付加を通じてのみその意味を満たす」からである。

人間の本質は道徳の認識に依拠している。理性は理論的であるだけではなく、実践的であり倫理的な

のだ。人間の創造は、人間の理性の創造を意味しなければならない。(Cohen, 124-125)

コーエンの「理性」という語の使用法は、基本的にカントに従いつつも、プラトンやマイモニデスに応じて「実践理性」に重きを置いている。[19] そして、コーエンが「創世記」第一章と第二章における人間の創造を分析する際に念頭においているのは、「人間がいかにして基礎づけられるのか」という問いである。[20] 人間が「被造物」として理性を与えられていることをコーエンは示そうとするのである。しかし、ここにおいてはいまだ理性の受動的側面しか言及されていない。さらに蛇は、「あなたたちは神のようになれる」と人間を誘惑するときに神と人間の同一性が可能であると想定しているのであるが、蛇が「同一性」と呼ぶものを「相関関係」と呼ぶとはいかなることか。このことについての意味が明かされるのは続く節になる。

3 「理性」の理論的な基礎づけ——神と人間の「相関関係」

四節から六節においては、「精神」の位置づけがなされる。四節においてコーエンは、「理性一般の理論的な基礎づけ」の上に、「人間と神の相関関係」が打ち立てられることを明らかにする (Cohen, 101)。問題となるのは、「精神(Geist—霊)が宗教の基本的な概念、媒介的な概念、神と人間の間の相関関係に影響する概念となる」(Cohen, 125) ということの内実である。この箇所では、コーエンは「理性」を「人間に悟性を与える全能者の息」、つまり「身体的な世界と神の唯一性の媒介物」(Cohen, 127) としての「精神」から理解している。典拠となっているのは、ゼカリヤ書の「天を延べ地の基礎を据え、人の精神をその中に作られた永遠なる者」(「ゼカリヤ書」一二—一)という句、そして「神の精神は私を作り、全能者の息は私を生かす」(「ヨブ記」三三—四)という句である。すなわち聖書においては、人間が生殖によって生まれたのではなく、精神を備えたものとして創造されたと明示されており、ここからコーエンは、人間の精神が創造者としての神を要請するということを引き出す。

コーエンにしたがえば、創造者である神が人間に分け与えるものが精神であり、それゆえに精神は「媒介」、つまり「神と人間の相関関係における接続的な概念」(Cohen, 128)となる。ただし、もし神が人間に精神を分け与えるとしたら、神の精神と人間の精神は同一のものであることになる。「しかし、この等式は、同一性として誤解されるべきではない」(Cohen, 127)。というのも、神の精神と人間の精神が同一であるとすれば、神の精神の唯一性が失われてしまうからである。ここにおいて、先ほど「蛇」が「同一性」と呼んだものを「相関関係」と呼ぶことの意義が明らかになる。つまり、神と人間の「相関関係」は、「分け与える」という関係、「同一性」という基盤が保証されているような関係であってはならないものである。こうして「相関関係」は、分け与えられてはならない「神の精神」が人間に「分け与えられる」、あるいは「関係」されることのできないものが「関係」するという矛盾した内実を含むものであることになる。[21]

精神のうちで、理論的なものと道徳的理性のうちで、神と人間の相関関係は打ち立てられ強められる。というのも神が創造するところでは、神という唯一の存在者が生成のための基礎として展開するからである。――生成はこの存在者の力においてその基礎とその意味に到達するのである。それゆえ存在者が基礎の前提であるように、生成――それゆえ人間――は基礎の展開のための前提なのである。相関関係はこの相互依存を表している（Cohen, 126）。

本章においてすでに検討したように、「入れ替えられた前線」に関する多くの先行研究では、ローゼンツヴァイクによるコーエンの「相関関係」の理解を、「被造物としての人間」および「創造された理性」に置いていた。この理解はローゼンツヴァイクの言明に基づいているが、コーエンの読解としては十分な解釈ではない。というのもコーエンは、ここにおいて「相関関係」は相互的でなければならないと述べているからである。「創造された」というのは、神からの人間への働きかけを示しており、それは「相関関係」の一方の側面にすぎない。「人間存在の場合、創造は十分ではない」(Cohen, 124）のであって、人間の側も神を要請している。つまり人間は神に対して単に受動的な存在なのではない。「認識能力」を通じて、人間は神との相関関係に入るのである。

第五章の議論の最終部においてコーエンは歴史を遡って宗教のうちでの「理性」の意味を検討し、「一神教における理性の予備的な意味」（Cohen, 131）を打ち立てようとする。古代ギリシア以来、理性は第一に理論理性であり、因果性の問いに導かれる「論理」に関わるものであるとみなされる。しかしコーエンは、「倫理の領域」における「人間の目的」の問いを開くものとして「一神教の精神性」（Cohen,

129）をみてとる。ここで注意したいのは、コーエンにおいて「倫理」の問題が、人間と人間の関係や共同体の問題に先立って、神と人間の関係として見出だされていることである。ただし、第五章から、いかにして「相関関係という概念は理論認識の領域から倫理の領域へと移行する」（Cohen, 132）のかを読み取ることは困難である。この問いに関しては、例えば第八章「同胞としての人間の発見」、そして「宗教的愛」の問題を論じた第九章などとともに扱う必要があるだろう。[22]

結 「〈現存在に飛び込むこと〉への助走」という言及の意義

最後に、『理性の宗教』第五章の読解を通じて得られた、ローゼンツヴァイクによるハイデガーの「現存在」への言及の意義を確認したい。コーエンとハイデガーには確かに先行研究が示してきたような概念の内実に関する共通点を見出しうるとしても、両者の隔たりはなお大きい。しかしながら、『理性の宗教』第五章を考慮したうえでローゼンツヴァイクがハイデガーをコーエンの後継者として位置づけたことへの理由づけは可能であろう。

ローゼンツヴァイクは引用していなかったが、ダヴォス会議においてハイデガーは「現存在」の説明を加える際に、「むしろ重要なのは、人間が関係させられてあること（Bezogenheit eines Menschen）」の根源的統一性と内在的構造である」（GA 3, 290）と述べていた。ここで問題となっているのは、「関係させられてあること」によって存在するという現存在のありかたである。さらに、この時期ハイデガーが「被投性」と「企投性」の双方から現存在を規定していたことを思い起こしたい。ローゼンツヴァイクに立ち戻ると、「入れ替えられた前線」において、コーエンの「相関関係」は「神によって創造された理性、被造物としての理性」としてのみ言及されていた。しかし、実際にコーエンの議論を繙いてみると、「相関関係」という概念が、人間の理性の被創造性のみを表しているのみではないことが明らかになる。この著作の該当箇所において、「相関関係」は神と人間の相互性を表しており、また「関係」のあるべきではないところに「関係」が生じるという自己矛盾を含む困難な概念となっている。自らを創造したものと、同一のものになることなしに関係しようとすることのうちに人間の構造が見出だされるのである。

ローゼンツヴァイクが指摘する『理性の宗教』第五章における「相関関係」に関して重要なのは、コーエンがカントの背景を持ちつつも聖書分析を通じて、こうした困難な「相関関係」のうちにのみ生じる人間の構造を取り出そうとしたことではないか。それぞれが自己充足しており、それ以上関係し得ない要素どうしが関係するという構造のうちに人間のありかたを見出だすという試みは、コーエンともまた異なるしかたで――ただし同じように聖書分析を行いながら――ローゼンツヴァイクが『救済の星』において行っていたことでもあった。レーヴィットやクルティーヌが指摘するように、人間を〈私〉―〈君〉という人称のもとに見出だす際のローゼンツヴァイクの方法は一神教の道具立てのもとで行われており、ハイデガーの方法とは隔たっている。コーエンが「理性における人間の創造」で「相関関係」という概念の困難を提示するときも、一神教を道具立てとしなければ不可能な方法で議論を展開している。ハイデガーとコーエン、ハイデガーとローゼンツヴァイクは、用いる概念の内容においては共通した部分を持ちながらも差異の方が顕著であるし、分析の方法においても似たところはない。それでもなお、ローゼンツヴァイクが提示する「新しい思考」の観点からは、カントの背景を持ちながら「関係させられてある」現存在、そして「自由」において「共に」関係しようとする現存在の構造を描き出そうとするハイデガーの企図を、コーエンの企図を受け継ぐものとして受け取るということが――たとえその見方が誤解であったとしても――可能であった。

なお、ハイデガーにおける「被投性」と「企投性」を聖書における「創造」から捉え直す営みは、その後レヴィナスによって継承されたと見積もることができる。『レヴィナス著作集』第二巻に収録されている哲学コレージュでの講演「発話と沈黙」（一九四八）においてレヴィナスは、被投性を自我の自由の制限と考えて問いに付し、「創造」の観念を対置する（Levinas（2011), 102)。『レヴィナス著作集』第一巻における、一九五〇年代の「哲学雑記」において、レヴィナスは「権能と非権能の外部にあること」として「被造物」を特徴づけ、さらに「創造者に関わる必要」に関して、創造者なしには人間が権能と非権能の内部に置かれた被投的性格を持つ存在者にとどまるといった意図のメモを残している(Levinas(2009), 436)。そしてこの「創造」についての議論は『全体性と無限』第二部でより明確な哲学的位置づけを得ることになる。その後も展開されていくレヴィナスによるハイデガーの「被投性」概念に対する徹底的な批判は、レヴィナスの思考とハイデガーの思考との間の絶えざる緊張関係に由来する。この緊張関係の源泉をローゼンツヴァイク、コーエン、ハイデガーの間にも既に見てとることが可能なように思われる。ローゼンツヴァイクがコーエンとハイデガーの間に見出だした接近、およびその接近に際して解消し得ない隔たりから出発して、レヴィナスは一神教が有する普遍的意義とハイデガーの存在論の意義の峻別に向かうのだ。こうして、ローゼンツヴァイクのハイデガーへの言及が、レヴィナス研究においても意義を持つことを確認したことで本章を終えたい。

凡例

以下の著作については略号とともに本文中にページ数を表記する。

Rosenzweig, Franz:

GS I-2: *Der Mensch und sein Werk, Gesammelte Schriften. 1. Briefe und Tagebücher, 2. Band1918-1929*, Martinus Nijhoff, 1979.

GS III : *Der Mensch und sein Werk, Gesammelte Schriften III, Zweistromland, Kleinere Schriften zu Glauben und Denken*, Martinus Nijhoff, 1984.

GA は Vittorio Klostermann 社版のハイデガー全集（Heideggers Gesamtausgabe）を指す。

参考文献

Bouretz, Pierre, *Témoins du future, Philosophie et messianisme*, Éditions Gallimard, 2003.

Cohen, Hermann, *Die Religion der Vernunft aus den Quellen des Judentums*, Gustav Fock, 1919.

— *Religion der Vernunft aus den Quellen des Judentums*, Marix Verlag, 2008.

Derrida, Jacques, "Interpretations at War: Kant, the Jew, the German", in *New Literary History*, Vol. 22, No.1, Institutions of Interpretation, (Winter, 1991), The John Hopkins University Press, pp. 39–95.

Glatzer, Nahum N. *Franz Rosenzweig. His Life and Thought*, Schocken Books, New York, 1953.

Gordon, Peter Eli, *Rosenzweig and Heidegger: Between Judaism and German philosophy*, University of California Press, 2003.

Herrigel, Hermann, "Denken dieser Zeit, Fakultäten und Nationen treffen sich in Davos, II. (Einblicke in die übrige Arbeit der Davoserkurse," *Frankfurter Zeitung,* Abendblatt (Friday, May 10, 1929) 73, 345: 4.

Levinas, Emmanuel, *Totalité et infini. Essai sur l'extériorité,* Martinus Nijhoff, Poche Essais, 1961, 1971(1990),

— *Œuvres complètes, tome1. Carnets de captivité suivi de Écrits sur la captivité et Notes philosophiques diverses,* volume publié sous la responsabilité de Rodolphe Calin et Catherine Chalier, Paris, Grasset-IMEC, 2011.

—*Œuvres complètes, tome2. Parole et silence et autres conférences inédites au Collège philosophique,* volume publié sous la responsabilité de Rodolphe Calin et Catherine Chalier, Paris, Grasset-IMEC, 2009.

Löwith, Karl, "M. Heidegger and F. Rosenzweig or Temporality and Eternity", in *Philosophy and Phenomenological Research, 3,* 1942/43, pp. 53-77.

—"M. Heidegger und F. Rosenzweig. Ein Nachtrag zu *Sein und Zeit",* in *Sämtliche Schriften,* 8, 1958, SS. pp.72-101.

Rosenzweig, Franz, *Die « Gritli » Briefe,* Bilam Verlag, Tübingen, 2002.

Seeskin, Kenneth, "How to read Religion of Reason", in *Religion of Reason out of the Sources of Judaism,* translated with an Introduction by Simon Kaplan, Introductory essay by Leo Strauss, Scholars Press, 1995, pp.21-42.

Wiehl, Reiner, « "Vertausche Fronten", Franz Rosenzweig Stellungnahme zur Davoser Disputation » in D. Kaegi/E. Rudolph, éd., *Cassirer–Heidegger, 70 Jahre Davoser Disputation,* Meiner, « Cassirer-Forschungen », Bd. 9, 2002, pp. 207-214.

合田正人「ローゼンツヴァイク『救済の星』と現代思想」、明治大学人文科学研究所紀要66, 二〇一〇年、一七一～一八六頁。

丸山空大『フランツ・ローゼンツヴァイク――生と啓示の哲学』慶應義塾大学出版会、二〇一八年、二九五～三〇二頁。

――「後期ヘルマン・コーエンの宗教哲学とメシアニズム」『宗教哲学研究30』二〇一三年、八二～九四頁。

和辻哲郎『人間の学としての倫理学』岩波文庫、二〇〇七年。

註

1 Franz Rosenzweig, «Vertauschte Fronten», in *Der Morgen: Monatsschrift der Juden in Deutschland*, Jg. 6, April 1930/1931, S. 85-87.

2 ローゼンツヴァイクは「入れ替えられた前線」において、コーエンの遺作の初版 Die *Religion der Vernunft aus den Quellen des Judentums*, Gustav Fock, 1919の表題に、九年間「攻撃的で不寛容」な定冠詞が誤って付けられていたことを指摘している（GS III, 235）。

3 ヘリゲルの報告はダヴォス会議のごく簡単な要約であり、ハイデガーとカッシーラーの議論も半ページ程度の記事であった。なおヘリゲルは、ローゼンツヴァイクの論考「新しい思考」（一九二五）を知った後で、自らの書物に『新しい思考』（一九二八）という題をつけた。ローゼンツヴァイクはこのヘリゲルの著作が出版される前に、母親への書簡でヘリゲルが「私の頭に乗っているだけだ」（一九二五年一一月三〇日の書簡）と述べていることから、ヘリゲルに対してあまり好意的ではなかったようである（GSI-2, 1069）。

4 ただし、「入れ替えられた前線」を分析したライナー・ヴィールによれば、ローゼンツヴァイクにとってこのダヴォス会議における「勝者の名はヘルマン・コーエン、『ユダヤ教を源泉とする理性の宗教』の題名で死後に出版された、宗教哲学の偉大な作品の著者である」（Wiehl, 208）。

5 *Die « Gritli » Briefe*, pp. 72-73.

6　ローゼンツヴァイクは、コーエンが『理性の宗教』によってマールブルク派を脱したと考えている。なお、本書第9章の「コーエンにおける無限判断論とその射程」第二節で確認されている通り、A・アルトマン、A・ポマ、ドゥ・ローネイ、ノールマンといったコーエンの解釈者たちはローゼンツヴァイクのこの見方に反対し、コーエンの宗教哲学は観念論哲学の一部をなすと考えている。つまり、ローゼンツヴァイクの見方は多くのコーエン解釈とは異なる。ローゼンツヴァイクがコーエンとハイデガーに見出だしたつながりは「驚くべき連関」(Courtine, 192) なのだ。ローゼンツヴァイク研究という観点からみると、ローゼンツヴァイクは晩年のコーエンをどのように読んでいたのかが問題となるのであり、ハイデガーへの言及は、ローゼンツヴァイクのコーエン読解を理解するための鍵となる。

7　おそらく、ダヴォス会議の主題の一つであった、カントの「産出的構想力 (die produktive Einbildungskraft)」(GA 3, 275) を念頭に置いていると思われる。「産出的な」を表す形容詞として produktive ではなく erzeugende を用いる用法は、『純粋理性批判』B864/A836などにみられる。

8　この論考は最初に英語版で発表された。ドイツ語版には若干の修正や補足が見られる。本章では主に英語版を用い、ドイツ語版と異なる箇所には注を付している。

9　後にドイツ語版では「偶然性と可能性」が「被投的企投」と修正される。「被投的企投」の概念は、ハイデガーにおいては例えば一九二八年夏学期のマールブルク講義で扱われていた。言語が空間的に分散しているという例にみられるように現存在は空間的に分散しており、このような多様なものへの分散は「現存在の根源的な性格の一つである被投性 (Geworfenheit) に基づいている」(GA 26, 174)。さらに、現存在が「共にある」というありかたをしている限り、この分散は「現存在一般の自由に基づいている」(GA 26, 175)。さらに、レヴィナスも参加していた一九二八／一九二九年冬学期のフライブルク講義において、身体的に条件づけられた現存在が相互的に存在する際の「いかに」が問われた（GA 27, 148）。ダヴォス会議においては、身体としての現存在は「あるものの只中に投げ出され、自由なものとして存在するものの中への侵入を遂行する」（GA 3, 290）ものであると述べられていた。

10　Peter Eli Gordon, "Continental divide: Ernst Cassirer and Martin Heidegger at Davos, 1929---An allegory of intellectual history", in *Modern intellectual history*, Volume 1, Issu2, August 2004, pp. 219–248.

11　『ユダヤ教を源泉とする理性の宗教』第五章の主題は「人間の創造」である。この論点に関しては三節で詳細な検討を行う。

12　当然ながらクルティーヌは、「ドイツ観念論との断絶」という表現を選ぶさいに、レヴィナスによる「フランツ・ローゼンツヴァイクの『救済の星』における全体性の観念への異議申し立て」（Levinas (1961), 14）への言及を念頭に置いていることだろう。

13　丸山（二〇一八）に、ローゼンツヴァイクによる一九一四年のコーエン批判の詳細分析が行われている。

14　コーエンの宗教哲学全体の流れに関しては、丸山（二〇一三）に詳しい。

15　『ユーディッシュ・ルントシャウ』（一九二一）に発表され、『二つの川の間の土地』に再録された。

16　ローゼンツヴァイクのコーエン論から出発してこの『理性の宗教』第五章の分析をしている研究の例としては、ブーレッツ（二〇〇三）第一章を挙げることができる。

17　コーエンが指摘しているように、聖書の第二章においては、「神が男を創造された（Gott schuf den Menschen）」とは書かれておらず、神が男を「形作られた（er bildete ihn）」と述べられている（Cohen, 100）。

18　ローゼンツヴァイクは「「永遠なる者」――メンデルスゾーンと神の名前」（一九二九）において、「永遠なる者」という神の名はメンデルスゾーンによってユダヤ教に導入されたと述べている（GS III, 802）。「永遠なる者」というのは「抽象的で哲学的な」神の名である。「永遠なる者」は一方で、「永遠に必然的な」存在を意味しており、他方で「摂理を行使する」存在を意味しているが、ローゼンツヴァイクによれば、メンデルスゾーンにとって「永遠なる者」のこの二つの意味は等価である。(GS III, 805)。

19　『理性の宗教』のカプランによる英訳にシースキンが読解の手引きを寄せ、このことを説明している (Seeskin, 24)。

20　和辻哲郎は『人間の学としての倫理学』において、コーエンの「徹底せる観念論の立場」を、「思惟が存在を産出する」、したがって「人間の存在は人間の概念から産出せられる」ことであると述べている。この和辻の見方では、コーエンのユダヤ思想家としての側面は考慮されていない。ただし、カント研究を行う際にも、聖書分析を行う際にも、人間についての「思惟」から人間の「存在」が産出されると考えるコーエンの根本的な構えは共通していると言える。

21　『理性の宗教』第三章「創造」においても、既に同様の構造を持つ議論がなされていた。つまり、神が無から世界を創造したということは、神がその「存在」を世界に分け与えたことになる。そうすると、神の「存在」と世界の「存在」の間に同一性が想定されてしまう。しかし、このように同一性を想定してしまえば、「創造」行為の必要性が生じない。ここで問題になるのが、「関係のない」はずのものの間の「関係」であり、こうした特殊な関係が「相関関係」と呼ばれる。

22　コーエンにおける「ユダヤ民族」の理解とカントを背景とした「ドイツ人」の問題に関しては、コーエンの『ドイツ性とユダヤ性』(一九一五)およびこのテクストへのローゼンツヴァイクへの序文も参照する必要があるだろう。例えばデリダ(一九九一)はこの問題を扱っている。

［付記］本稿は、二〇二二年三月一三日に行われた実存思想協会の春の研究会シンポジウム「ローゼンツヴァイクと実存思想」において行われた発表「ローゼンツヴァイクのコーエン論におけるハイデガー」をもとに、加筆修正を行ったものである。また、本稿は、若手研究「フランス現象学の領域横断的展開を踏まえた対話の哲学の系譜学的再編」（課題番号 20K12793）の成果の一部である。

第11章　機能・シンボル化・人間学

――カッシーラー哲学を読み解くための三つの観点

千田　芳樹

一　序

Ｅ・パノフスキーの『シンボル形式としての遠近法』は、等質性や無限性を備えた幾何学的な空間――いわゆる客観的空間とされる――を描像する近代の「遠近法（Perspective）」がある時代や地域の精神文化的な所産であることを明らかにする。[1] かかる論考は、言わば「遠近法」を含む何らかの表現技法が必ずしも外界のあるがままの姿を描きだすわけではなく、それを〈視る〉主体の精神文化という媒介を経たものに過ぎないことを示唆してくれる。古代の芸術作品には近代のそれとは異なる空間観――ひいては世界観――が表現されている。[2] この示唆を承けるなら、ある対象物の描像――写実的絵画であれ、写真であれ、あるいは精密な設計図であれ――のいずれが真の姿を写しえているのかを一義的に決めることはできない。というのも、それらもまた、ある時代的、文化的な精神に規定された主体が素材、道具、そして技法等を駆使することではじめて作成されうるからである。いわば「遠近法」に限らず、様々な技法で描かれるものは、固有な精神文化的背景からなる〈対象の視方〉を持つ。現代の芸術哲学であれば、奇しくもN・グッドマンが「ヴィジョン」（芸術家に固有な視覚的把握）と呼ぶものに相当するであろう[3]。

つまり、芸術的表現には種々の媒介が存する。しかし注意すべきは、あらかじめ真の外界が存在し、その外界を何らかの手段で把捉することによってそれらが描かれるのではない。もし主体を離れて真の外界というものが存在するならば、媒介を経たあらゆる表現は、所詮それを歪めて描かれたものに過ぎないことになろう。そうして彼方にある真の世界の描像を求めて、われわれは虚しい努力を重ねることになる。また、ここにはカッシーラーが繰り返し批判する「模写説（Abbildtheorie）」（PsF. 1. 3［22］）の孕む問題も見出されよう。もちろんカッシーラーによる批判は芸術ではなく、あくまで認識論的な観点からのものである。そもそも「模写説」は、あるがままの世界がわれわれの外部に存在し、それをいかにして精確に認識することが可能かという問題設定に基づく。それに対し、カッシーラーは認識から独立した世界そのものは元来ありえず、世界はわれわれの「シンボル形式」を媒介としてはじめて規定される。最も原初的な「シンボル形式」とされる「神話」においてすら、外的対象の単なる受容を越えて、「精神」による能動的な刻印が見出される（Vgl. PsF. 2. 29f.［62f.］）。それゆえ、こうした人間「精神」の「世界了解」を捉えることこそ、「哲学的認識批判」＝「シンボル形式の哲学」の根本的企図に他ならないわけである。

その企ては、認識の超越論的機制を明らかにするという点においてカントの「理性批判」と軌を一にするものである。しかし、周知のようにカントの場合は理性、悟性、判断力という人間の認識能力に応じて、道徳、理論的認識、芸術という各領野が区分される。その結果、認識能力の体系と学問的体系は一致し、各々の認識批判は各領野の超越論的機制の剔出を任務とする。けれども、カッシーラーの場合は各々の文化領野――神話、言語、宗教、芸術、科学等々――の認識批判的分析を先行させつつ、人間の「シンボル機能」を解明するというアプローチを採る。カントのようにアプリオリに人間の認識能力を規定した上で批判を遂行するのではない。実際、カッシーラーは『シンボル形式の哲学』(以下、『シンボル形式』と略す)において、カントの認識能力と学問の体系を批判しているのである(Vgl. PsF. I. 7f. [29f.])。カッシーラーはカントの超越論的な問題設定を継承しつつも、認識能力の批判＝「理性批判」ではなく、「文化批判」を通じてこそ、人間の「世界了解」の形式を解明できると考えた。

とはいえ、実際『シンボル形式』をはじめとする主たる著作の議論は極めて複雑多岐に亘っている。それゆえ、カッシーラー哲学を読み解くために、本章では三つの観点から論じる。それが、「機能」、「シンボル化」そして「人間学」である。この三つに焦点を絞り込むことによって、『実体概念と関数概念』(以下、『実体と関数』と略す)から晩年の著作『人間』に至るまでの思索の要点を押さえたい。その結果として、カッシーラー哲学の骨子が少しでも浮き彫りになり、膨大かつ錯綜するカッシーラー哲学を理解するための一助となれば、本章の目的は尽きている。

まず、手始めに「機能」について『実体と関数』および『シンボル形式』第一巻序論に即して論じ、その関連性からカッシーラーの「文化批判」の企図を捉える（一）。それを踏まえ、『シンボル形式』第三巻序論をもとにカントの認識論を批判し、「精神」による所与＝「知覚」への自発的な意味付与作用＝「シンボル化」の根源性について論じられる（二）。三つ目の鍵概念が「人間学」であるが、遺稿『シンボル形式の形而上学』（以下、『形而上学』と略す）および『人間』のもと、人間の「精神的な生」はシンボルの「生」として特徴づけられることが論じられる（四）。最後に、「シンボル形式の哲学」が「哲学的人間学」へと収斂していくカッシーラーの思索の歩みを捉え直してみたい（五）。

二　機能

「機能」概念は「シンボル形式」と同様、カッシーラーが用いる主要な哲学的概念の一つである。したがって、この概念を理解しておくことはカッシーラー哲学を読み解く上で必要不可欠である。まずは『シンボル形式』第一巻序論の次の箇所を見よう。

このような純粋に機能的な統一の要請（das Postulat einer derartigen rein funktionellen Einheit）が、古代の存在概念を本質的に支配していた基体の統一や起源の統一という要請に、今やとってかわる。［…］すべての個別的な存在者がそこに引き戻されるべき実体の絶対的統一性（die absolute Einheit der Substanz）を独断的形而上学と共に問うかわりに、認識諸機能（Erkenntnisfuktionen）の具体的な多種多様性を支配している一つの規則、そうした多種多様性を廃棄したり破壊したりすることなしに、それらをある統一的な行為、ある自己完結的な精神活動へと取り纏めている一つの規則が今や問われている。(PsF. 1. 5f. [26f.])

古代ギリシャ以来の「存在」への探究をめぐる「基体(Substrat)」「起源(Ursprung)」「実体(Substanz)」という哲学的諸概念が、「機能(Funktion)〔=関数〕[4]」という新たな概念へと転換されねばならない――このようなカッシーラーの問題意識が、ここに明瞭に表れている。とはいえ『シンボル形式』に先立ち、すでに『実体と関数』において論理学、数学、物理学という現代の「精密諸科学」に対する認識批判的分析によって、「実体概念」に代わって「関数〔=機能〕概念」のもとに、これらの学的体系が捉えられるべきことが論じられた。カッシーラーによれば「実体」はアリストテレス以来、近現代に至るまで哲学の根本概念であった。それは学問の基礎たる形式論理学がアリストテレスの形而上学を前提とするものであったからである(Vgl. SF. 5f. [8f.])。しかし、現代の数理論理学はもはやそうした背後に置かれるべき「実体」を必要とせず、普遍を表示する式へ項を代入することで特殊が導出される「関数」の体系に他ならない。また、物理学においても客体の実体性の否定のうちに、その転換が見出される。すなわち、「物質」、「原子」、「エーテル」等の物理的対象物は、真の存在物=「実体」だと思われたが、実際にはそうではなく、これらの対象物もあくまで物理学的体系としての「概念形式」のもとに存在を措定され、そこに一定の位置を占めることによってはじめて認識的価値をもつものに過ぎない。それゆえ、もはや物理学的探究の果てに、真の実体が見出されることはない。「精密諸科学」によってわれわれが獲得しうるのは、真の実体ではなく、各々の学的体系によって形成された概念的構築物にとどまる。したがって、自存する実体はもはや概念として存立しえず、概念はすなわち体系に依存する「関数」＝「機能」としてのみ存立しうる。今や独断的形而上学的な〈実体―概念〉でなく、認識批判的に形成された〈機能―概念〉が問われねばならない。『シンボル形式』に先立ち、『実体と関数』は「実体」から「機能」への転換を先取りするものである。『シンボル形式』では、こうした「精密諸科学」の解明であらかじめ提起された問題が、哲学上の「存在問題」へ敷衍された形で再提起されている。

無論、『実体と関数』から『シンボル形式』への問題意識の継承は、カッシーラー自身が第一巻「序文」の冒頭（Vgl. PsF. 1. Ⅶ [9]）で述べている通りである。前者がもっぱら「精密諸科学」の認識批判的分析に費やされているのに対し、後者はさらに「精神諸科学」へと対象領野は拡大され、精神「機能」の形成する「シンボル形式」の分析へと歩みを進めた。だが、問題意識が同じであるとはいえ、両者の間では認識批判の射程が異なる以上、主として用いられる概念も変化している。後者では、「認識」に換わって「精神」、「概念」に換わって「シンボル」が中心的なタームをなしている。というのも、「言語」や「神話」という「精神諸科学」の批判を遂行するには、当然のこと「認識」や「概念」という語で規定される理論的かつ論理的な枠組みを超えて感性的ないし情動的な内容をも含意可能なものとして、「精神」や「シンボル」というタームが要請されてくるからである。

そして、こうした「実体概念」批判は、冒頭で触れた「模写説」の批判と表裏一体を成すものである。そもそも、「摸写」とはわれわれの認識の彼方に実体（＝摸写されるべきもの）が自存してはじめて可能である。しかしながら、いかなる世界像（Welt-bild）ないし世界観（Welt-anschauung）であれ、それが実体的対象の「摸写」ではなく、われわれの「シンボル機能」によって秩序付けられた「形式」であるならば、こうした実体はもはや意味をなさない。

さて、「シンボル機能」は、「世界把握」において最も基本的な対象である「知覚」のうちにも働いている。それゆえ、どれほど純粋な受容性に基づくと思われた「知覚」にも、そこへ解消しきれない「超越（Transzendenz）」が存する（Vgl. SF. 303［327］）。つまりは、どのような「知覚」といえども、それは外界の単なる「摸写」ではなく、何らかの「精神形式（die geistige Form）」のもとに捉えられている。『シンボル形式』でカッシーラーが解明するのは「精神諸科学」をも含む「世界把握」の様々な「シンボル機能」である。何を主観とし、客観とするかという対象領域それ自体が各々の文化領野における「精神機能」によってなされる。

> というのも、批判的思考の根本原理、すなわち対象への機能の「優位」の原理は、どの特殊領域においても新たな形態をとり、新たな自立的基礎づけを要求するからである。純粋な認識機能に並び、言語的思考の機能、神話的–宗教的思考の機能、芸術的直観の機能についても、いかにしてこれらすべてにおいて、まったく特定の形態化――世界の（der Welt）というよりはむしろ世界への（zur Welt）形態化、つまりある客観的な意味連関、ある客観的な直観的全体への形態化――が遂行されるかが明らかになるような仕方で、それらを理解することが肝要なのである。（PsF. 1. 9［31］）

かかる箇所からは、カッシーラーの「機能」概念がカント批判哲学のラディカルな転換であることを見て取れる。カントはあくまで「理性的存在者」としての人間の認識能力を措定し、かつ分析した。けれども、カッシーラーの場合、「機能」はあらかじめ措定されうるものではなく、あらゆる対象領野の原理として「世界への形態化」に働く。時にカッシーラーは自らの「シンボル形式の哲学」を「動力学的」という比喩的形容で表すが、そもそも「精神」の活動・行為は「静力学的」、つまり――平衡状態で静止した――不変かつ一義的なものではなく、絶えず運動し変化し続けるものである。それゆえに「哲学的認識批判」はあらゆる「精神」の対象領野と併走しつつ、その分析を遂行せねばならない。その際、世界の様相は、多種多様に展開される「世界への形態化」としていわば「動力学的」に詳らかにすべきものなのである。カッシーラー哲学のかかる性格を鑑みれば、「理性批判」――あらかじめ規定された認識能力（理性、悟性、判断力）への批判――は退けられ、むしろ「文化批判」――多種多様な拡がりを見せる文化領野（神話、言語、科学、芸術等々）における「精神機能」の解明――にとって変わらねばならない。すなわち「理性批判は文化批判となる」(ebd.)。

そして「対象への機能の「優位」という原理」を〈機能原理のテーゼ〉と呼ぶならば、カッシーラーにおいて、このテーゼこそが「実体概念」の克服と「摸写説」批判の中核をなし、世界への超越論的な形成原理を表している。人間「精神」の文化としての神話、言語、芸術、科学等々による「世界了解」は、まさにこの「精神機能」によって、各々独自の「主観―客観」の領域を形成し、各々固有な「シンボル形式」をなす。こうして「文化批判」は、「精神機能」の優位という基本方針にしたがって様々な文化領野、世界認識の了解形式の客観的法則性や形式を剔出する。とはいえ、こうした超越論的な形成原理として働く「精神」もまた何らかの絶対的な「実体」と見なされるべきでない。「精神」の担い手は個々の人間である。これはカントの認識能力のようにあらかじめアプリオリに規定されうるようなものではなく、文化の創出過程のなかで絶えず対立を孕みながらも、漸進的に展開していく。

このようにカッシーラーは伝統的哲学を実体の哲学として批判し、自らのそれをいわば機能の哲学として位置づけた。「実体」対「機能」の構図から理解されるのは、カッシーラーがカント哲学より摂取した「批判的思考」をいっそう一般的なものとし、それを多種多様な領野へと展開していく「文化哲学」の企図に他ならない。

三　シンボル化

前節を踏まえ、本節では『シンボル形式』第三巻[5]「序論」の第一節の検討に移りたい。そこでは改めて「シンボル形式の哲学」の基礎的な考察として所与＝「知覚」の根源的なシンボル化が論じられている。そもそも、「実体」が否定され、認識がかかる対象の模写でない以上、われわれの認識対象は一体いかなるものなのか。認識対象の要素、すなわち所与としての「知覚」はいかなるものか。こうした問題に逢着せざるをえない。実際、所与＝「知覚」のあり方は「シンボル形式の哲学」とってカントへの原理的批判とも絡む決定的な問題であることが以下で明らかとなるはずである。

第一節においてカッシーラーは「哲学史全体」（PsF. 3. 4［22］）において哲学が従来主張してきた「事物と知性との一致」（ebd.）という前提を批判し、改めて「シンボル形式の哲学」をカント的な問題に措定し直している。言うまでもなく、カントが認識論上のコペルニクス的転回によって明らかにしたのは、対象が認識を規定するのではなく、逆に認識が対象を規定することであった（Vgl.B. XⅦ）[6]。それゆえ、「客観（＝対象）性」は認識機能から独立に存しうるものではなく、認識機能の形成作用（自発性）に依存している。カッシーラーはこうした超越論的な問題設定を引き続きカントと共有している。けれども、なぜ第一巻「序論」でも論及された「理性批判」の問題が再度、第三巻「序論」でも取り上げられたのか[7]。

前節に見たように『シンボル形式』第一巻「序論」では「機能」の優位が説かれ、多種多様な領野への超越論的な分析を遂行する「文化批判」が呈示された。しかし、第三巻では、認識の所与＝「知覚」に内在する形成作用、「自発性」を捉えるために、改めてカントを原理的な立場から批判する必要があった。なぜなら、カントは感性を受容性の能力、また悟性を自発性の能力として両者を峻別し、感性的「所与」の形態化・法則化をもっぱら悟性に担わせたが、それに対してカッシーラーは知覚レヴェルの段階での「形態化」[8]を主張するからである。第三巻第一部で詳細に論じられる「神話的世界観」の「表情知覚（Ausdrücksphänomenon）」は、その最も原初的な「形態化」と見なされる。「序論」のカント批判は、第三巻を通じて遂行される認識批判の原理的な立場を明らかにする。カッシーラーはここでカントの「理性批判」を換骨奪胎し、「精神」による知覚の根源的な形態化の働き、すなわちシンボル化を論じる。

無論、カントの第一批判「概念の分析論」では、「統覚の総合的統一」が悟性能力に帰属し、「純粋悟性概念」による多様なものの統一によって認識が成立する（Vgl. B136ff.）。そこでは当然「純粋悟性概念」の制約下でのみ客観性が確保される。それに対し、「感性論」における空間と時間という「純粋直観」は感性の受容性の能力に属し、直観における多様なものの形式をなしうるに過ぎない（Vgl.B33ff.）。けれども、悟性から切り分けられた空間・時間もまたカント的な「世界把握」を背景としていることがここで看取されねばならない。すなわち、カントにとって空間・時間は有限な理性的存在者（人間）の感性というアプリオリな能力の形式であって、そこには何らかの悟性（自発）的な働きの関与する余地はありえなかった。だが、カッシーラーからすれば、カントのこうした感性的形式も（悟性や理性よりも一層広義の）精神による媒介作用の所産と捉えられる。[9] なぜなら、カントの空間・時間もまた、近代的数学および自然科学——とりわけニュートン力学——の認識を基礎におくと見なされる以上、それは純粋な受容性というより、これら諸学の精神的形成作用を前提とするものだからである。[10]

超越論的統覚のうちには〔感性的表象と知的表象の〕いずれもが同じような仕方で関連し、分かちがたく結びつけられているような「われわれすべての認識のある根本（Radikal）能力」が見出される。ということは、孤立した「単に感性的な」意識、すなわち、あらゆる理論的な意味機能による規定をまったく受けず、自立的な与件としてあらゆるそうした機能に先行する意識などというものはありえない、ということである。この統覚の超越論的統一は、もっぱら科学的思考の論理学だけに関連し、それだけに限定されるようなものではけっしてない。それは科学的思考とその対象の定立および規定の条件であるだけでなく、「およそ可能なあらゆる知覚」の条件でもあるのだ。〔…〕いまや知覚意識そのもののいいいの形式をなす、まさにこれらの特性を明示し露呈することが、認識批判の特別の課題として現れてくる。(PsF. 3. 9f.［31f.］)

それゆえ、カントのように感性(受容性)と悟性(自発性)をそれぞれ截然と峻別することは出来ない。カッシーラーからすると、感性の受容性すら形成作用＝自発性の一種なのであり、[11]「精神機能」は悟性がもたらす概念のみならず、その前段階の感性的な知覚表象をも包括する。こうして、かかる「根本能力」とは、「所与」＝知覚に意味内容を付与する「精神機能」に他ならないことが明らかとなる。カッシーラーは、カントのコペルニクス的転回の思考法に倣いながらも、感性と悟性という単純な二分法を原理的に克服しようとする。[12]「序論」第一節は、感性や悟性という認識能力の枠を超えた「精神」の根源的な知覚のシンボル化を論じる点で重要な位置を占める。カッシーラーによれば、単なる受容としての知覚そのものなど存在しえない。いかなる知覚もまた自発性の所産なのであり、そこにはつねに「精神機能」による意味付与＝シンボル化が内在している。「シンボル形式の哲学」はカントの認識論的構制そのものの克服を目指している。

「数理―物理的」な認識構造以前の段階――すなわち、「神話」、「言語」等の段階――における知覚のシンボル化は、その根源性のみならず、その多種多様に拡がっていく人間の「世界了解」の在り方を示している。こうしたカッシーラーの立場を〈知覚のシンボル化のテーゼ〉と表したい。[13] このテーゼは、意味付与が悟性の「概念形式」に限られるものではなく、「精神」の活動や機能による「シンボル形式」へと敷衍されるべきことを示す。そして、これは「文化批判」のもう一つの原理をなす。というのも、概念を形成する以前の知覚そのものに「精神的」形成作用が見出されることによって、はじめて「神話」や「言語」などの他の文化領野を対象とする超越論的な分析が可能になるからである。

以上から、いかなる文化においてもすでに知覚レヴェルで「世界了解」の意味構造化がなされているということ、すなわち、「シンボル」による形式化を介してのみ、われわれは「世界了解」が可能だということである。したがって、問題はシンボル化が働く人間「精神」へと向かっていかざるをえない。それは同時に人間的「生」が動物的「生」と異なり、「精神」的な在り方として顕現せざるをえないという問題でもある。

四　人間学

前節では、『シンボル形式』第三巻「序論」のカント批判を通じて〈知覚のシンボル化のテーゼ〉を概観した。ところで、『シンボル形式』第三巻「序文」では、現代哲学に対する「批判的」対決であり、かつ、「最終章」としての著作『「生」と「精神」――現代哲学批判』が予告されていた（Vgl. PsF. 3. X I [13]）。しかし、この著作は結局刊行されず、代わりにほぼ完成に近い草稿が遺された。それが『形而上学』であり、そこでは当時の「生の哲学」の議論を吟味しつつ、「シンボル形式の哲学」の意義が論じられている。[14] なお、『形而上学』は大きく前半部（Vgl.MsF.3-32（3-45））と後半部（Vgl. MsF. 32-109［46-153］）に分かれ、主として前半部で「生」と「精神」の対立をめぐる問題が、[15] 後半部で「哲学的人間学」が論じられる構成となっている。本節では『形而上学』前半部を瞥見した後、後半部における「人間」の問題を取り扱う。併せて、晩年の著作『人間』をも考慮にいれる。

『形而上学』前半部は、主にジンメルの著書『生の直観—形而上学の四つの章[16]』のうちの第一章「生の超越」および第二章「理念への転換」への批判的検討を通じて、「生」と「精神」あるいは「生」と「形式」がいかにして「シンボル形式の哲学」の問題に関連するかが論じられる。「シンボル形式の哲学」は様々な文化領野における「シンボル機能」を解明するが、そのなかでも神話と科学は鋭く対立すると思われるだろう（Vgl. MsF. 7［9］）。しかし、一見相対立する両者のいずれも人間「精神」の所産という点においては同一である。ここには、矛盾や対立をも孕みうる多様な「文化」がいかにして形成されたか、という根本問題が存する。

カッシーラーは、人間的「生」の固有な在り方を解明するにあたってジンメルが提起した「生」と「精神」という二項対立関係を手引きとしながら、「生」が「精神」へと超越していく論理を明らかにする。ジンメルの論じる「生」は未規定性、無限性、超越性の三つに特徴付けられうる。「生」は常に現在の自己の在り方を乗り越えて行こうとし（＝超越性）、その乗り越えはとどまることがない（＝無限性）。その意味で「生」は決して一定の規定的な在り方に捉われない（＝未規定性）。とはいえ、「生」それ自身は何ものも表現しえず、「精神」のもとではじめて現実的なものとなる。しかし、「生」を規定する「精神」は、再び「生」自身によって幾度も乗り越えられ、絶えず新たな装いのもとで「精神」として現れる。[17] つまりは、人間的な「生」は「精神」との弁証法的対立を伴った言わば「精神的な生」をなすのであって、それは神話、言語、芸術、そして科学等の多様で具体的な「生の形式（Lebensform）」として現れる。換言すれば、人間的「生」は絶えず「生」それ自身を超越して「精神形式」を成すが、しかし同時にそれを乗り越えていく源泉としての「生」を有している。[18]

主として前半部は人間の「精神的な生」という「シンボル形式の哲学」の形而上学的な問題が取り扱われているが、それに対して『形而上学』後半部では、こうした「精神的な生」を担う人間そのものが問題とされる。「生」を超越する「精神」の営みは、「人間とは何か」という人間の本質への問いに収斂するのである。

ここで探求されている人間のあの「本質概念」についての原理的な決定は、ほかならぬ「シンボル形式」の哲学の側から以外になされないということが、今や予言できる。というのも、この諸形式こそが、人間の精神的な行為の地平をとりわけ特徴づけ、この地平の諸々の普遍的な規定要素をいわば内包しているからである。言語と芸術、神話と理論的認識という媒体において遂行されるのは、人間が世界を自己に引き入れるために世界を取り除けるという点にその成果が存するあの転換、あの精神的な革命である。（MsF. 36［51］）

問われるべきは、人間の単なる自然的ないし生物学的な概念ではなく、その「本質概念（Wesensbegriff）」である。人間「精神」の種々の活動としての「シンボル形式」が人間の「本質概念」の「原理的決定」をなしうると表明される。人間のこうした「精神」活動の「総体」を解明することが「哲学的人間学」に直截に結びついている。それゆえ、人間をただ単に生物学的に——その身体、脳、神経構造——のみ取り扱うような偏狭な理解では足らない（Vgl. MsF. 41［59］）。かかる「総体」とは、神話、言語、芸術、科学等々の「世界了解」の形式、人間「精神」による形式形成の働き全体である。カッシーラーはその解明の手掛かりにユクスキュルの生物学に論及している。ユクスキュルによれば、個々の生物は単なる物理的な存在ではなく、外界に対峙する主体的な存在と見なされねばならない。つまり、ただの物体であれば、作用に対して単に機械的な結果がもたらされるに過ぎず、それ以上でも以下でもない。同様に、生物も捉え方次第で「刺激」に対する「反応」の一連の連鎖として機械的に記述可能である。しかし、ユクスキュルは生物を単なる「刺激—反応」の存在と見なすことに反対する。というのは、生物は単なる物体とは異なり、外的に観察されるにとどまらず己の「内的世界（Innerwelt）」をも有する存在だからである。つまり、生物は物理的—客観的な外界に存在しているというより、己の取り巻く外界のなかから生存のために意味づけられた「内的世界」に生きている。こうした各々の生物に固有な世界が「環世界（Umwelt）」に他ならない。それゆえ、「主体」から切り離された「世界」そのもの、「客体」そのものなどは生物にとっては何ら意味を持たない。各々の生物はその固有な身体機構（「体制」）に適合した仕方で「環世界」を生き、活動する。「刺激—反応」も生物固有の「環世界」のなかで生じる事象として捉えられることとなる（＝「機能環（Funktionskreis）」）。もちろん、カッシーラーはユクスキュルの理論がそのまま人間に妥当しうると考えてはいない。人間の「環世界」は他の生物とは異なる。そもそも人間以外の生物の場合は「獲物」「異性」「逃避」の三つの「機能環」に大別され、「内的世界」の意味連関のなかで「感受系」と「反応系」の二つの作用が「生」を構成する。しかし、人間はこのような単純な「機能環」に完結しておらず、言わば「刺激―反応」という単純な「反応系」に至る手前で、刺激に対して「考察すること（Betrachten）」（MsF. 42［60］）という新規の領域が獲得されている。『形而上学』のこの表現は、後の『人間』では「シンボル系」というより明確な規定が与えられる。

人間の機能環は、量的に拡大されるばかりでなく、質的変化をも受けてきている。人間は、いわば自己を、その環境に適応させる新たな方法を発見した。あらゆる動物種に見出されるはずの感受系（receptor system）と反応（effector system）の間に、人間においては、シンボル系（symbolic system）として記載されうる第三の連結を見出すのである。この、新たな機能の獲得は、人間の生全体を変形させる。人間は他の動物に比べて、人間はただ広い実在のうちに生きているだけではない。人間はいわば新次元の実在中に生きているのである。（EM. 29［63f.］）

「刺激―反応」との間に、「シンボル系」が介在することによって、人間的生は、動物的生を超越した次元へと達する。人間は己の「生」への形式形成を営むことによって、自らの「生」の在り方を新たに規定することが可能である。言語、神話、芸術、理論的認識等々の「シンボル形式」は人間の「精神的な生」の様々な在り方を呈示している。次の定義はそうした人間の「本質概念」に関わっている。

したがって、哲学的に―方向づけられた「人間学」が人間に与えることのできる最も簡潔で含蓄のある定義は、ひょっとしたら人間は「形式の能力がある（der Form fähig）」という規定であるのかもしれない。（MsF. 44［62］）

とはいえ、かかる定義は晩年の「アヽニヽマヽルヽ・シヽンヽボヽリヽクヽムヽ（animal symbolicum）」（EM. 31［66］）と比べて、未だ控え目かつ生硬な表現にとどまっていると言えよう。というのも、「シンボル」こそが人間「精神」の形式形成の中心的概念であり、動物的「生」と異なる精神的「生」を営む人間に固有な本質だからである。『形而上学』から『人間』へと着実に思索は洗練され、深化していった。ここで三つ目に〈シンボルの人間学のテーゼ〉を挙げたい。既に見たように、ユクスキュルの環世界論は、カッシーラーが「人間」への問いへ赴き、その本質的定義を規定するための一つの重要な契機をなしていた。ユクスキュルの生物学はカント的認識批判の枠組みを超えて生物全体の主体的な在り方を呈示し、カッシーラーにとってそれは生物全体における人間存在の特殊性という新たな問題を浮き彫りにした。最終的にカッシーラーが自らの哲学を「哲学的人間学」と不可分なものと見なしたのは、文化＝シンボルの体系を介して世界を把握する人間の本源的な在り方に結びついている。そして、晩年に到達した人間の定義「アニマル・

シンボリクム」（＝「シンボルの宇宙（a symbolic universe）に住まう動物」（EM. 30［64］）[19]には、多年に亘る様々な哲学的思索の成果が集約されている。

五　結び

以上、カッシーラー哲学を「機能」、「シンボル化」、そして「人間学」という三つの観点から読み解いてきた。そして、その骨子を三つのテーゼとして示したが、「機能」、「シンボル化」のいずれも終極的には「人間学」へ収斂するものである。もちろん、そこへ至る展開には多種多様な思索の道程があった。すなわち、精密諸科学の認識批判から出発して、言語、神話、科学等の文化領野に固有な「シンボル機能」を解明するという人間の精神的な営みへの倦むことのない思索の歩み。時に「シンボル形式の動力学」という表現で、人間「精神」が様々な文化を絶えず生み出し続ける運動が表されたが、その運動の根底にあるのは人間「精神」の「機能的統一」である。『人間』の結論部分には、次のような箇所がある。

人間の統一は機能的統一（a functional unity）と考えられる。このような統一は、それを構成する様々の要素の同質性を前提としていない。その構成部分が多彩であり、多様であることを認めるばかりでなく、それを要求さえするのである。というのも、これは弁証法的統一であり、反対物の共存だからである。（EM. 238［468］）

産出した文化形式は、互いに相容れない対立をも包含している。神話と科学はその最たるものであろう。しかし、人間はこれら互いに相容れない「世界像」のいずれをも「精神機能」によって産出してきたのである。宗教、言語、芸術、歴史等のいずれの領野も、人間に固有な「精神機能」によって産み出された文化形式であるものの、それぞれ異なるシンボル形成に基づいている。神話的な世界説明と物理学的なそれとでは、互いに異なる形式形成に因っている。「反対物の共存」とは、人間文化が単なる一元論的原理へと還元されるべきでなく、多元論的原理によって捉えられるべきだとする理解へ導くものであろう。

今日、一元論的原理の最たるものは、自然主義の一形態としての科学主義あるいは物理主義に見出されるかもしれない。そのなかでは、人間の理性も文化もすべて自然法則に依拠する科学的な説明に還元可能であるとされよう。けれども、「文化哲学」はこうした説明には与しない。というのも、自然主義的な還元論もまた人間の「精神機能」による文化形式の一つに過ぎないからである。カッシーラーの「シンボル形式の哲学」＝「文化哲学」は、多種多様な方向へと拡大していく人間の文化形成体を批判的に分析する営みである。その哲学の中心に置かれるのは「アニマル・シンボリクム」という人間の自己理解である。既に見たように、「シンボル」が表しているのは動物的「生」とは峻別されるべき「精神的な生」において世界を了解する人間存在の固有な特長に他ならない。人間は、「シンボル」によって意味づけられた世界、すなわち「シンボルの宇宙」という固有な「環世界」に住む存在者である。人間にとって、神話、芸術、宗教、歴史等の自然科学以外の文化領野も人間の「環世界」を成し、いわば人間は多種多様なシンボルの「生」という多元的な世界の住人である。
また、これは「シンボル」の探求が人間への探求へと導くものであることを意味する。「シンボル」の学は「人間学」へと至る。カッシーラーが「シンボル形式の哲学」と「哲学的人間学」を結びつけたことも今や当然のことと理解されよう。無論、かかる精神ないし文化は単なる一個人としての人間に帰属するものではありえない。むしろ精神は、その担い手としての個々人の集合体である社会・共同体という全体性に内在するものである。社会における「シンボル」の働きは『国家の神話』でいくぶんネガティブに語られてはいる。しかし、「人間学」は「であるか」という事実認識にとどまらずに、「であるべきか」という規範的な問いも避けて通ることはできないであろう。

凡例

引用の際、原文のゲシュペルトは傍点にて強調したが、》《 等の括弧は煩雑さを避けるためすべて「 」で代用した。〔 〕は筆者による補足である。また、E・カッシーラーの著作からの引用および参照はすべてハンブルク版カッシーラー著作集（GW:E.Cassirer, *Gesammelte Werke*. Hamburger Ausgabe. 1998-2009）および遺稿集（NM:E.Cassirer, *Nachgelassene Manuskripte und Texte*. Hamburger Ausgabe. 1995-）に準拠し、次の略号と頁数を本文中に併記する（邦訳の頁数は［ ］）。なお、引用は既存の邦訳のあるものは原則としてそれに従ったが、適宜必要に応じて、変更を加えた。訳者の皆様には記して感謝申し上げる。

EP.2: *Das Erkenntnisproblem in der Philosophie und Wissenschaft der neueren Zeit*, Zweiter Band（1907）, in:GW. Bd.3（『認識問題2―2近代の哲学と科学における』須田朗、宮武昭、村岡晋一訳、みすず書房、二〇〇三年）

SF：*Substanzbegriff und Funktionsbegriff, Untersuchungen über die Grundfragen der Erkenntniskritik*（1910），in:GW. Bd.6（『実体概念と関数概念』山本義隆訳、みすず書房、一九七九年）

PsF.1. 2. 3.:*Philosophie der symbolischen Formen,* Bd1.（1923），2.（1925），3（1929），in:GW. Bd.11-13.（『シンボル形式の哲学（一）〜（四）』木田元・生松敬三・村岡晋一訳、岩波文庫、一九九一〜一九九七年）

EM:*Essay on Man:An Introduction to a Philosophy of Human Culture.*（1944），in:GW.Bd.23.（『人間―シンボルを操るもの―』宮城音弥訳、岩波文庫、一九九七年）

MsF:*Zur Metaphysik der symbolischen Formen*（1995），in:NM.Bd.1（『象徴形式の形而上学　エルンスト・カッシーラー遺稿集第一巻』笠原賢介・森淑仁訳、法政大学出版局、二〇一〇年）

註

1　例えば、次の箇所を参照。「しかし、遠近法は価値の契機ではないとしても、それはやはり様式の契機ではあるのだし、さらにそれ以上のものでさえある。つまり、エルンスト・カッシーラーがみごとに造形した用語を美術史にも応用してみるなら、遠近法は、「精神的意味内容を具体的感性的記号に結びつけ、この記号に内面的に同化することになる」ある「象徴（シンボル）形式」の一つと呼ばれてもよいのだ。そして、個々の芸術上の時代や地域が遠近法を有するかどうかということだけではなく、それがいかなる遠近法を有するかということが、これらの時代や地域にとって本質的な重要性をもつというのも、この意味においてである」。E・パノフスキー『〈象徴（シンボル）形式〉としての遠近法』木田元監訳、川戸れい子、上村清雄訳、筑摩書房、二〇〇九年、三〇頁。

2　E・パノフスキー前掲書、三三頁参照。

3　詳しくは、N・グッドマン『世界制作の方法』菅野盾樹訳、筑摩書房、二〇〇八年、一八頁以下を参照。また、グッドマンは『芸術の言語』のなかで「遠近法」に言及し、その一義的な写実性を退けている。「遠近法で描かれた絵画も、それ以外の絵画と同じく、読みとられる必要がある。そして、それを読みとる能力は獲得されなければならない。東洋の絵画にだけ慣れた目は、遠近法で描かれた絵画を即座に理解できない」。グッドマン『芸術の言語』戸澤義夫、松永伸司訳、慶應義塾大学出版会、二〇一七年、十七頁。

4　カッシーラーはFunktionを「実体」に対する概念として「関数」および「機能」のそれぞれ重なり合う意味で用いていることに注意されたい。序文の冒頭では「概念機能それ自身（Begriffsfunktion selbst）」（SF. Ⅶ［ⅰ］）を探求する旨が表明され、そこから数学および精密諸科学の「統一的基本機能（die einheitliche Grundfunktion）」（ebd.［ⅱ］）を解明するという企図が述べられている。他方で、次の箇所のような用いられ方もある。「われわれが見てきたように、実体概念の支配と見地のもとに立つ類概念の論理学に、いまや数学的関数概念の論理学が対置される」（SF. 20［24］）。そのため、必要に応じて「関数〔＝機能〕」、機能〔＝関数〕と表記する（もとより、こうした問題はドイツ語や英語の場合には生じないのであるが）。

5　第三巻それ自体の狙いはその「序文」に明らかであり、第一巻「言語」と第二巻「神話的思考」の成果に、さらに「理論的認識」の研究を付け加えることで、その「体系的帰結」（PsF. 3. Ⅶ［8］）を目指すものとされる。第三巻の体系についてはヘーゲルの影響から見ても重要な問題である。しかし、本稿ではこうした問題には立ち入ることができない。関連する文献としてはヴィリーンの研究が簡にして要を得たものである。D.P.Verene, *The origins of the Philosophy of symbolic Forms : Kant, Hegel, and Cassirer*, Northwestern University Press, Illinois, 2011. また「認識の現象学」という第三巻のタイトルをめぐる問題については次の論文が参考になる。喜屋武盛也「「象徴形式の哲学」と「認識の現象学」――カッシーラー哲学の基本設計をめぐって――」、『多元的文化の論理』、原研二、

佐藤研一、松山雄三、笹田博通編、東北大学出版会、二〇〇五年に所収、四七三～四八一頁。

6 慣例に倣い、カント『純粋理性批判』の該当箇所の頁数は第二版をBとして本文中に併記する。

7 因みに第三巻の「序論」は全部で四つの節に区分されており、カント批判は実際その第一節のみに過ぎない。第三節や第四節では、バークリ、マッハ、ベルクソン等の学説が認識批判的な観点から吟味の対象とされ、そこにおいても認識対象に対する「精神」、「機能」、「形式」の優位が論じられる。

8 「形態化（Gestaltung）」概念については、ゲーテの自然科学研究（加えて、おそらくゲシュタルト心理学）からの影響が見出されるだろう。こうした背景は割愛せざるをえないが、「形態化」もまた「精神機能」の形成作用を表し、広い意味において精神的意味付与作用であるという点においてシンボル化と密接に関連している。

9 カッシーラーは『認識問題』第二巻において、感性の「構成的性格」に着目し、「感性はもはや「受容的」能力を意味せず、独自の自己活動性を獲得する」（EP. 2. 579［279］）と述べて、「感性」機能の「自発性」を見出そうとする。もちろん、カント自身は「アプリオリに結合する能力」としての悟性にのみ「自発性」を認める以上、かかる解釈は極めて大胆なものである。だが、ここには認識の形成作用に解釈の力点を置く初期のカッシーラーの立場を垣間見ることができる。

10 カント批判哲学の形成をめぐる哲学史的背景については、『認識問題』第二巻、なかでも第八部第一章以下に詳しい（Vgl. EP. 2. 489ff.［183ff.］）。

11 だからこそ、カントのように空間・時間がアプリオリな形式として一義的に定まるものと見なされるのではなく、科学的空間・時間のみならず、神話的空間・時間や言語的空間・時間等もまた存しうるわけである。

12 なお、同様の議論のなかでカントにおける「質料」と「形式」の二分法的な用法にも批判の矛先が向けられている。「質料」とは純粋な所与と見なされるものだが、カッシーラーにとって、純粋な所与は存在しえないものである。とすると、いわゆる「質料」＝所与のうちに、すでに「形式」的なものが内在していると見なされねばならないだろう。「質料」＝所与をそうならしめているものは、まさに「形式」そのものであって、むしろ「形式」なしには「質料」＝所与もまた存しえない。

13　これに明確な表現が与えられるのは、第二部第五章「シンボルの受胎」においてである。「シンボルの受胎」は〈知覚のシンボル化のテーゼ〉を理解する最も重要なタームの一つである。（Vgl. PsF3. 230f.［394f.］）。

14　『形而上学』の遺稿の経緯については、邦訳の訳者あとがきに詳しい。前掲訳書四四九ページ以下を参照。

15　本章では立ち入る余裕がないが、「生と精神」の問題はまたシェーラーの『宇宙における人間の地位』の批判的検討においても論じられている。これについては以下の拙論を参照されたい。千田芳樹「アニマル・シンボリクム――E.カッシーラーの「哲学的人間学」試論」、『一関工業高等専門学校研究紀要』第五〇号、二〇一五年三一～四〇頁。

16　Vgl. G.Simmel, *Lebensanschauung. Vier metaphysische Kapital,* Hrsg. von G.Fitzi und O. Rammstedt, Suhrkamp Verlag, Frankurt am Main, 1999.（『ジンメル著作集9　生の哲学』茅野良男訳、白水社、一九七七年）

17　「生と形式、連続性と個体性は、両者が絶対的なものと見なされ、それらのうちに形而上学的な存在―様式が見出される否や、繰り返し相互に分裂する。けれども、そうする代わりに、形式生成の具体的過程の中心に身を置き、この過程の動力学に身を置くならば、すなわち、二つの契機の対立を存在者の対立ではなく、純粋な機能の対立と見なすならば、その裂け目は閉じられる。存在から見た場合に実在的対立として現れていたものが、行為、精神的創造の相のもとで考察されるならば、相互浸透と共在、相関と協働となるのである」（MsF.16［22］）。「生と形式」の二項対立関係においても、カッシーラーの「機能」の原理は貫かれている。両者の対立は、存在者の対立ではなく、「機能の対立」と見なされるときにのみ、両者の相互の弁証法的関係が捉えられる。「生と形式」は互いに相容れない絶対的な対立ではなく、「動力学」的に相互に連関し、運動していくものである。「生の超越」や「精神的生」という語は、そうした両価的な関係性を表している。

18　T.I.Bayer は「生」、「精神」、そして「シンボル形式」の三者の関係を考察し、「シンボル形式」が「生」と「精神」を橋渡しするという興味深い解釈している。しかし、本稿はこの立場に与しない。というのも、「知覚」が「知覚」そのものとして捉えられないのと同様、「生」もそれだけでは何ものでもない。「生」の現実化されたところの表現こそが「シンボル形式」であり、その形成原理が「精神」に他ならないのである。Vgl. T.I.Bayer, *Cassirer's Metaphysics of Symbolic Forms : a Philosophical commentary*, Yale University Press, New Haven and London, 2001. p.63

19　「アニマル・シンボリクム」が巷間で理解されている「シンボルを操るもの」では不十分であり、カッシーラーの文言から精確に理解すれば「シンボルの宇宙に住まうもの」と理解すべきことは、以前論じられた。前掲拙論、第四節を参照。

[付記] 本章の初出は東北大学哲学研究会編『思索』第五二号、二〇一九年、七三～九六頁ですが、転載にあたっての修正は誤植や注の表記方法などに止め、内容的な変更は加えられていません。転載を許可してくださった東北大学哲学研究会に感謝申し上げます。

第12章　ローゼンツヴァイクと聖書物語

――「本質認識」批判としての「語る思考」

佐藤　香織

序

フランツ・ローゼンツヴァイク（一八八六〜一九二九）の活動にはいくつかの側面がある。ローゼンツヴァイクの経歴は歴史学から始まった。ローゼンツヴァイクは医学を志してゲッティンゲン大学に入学したが、すぐに歴史学と哲学、とりわけヘーゲルの歴史哲学に関心を抱くようになり、歴史学者フリードリヒ・マイネッケの指導のもと、一九一三年に『ヘーゲルと国家』という題で博士論文を執筆した。しかしローゼンツヴァイクは、ヘーゲルの哲学および歴史学とは第一次世界大戦中に決別した。そして、博士論文の執筆中および執筆後、キリスト教に改宗した従兄弟のハンス・エーレンベルクや友人のオイゲン・ローゼンシュトックと交流を重ね、またヘルマン・コーエンによる宗教に関する諸論考の批判的検討を行い、ローゼンツヴァイクはユダヤ教徒として生活を送りユダヤ教のテクストを研究して生きていくことを決意した。哲学、ユダヤ教、キリスト教の諸概念を扱うローゼンツヴァイクの思想家としての側面は、主著『救済の星』（一九二一）によって知られている。三巻に及ぶこの大著は、第一次世界大戦中、ローゼンツヴァイクがドイツの軍隊に所属している間にものの数ヶ月で一気に書き上げられた。ローゼンツヴァイクにはまた、ユダヤ教の実践的な教育者としての側面がある。一九一七年にはヘルマン・コーエン宛の書簡「時は来たれり（Zeit ists）」においてユダヤ人の初等教育を改革するよう訴えており、また一九二〇年代には、ユダヤ人の成人のための学校、フランクフルトの自由ユダヤ学院（Freies Jüdisches Lehrhaus）の設立に関わった。一九二五年以降は、ユダヤ教のテクスト研究者として、ローゼンツヴァイクはマルティン・ブーバーと聖書の共同翻訳に取り掛かっている。ただし、ローゼンツヴァイクは筋萎縮性側索硬化症（ALS）を患っていたため、生前にこの翻訳を終えることができなかった。この聖書翻訳はローゼンツヴァイクの死後にブーバーが継続することとなった。

思想家、ユダヤ人教育者、聖書翻訳者といったローゼンツヴァイクの諸側面は、「本質（Wesen）」を認識しようとする哲学に対する批判に支えられている。論考「築く者たち」（一九二三）においてローゼンツヴァイクは、「一九世紀を通じてわれわれに強いられた〈本質的〉と〈非−本質的〉の区別は、もはや適用できない」[1]と述べていた。『救済の星』が出版されてから四年間に呼び起こした反響に対する応答」としてローゼンツヴァイクが執筆した論考「新しい思考」（一九二五）においては、「経験の哲学（die erfahrende Philosophie）」として、ローゼンツヴァイクの思考的立場が表明されている。「本質」を認識することを求め、「……とは何であるか」という問いを発し続ける「思考する思考（das denkende

Denken)」に対して、ローゼンツヴァイクは、「語る思考（das sprechende Denken)」(GS III, 151) を提示する。

ところが、論考「新しい思考」における「語る思考」の内実についての詳細研究は多くはない。ローゼンツヴァイクにおける対話的な思考のあり方についての分析自体は数多いが、その多くは『救済の星』に関するものである。ブーバーは「対話的原理の歴史」においてローゼンツヴァイクの名を挙げ、『救済の星』における「語りかけるものとしての汝」に着目する。[2] ヴェルンハルト・カスパーは『対話的思考』の第二部を『救済の星』の分析に充てた。ステファヌ・モーゼスは『体系と啓示』（一九八二）において、『救済の星』における「語ること」の現在的性格を重要なものとみなす解釈を提示する。ただし、丸山によると、『救済の星』執筆時のローゼンツヴァイクの思想と「新しい思考」執筆時のローゼンツヴァイクの思想は必ずしも連続的ではなく、その立場は「新たに到達した晩年の境地」のものである（丸山、三八八頁）。さらに、ローゼンツヴァイクがとりわけ『救済の星』出版以降に教育活動や聖書翻訳に携わったことを考慮すれば、「語る思考」についても、論考「新しい思考」の時期には新たな視点が導入されていると考えることが自然である。

それでは、晩年のローゼンツヴァイクの思考において、本質の認識を求める哲学とはいかなるものと考えられ、それに対する「経験の哲学」、さらには「語る思考」はいかに提示されるのか。本章では、この問いを扱うにあたって、論考「新しい思考」のみではなく、ローゼンツヴァイクの聖書読解を手がかりとして、「新しい思考」そして「語ること」の内実を検討したい。

一　「古い思考」――本質の認識を求める哲学

論考「新しい思考」は『救済の星』の「補足的な覚書」という形をとっており、その議論は三巻からなる『救済の星』の構成にしたがって進む。『救済の星』第一巻は「古い哲学の矛盾の論証と同時に救出でしかない」とこの論考においてローゼンツヴァイクは述べる。つまり、論考「新しい思考」によると、『救済の星』第一巻で「新しい思考」は登場せず、第一巻は全て「古い哲学」ないしは「古い思考」の分析に充てられている。[3] ところでローゼンツヴァイクは、「古い思考」に見出した「矛盾」を排斥するのではなく「救出」するのだと述べている。それでは、「古い思考」にはいかなる矛盾が見出されるのであり、いかなる仕方でこの思考は救出されるのだろうか。

「古い思考」とは、ローゼンツヴァイクの哲学史理解に由来して出現する概念である。ローゼンツヴァイクは、ヨーロッパ哲学を「宇宙論的古代」「神学的中世」「人間学的近代」に区分したうえで、[4] それら全ての哲学を「本質（Wesen）」を問い、「本質」を認識しようとする思考であるとみなした。あるものが「本来何であるか」（GS III, 143）を問う営みは、あるものを別の他なるものへと還元しようとする。例えば、「古い思考」を行う哲学者が「人間とは何か」と問う場合、その答えとして「人間」という同語反復は求められていない。そうした哲学者は「人間」の本質を認識しようとして、人間の経験の基礎を例えば神など人間以外のものに求める。「神とは何か」、もしくは「世界とは何か」という問いについても同じであって、ローゼンツヴァイク曰く、「古い思考」は神を人間の所産とみなしたり、世界を神の所産とみなしたりする。あるものについて、その本質は「何であるか」を問うならば、思考を通じてあるものは別のものによって規定されることになるのである。

しかし、そうした思考の方法は無限遡行に陥らざるをえない。したがって、あるものを他のものへと還元するような仕方で「本質」の認識を求めること自体が誤っているのではないかとローゼンツヴァイクは疑問を提示する。ローゼンツヴァイクによれば、「神」「人間」「世界」の三つの要素は、各々が他の要素に立脚することなく自律したものとして思考されうる。この三つの要素の分析を行うことはできるが、それぞれの要素が自律的である場合に、各々の要素が他の要素に依拠しているとはみなされない。最終的に問う人がよりどころにするのは、思考よりもむしろ「経験」の側になるというのである。「経験」を通じるならば、あるものが「何であるか」という問いに対して、別のものによる規定という事態は生じることがなく、「何であるか」という問いは同語反復的な答えに行き着く(GS III, 145)。ローゼンツヴァイクが述べるところの「経験」は、「いつも再び人間の中に人間的なものだけを、世界の中に世界的なものだけを、神の中に神的なものだけを見る」(GS III, 145)のである。例えば「経験」においては「人間は人間である」のであって、他の何ものでもない。こうした「経験」の行き着く先としての同語反復的な規定は、それ以上の思考を停止させる地点であるようにも見える。ところが、あるものの「本質」を別のものに求めることをやめて「経験」に着目することは、ローゼンツヴァイクにとって思考が歩みを止める地点を意味しているのではなく、思考と独立した実存を認める営みを意味している。つまり、「古い思考」の終焉と思われる地点に「新しい思考」の開始地点を見出だす営みを意味している。ローゼンツヴァイクは、唯一の原理を出発点として体系を構築する思考の方法を過去の遺産とみなし、「経験」を思考の拠り所とするのである。

二 「新しい思考」の内実

1 「誰か」に向けて語ること

「古い思考」の行き着く先を「新しい思考」の出発点として据えた上でローゼンツヴァイクが示そうとするのは、語り手が「本質的な何か」についての議論から訣別する出来事である。ローゼンツヴァイクが着目するのは、「物語るとはいったい何を意味するのか (Was heißt denn erzählen ?)」(GS III, 148) という問いである。ローゼンツヴァイクは、物語るという一見日常的な行為のうちに哲学的意義を見出そうとする。では、物語るとはどのような事態なのか。論考「新しい思考」によると、「語ること」とは、現実の経験を「誰かに対して語ること」(GS III, 151) を意味しており、語る主体は、語り出すときに既に語りを聴取する他人を前提としている。つまり、ローゼンツヴァイクは、「語る思考」ということで自己内対話としての思考を念頭に置くのではなく、語ることとは「そもそも他者の手を借りて生活することである」(GS III, 151) と考えている。それゆえ、「新しい思考」の内実を問う際に問題となるのは、「誰かに対して語ること」の意味である。

このことを考える際に、ローゼンツヴァイクによるソクラテスの位置づけを確認したい。ローゼンツヴァイクが挙げる「古い思考」の代表者はソクラテスである。このことは一見奇妙に感じられる。というのも、よく知られているように、ソクラテスは対話（ディアレクティケー）を通じて思考しようとしていたのであるし、ローゼンツヴァイクが「新しい思考」として提示しようとしているのは、「語る思考」だからである。しかしローゼンツヴァイクは、自らが提示する「語る思考」を、ソクラテスの思考方法としての対話から明確に区別する。ローゼンツヴァイクによると、ソクラテスは、あらかじめ自らが述べようとしていることを知っている。このとき、語りの起点は常にソクラテス自身にある（GS III, 151）。また、その思考は他者からの影響を受けて変化するということがなく、他人を必要としない。ソクラテスがなすような思考は、「たとえ共同で複数の《一緒に哲学する者たち》の間で生じるとしても、常に孤独である」（GS III, 151）。このことの内実を少し考えてみよう。

ローゼンツヴァイクは、ソクラテスの問いを、単独の主体の思考によって「本質」を求める哲学の代表例とみなす。確かにソクラテスは常にアテナイの人々との対話を通じて思考を進めていく。プラトンの初期著作である『ソクラテスの弁明』においては「皆さんのひとりひとりの目を覚まさせ、説き勧め、また叱咤することをけっしてやめないような、何かそのような者として」[6]ソクラテスは活動を進めていた。ところが、プラトンの中期テクスト『テアイテトス』では、ソクラテスは「言論は、他人に宛てられた言論ではなく、また声に出して語られる言論でもない。沈黙のうちに自己自身を相手として述べられるものなのだ」[7]と述べている。さらに、後期著作である『ソピステス』では、エレアからの客人の口を借りて、プラトンは「思考すること」と、自分の魂と「対話すること」は同じであると述べる。[8]ここでプラトンは、「他人と対話すること」と「自分自身と対話すること」の間には、重要な差異を認めていないように見える。ローゼンツヴァイクが指摘するのは、このような思考と対話の一致が「孤独」に行き着くということだ。[9]
では、孤独であると言われるような状態に陥ることのない対話とはいかなるものか。ローゼンツヴァイクが強調するのは、他人の存在によって、自分が予期しえない変化が起こることである。

私は自分自身がこれから語るであろうことさえまだわからないので、他者が私にこれから語るであろうことを前もって知ることはない。いやそれどころか、おそらくそもそも私がこれから何かを語るのかさえまだわからない。会話は他者が始めるのが当然であり、それどころか真の会話では、たいていそうであろう。(GS III, 151)

語るときに「私は自分自身がこれから語るであろうことさえまだわからない」ということは一見して奇妙である。しかしこれは、語ることによってなされる新しい思考が「時間から独立しては認識できない」(GS III, 149) ことに由来する。あらかじめ思考されていたことは、そのまま語られるとは限らず、実際に語られるそのときまで自分が何を語り出すかは未決である。ローゼンツヴァイクが述べるように、「あらゆるものを、それが到来するまで待たなければならない」(GS III, 151)。語ることの内容は予期されえないがゆえに、他人に委ねられている。[10] 語ることによって他人との関係が創設されることと、本質を問うこととを峻別することに、「古い思考」と「新しい思考」の分水嶺がある。「新しい思考」を通じて、人は、あるものが「何であるか」という問いに関する永続的な本質を求めるのではなく、他人との間で絶えず生成される事象を経験するのである。

2 「物語る思考」と物語られる過去

もう一点、「新しい思考」における「語ること」に関して本稿が着目するのは、「語ることが時間に結びつけられ、時間によって育まれる」(GS III, 151) という論点である。モーゼスが指摘するように、「呼びかけ」と「応答」は対話の現在的性格によって特徴づけられている。[11] ただし、語ることには、過去に生じた出来事、もしくは過去に既に語られたことがらを現在において語るということもまた含まれる。語ることは、現在の出来事であるとともに、現在語る者の過去への関係でもあり、ローゼンツヴァイクは、現在だけでなく過去の性質に重要性を見出だしている。

「物語る者は、《本来》どうであったかではなく、むしろどのように現実的に生じたかを語ろうとする」(GS III, 148)。ローゼンツヴァイクによれば、物語ることにおいては、語り手が必ずしも実際に生じた出来事を語る必要はない。語り手は虚構を語ることも可能だからである。しかし、物語るとは出来事についての語りであるということは確かである。ローゼンツヴァイクが重視するのは、物語られる内容ではなく、物語られるのは過去の出来事であるという事実である。ではなぜ過去の出来事を物語ることは、本質を問う思考と区別されるのだろうか。言い換えるならば、なぜ過去を物語ることが「新しい思考」と呼ばれるのだろうか。

ローゼンツヴァイクは「新しい思考」における「物語る哲学（eine erzählende Philosophie）」の着想をシェリングの『世界年代』から得ていると述べている（GS III, 148）。[13] シェリングの未完の著作である『世界年代』[12]の主題は「歴史」と「時間」である。「真なる過去（wahre Vergangenheit）」、「本来的な現在（eigentliche Gegenwart）」、「現実的な未来（wirkliche Zukunft）」という三つの次元は、安定した連続体として統一されることのない、互いに非連続的な時間性を指し示している。[14] こうした時間についての思考は、時間を過去から未来へと流れるものとして、あるいは分割可能な諸瞬間の集合とみなす思考からは生じえない。シェリングによれば、時間は、そのうちで何かが生成する形式であるのではなく、時間自体が生成である。時間があらかじめ措定されていないのであるから、時間は時間ならざるものから生じると考えなければならない。時間を可能にする非時間的な起源をシェリングは「真なる過去」と呼んだ。「新しい思考」との関連においてとりわけ重要なのは、シェリングが「真なる過去」を「物語られる」ものとして提示するということである。ただし、フロイントが記しているように、「シェリングは『世界年代』において、この物語る哲学を提示することはなかった」（Freund 139）のであり、「この物語る哲学を提示しようと試みた」（Freund 139）のはローゼンツヴァイクである。ローゼンツヴァイクがシェリングから受け継いだのは、シェリングが詳しく論じることのなかった、発展的に進行する歴史に抗する、そして指し示すことの可能な時間ではない「真なる過去」を物語ることについての思考である。

とはいえ、過去が物語られるということは、「真なる過去」に言及するまでもなく自明であり、日常的な行為である。ローゼンツヴァイクが「新しい思考」において提示する例も、歴史家が語る「三十年戦争や宗教改革」（GS III, 148）であり、また「むかしむかし（Es war einmal）」という決まり文句で始まる物語である。ところが、シェリングとの関係を重視すると、ローゼンツヴァイクが示そうとしていたのは、過去から現在、未来へと順次変化するような時間概念における過去とは区別されるような「真なる過去」であるはずだ。それでは、物語ることがいかなる意味において「真なる過去」としての意義を持つのだろうか。言い換えれば、ローゼンツヴァイクが注目する「新しい思考」としての「物語ること」によって時間が生起するとはいかなる事態を指しているのか。

三　「語ること」と「聖書物語の対話形式」

ローゼンツヴァイクの論考「新しい思考」においては、過去への関係として実現される「語ること」の具体的様相は与えられていない。ただし、モーゼスが着目するように、論考「聖書物語の形式の秘密」（1928）でその一端が明らかにされている聖書読解の方法を手がかりとして[15]、過去への関係としての「語ること」を検討することは可能であろう[16]。モーゼスによれば、ローゼンツヴァイクの観点から見ると「聖書物語に対話形式が存している」（Mosès 2009, 112）。このことを考慮に入れるならば、聖書物語における「対話形式」を検討することで、過去へと向かう「語ること」の内実を明らかにすることができるのではないか。実際、次節で示すように、聖書物語の読解についての論考においても、ローゼンツヴァイクは物語による時間の生起という事態についての実践的な思考を提示しているように思われる。

ただし、ローゼンツヴァイクの「語ること」についての議論と「聖書の対話形式」についての議論を対応させる場合に、注意しておかなければならないことが数点ある。

第一に、ローゼンツヴァイクは、書物というものに関しては一貫して否定的であり、聖書のある種の読み方に対してのみ意義を認めている。ローゼンツヴァイクは、たとえ聖書であっても書かれたものは「毒薬である」(GS I-2, 1022) と述べていた。ローゼンツヴァイクの見るところ、書物は、そこに書かれている内容が現在と連続した過去とみなされるのであれば毒である。そのとき、過去に書かれたものは規定され、固定化されるべきものとみなされてしまうからである。ローゼンツヴァイクが「語ること」と述べる思考のあり方の特徴としては、言葉を聞き、そして語る主体が自らとは他なるものによって自己を変化させるという生動的な側面があるのだった。ローゼンツヴァイクは「ひとは聖書を理解する必要はない。むしろ、より生き生きとするべきである[17]」と述べている[18]。この言明によって、ローゼンツヴァイクは、聖書を理解しようとする努力を放棄することを推奨しているのではない。そうではなく、この言明からは、聖書の内容が常に一定であり理解されるべく定められているとローゼンツヴァイクは考えていないということが読み取れる。ローゼンツヴァイクは、あらかじめ提示された内容を刷新するような思考の働きについて述べているのである。

第二に、ローゼンツヴァイクが聖書物語の具体的な分析を通じて示すのは、過去の出来事を現在語るというありふれた事実が、過去と現在との非連続性に基づいているということである。ローゼンツヴァイクが聖書物語を読解する際に着目するのは、物語られる過去と、語る現在との隔たりである。現在と非連続的な過去を物語るということは、語り手が自らの現在には決して現れたことのない過去を語るということに示される。語り手は、自らが一度も経験したことのない出来事を、語ることにおいて経験する。語り手が聖書物語において語られる出来事を経験したことがないのは、自分が誕生する以前に生じた出来事であったり、フィクションであったりするからではない。単に自ら経験していないことを物語ることは、聖書物語を語ることに限定されないであろう。昔話や三十年戦争や宗教改革について、自らが経験したことがなくとも、既存の物語を聴取し、そして自ら物語ることが可能である。実際ローゼンツヴァイクも、自ら明らかにした物語の形式は「聖書に限定されるわけではない」(GS III, 827) と述べている。ローゼンツヴァイクによれば、聖書が「最も重要な書物」であるのは、聖書は「これまでに生じた世界史の問題」に関わっているからである (GS III, 827)。問題なのは歴史の中で生じた出来事についての物語ではなく、歴史の生起としての物語である。聖書物語において語られていることには無歴史的読解というものが存在しないのであり、ローゼンツヴァイクは、聖書物語を分析することで、時間の生起であるような物語を検討しているのである。この内実を理解することで、ローゼンツヴァイクが聖書物語に見出した意義を明らかにすることができるだろう。

四　聖書物語の読解による「新しい思考」の実践

1　聖書物語の諸形式

聖書物語とはいかなる物語なのか。そして過去への関係としての聖書読解はいったいどのような意義を担っているのか。ローゼンツヴァイクの小論「聖書物語の形式の秘密」における「形式」への着目によって、「物語ること」のうちにローゼンツヴァイクが「新しい思考」を見出だしていたのだとする本稿の仮説の手がかりを得ることができる。[19]「いかなる表現も完全に形式なしにはありえない」(GS III, 817)とローゼンツヴァイクは述べ、物語の形式を分類したうえで聖書物語の特性を記述する。

ローゼンツヴァイクがはじめに言及するのは、伝令によるメッセージの例である。[20]情報を伝える際には、「いつ人は物語るのか」(GS III, 819)ということが問題となる。「何かが生じたとき」、「他の人が知らない、そしてその人が知らなければならない何かを或る人が知っているとき」(GS III, 819)、報告者は、叙事詩における伝令のように、自分の持つ情報を、その情報を知らなければならない人に対して語る。このとき語り手は、現在の時制において、「真の、まったく現在の対話」(GS III, 819)へと入る。ただし、ローゼンツヴァイクは、伝令の役割は、語られた出来事を「現在化する(vergegenwärtigen)」ことではなく、むしろ聞き手を過去の出来事の側に引き込むことにあると指摘する。過去のどの時点で出来事が起きたのかという情報が重要であるのは、聞き手が、その出来事を現在から見て過去へと位置づけるためである。聞き手は語られたことを過去の物語として理解する。聞き手は物語を聞きながら、その物語を自分が現在置かれているのとは異なる状況で起きた過去の出来事とみなすのである。

ローゼンツヴァイクが挙げるもうひとつの例は教訓的意義を有する「おとぎ話」およびその一形態としての「逸話」である。ある人が「おとぎ話」を語り出すにあたって重要なのは、聞き手を過去へと引き込むことではない。そもそも「むかしむかし」で始まるような物語は日時の詳細な設定を持たないし、逸話において語られる出来事が生じた時を確定することは叙事的な出来事を物語る時に比してさほど重要ではない。聞き手は、おとぎ話を聞く時には、語られた事柄が現在の自分にとっていかなる意味を持って響くのかを考えるよう導かれているからである。

「逸話」の果たす役割を説明するために、ローゼンツヴァイクはレッシングの『賢者ナータン』の例を挙げている（GS III, 820）。キリスト教とユダヤ教とイスラム教のうち、自分の生まれを度外視した場合にどれを選ぶかスルタンに問われて困惑したユダヤ人ナータンは、即興で物語を聞かせることによりその場を切り抜けた。彼は商人と三人の息子、そして三つの指輪の話を物語る。指輪はもともと一つだったが、息子たちのために複製し決して区別のつかないようにしたのだという。もはやどれが元の指輪でどれが複製であるかを商人とて判別する術はない。スルタンはこの物語に心を動かされ、ナータンと友人関係を結ぶことを望む。この話の中では、問われた側が直接の対話の中で物語の開始のきっかけをつくり、[21]また、物語が聞き手の現在に影響を与えるという事態が生じている。この時物語はとりわけ聞き手にとって教訓的な役割を果たしていると言える。この例にしたがえば、スルタンが物語を事実として聞くということが重要であるのではなく、むしろ、物語を聞くことによってスルタン自身が変化すること、「以前とは違う人間になる」（GS III, 820）ことが重要である。

しかし、叙事的な物語も教訓を含む逸話も、聖書物語を説明する形式としては不十分である。スルタンの例における教訓による聞き手の変化は単純な時系列に基づいており、メッセージや逸話もそれだけでは特異な時間概念を喚起するものとは論じられていない。「新しい思考」との関連からすれば、注目すべきであるのは「真なる過去」が述べられるような形式である。そして、両者とも聖書物語でなくとも、多くの物語が属する形式である。では聖書物語はいかなる形式において、「新しい思考」に関与しうる時間概念を含意しているのだろうか。では聖書物語はいかなる形式において、「新しい思考」に関与しうる時間概念を含意しているのだろうか。この問いに対して、三つ目の物語形式を提示するということはしない。というのも、ローゼンツヴァイクは、聖書物語の特性を、その形式が「秘密」のままに留まり続けるということに見ているからである。ただし、その「秘密」は完全に隠されているわけではない。聖書に点在する「鍵語」が「秘密」の形式に到達するための手がかりを与えているというのがローゼンツヴァイクは考えている。この「鍵語」について次に検討したい。

2 「鍵語（Stichwort）」の具体例

「聖書物語の形式の秘密」の特徴は、聖書物語を、書かれたテクストというよりはむしろ音声として理解しようとする点にある。ローゼンツヴァイクは、音の響きやリズムは「鍵語」を通して物語を聞く人に伝えられると考えた。「鍵語」とは、ひとつのテクストの中で複数回繰り返される同じ響きを持つ語のことであり、ブーバーが見いだしたLeitwortすなわち「導きとなる語」とほぼ同じ役割を果たしている。ブーバーはLeitwortを「ひとつのテクスト、あるいは一連の、また複合的なテクストのうちで有意味に反復される語もしくは語根」と定義していた（Buber,1131）。ローゼンツヴァイクは、ブーバーが「聖書を訳す際に聖書の文体の秘密を発見し、われわれにいかにして秘密を翻訳のうちで再生するかを教えた」(GS III, 819) と述べている。

ローゼンツヴァイクが「鍵語」の例として挙げるのが『創世記』二章と二七章、『民数記』二二章、『出エジプト記』一七章一三節と『申命記』二五章一七節から一八節等である。ローゼンツヴァイクによると、『民数記』の例は、「鍵語」が物語の受容者を刺激するありさまを如実に示す。バラムは道をそれるろばを打ちながら進むが、三度打ったところでろばはとうとううずくまる。そこでバラムは怒ってろばに「もし、わたしの手に剣があったら、即座に殺していただろう」(二二―二九)と言う。そのすぐあとで天の御使いがバラムのもとに現れ、「このろばはわたしを見たから、三度わたしを避けたのだ。ろばがわたしを避けていなかったら、きっと今は、ろばを生かしておいても、あなたを殺していたであろう」(二二―三三)と告げる(新共同訳)。この訳では二九節では「即座に」、三三節では「きっと今は」と別の語を充てて訳し直されている。ルターにおいても反復であることがわかるような翻訳はなされていない。[22] しかし、ローゼンツヴァイクはここでヘブライ語に表れる反復表現を踏襲し、二九節と三三節ともに drum daß nun という語を使用する (GS III, 823)。

これは、御使いの台詞においてバラムがろばになしてきた仕打ちが逆にバラムへと向かうことが明らかになる、という場面である。ローゼンツヴァイクは、バラムの台詞と御使いの台詞の同型構造、そして、両方に含まれる「即座に」に、反復の効果を読み取る。御使いは、バラムの述べる「即座に」という語に彼の怒りを読み取り、彼の言葉を「きっと今は」と反復している。このとき、バラムの台詞の一部が御使いによって繰り返されることによって、聞き手にはこの言葉が皮肉として理解される。

「創世記」においては、第1章から「夕べがあり、朝があった」という言葉が反復される（GS III, 826）。ヤコブが兄の「顔を見る」（三三―一一）という記述は、すぐ後の「顔と顔を合わせて神を見た」（三二―三二）というヤコブの言葉と響き合う（GS III, 824）。また、イサクとエサウの物語では、年老いたイサクが「お前の弟が来て策略を使い、お前の祝福を奪ってしまった」（二七―三五）と、嘆く息子エサウに告げた2章のちに、祝福を奪ったヤコブがラバンに「どうしてこんなことをなさったのですか。わたしがあなたのもとで働いたのは、ラケルのためではありませんか。なぜ、わたしをだましたのですか」（二九―二五）という嘆きが語られる（GS III, 823―824）。語と語の関連、そして文と文の関連は簡単に見いだせるものばかりであるとはかぎらない。イサクとヤコブの例のように、少し離れた節において同じ行動の反復が見出されるという例もある。

こうした場合において、聖書物語の形式の「秘密」についてのローゼンツヴァイクの理解は、この形式の「秘密」が「われわれが別様に認識するものを明らかにする」（GS III, 825）というものだ。「鍵語」に気づくことで、聖書物語のうちで起きる出来事が互いに内的に連関していることに気づくことができる。「鍵語」は読み手に対し、神の意図を教えてくれるというわけではないが、それまでは見えなかったテクストの内的なつながりを与えてくれる。語の反復を聞き取り、そしてテクストどうしが呼応していることに気づくことによって、テクストの全体を今までとは別の統一体として捉えることが可能になる。「鍵語」はテクストの論理的つながりを与えるのではないが、テクストとこれまでとは別様に関わることを可能にする。ローゼンツヴァイクは聖書物語をホメロスの叙事詩と比較しつつ、聖書物語の定式は、「諸事物の色彩ではなくて、物語の関節である」（GS III, 827）と述べる。聖書物語の形式は、独立しているかのように見える個々の物語を接続させ、接続する点を「鍵語」によって強調することで、別様の把握を可能にする。「鍵語」の役割は、テクストの受容者が、テクストを別様に理解することを可能にすることにある。

3 「新しい思考」の実践としての聖書翻訳

以上の分析から明らかにしたように、ローゼンツヴァイクが「鍵語」としてとりあげているのは、ヘブライ語のうちに見出される反復表現である。ヘブライ語の聖書物語には、語ないし語根の反復が随所に見られるのであるが、ラテン語から翻訳をしたルターのドイツ語訳にはそうしたヘブライ語の反復は残っていなかった。ルターはドイツ語訳に際して、平明な訳語を選び一般のドイツ人が理解しやすいように注意を払ったためでもある。例えばライヘルトが指摘するように、ルターは「成文化された高度なドイツ語の創造としてのみではなく、近世のドイツ文化一般において支配的な言語のパラダイムの開始として[23]」のドイツ語を重視している。ローゼンツヴァイクは、「翻訳をドイツ語に、一般的に理解できるドイツ語にしようという〔ルターの〕望み」（GS III, 750）、すなわち、万人に分かりやすく聖書の内容を伝えようという試みに一定の評価を与える。しかし、ローゼンツヴァイクがブーバーとともに目指したのは、ヘブライ語の音韻をドイツ語のうちにも反映する訳文であった。ブーバーは、翻訳の際に解釈を加えることによって、もとのテクストの内容が変質させられてしまうことを危惧していた。聖書の特異な言葉が当代の文化および慣習、考え方などに回収され元の意味を歪められることを拒否し、ヘブライ語が読めない人や同化ユダヤ人をヘブライ語テクストの元の言葉へとさし向ける翻訳を模索していたのである。その結果、ブーバーとローゼンツヴァイクによる聖書の翻訳は、ヘブライ語の音韻や語源、響きを重視しつつ、そのドイツ語としての難解さを特徴とするものとなった[24]。

結果として翻訳されたものが難解なものであるという翻訳上の難点を抱えつつもブーバーとローゼンツヴァイクが共に重視し、ドイツ語に残そうとしたのは、ヘブライ語の音韻を無視したドイツ語訳には残されていない音の響きを基盤とする聖書の構造である。ドイツ語に翻訳される以上、完全には再現できないが、「鍵語」によって暗示される反復表現に気づくことによって、聖書の各部のつながりのうちに見出される構造を、ローゼンツヴァイクは「秘密」の形式と呼んだ。同じ語や音韻の反復によって、ある箇所と別の箇所が響きあうということを、ローゼンツヴァイクは聖書物語の表現形式の一つとして取り出す。この反復表現は、発声されるまでは読み手に意識されることなく、また内容を翻訳した場合には失われてしまうために「秘密」のままに留まる。ローゼンツヴァイクが「鍵語」の提示によって目指したのは、聖書をヘブライ語からドイツ語へと翻訳する際に、「秘密」を翻訳のうちで再生することである。

こうした読解に見出されるのは、個々の単語と意味を対応させて物語を理解する態度ではなく、音声の反復や韻によって複数の事柄の関連を知るという態度である。「秘密」とは書かれたテクストのうちに隠されたものである。しかし、重要なのは「秘密」が暴露されたりその内容が知られたりすることではない。物語の「秘密」としての形式が発見されることでテクストがその姿を変え、その積み重ねが歴史を形成してゆくことが重要なのである。

「秘密」を発見することによって、聖書の解釈者は孤独ではなくなり、解釈者たちの一員に参加することになる。ローゼンツヴァイクにとって、聖書は過去に既に完成した書物というわけではなく、解釈者によって新たな姿になりうるものであることになる。無論、何の制限もなく聖書の姿を自在に変容させてよいということではない。ローゼンツヴァイクは、論考「聖書の統一」において、「ヘブライ語を知らない人にとって、われわれ［の翻訳］は《創造的な》（芸術的な：künstlerisch）翻訳であり続ける。この誤った判断は、その最初の公刊時以来翻訳につきまとっている」（GS III, 834）と述べた。ローゼンツヴァイクは、自らの翻訳のあり方が一見「創造的」に見えることを認める。しかし、ローゼンツヴァイクが聖書物語の読解において問題としているのは、恣意的な読解の可能性ではない。今までになかった読解の仕方を恣意的に生み出す読解は、テクストのうちに隠された「秘密」と読者との関わりを無視するものであり、孤独な営みに従事している。そのような読解を「新しい思考」と呼ぶことはできない。だからこそ、ローゼンツヴァイクは翻訳を芸術家が孤独のうちに生み出す芸術作品とみなすことは誤っていると指摘する。翻訳は「秘密」を介して形成される共同体のもとでなされるのである。

「新しい思考」との関連で言えば、聖書は「本質」が最終的に何かとして認識されるようなあり方をするのではなく、歴史上の様々な解釈によってはじめて成り立つ書物であることは確かである。なぜならこの解釈の歴史は何らかの本質には還元不能だからである。聖書がそのように様々な解釈、したがって多くの他なるものを必要とすることは、「新しい思考」が「他人」を必要とする点と一致する。では

「新しい思考」が特異な意味での「過去」を含意するという論点についてはどうだろうか。この点を次節で検討しよう。

4　聖書物語の形式の「秘密」——読解の「変容」の意味

ローゼンツヴァイクの論点のうち、ここで注目したいのは、物語る行為において保持される過去と現在との隔たりである。ローゼンツヴァイクによれば、聖書物語は「聞き手自身が置かれた状況」（GS III 820）からその人を抜け出させることはなく、聖書物語は「時間的な隔たりを排除」（GS III 820）しない。簡単に言えば、聖書物語はそれを読む者に同時代性を与えるのではなく、既に時間が経過してしまったことを感じさせる効果を有している。ただしこのような効果はいかなるテクストにも存在する可能性はある。例えば遺跡において発掘された古文書や石版の文字は当然歴史の存在を含意するし、いかなる書物も過去に書かれたものである。過去であることは、かつて現在であったものが変容したという意味だとしたら、それはローゼンツヴァイクが提示したい論点ではないはずである。聖書が持つであろう過去性とは、かつて現在であったとは限らないような過去性なのである。

ここでローゼンツヴァイクが着目するのは、テクストには「パートナー」（GS III 829）が隠されているという点である。ローゼンツヴァイクはテクストにおいて「パートナー」が見出だされるという事態を、「新しい思考」の実践とみなしてはいない。ただし、ローゼンツヴァイクが、聞き手は「秘密の対話の網」に参与すると語っていたことを想起する必要がある。[25] 問題は、「秘密の対話」が、いかなる意味において特異な過去性に関与しているのかということである。

なぜここでの対話が「秘密」であるのか、ローゼンツヴァイクはその論考において明確には語っていないが、補って考えてみよう。テクストが伝えるのは、さしあたりテクストが存在したという事実のみである。過去から現在、そして現在から未来へと続く通常の時間理解から言えば、テクストは過去から現在へと続く線的時間を表現しているだけに見えるが、実際にはそれだけではない。伝承されたテクストは、かつて誰がそのテクストを作成したのかということを問題にせずとも、まず読み手に到来する。その際、作者やいつ作られたのかということはまずもって「秘密」のままである。この「秘密」は歴史的証拠によって明かされることもあるだろうが、テクストがまず「秘密」を保持したものとして到来する事実が揺らぐことはない。この「秘密」を保持する匿名の誰かは明かされないままでも、テクストは理解可能である。テクストは作成された以上、作成者は存在せねばならないが、読み手にとっては作者が誰であるかは重要ではない。重要なのは、物語ることは、テクストが形成する解釈者たちの共同体に参与することであり、その隔時的な共同体は、物語作者、解釈者そして読み手たちが参加している「秘密の対話の網」ということになるだろう。この「秘密の対話の網」において、「鍵語」が見出だされたり、聖書の読解が変容したりするのである。ローゼンツヴァイクが、「現実の会話では、まさに何かが起きる」(GS III, 151)と記していたことを想起せねばならない。「鍵語」に気づき、テクストとの関わり方を刷新することとは、テクストを受容する主体のあり方を変化させることであると同時に、その主体にとって見えるテクストのあり方を変えることでもある。聖書は、こうした変容を可能にする力を有しているのだ。序文で言及した「変容へと向かう聖書の力（Kraft der Bibel zur Verwandlung）」（GS III, 815）が意味するのは、聖書読解の最中にテクストとテクストの受容者に作用する力である。この力が働くがゆえに、テクストは固定した内実を有してはいないのだ。[26]

聖書物語の読解において「対話」が「秘密」であるのは、さしあたり読み手（あるいは聞き手）は、その場に居合わせるような他人を必要とせず、読み手にとってのパートナーは、現れていないように見えるからである。ところが物語を読むこと、言い換えれば物語ることは、誰かがそのテクストを作成したことを含意せざるをえない。物語が真実を語ろうともそうでなくとも、言葉が伝承されたことは確実である。物語るという行為はそのテクストが誰かに由来することを前提するが、それが誰であるかを必ずしも問題にするわけではない。聖書物語を受容する者は、たとえひとりでテクストを読む読者であっても孤独ではなく、いまだ出会ったことがないような存在との「対話の網」の空間へと入りこむのである。

結

本稿が確認したのは、ローゼンツヴァイクの「新しい思考」が聖書読解において実践されていくありさまである。「新しい思考」は、従来の哲学の刷新であって未来へ向かうものであると同時に、物語の起源としての過去へと立ち返る。ローゼンツヴァイクは、過去から未来へと進む等質的な時間に基づいた、統一的な連続体を思考する代わりに、過去と現在の断絶を起点としたうえで両者の関係を思考することによって、語るという出来事を「新しい思考」として提示した。

ローゼンツヴァイクが提示しようとしたのは、シェリングから継承した「真なる過去」のあり方である。「真なる過去」と隔絶している現在の主体は、物語を介して「秘密」――現在との連続性において思考されることのない――と関係を結ぶ。このように関係を結ぶことが「新しい思考」であるとすれば、「読むこと」と「語ること」は同じことを指し示す。論考「新しい思考」において、ローゼンツヴァイクは「時間は語り手にとって完全に現実的になる」(GS III, 148)と述べていた。時間そのものが生起するとは、現在において、現在と断絶している過去、そして隠された「パートナー」との関わりが生じるということである。このように「新しい思考」を提示することで、ローゼンツヴァイクは、ひとつの歴史的な共同世界のあり方を語り出そうとしているのである。

凡例

ローゼンツヴァイクの作品については以下の略号と共に本文中にページ数を表記する。

Rosenzweig, Franz:
GS I-1 : *Der Mensch und sein Werk, Gesammelte Schriften. I. Briefe und Tagebücher, 1. Band 1900-1918*, Martinus Nijhoff,1979.
GS I-2: *Der Mensch und sein Werk, Gesammelte Schriften. I. Briefe und Tagebücher, 2. Band1918-1929*, Martinus Nijhoff, 1979.
GS II : *Der Mensch und sein Werk, Gesammelte Schriften II, Der Stern der Erlösung*, Martinus Nijhoff, 1976.
GS III : *Der Mensch und sein Werk, Gesammelte Schriften III, Zweistromland, Kleinere Schriften zu Glauben und Denken*, Martinus Nijhoff, 1984.

Bensussan, Gérard (2009): *Dans la forme du monde. Sur Franz Rosenzweig,* Hermann.

Buber, Martin (1964): *Werke, Band I, Schriften zur Bibel,* Kösel-Verlag,.

Freund, Else (1959): *Die Existenzphilosophie Franz Rosenzweigs. Ein Beitrag zur Analyse seines Werkes* "Der Stern der Erlösung", *zweite durchgesehene Auflage,* Felix Meiner.

Galli, Barbara Ellen (1995-1): *Franz Rosenzweig and Jehuda Halevi. Translating, Translations, and Translators,* MacGill-Queen's University Press.

————————(1995-2); "Time, Form, and Content : Franz Rosenzweig and the Secret Biblical Narration", in Judaism: A Quarterly Journal Jewish Life and Thought, fall, Vol. 44, No. 4.

Guttmann, Julius (1966): *Philosophies of Judaism. The history of Jewish Philosophy from Biblical times to Franz Rosenzweig,* Anchor Books, 1966.

Levinas, Emmanuel (1961): *Totalité et infini. Essai sur l'extériorité,* Le livre de Poche,1961（2000）.

————————(1987) « La pensée de Martin Buber et le judaïsme contemporain » (1968), in *Hors sujet,* Fata Morgana, pp. 15-33.

Meir, Ephraim (2015): *Interreligious Theology: Its value and mooring in modern Jewish philosophy,* De Gruyter Oldenbourg.

————————(2006)*Letters of Love. Franz Rosenzweig's spiritual Biography and Œuvre in Light of the Gritli Letters,* Peter Lang.

Meschonnic, Henri (2001): *L'utopie du Juif,* Desclée de Brouwer.

Mosès, Stéphane (1982) : *Système et Révélation,* deuxième édition, Bayard, 1982(2003).

————————(2009)*Franz Rosenzweig. Sous l'Étoile,* Hermann.

Schelling, F. W. J., *Die Weltalter(1813) : Sämmtliche Werke,* Bd. VIII.

マルティン・ブーバー『ブーバー著作集2　対話的原理』佐藤吉昭、佐藤令子訳、みすず書房、一九六八年。

丸山空大『フランツ・ローゼンツヴァイク―生と啓示の哲学』慶應義塾大学出版会、二〇一八年。

註

1　GSIII, 701. 論考「築く者たち（"Die Bauleute"）」はブーバーに宛てられている。
2　マルティン・ブーバー『ブーバー著作集2　対話的原理』佐藤吉昭、佐藤令子訳、みすず書房、一九六八年、一一六頁。
3　論考「新しい思考」とは別に書かれた『救済の星』の解説書である『健康な悟性と病的な悟性（*Das Büchlein vom gesunden und Kranken Menschenverstand*）』（一九二一）では、ローゼンツヴァイクは「病的な悟性」を「健康な悟性」と対置していた。この解説書で「健康な悟性」が「常識」であると述べられているのと同様に、論考「新しい思考」において、「新しい思考」は「常識」として位置づけられている。
4　グットマンによれば、ローゼンツヴァイクによる「神」「世界」「人間」の三つの要素の区分はコーエンの影響を受けて行われている（Guttmann, 417）。
5　『救済の星』に先立って書かれたルドルフ・エーレンベルク宛書簡「『救済の星』の原細胞」（一九一七）において既に、各々の要素の同語反復的なあり方が考察されている（GS III）。
6　『ソクラテスの弁明』30e。出隆は、「哲学を殺すもの」において、ソクラテスの営みを「真に最も実践的な活動」と呼ぶ（『哲学を殺すもの　出隆著作集2』勁草書房、一九六三年、九九～一〇二頁）。
7　『テアイテトス』189E。
8　「〈思考〉と〈言表〉とは同じものではないかね。違う点はただ、一方は魂のうちにおいて音声を伴わずに、魂自身を相手に行われる対話（ディアロゴス）であって、これがわれわれによって、まさにこの〈思考〉という名で呼ばれるに至ったということだけではないか」（『ソピステス』263E）。

9　のちにローゼンツヴァイクから影響を受けたレヴィナスが、ソクラテスについて「私のうちにあるもの以外には〈他人〉から何も受け取らない」（TI 34）と評して、その産婆術に批判を加えていることにも留意したい。

10　「語ること」は他者を前提しており自分ひとりではそもそも語ることができないという考えは、『救済の星』において既に見出される。『救済の星』第二部における「啓示」の章では、とりわけ「問いかけと応答という活動」（GSII 194）に基づく対話形式についての議論がなされていた。〈私〉は、この活動において、「個別的な問い Frage に対する個別的な応答 Antwort として発見されている」（GSII 194）とローゼンツヴァイクは述べる。〈私〉はまず応答する主体として見出されるのである。

11　Cf. Mosès, 2003, 103.

12　Schelling, S.197-344.　ローゼンツヴァイクが参照していたのは、レクラム社から出版された一八一三年版のものである。また、*Weltalter-Fragmente. Schellingiana Bd. 13.1*, Stuttgart-Bad Cannstatt, 2002も参照した。

13　ローゼンツヴァイクのシェリングへの関係自体は、「ドイツ観念論の最古の体系計画（Das älteste Systemprogramm des deutsche Idealismus）」にローゼンツヴァイクが関心を寄せたことで知られている（GS III 3-44）。記名のないこの草稿の筆者を巡る数多くの研究を本稿で取り上げることはしないが、ローゼンツヴァイクは文体の問題からこの草稿をヘーゲルではなくシェリングによるものとみなしている。

14　『救済の星』第二部の時間構造がシェリングの体系を受け継いでいるということに関しては複数の研究がある。例えばベンスーサンは、ローゼンツヴァイクに対してシェリングがもたらしたのは「歴史」についての思考であり、「世界の《偉大な時間》は人間の生きられた時間をその組織性において形成する」（Bensussan, p.184）という図式が『救済の星』においても見られると述べる。

15　モーゼスは、「聖書物語の形式の秘密」における議論が『救済の星』の第二部の「創造」で論じられる「過去」および「物語」についての議論と対応していることを指摘した。紙幅の関係から、本稿は『救済の星』について論じることはしない。

16　もう一つの手がかりとして重要なのは、中世の詩人イェフダ・ハレヴィによってヘブライ語で書かれた詩の翻訳の仕事である。Galli, 1995を参照。

17　Rosenzweig, *Die "Gritli"-Briefe. Briefe an Margrit Rosenstock-Huessy*, Bilam Verlag, Tübingen, 2002, S. 470 : "Man soll gar nicht die Bibel verstehen, man soll lebendiger werden." Cf. Meir 2006, 92.

18　マイアーによれば、ブーバーとローゼンツヴァイクは共に聖書を、現代の人間に呼びかける生きた語りであると考えていた（Meir 2015, 96）。

19　ガリは、「聖書物語の形式の秘密」という題名が、形式に対して内容を優先的なものとみなす見方に対するローゼンツヴァイクの異論を強調していると指摘している（Galli, 1995(2), pp. 467– 476, p. 467）。

20　これはローゼンツヴァイクおよびブーバーがBotschaftと呼ぶ言語形態である。

21　モーゼスは、叙事的な物語を「メッセージの伝達」、そしてここで述べている逸話の形式の物語を「問いへの応答」とする。すなわち、モーゼスはそれぞれの物語を二つの異なる対話のあり方とみなしている（Mosès 2009, 111）。

22　ルター訳は"jetzt"を用いている。

23　Klaus Reichert, ""It Is Time": The Buber-Rosenzweig Bible Translation in Context", in *The Translatability of cultures: Figurations of the Space Between*, Sanford Budick and Wolfgang Iser, Stanford University Press, 1996, p. 170.

24　こうしたブーバーの意図は一般の人々によって受け入れがたいものであった（Galli 366）。また、レヴィナスは、ブーバーとローゼンツヴァイクの聖書翻訳が「ありとあらゆる言語に翻訳されたテクストにはらまれたヘブライ語の神秘を探求しようとしている点」(Levinas 24) に関心を抱きつつ、ブーバーの原点回帰の態度の厳格さを、これまで聖書を読み続けた人々の伝統を拒否する態度として批判する。

25 シェリングが「真なる過去」を論じる際に、「問う者と答える者との秘密の循環」を「内なる対話」とみなしていたことも想起したい (*Die Weltalter*, op. cit., S. 201)。シェリングが「内なる対話」と呼んでいたものと、ローゼンツヴァイクが「秘密の対話」と呼ぶものの表面的類似性がここで問題なのではない。そうではなく、ローゼンツヴァイクにおける「秘密の対話」が、シェリングの「内なる対話」と同様に特異な過去へと関わることが重要である。

26 「変容へと向かう聖書の力」が言及されている論考「永遠なるもの」においては、神の名をいかに呼ぶかということが問題になっている。神の名についての多くの議論は、この力の作用がいかなるものであるのかを示す好例であろう。

[付記] 本稿は、「ローゼンツヴァイクにおける聖書物語の意義」(『京都ユダヤ思想』第9号、二〇一八年、二八〜四七頁) をもとに、大幅に加筆修正を行ったものである。また、本稿は、若手研究「フランス現象学の領域横断的展開を踏まえた対話の哲学の系譜学的再編」(課題番号 20K12793) の成果の一部である。

第Ⅳ部　ドイツ認識論で現象を救う

第13章　フッサールとブレンターノ

――志向・明証・反省

梶尾　悠史

序

志向性に関するフッサールの論述は、「意味」という契機を導入することで言語的な指示理論に接近するかに見える。このことは「反省」を心的作用の基盤に据えるブレンターノの心理学主義的な立場からの離反と受け取られてきた。[1] 本章の目的は、「志向」「明証」「反省」という三つの概念を中心に、両者の思想上の差異と一致点を明らかにすることである。

フッサールによって、意識が対象へ方向づけられる際の意味の寄与が、命題的な形式を手掛かりとして解明される。このときフッサールは、非命題的判断論を採るブレンターノよりも、むしろ、意味や命題というイデアールな存在者を認める言語論と関心を同じくするように見える。しかし、意味機能の解明は、意識作用の解明というもう一つの目的と結びついて初めて、直観を伴った仕方で十全に成し遂げられる。こうした二面的研究を促す核心的な問題概念としての志向性は、ブレンターノから受け継がれたものである。とはいえ、当のブレンターノは、むしろ意識に関する説明概念として志向性を導入したように見える。「それ自身のうちにある対象を志向的に含んでいる」という在り方は、心的現象の「定義」に相当する自明の事実とみなされ（Psy. I, 124f.）、意識に内在的なものが同時に超越として与えられるのはいかにしてか、という問題は十分に論じられなかったと言える。

フッサールは志向的内在がもつ超越という性格を真正面から問題化し、この両義性を統握意味の余剰として解明する。その際、明証感情説がきっぱりと拒絶され、論理整合性に明証性の根拠が置かれるようになる。ただし、心理学主義に対する代替案として単純に論理学主義がとられたわけではない。むしろ反省作用に独特のイデア化を施すことによって、現象学に固有の意味の理論が切り開かれたと考えるべきである。本章では両者の志向性理論を比較することによって、この次第を明らかにする。

一　志向——記号的表象と解釈的構成

フッサールは『論理学研究』第六研究補遺において、ブレンターノによってなされた「物的現象と心的現象」の区別、および各現象に対応する作用の側での「外的知覚と内的知覚」という区別に焦点を当てて、師の理論に対する批判を試みている。ブレンターノによれば、われわれの全現象界は「物的現象」と「心的現象」という二つの大きな部類に分かれる（Psy. I, 109）。一方の物的現象としては「光、音、暖かさ、場所、および場所的運動の現象」（ibid., 28）などが挙げられ、他方の心的現象には「音を聞く作用、色のある対象を見る作用」(ibid., 111) などが属している。ただちに明らかなように、二つの現象の境界線は、〈作用の対象〉と〈対象を捉える作用自身〉との間に引かれている。

また、作用のうち、特に物的現象へ方向づけられるものは「外的知覚」と呼ばれる。これに対して、心的現象(作用)を対象化する別種の作用が提案され、こちらは「内的知覚」と称される。以上のような二重の対概念に基づいて、ブレンターノは作用主観の経験的パースペクティブから、各現象の記述的な区別を以下のように与える。物的現象は「本当に現実的に存在している事物」ではない(ibid., 28)。むしろそれは「現実的なものについての記号(Zeichen)」として、非常に不完全な意味において知識を与えるにすぎない(ibid.)。したがって、外的知覚が教える物的現象の真理は「単なる相対的真理」である(ibid.)。それに対して心的現象のみが「直接的明証性とともに知覚される」のであり(ibid., 137)、真に受け取るという点に知覚(Wahrnehmung)の原義を求めるならば、内的知覚こそ「言葉の本来的意味における唯一の知覚」とみなされる(ibid., 128.)。「自らにおいて知覚される心的状態はどのようであるか」とか、「その心的状態は自分が知覚する通りにあるかどうか」などと、真剣に疑うことはできないのである(ibid., 14)。

フッサールが強調するように、二種類の現象をそれぞれの本質において理解するには、体験されるがままの現象の記述的特徴のみを参照しなければならない。つまり、各現象の性格的な差異は、物心二元論やそれに基づく因果的な諸理論から独立に、経験の内側から観取される明証性の差異のみに求められる必要がある。ところが、明証性をフッサールの言う「自然(主義)的態度」やその一形態である心理学主義に引き寄せて理解する点で、ブレンターノは認識論的アポリアから抜け出せない「経験的分析」になお固執しているとされる（cf. IX, 42)。「いったいどのようにして認識〔主観〕は認識された客観と認識〔主観〕自身との一致を確かめうるのであろうか」(II, 20) というのが、そのアポリアである。

このアポリアに直面したとき、採用されうる態度の一つは懐疑主義である。「いかなる知覚も、実際には、外部の事物には関係していない」(Psy. III, 12.) とか、「心的に活動的なものとしてのわれわれ自身を超えて〔……〕われわれは事実のいかなる直接的に明証的な認識ももたない」(ibid., 4) というブレンターノの言葉には、懐疑主義が透けて見える。外的知覚は決して明証的でありえないとブレンターノが言うとき、彼が指摘しているのは知覚の「客観的的中性（objektive Triftigkeit)」(II, 24) についての疑わしさであり、主観に帰属する諸現象と客観に帰属する諸性質との間の存在論的、認識論的な断絶である。

これに対し、フッサールは物的なものを作用自身にとって異他的なものと捉え、この意味で物的なものとして、感覚与件は明証的に体験されると言う。超越的事物について欺かれる場合にも、「体験された感覚内容の実在については欺かれない」(XIX/2, 767) として、フッサールは、物的な知覚を一律に非明証的とするブレンターノを批判する。彼によればブレンターノの誤りの温床は、「現出」という語の多義性に惑わされ、「直観された（現出している）対象」やそれに帰属される「諸性質」と、「現出の実的成素」である感覚与件とを――上述のように存在論的に切断しておきながら――概念の上で混同することにある（ibid., 763)。感覚与件は、ザハヴィがその両義的な性格を指摘する通り、自我を取り巻き触発する「内面的非自我論的次元（*interior* nonegological dimension)」に属しており、「内在的類型の他性

(*immanent* type of alterity)」という固有の有体性を備えて体験に直接顕現してくるのである。[2]

物的なものは意識に明証的に与えられうるという指摘と対をなすのが、心的なものについての知覚は必ずしも明証的でないという、フッサールのもう一つの批判的論点である。自我という語が「自分自身の経験的人格」つまり事物世界のなかに存在する一人の人間を指すとき、「自我に関係づけられる心的状態の知覚」は明証的であると限らない（ibid., 761）。

ここにおいて、ブレンターノの概念連関に反して、「明証的／非明証的」と「心的／物的」や後者の区分を引きずる「内的／外的」とのあいだの平行関係は、絶対的なものとして維持できないことが露呈される（ibid., 769）。フッサールは曖昧さを払拭するために、唯一「明証的／非明証的」を知覚の本質記述的な特徴として採用するよう提案する。こうして二元論の臆見を括弧に入れる結果、内的／外的の区別に関わらず知覚の本質は、単なる感覚を意味付与によって踏み越える「経験（Erfahrung）」であるという点に求められる（ibid., 762.）。知覚と対比されるのは、むしろ感覚与件と呼ばれる意識の「実的」契機の先解釈的な所有という、強い意味で内在的な「体験（Erlebnis）」である。知覚とは本来的に統握作用なのであって、既成の知覚から遡行する仕方で、統握の素材（ヒュレー）である感覚与件が、理論的抽象概念として取り出されるであろう。こうしたある種の統握理論によれば、明証的／非明証的という区別は、経験の進行の各段階における解釈の確証度の違いから語られるのだが、既に見たように、明証性は心的なものと物的なもの双方の知覚に跨る、一層広範な性格なのである。

ブレンターノは、二元論の前提に立って実在の性質とその現象とを存在論的に分離し、性質の不可知性と現象の不確実性を一体のことがらであるかのように論じる。だがこれは、例えば「色の感覚」とそれを「解釈する作用によって現出する性質」とを混同することから導かれる不用意な断定であると、フッサールは考える（ibid., 763）。フッサールの指摘は二つの含蓄をもつ。第一に、内在的（＝実的）感覚と超越的（＝非実的）性質とを混同しているという指摘である。そもそも体験は何らの内容も統握しないのだから、感覚される限りでの色、光、音、熱、等について誤謬を疑うことは、研究領域の区別を無視したメタバシスだと言える。誤りが生じるのは、感覚そのものについてではなく、感覚を解釈することで現出する超越的性質に関してなのである。

第二に、性質が有する超越という特徴を形而上学的な意味合いでしか捉えないことへの批判である。『現象学の理念』で強調されるように、超越は第一義的には意識に実的に含まれないものを意味する。この意味で超越的なものは、「直接的に直観されるものを超え出る」という意味で超越的なもの（形而上学的実在）ではない。非実的なものは、こうした実在の概念に反して意識に明証的に与えられうる（II, 35）。さらに言えば、じつは実在もまた統握作用によって構成される超越の一類型である限り、まさにそのようなものとして様々な程度において明証的に現象しうる。この現象を把捉したうえで、それに付与される超経験的な諸規定を根拠に、それを構成する感覚の明証性を疑うことは転倒している。

感覚の誤りと呼ばれる状況は、正確には、何かしらの超越（非実的なもの）にコミットする知覚において生まれる。だがそれは、誤表象など実在へのコミットの失敗において生じるのではない。超越的錯誤は、実在の不可知性や的中の不確実性にではなく、解釈の流動性に起因するのである。すると、知覚の明証性は、実在との一致によってでなければ、何によって保証されると考えられるのか。節を改めて検討しよう。

二　明証――心理学主義と反心理学主義

経験の進行のなかで意識にもたらされる現象学的意味での明証は、心理学的な事実と混同されてはならない。明証が生じるところの経験は意味的なものに関わり、したがって感覚などの心理学的事実と違って規範的な経過を辿っていく。例えば、同一の対象に対して相反する二つの規定を付与する経験は、その作用について明証性の欠如が言われる一方、矛盾律に背く点において反意味的（widersinnlich）であるとも言われる。[3]

フッサールは存在確信の形成基盤を、対象の二種類の所与様態に求めていると言える。すなわち、第一に、ヒュレーの存在確実性であり、第二に、モルフェーに相当する統握内容どうしの論理的整合性の理想である。前者は「原的所与性」、後者は「十全的所与性」と表現され、次の「明証テーゼ（H）」において統合される通り、ともに理性定立のアプリオリな根拠に位置づけられる。

明証テーゼ（H）「対象が真実に存在するという確信（理性定立）⇔対象を原的かつ十全的に直観する、ある可能的意識の理念の洞察」（III/1, 329）

志向的関係は、〈ノエシス／ノエマ〉相関から成る意味志向に基礎を置く。アプリオリに下図を描かれた諸現出（述語的規定）の体系としてノエマは、「現象学的時間」という形式をもつ「体験流（Erlebnisstrom）」の中で漸進的に把握される（III/1, 185f.）。対するノエシスは、規定可能なXに関して諸現出の矛盾撞着に至らない限り、「絶えず増大する理性力」を伴いながら調和的に充実化を推し進めていく（III/1, 320）。この過程において意味志向はある余剰を含む。すなわち、個々の意味のみならず多様な意味を一つの現出系列のもとに統制する「理性法則的な本質連関」もまた観取されえ、その場合には、「現実的」という際立った性格が理性連関を表す「指標」として当の対象に帰属される（III/1, 337）。このように、フッサールは意識と対象を繋ぐ項としてよりも、むしろ、対象を明証性において現前させる地平、あるいは〈経験の論理〉を司る媒体として意味を導入する。

こうした行論は、ブレンターノの心理学主義的な明証論に対する異議申し立てともとれる。ここでブレンターノの明証論について手短に触れておく。先に述べたように、認識論のアポリアに直面するとき、採られうる態度の一つは懐疑主義であった。だがこのアポリアは、判断は事物の現実のあり方から独立に各主観において明証的に保持されるとする、相対主義の考えを導きもする。ブレンターノは相対論を擁護することによって、懐疑論によって危うくされた明証概念の回復を図るように思われる。

ある人が「路上に石が存在する」と明証的に判断するとしよう。ブレンターノに従えば、その人は知覚や判断など心的現象を有しており、そのなかで石の物的諸現象へ方向づけられている。その人の知らない間に誰かが路上から石を取り除いたとき、依然としてその人が同じ判断を明証的に行っているとすれば、われわれの目には何かしら矛盾があるように映る。しかし「もし判断する人がそれについて彼が判断しているものと自分との関係について、まったく何も知らないならば、彼にとってこの矛盾は存在しないも同様であろう」(Psy. III, 6)。存在命題の明証性は、外部の事実から制約を受けることなく存在判断という作用の明証性によって規定され、最終的に、それらはこの種の作用の内的知覚に根拠をもつと考えられる。この考えは以下のように定式化される。

明証テーゼ(B)「対象が真実に存在するという確信 ⇕ 対象について存在判断を行っているという確信」

ブレンターノは明証を自己(作用自身)に向けられた反省に基づける。まさにこの反省作用が内的知覚と呼ばれ、既に見たように、それは作用とその対象との絶対的自己同一性を実現する、唯一にして本来の明証的知覚だとされる。注意すべきことに、反省は知覚の明証性を支える根拠として当の知覚のうちに最初から組み込まれている。内的知覚を外的知覚から際立たせるとき「ただ概念的に二つの表象に分割したにすぎない」のであって、実際には、例えば「音が表象されている同一の心的現象の中で、同時に私たちは心的現象そのものを把握する」と言われる(Psy. I, 179f.)。したがって、われわれは一つの知覚作用の中で、音という「第一次的客観」と、聴くこと(das Hören)という「第二次的客観」とを、同時に捉えていることになる。

これに関連して、レカナティは心的作用の反省的関係を記号の反射として捉えなおすことによって、上述の記述心理学の諸成果を「記号の理論」という観点から評価する。彼の解釈に従えば、ブレンターノは志向的意識が成立するための条件として次のことを見出したと言える。すなわち「作用は、作用から区別された対象として対象を表象しうるために、対象から区別されたものとして己自身を反射（反省）しなければならない」[4]。言い換えれば、意識は〈自身を対象化することによって、自身から差異化された対象を代表する〉という記号的構造（$(x \to x) \to y$）を有する。意識にこうした構造を認めることで、心的作用の代表性とその反射性が一体的に論じられるようになる。

『論理学研究』第五研究の第二章は、「対象への方向性」というブレンターノによる心的現象の定義について、多くの紙幅を割いて論じている。その中でフッサールは、志向的関係を実在的（real）関係として捉えていること、そして、志向的対象を体験の実的（reell）構成要素とみなしていること、この二点についてブレンターノを批判している（XIX/1, 385）。ブレンターノが用いる「心的現象」という語は、あらゆる心的作用は何らかの作用にとっての対象であるという、彼の理論的確信を示唆している。この確信のもと、志向的関係は二種類の対象どうしの実在的な関係として、固定化された仕方で理解されることになる。さらに、意識と諸現象を全体に対する部分の関係として捉える見方がこの見解と結び付き、結果、超越の意味を経験の内側から直観する可能性は失われてしまう。代価として、形而上学的実在という歪められた意味での「超越」概念が、その記号である物的現象とともに得られるのだと言える。だが経験が教えるところでは、多方向的・重層的に展開される解釈の遂行が作用の実相なのであり、超越の本質は、その中で統握される意味の流動的体系の中にこそ見出されうるにちがいない。内在的対象と超越的対象とを分離することは不合理である（Ibid., 439)。このように看破するフッサールは、心的現象という心理学的概念と代表象という経験論的概念の両方を拒絶していると考えられる。[5]

公正を期して、ブレンターノの判断論の基本的な前提を確認しておくべきだろう。ブレンターノは、存在への肯定／否定に判断作用の核心を求めることで、命題への関係に判断の基礎を置く二十世紀の多くの哲学者から距離を置くことになる。[6] 例えばフッサールによれば、「諸述語」と「規定可能な主語」との統一において「ノエマ的意味」と呼ばれる内容が構成され、さらにこれに「定立的性格（thetischer Charakter)」が帰属されることで、判断経験の「直観意味」ないし「直観命題（Anschauungssatz)」が形成される（III/1, 305f.)。だが存在判断を存在帰属（existence-ascribing）とみなすこのような説を、ブレンターノは決してとらない。彼にしたがえば、存在判断とは何よりも存在主張（existence-affirming）なのである。この場合、志向的関係にとって判断の内容よりも判断の態度が、つまり「何を」表象するかよりも「どのように」表象するかが決定的である。[7] リンゴについての存在判断は、「存在するものとしてのリンゴ（the apple as existent)」を表象することにではなく、リンゴを「存在するものとして表象すること（representing-as-existent)」において成り立つ。

ブレンターノとフッサールの見解の相違は、先述の明証テーゼの差異に帰着する。フッサールは〈実在〉の存在基盤、ノエシス的に言えば、超越的意味形成体の存在確信の根拠を、イデア的意味の合法則性に求めた。他方、ブレンターノは実在についての認識可能性を考慮の外に置き、存在確信の成り立ちを反省や肯定という心理学的な事実から説明した。フッサールから見れば、ブレンターノの方法は超越の本質を解明しえない事実学にとどまるであろう。しかし、志向的関係をイデア的意味に根拠づけることは、ブレンターノと同様にフッサールも尊重するはずの、一人称パースペクティブを犠牲にすることにつながりかねない。実際には以下で見るように、フッサールはブレンターノから反省の概念を受け継ぐことによって、この危険を回避するのである。

三　反省――内的意識の二つの水準

意味という抽象的なものに訴えるフッサールの考えは、ブレンターノの理論と根本的に異なる。ブレンターノが自身の研究格率において尊重する「経験」は、客観的世界のなかで一定の時間位置を占めて生起する点で事実的であり、よって意味や命題という抽象的、理念的なものは、経験的立場からなされる彼の分析において主要な役割を担わない。こうした見解の相違は、コプラに関する両者の扱いの違いにおいて、最も明瞭に表れている。[8]

ブレンターノによれば、判断の本質は表象どうしの結合に求められてはならず、よって、判断文に現れるコプラは表象どうしを結合する抽象的形式とみなされるべきでない。彼はミルの『論理学』を肯定的に引きながら、このことを指摘する（Psy.II, 45f.）。例えば“Gold ist gelb.”という判断は、“Gold”の表象と“gelb”の表象とを単に結合することではない。彼によれば、表象どうしの結合よりも、むしろ肯定という表象全体への心的関係にこそ、判断の決定的特徴は求められる。この心理学的超過の言語的痕跡として「コプラは、ある表象の表現を肯定判断ないし否定判断の表現にもたらすに過ぎない」(Psy. II, 55)。

ブレンターノは、判断主体が自らの表象作用に対して承認ないし否認を行うことに、判断の本質を求めている。「心的現象は、表象であるか〔……〕表象に基づけられている」(ibid., 120) と言われ、判断は、基礎にある表象に対する承認ないし否認という二次的な作用において打ち立てられるとされる。レカナティの診断に従えば、認識の可能性をその本質において解明しようとするフッサールは、こうした心理学的事実に訴える認識論に対して「反省恐怖症」とも取れる拒絶反応を示す。[9] だが、この見立ては正当だろうか。以下で見るように、フッサールもまた、対象が自己に対して現れるための可能性の条件を、一貫して、ある種の自己直観に見たであろう。彼が拒絶するのは、認識が具備すべきこの本質的契機を心理学的な事実と取り違える立場である。

判断はその基礎にある表象を承認する高次の反省作用であり、この作用の中で存在確信(明証)が生起するというのがブレンターノの考えであった。このとき表象は、判断において評価されるべき一個の心理学的事実、あるいは、志向的関係を判断に先立って打ち立てる心理的媒介とみなされる。その意味では、ブレンターノの理論こそ、媒介理論と呼ぶにふさわしいのかもしれない。基礎にある「表象 - A」を介してその上に「判断 -(表象 - A)」が形成されるとき、この判断を表現する文“A ist.”や“A ist ~.”においてコプラが表現するものは、基礎にある表象に対する心理学的超過だと言える。

コプラの意味を心理学的な遂行の中に求めるブレンターノとは対照的に、フッサールは、意味統一体

（現出者）に対する多様な述語的規定（諸現出）の帰属という関係に、コプラの意味を見定める。つまり、存在的超過を意味する「超越」の言語的指標という位置づけが、コプラに与えられる。同時に、それは、超越を構成するノエシスの運動――十全性の理念において遂行される諸述語の同一化総合――の言語的な痕跡とみなされるのである。

予料された現出が直観されるとき、直観的内容を充填された現出者は、ただちに現実的なものとして自己所与される。判断は主語と述語を中立的に結合することでも、この結合に肯定を付け加えることでもなく、それ自体で、充実化意識のもとに対象を統握する一次的な作用である。フッサールは、判断に固有の同意（Zustimmung）という性質を単純表象に付け加えられる二次的なものとする見方を否定する（XIX/1, 467）。これによって、一つには判断と表象との誤った基礎づけ関係が修正され、いま一つには、明証感情といった心的な評価が充実化の文脈から排除される。[10] 判断に込められた存在定立は、主観によって下される査定と混同されてはならない。定立とは、対象がその本質に応じてアプリオリに指定してくる様々な現出（ノエマ的意味）を、漸進的に直観していく中で絶えず更新される流動的な立場決定なのである。判断主体は「知覚の整合性」という事象そのものからの要請に基づいて、この立場決定へ受動的に促されている（EU, 349）。フッサールはこうした判断主体の態度を「完全に非自立的（unselbständig）」と評しさえする（ibid.）。

このように、判断作用を多様な充実化の文脈の中に置き入れ、その影響の下に捉えることによって、「偶因的（okkasionell）」（XIX/1, 86）と呼ばれる表現群が判断一般にまで拡張されると考えられる。『イデーンⅠ』のノエマ論との関わりで想起すべきは、「現実的」「可能的」「蓋然的」「問題的」など定立的性格が、記述的な成分と結合して命題の構成要素を成すことである。定立的性格は、信念主体が置かれる状況の変化や、その中でのノエシスの諸性格（信念様相）の変動に呼応した、本質的に偶因的な意味の要素なのである。ところで、ノエマ論は志向的体験における意味の寄与に関する極めて包括的な議論だと考えられる。したがって次のように言うことができるであろう。対象についての志向は、基礎にある意味の思念、とりわけその偶因的な要素の把捉のなかで、作用主体自身の立場決定を伴っている、と。

　たしかに、『論理学研究』で主張されるように、「対象」と「その対象に向かう志向的体験」とが一つの体験のうちに現在できるとする考えは、単純な誤解である（XIX/1, 386）。同様に「自我への関係は志向的体験それ自身の本質的成素に属するものである」という主張も、この誤解を含んでいるために拒絶される（ibid., 391）。その一方で、デカルトの「われ疑う」に絶対的な明証性を見出し、この明証性を多様なコギタチオ一般に拡張するとき、フッサールはそれぞれのコギタチオの内に、客観化する作用と客観化される作用とが分裂する以前の先反省的な自己直観の働きを見出しているであろう（cf. II, 30f.）。あくまで否定されるべきは、志向的体験一般は自己を客観化する二次的志向を事実上の構成要素として含むとする、心理学主義的な見解である。

　例えば〈現実的に‐リンゴがある〉と直観するとき、私はそのことを〈確信的に〉思念するだけでなく、自己がこの信念様相のうちに在ることを定立的性格との相関において直観してもいる。しかし、リンゴの存在と私の確信という二つが、並行的に思念されるのではない。思念の内容は、記述によって表現可能なノエマ的意味〈リンゴがある〉にほかならない。だが、内容を客観化的に統握する際、まさにその作用が遂行される現実の中で、作用の信念様相〈確信している〉が非客観化的に直観されてもいる。言語表現の水準に即して言えば、「リンゴがある」という発話において、私はそのことを記述的に報告すると同時に、そのことを確信していると非記述的に表明している。「私のここ・いま（hic et nunc）へ回帰する」作用のみが、一般的記述や「論理的規定」によって汲み尽くすことのできない「個体的直観に必要な規定性」を受け取ることができるのである（cf. EU, 219）。

もう一度、明証テーゼ（H）を見てみよう。フッサールは存在確信の妥当性の根拠を、諸命題の論理的な整合性（十全性）のみに求めてはいない。直観意味の原的所与性もまた妥当性の根拠の要件なのであり、これによって意味体系と経験との結びつきが確保されるのである。命題や意味は非時間的、抽象的存在者とみなされるが、そのようなもの〈として〉統握される自体存在は、既に理念化の所産とみなされる。それに対して志向性に寄与する直観意味は、ヒュレーや統握作用の生起する〈いま〉と原的に結び付いているために、本質的に偶因的な性格をもつ。志向性に寄与する意味は、経験のなかで多様に変動する定立的諸性格と統一的に結びつく。こうして形成される全き命題を把捉する際、意識は、いつでも命題的態度へと客観化されうる信念様相を絶えず自己直観している。

以上で見たように、フッサールはある根源的な反省を志向的体験の可能性の条件とみなしており、この点でブレンターノとの接点が確認される。ただしフッサールは、心的現象についての客観化作用を含むことを志向性の本質とみなさない。フッサールの反省とは、ヒュレー的与件によって触発される〈ここ・いま〉の原初的意識、いっさいの統握に先立って与えられる「このこれ（Dies-da）」（II, 31）の自己直観なのである。統握的反省の眼差しは、この自己直観に向けられる。コギトはあらゆる作用を内的知覚の対象にすることができるが、「この知覚以前に、われわれは、こうした「〈コギト‐コギタートゥム〉という」形式を欠いた「内的意識」をもつ」のである（IV, 118）。

結

フッサールは、内的知覚と呼ばれる一種の、客観化作用を志向的体験の本質的な要素とみなすというブレンターノの考え方を批判する。その一方で、フッサールは、コギタチオの自己直観を客観化に先立つ作用と捉え、意味志向における自己直観の関与について、認識の本質論の水準で分析してもいる。これにより、フッサールは、命題的判断論からも袂を分かつことになる。彼が「命題」という語を用いるとき、それは個別の志向的関係に寄与する「直観命題」なのであって、本質的に自己言及的であり、偶因的性格を有するのである。フッサールにおける命題は、言語論者たちが理解するそれと違い「真理値の担い手の代理（surrogate truth vehicle）[11]」という役割を果たす抽象的存在者ではない。というのも、命題における内包的な要素（ノエマ的意味）は、状況への配慮を欠いては何ら定立的性格を担うことができないからである。

フッサールは、内的知覚についての心理学的な理解に異を唱え、ブレンターノの記述心理学から離反した。だが、それはあくまで方法上の離反であって、反省を志向性の条件とみなすブレンターノの根本的な洞察を否定することではなかった。ましてや、レカナティが指摘するような「反省恐怖症」はフッサールに対する妥当な診断ではない。たしかにフッサールは志向的関係の原理的解明を本質論的な水準で推し進めていく中で、言語論的な指示の理論へ接近していくように見える。しかし、それ以上に、反省という問題が反省作用と相関的な意味の本質構造の面から純化されていく過程こそ、フッサール現象学の展開を的確に表している。こうして論理と認識の融合する地点が見据えられるのであるが、フッサールにこのような境地を切り開くきっかけを——積極的な側面と消極的な側面の両面から——与えたのが、ブレンターノの記述心理学であったことに疑いの余地はない。

凡例

① フッサールからの引用については、『フッサール著作集』(*Husserliana, Edmund Husserl Gesammelte Werke*) の巻数をローマ数字で、頁数をアラビア数字で表記する。『経験と判断』(*Erfahrung und Urteil.* L. Landgrebe (hrsg.), Hamburg: Felix Meiner, 1999.) からの引用は EU と略記し、頁数を表記する。

② ブレンターノ『経験的立場からの心理学』(*Psychologie von empirischen Standpunkt.* 0. Kraus (hersg.), Hamburg: Felix Meiner, 1973.) からの引用は Psy と略記し、巻数をローマ数字で、頁数をアラビア数字で表記する。

③ 〈 〉は意味の纏まりや強調を表す。また、引用文中の〔 〕は筆者による補足を表す。

註

1 Cf. François Récanati, *La Transparence et l'Énonciation* (Paris: Éditions du Seuil, 1979), 23f. レカナティによれば、現象

学の創始者フッサールと分析哲学の祖フレーゲは「心理学主義との戦い」という共通の企てのもと、志向や指示の分析から作用自身に関係する反省という図式を排除し、心理学的事実から独立した論理学的対象のみを作用の対象として捉えようとする。

2　Dan Zahavi, *Self-Awareness and Alterity: A Phenomenological Investigation* (Evanston: Northwestern University Press, 1999), 120.

3　Cf. Hua. XIX/2, 656.

4　François Récanati, *La Transparence et l'Énonciation*, 22.

5　Richard Cobb-Stevens, *Husserl and Analytic Philosophy* (Dordrecht: Kluwer Academic Publishers, 1990), 133.

6　Cf. Roderick M. Chisholm, *Perceiving: A Philosophical Study* (Ithaca: Cornell University Press: 1957), 172. チザムは、物的現象と心的現象の区別に関するブレンターノのテーゼを、各現象の記述において志向的文が使用されるか否かという点から再定式する。だが、この試みに対しては異論がある。たとえば T. Crane, "Brentano on Intentionality," in U. Kriegel (ed.), *The Routledge Handbook on Franz Brentano and the Brentano School* (New York: Routledge, 2017), 47. を参照。クレインによれば、ブレンターノの区別は言語的文脈の区別ではなく、したがって心的現象の指標を言語論的方法で理解しようとする試みはブレンターノの『心理学』の企てと全く無関係である。

7　U. Kriegel, "Brentano on Judgment," in U. Kriegel (ed.), *The Routledge Handbook on Franz Brentano and the Brentano School* (New York: Routledge, 2017), 106.

8　加茂英臣「コプラの問題—ブレンターノからフッサールへ—」『哲学』三〇号、一九八〇年、一七〇〜一八一頁参照。

9　Récanati, *La Transparence et l'Énonciation*, 25.

10　Cf. Richard Cobb-Stevens, *Husserl and Analytic Philosophy*, 144f. コブ＝スティーブンスによれば、フッサールは、判断をなすことと、名辞化された命題的内容に対して評価をなすことを同一視する、現代的な見方を拒絶する。述定作用に浸透する断定的な態度は、主観的な「評価」ではなく、むしろ、事物の本質によって規定され、充実化の文脈によってアプリオリにその体験可能性を指定された「直観」であるとされる。

11　W. V. O. Quine, *Word and Object* (Massachusetts: The MIT Press, 1960), 176.

［付記］本章の初出は関西哲学会編『アルケー』第二八号、二〇二〇年、七六～八七頁です。転載を許可してくださった関西哲学会に感謝申し上げます。

第14章　ハイデガー的カントの図式論＝演繹論

――或るヴィトゲンシュタインとの接点

横地　徳広

序

イマニュエル・カントは「カテゴリー」と「時間」は互いに「異種的」だと述べていた（A137–139 / B176–178, vgl. *GA25*, S. 91）。それゆえ、「超越論的想像力（Einbildungskraft）」に産出された「超越論的図式」あるいは「超越論的時間規定」（A138 / B177）を提示し、カテゴリーが時間的に感性化される仕方を説明したのが「超越論的図式論」である（A137–147 / B176–187）。とはいえ、マルティン・ハイデガー独自の解釈によれば、客観に「カテゴリーを内実的に（real）使用する」仕方を解き明かす「超越論的演繹論」は（A95–130 / B129–169, vgl. *Allison*, p. 205）、「図式機能」（B178）という媒介の根本問題をすでにとりあげている（vgl. *GA25*, S. 431）。

「自然科学（物理学）はアプリオリな綜合判断を原理としてみずからのうちに含む」が（B17, A228

/ B280）、この「アプリオリな綜合判断はいかにして可能か」という『純粋理性批判』の問いは（B19, vgl. *GA25*, S. 52）、「真理の論理学」ではその演繹論と図式論を通じてその核心に迫っていく。

「さて、主観にあって多様の統一は綜合的だが、それゆえ、純粋統覚は可能的直観すべてにおける多様の綜合的統一の原理を供与する」（A116）。「この文章は、読み飛ばされやすいが、超越論的演繹論と超越論的図式論という問題全体の核心である」（*GA25*, S. 409）。

とはいえ、悟性と感性は共に認識能力の一種であった。また、「類」である「表象一般」のもとでは諸概念や諸直観はすべて表象の一種であり（A320 / B376）、「純粋悟性概念」や「形式的直観」もそれは変わらない（*GA25*, S. 90）。「純粋概念」を用いて「対象一般」を表象する「上級認識能力」の「純粋悟性」も、時間を「一なる全体性」として形式的に純粋直観し、「純粋な先後関係（Nacheinander）」を表象する「下級認識能力」の「純粋感性」も、表象する認識能力である（*GA25*, SS. 133–137, SS. 120–122, S. 153f., B161）。

カテゴリーと時間とに指摘できるのは、広義のこうした同種性のもとで成り立つ相対的異種性にすぎないのか……。

注目すべきは、「有意味な言語はいかにして可能か」を問うて「言語の限界画定」を試みた「カント主義者」ルートヴィヒ・ヴィトゲンシュタインである。[1] その遺稿『哲学探究』（*Philosophische Untersuchungen*, Blackwell, 2009, 以下、*PU* と略記）の「第二部」（*PU-II*）で指摘されたことだが、想像力によって「考えること」と「見ること」が媒介される仕方の吟味は彼にとって真の哲学的問題であった

(*PU-II*, Abschnitt xi)。その「第一部」(*PU-I*) では「私」を内部、「世界」を外部とみなす近世認識論の問いを「疑似問題」として退け、「ハエにハエとり壺からの出口を示す」(*PU-I*, §309)「テラピーセオリー」の哲学者は、「〜として見る」と「〜を見る」の区別をふまえ、そう明言している。[2] だとすれば、諸概念のなかでもっとも純粋な「想念 (Notio)」たるカテゴリーと (A320 / B 376, *GA25*, S. 90)、純粋直観される時間とが媒介を必要とするほどにその異種性が極まる具体的な仕方を、改めて『純粋理性批判』のなかに探る価値はある。[3]

本章では、『存在と時間』(一九二七年) と『カントと形而上学の問題』(一九二九年) のあいだで「超越論的ハイデガー」[4] が図式論を念頭に演繹論を丁寧に読み解いた一九二七／二八年冬学期講義『カント『純粋理性批判』の現象学的解釈』(*GA25*)[5] を参照し、まずはカテゴリーと時間の異種的特徴を照らし出すが **(第一節「全体性、異種性、媒介」)**、このとき、地平的全体性の諸相に注目する **(第二節「カテゴリー、純粋直観、全体性」)**。続いて、ヴィトゲンシュタインの想像力概念を手がかりに思考と知覚にかかわる文脈＝地平の成り立ちを考察し **(第三節「想像力、綜合、図式」)**、経験概念や物理学概念からカテゴリーの純粋悟性概念へと移行する算段をつけ、カテゴリーと時間の根源的関係を確かめる **(第四節「原カテゴリー、想像力、時間性」)**。

一　全体性、異種性、媒介

カントを取り巻く当時の思想状況が、媒介という古典的問題の引き受け方を制約した側面から確認する。「ピッツバーグ・ヘーゲリアン」にして「プラグマティスト第四世代」のロバート・ブランダム『大いなる死者の物語――志向性の形而上学における歴史的試論』（二〇〇二年）における思想史的検討をふまえて言えば、無限の進歩を有限な人間が希求する「啓蒙運動が合理的関与の観点から比量的なこと(the discursive)を理解する」なか（*Brandom*, p. 22）[6]、その筆頭として「理性の限界画定」を試みたカントにとって、知覚の受容的表層から「超越論的統覚」の「綜合的統一」に向かう「三重の綜合」[7]やカテゴリーと時間の図式的媒介は、「綜合的」で「比量的な悟性」の機能と（*Allison*, p. 210, p. 203）直観的感性の機能を解き明かす「真理の論理学」において中心的な問題であった。

カント実践哲学の観点からも確認しておく。

「要請」のなかで「当為」の表現を用いてしか語りえない事柄のうちにカントは「現象界」とは異質の彼方「叡知界」と有限的人間とのかかわりを考える。[8]とはいえ、第二版の演繹論では、現象界のなかで認識を遂行する「自我」は「叡知体（Intelligenz）にして考える主観（d e n k e n d Subjekt〔ママ〕）」（B155, vgl. *GA25*, S. 380）だと指摘されもする。「……私の現存〔＝現実存在〕はつねに感性的にのみ、現象の現存として規定可能である」かぎり（B158, Anm.）、純粋悟性は自己直観できず、自己を「自由」として概念把握することに機能は限定される（*GA25*, S. 380）。純粋悟性のこの「自発性」に注目して「私は私を叡知体と名づける」（*GA25*, S. 380）。全体論的解釈のカント学者福谷茂によれば、「……叡知的性格は自由に新しい因果系列を始めうるものにしか存在しない」（福谷、六七頁）。存在史の講義で超越論的ハイデガーはこのことを確認して次のように指摘する。

〈私は考える〉は、超越論的哲学の最高点だが、時間の内部には存在しない。叡知体は理論的にも実践的にも時間の外部に存在する。(*GA23*, S. 204)

超越論的ハイデガーのカント解釈では、「時間と〈私は考える〉のあいだでの決定的な連関」を覆う「暗闇」の除去、これが目的とされていたが(*SZ*, S. 24)、その「連関」でこそ、媒介が必要な異種性が際立ってくる。この事態を悟性の観点から言えば、古典物理学の「原理」たる「アプリオリな綜合判断」を構成するカテゴリーは純粋悟性に根差すかぎり、上記のごとく、「叡知性」を避けがたく内蔵した。叡知界と現象界のいわゆる「二世界説」のもと、「外官」「内官」すべてにかかわりながら「現象性」を担う時間にとって(A251)、カテゴリーである純粋悟性概念は勝れて異種的な表象であった。

ディーター・ヘンリヒに学んだ米国のカント学者ヘンリー・アリソンはそうした二世界説の立場をとらないが、[9]『カントの超越論的観念論　改訂増補版』第八章「悟性の図式論と判断力」のなかでこう説明する。

……問題は結合されるべき契機二つの全体的な(total)異種性で、この異種性が成り立つのは次の事実ゆえ、つまり、カテゴリーは悟性の端的な本性に由来するので直観と直接の関係をもたない点で諸概念のなかでも独特だという事実ゆえである。(*Allison*, p. 213)

カント学の諸立場を横断しながらハイデガー的観点から言えば、「全体論の書」『純粋理性批判』にあって(福谷、二六頁以下)、二世界説にせよ、「双数アスペクトの考察様式」にせよ(*Allison*, pp. 3-7)、決定的な双数性を反映した「全体的な異種性」はアプリオリな綜合判断の純粋な一般性と連関しつつ、媒介されなければならない。こうしてカテゴリー、時間、アプリオリな綜合判断がその特質を発揮する場面で超越論的時間規定は時間とカテゴリーの具体的な媒介を行なうが、カント、ハイデガー、ヴィトゲンシュタインそれぞれの「超越論的哲学」が重なり合うのはこの場面である。[10]

「異と同」とその媒介、「多と一」とその媒介の観点から「地平」=「文脈」の全体性という問題が提示される場面であった。[11]

『カント『純粋理性批判』の現象学的解釈』講義の前学期に行なわれた一九二七年夏学期講義『現象学の根本問題』のなかでハイデガーは、存在論的カント解釈のハインツ・ハイムゼートが書いた論考「批判的観念論の形成における形而上学的動機」(一九二四年)を「カント哲学の存在論的諸基礎を照らし出す資料」(*GA24*, S. 216, Anm.6) として重視していたが、ハイムゼートが媒介問題の所在を感性の受容性と悟性の比量性にそくして述べるところ、「〔物による外的な〕触発を通じてわれわれに知られる物の〝内的原理〟をわれわれはつねに〝推論する〟ことしかできず、力の表出や偶有性という所与にその内的原理を〝補って考える〟」ので、概念による「われわれの有限的認識一切」は「〝比量的〟な性格」をもつ。[12] こうして「言語化し比量的実践に従事することを身につけた個人それぞれにとって諸概念はつねにすでに利用可能であり」（*Brandom*, p. 31）、だから、「考えることは概念による認識である」（A69 / B94）。先んじて確認しておくと、綜合的な純粋悟性がこのように比量的かつ内実的（real）にカテゴリー一つ一つを使用するさいに内在する文脈は、「判断表」と連関した「カテゴリー表」の体系的全体性であった（vgl. *GA25*, S. 208）。[13] しかしながら、論理的使用だけではカテゴリー十二個の論理的意味が形成されるにすぎず、アプリオリな綜合判断を形成するために純粋悟性は、カテゴリーを内実的に用いて考えるべき感性的内容を必要とする（vgl. *GA25*, S. 88）。

> 感性がないなら、対象一切はわれわれに与えられないだろうし、悟性なしには対象一切が思考されない。内容なき思想は空虚であり、概念なき直観は盲目である。（B75 / A51）

純粋悟性の思考一般は、「カテゴリーの時間関係性」たる超越論的図式に媒介され（*GA25*, S. 365）、直観の直接的で一般的な時間表象に間接的にかかわり（*GA25*, S. 170f.）、カテゴリーで主語述語関係を規定して判断全体を統一する（*Commentary*, p.178）。こうして成立したアプリオリな綜合判断は「虚」ではなく「実」、「盲」ではなく「見」として古典物理学の「原理」となる（B17f.）。

まず「純粋概念は、それが（感性の純粋形象ではなく）もっぱら悟性のうちにその根源をもつかぎり、想念と呼ばれる」（A320 / B376, vgl. *GA25*, S. 90）。次に時間は「あらゆる現象一般のアプリオリな形式的条件」であり、「内的現象の直接的条件」にして「間接的に外的現象の条件」である（B50）。とはいえ「……

純粋悟性概念は経験的な（それどころかそもそも感性的な）直観に比べてまったく異種的で、何らかの直観のうちに決して見出されえない」(B176)。だから、「一方でカテゴリーと同種的、他方で現象と同種的でなければならない第三者」、つまりは「超越論的図式」という「純粋」な「媒介的表象」を必要とする(B177)。これに介在されて初めて、純粋悟性は「現象へのカテゴリーの適用」を遂行できる(B177)。現象に対するカテゴリーの「客観的妥当性」(A93 / B126)を考察していく仕方は、こうしたものであった。「さて、これらの〔純粋悟性〕概念はどの経験にあっても知覚のかかわり合いをアプリオリに表現することから、そうした概念の客観的内実性（Realität)、つまり、その超越論的真理が認識される」(A221f. / B269)。ハイデガーはこのことをふまえて次のように述べる。

……思考として実質的に表象を表象する純粋な対象思考は純粋直観に基づけられていなければならない。ひたすら時間を通じて、この純粋な対象思考はその直観的で直接的な証示を、すなわち、その真理の根拠づけを受け取る。(*GA25*, S. 194f.)

アプリオリな綜合判断の「存在論的真理」においてカテゴリーの客観的内実性や客観的妥当性は証示されているが（*GA25*, S. 322)、ブランダムによれば、現象へのカテゴリーの適用は正否を問われるがゆえに「規範的構造」の問題である（*Brandom*, p. 47)。アリソンもまた彼なりの観点からこの問題をとりあげて述べるに、「諸表象の綜合を妥当させる規則の提供をカテゴリーは行なう」が、「このカテゴリーが件の綜合（あるいは判断）の規範的主張を根拠づけるさい、依拠するのは他人たちの同意である」（*Allison*, p. 205）[14]。実はハイデガーも「客観に関係すべき（sollen）認識能力としての悟性」と表現し、当為の問題とみなす（*GA25*, S. 329）。

カントにそくして言えば、いかなる対象の認識にせよ、「それが現実的経験であれ可能的経験であれ」（A156 / B195）、「或る認識が客観的内実性をもつべき（sollen）とき、つまり、或る対象へとかかわり、この対象に指意（Bedeutung）と意味（Sinn）とをもつべき（sollen）ときには、この対象は何らかの仕方で与えられることができなければならない（können müßen）」（A155 / B194）。同時に「〈私は考える〉は表象一切に伴なうことができなければならない（können müßen）」（B131f.）。わけてもアプリオリな綜合判断の場合、「思想の超越論的主体としてのみ表象されうるもの＝X」（A346 / B404）と「非経験的、つまりは超越論的対象X」（A109）のあいだで、もしくは経験にいっそう近づけて言えば、純粋統覚と対象一般のあいだで「この対象に指意と意味とをもつべきである（sollen）」（A155 / B194）。とはいえ、である。

純粋統覚と対象一般との純粋な関係を指すアプリオリな綜合判断において現象に対するカテゴリーの客観的妥当性が問われるさい、時間とカテゴリーとの媒介は、ハエの出口なき疑似問題でもなければ、されて当然の出来レースでもなかった。

ハイデガー的に言えば、互いに互いを根拠づけえないという意味で「等根源的」な純粋感性と純粋悟性のあいだでその媒介は追究された（*GA25*, S. 91）。

当為のカント的意味が低音で響くなか、こうして「超越論的図式はカテゴリーを時間的に現象へといかに媒介すべきか」という問いに極まる超越論的図式論でカントは、「可能的経験一切という全体のうちにわれわれの認識すべては存する」（A146 / B185）と述べる。「経験は知覚に適した所与を思考に適した仕方で一定の対象性（Gegenständlichkeit）へと規定することである」が（*GA25, S*. 333）、可能的経験一切をアプリオリな綜合判断がその原理となって担うことの保証は、カテゴリーと時間、それぞれの全体性によって与えられていた（福谷、十三頁）。

次節では、この全体性にかんする考察を行なう。

二　カテゴリー、純粋直観、全体性

まず、純粋直観とその全体性について。

純粋直観は「志向されたもの（*intentum*）」ではなく、「志向すること（*intendere*）」だが（*GA25, S*. 110）、一なる全体性として形式的に純粋直観された時間と空間は「与えられた無限量として……一つの想像的存在者（*ens imaginarium*）である」（*GA25, S*. 154, vgl. B347）。ハイデガーの強調では、「想像的存在者」と呼ばれたのも、「空間と時間は超越論的想像力に根ざす」からであった（*GA25, S*. 121）。「空間と時間は全体として個々の空間すべて、個々の時間すべての根底に存し、制限可能なものである」がゆえに（*GA25, S*. 120）、一なる時間全体を制限して区別した時間表象一般において、つまり、「同一の時間」では何かと何かが「同時」に存在し、あるいは「さまざまに異なる諸時間」では何かが「先後関係」的に存在する（A30 / B46）。一なる時間全体は時間表象一般の諸々を可能にする地平的全体性である。

> 空間と時間は純粋直観として、並存関係一般と先後関係一般（Nebeneinander und Nacheinander überhaupt）の多様からなる純粋な全体へと先行的で非対象的な眼差しをむける。このような仕方で空間と時間は、純粋直観するなかで非対象的に直観された一つの全体として与えられ、こうした全体の地平のなかで手前的存在者は……出会われる。（*GA25*, S. 154）

「純粋な先後関係に対する純粋直観としての時間だけが運動や場所の変化といったことを概念的に了解可能にする」が（*GA25*, S. 140）、そうして純粋な先後関係の地平的全体性のなかで分節される時間表象一般の諸々で（vgl. *GA25*, S. 140）、つまり、「持続性（Beharrlichkeit）」や「継起（Folge）」、「同時存在（Zugleichsein）」で（A177 / B219）[15]、カテゴリーそれぞれの内実を表現したものが超越論的時間規定である（*GA25*, S. 428）。それは、物理的自然の可能的現象すべてにカテゴリー十二個を適用できるよう、それぞれを時間的に感性化することであった。

こうして「純粋悟性の図式機能」は「純粋悟性概念がそのもとでのみ使用されうる感性的条件」である（A136 / B176）。加えて「こうした感性的条件のもとで純粋悟性概念からアプリオリに生じ、それゆえに、その他すべてのアプリオリな認識の根底にある綜合判断」が「純粋悟性の原則」であった（A136 / B175）。こうした「純粋悟性の原則すべての体系」（A148 / B187）では、なかでも「経験の類推」（A176

/ B218, vgl. *GA31*, S. 149）を介して「関係のカテゴリー」の超越論的図式は物理的自然一般の可能的経験すべてへと応用される。すなわち、アイザック・ニュートン『自然哲学の数学的原理』（*Philosophiae Naturalis Principia Mathematica*, 1687）における「運動三法則」[16]は「可謬的な経験的一般化」の所産であったが、これを改訂してカントはアプリオリな綜合判断から古典物理学の運動三法則を普遍的かつ必然的に基礎づけるため、「一般形而上学の命題」を、つまりは物理的自然一般の存在論にかんするアプリオリな綜合命題を純粋悟性の原則として明らかにし、この原則と共に「物体」という経験概念を分析して得られた諸定義とに基づいてカント流の運動三法則「質量保存則」、「慣性の法則」、「作用反作用の法則」を提示する。[17] このとき、『自然哲学の数学的原理』の「運動方程式」に代わる質量保存則は実体のカテゴリーを感性化した超越論的図式に基づく経験の「第一類推」（A182 / B224）が前提とされ、慣性の法則は因果性のカテゴリーを感性化した超越論的図式に基づく経験の「第二類推」（A189 / B232）が、作用反作用の法則は相互性のカテゴリーを感性化した超越論的図式に基づく経験の「第三類推」（A211 / B256）が前提とされていた。[18] ハイデガーが一九三〇年夏学期講義『人間的自由の本質について――哲学入門』（*GA31*）で解釈するように、経験の類推三つは、「自然現象」が「時間内で……手前に存在すること」をあらかじめ規定する超越論的原則として働くわけである（*GA31*, S. 148, B357）。こうした「経験の類推の『普遍的原則』」は（A177, vgl. *GA31*, S. 149）、「現象一切は、その現存〔＝現実存在〕にかんして、アプリオリに或る時間において現象一切の関係を相互的に規定する規則のもとにある」ことを示す（A176f.）。

たとえば実体の超越論的図式は、純粋な時間地平のなかにあると同時にカテゴリー的全体性のなかにあるからこそ、両者それぞれに同種的な媒介的表象として「時間における内実的なものの持続性」という意味をもちうる（A144 / B183）。この実体の図式を経験の第一類推の規則に従って物理的自然一般の可能的経験一切へと応用することで、実体の超越論的図式を媒介に運動物体一般の時間表象を概念把握し、「質量保存則」の基礎づけは可能となる。すなわち、「ひたすらその実体にそくして諸現象の継起と同時存在は時間に従いつつ規定されうる」がゆえに（A144 / B183）、「物体的世界の変化すべてにおいて質料の量は変わらないままである」というアプリオリな綜合判断は成り立つ（B17, vgl. A228 / B280）。

続いて、簡単にだが、「カテゴリー表」（A80 / B106）とその全体性について。

それは「悟性によって与えられるアプリオリな認識の全体（性）という理念」に統べられていた（A64 / B89, cf. *Smith*, p. 102）。ハイデガー流のパラフレーズによれば、「手前的存在者一般の領域的全体性を構成する純粋思考規定の表はそれ自体で完全でなければならないし、しかも、カテゴリー表は、一つの全体という理念によって規則づけられて完全でなければならない〔vgl. A64 / B89〕」（*GA25*, S. 208）。この理念的全体性と「文脈化（Zusammenhang, interconnection）」（A65 / B89, cf. *Smith*, p. 102）の関係は次の文章に確認できる。すなわち、カテゴリーに基づいて「学的完全性が可能になるのは、アプリオリな悟性認識の全体という一つの理念を介在させる場合に限られ、つまり、この悟性認識を形成する諸概念をその理念に照らして明確に区別することを介在させる場合、したがって、その諸概念を一つの体系において文脈化することを介在させる場合に限られる」（A64 / B89）。

以上のごとく、カントは純粋直観された一なる時間全体に地平的全体性を認め、同時にカテゴリー表には体系的全体性を認める。これらはハイデガーのカント解釈を参照してはいるにせよ、可能なかぎり、『純粋理性批判』の内在的解釈にそくすことで際立つ事柄である。

ただし、カントとハイデガーをそれなりに重ね合わせて読み解けるのは、ここまでである。「世界内存在一般」は現存在の「存在体制（Seinsverfassung）」だが（SZ, S. 52）、「産出的想像力は主観性にそなわる諸能力の根であり、主観の、現存在それ自身の脱自的な根本体制（Grundverfassung）である」（*GA25*, S. 417f.）とまで述べるハイデガーが悟性と想像力を特徴づけるところ、「……想像力は統一のなかであらかじめ悟性にして感性である」（*GA25*, S. 419）。「想像力は真正に理解された意味で有限なので、悟性もまた『感性的』、つまりは有限である」（*GA25*, S. 419）。このように悟性の叡知性は退けられ、また、カテゴリーを感性化する超越論的時間規定の解釈は簡素な扱いにとどまり、三重の綜合と重なる範囲で強調的に吟味される――例外は、まとまった形で図式論を解釈した一九二五／二六年冬学期講義『論理学』（*GA21*, §§ 31-37）だが、『存在と時間』の超越論的思考はまだ萌芽段階であった。[19]

とはいえ本章では、現象学者門脇俊介もまた全体論的に読み解きえたカント『純粋理性批判』の存在論的可能性を（門脇、一四〇頁以下）、ひき続きカントとハイデガーのあいだで検討し、地平的全体性の具体相を提示するが、このことを見えやすくするために補助線を引く。科学哲学者野家啓一が後期ヴィトゲンシュタインの「アスペクト知覚」概念を読み解くなかで提示した文脈論がその補助線である。アリソンが指摘した全体的な異種性の媒介を明らかにする手がかりは、ハイデガーが解釈するカント認識論と野家が解釈するヴィトゲンシュタイン後期思想に、つまりは「ハイデガー的カント」と「野家的ヴィトゲンシュタイン」に共有された地平＝文脈論のうちにある。次節で確認する。

三　想像力、綜合、図式

野家は『増補　科学の解釈学』所収の拡張的なヴィトゲンシュタイン論「『理論負荷性』とアスペクト知覚」のなかで彼の『哲学探究』第二部を参照し、「アスペクト知覚が『なかば視覚体験、なかば思考』(*PU-II*, § 140)であるとすれば、想像力はまさに『視覚体験』と『思考』とを橋渡しする媒介環の役割を果たしていた」（野家、三九五頁）と述べる。日常でひとはまず何かを見て、次に考えるのでなく、むしろ見ることと考えることとは協働し、学生Aは体積を求める問題の立体図が平面図に見えてテストが手につかないことはない。こうした日常的行為に目立たずに寄与するのが想像力である。この寄与を哲学的に見えやすくするのは、『哲学探究』第二部の元となった『心理学の哲学』(*Remarks on the Philosophy of Psychology*, Blackwell, 1980, 以下、*RPP*と略記) 第二巻 (*RPP-II*) に確認できるヴィトゲンシュタインの自問自答である。

立方体の図式を、或るときは直立した箱として、或るときは横たわる箱として見ることができないひとが仮にいるなら、そのひとについてどう語るといいだろう?·こうして見ることができないことは欠陥 (Defect) であるとすれば、これは視覚 (Gesichtssinn) の欠陥というよりはむしろ想像力

(Phantasie) の欠陥ではないのか。(RPP-II, § 490)

立体図が平面図にしか見えないひとは、「側面と底面のアスペクト」、「これらのアスペクトに盲目なひと」であり、「表象力（=思い浮かべる能力、Vorstellungskraft)」を欠く（*RPP-II*, § 508)。見ることの「欠如態（Privation）」（*SZ*, § 34, § 16）においてこそ、想像力=表象力が見ることと考えることをどう媒介していたのか、あらわになりやすい。

野家は、想像力の媒介機能を次のように説明する。

アスペクト盲は「見る」ことはできるけれども、「〜として見る」ことができない。〔これに対して、「〜として見る」ことができる〕その場合に働いている「想像力」とは……「文脈」を創設し、補完し、転換する能力のことにほかならない。あるいはそれを、「文脈化（contextualization）」および「脱-文脈化（de-contextualization）」の能力と名づけることもできる。（野家、三九五頁）

見ることと考えることを媒介する想像力の機能は、「文脈化」および「脱文脈化」であり、学生Aは状況に応じて幾何学のテストという文脈と針金を使った平面アートの鑑賞という文脈を行き来できる。アスペクト転換および文脈転換である。

哲学史的問題に対するヴィトゲンシュタインの一つ一つ具体的なテラピーからはハイデガー的に離れ

ることになるが、存在論的地平が手元性から手前性を経て対象性へと限定されていくプロセスを確認する。ブランダムやドレイファスもまた、そのハイデガー解釈において「脱文脈化」と「再文脈化」を指摘していた。[20]

ハイデガーの言明概念をスケッチしてみると、われわれは手前性のカテゴリーを理解する場所に立つ。ここで理解すべき決定的論点は、手元にある道具から、社会的に設立された指意を伴いつつ、手前にある客観的事物へと移行することは、脱文脈化ではなく、再文脈化の移行だということである。

(*Brandom*, p. 318)

手元性から手前性への移行を論じる箇所だが、これは、『文脈』を創設し、補完し、転換する」想像力の機能をも説明する。たとえば線描されたキュビズム作品を鑑賞する美術の授業がおわり、教員に頼まれて学生Aが同級生たちに「これは物理のプリントだ」と言って配布するとき、教員の言明を学生Aはみずからに再文脈化して了解している。[21] 落下運動の線描図を見た学生Bが隣の学生Cに「この丸い図が鉄球だよね?」と尋ねるさい、線描された丸い対象の指示と一般名辞の鉄球という経験概念とを媒介するのは、この丸い図を球形〈として〉見るアスペクトの働きだが(守屋、一八二頁)[22]、「言葉を語ることが『規則に従う(rule-following)行為』である」かぎり(野家、三九〇頁)、学生同士のその会話にあっても、やはり「『文脈』とは規則が機能すべき〈場〉の謂にほかならない」(野家、三九一頁)。同時にまた図式も媒介する仕方を示す「規則」であり（A141 / B180）、「三角形の画像を『まるまるとした』というアスペクトのもとに知覚し想像することはできない」ように、「概念の図式が当の概念をめぐる想像力の限界」となる（守屋、一八四頁）。私に向けて「目は顔のなかでだけ微笑む」のも、私が「一つの技術（Technik）」として（*RPP-II*, §150, *RPP-I*, §1025）「個々の具体的文脈に即して適切に規則を運用する能力」を行使できるからである（野家、三九〇頁以下）。

「われわれの悟性のこうした図式機能は、現象とその形式にかんして人間の魂奥深くに隠れた技芸（Kunst）である」と指摘したのはカント自身であった（A141 / B181）。

加えてハイデガーの『ニコマコス倫理学』解釈をヴィトゲンシュタイン『哲学探究』と重ね合わせた観点から、見ることを行為の一種として捉えれば、[23]その「実践的推論」において（門脇、一三頁以下）【大前提】規則に従うことの「根拠づけ」を潜在的にやり尽くして「固い岩盤」（*PU-I*, §217）にぶつかっている私＝現存在という意味での「最終目的」に照らされながら、[24]その私＝現存在である学生それぞれは【小前提】「状況＝文脈のアスペクト知覚」によって現況を物理学の授業〈として〉解釈的に了解するなか、【結論】テストプリントの図形を、落下運動する鉄球〈として〉解釈的に了解し、解答を試みる。運動という物理学概念、鉄球という経験概念、球形という幾何学概念が登場する場面で、アスペクト知覚は多層的に機能するわけである。

こうして文脈化の機能を発揮してアスペクト＝図式を生み出す想像力と、ハイデガー的カントが論じる想像力との関係を解き明かすこと、これが**第三節「想像力、綜合、図式」**の課題であった。

「想像力はまさに『視覚体験』と『思考』とを橋渡しする媒介環の役割を果たしていた」という件の一文に野家が付したのは、「その〔媒介環という〕意味で守屋唄進がウィトゲンシュタインのアスペクト論とカントの『図式論』における想像力との連関を指摘しているのは慧眼と言うべきであろう」という注記であった（野家、三九五頁、守屋、一八三頁）。だとすれば、野家的ヴィトゲンシュタインが論じる想像力とハイデガー的カントが論じる想像力は共に地平＝文脈を扱う能力であり、〃視覚体験と思考の媒介的アスペクト〃と〃直観と概念の媒介的図式〃は、感性と悟性を連動させる媒介性において共通する。

ただし、カントとヴィトゲンシュタインの差異を埋めておく必要がある。守屋によれば、『哲学探究』のアスペクト論は「純粋感性概念」と「経験概念」の範囲に限られ（守屋、一八三頁）、とはいえアリソンが指摘するように、純粋感性概念＝幾何学概念や経験概念はもともと図式を内蔵しているので媒介の問題は存在せず、これに対して両概念とは異なる「カテゴリーを現象に適用するアプオリな綜合判断の可能性」をカントが解明しようとするとき、「カテゴリーの図式化は特別な問題をはらむ」（*Allison*, p. 204）。本章の**第一節「全体性、異種性、媒介」**で確認したとおり、カテゴリーと時間のあいだには全体的な異種性が存在していた。

さしあたり経験概念の場合、図式を規則に用いて綜合する想像力は「再認」のさいに「解釈的」だとアリソンは指摘する（*Allison*, p. 209）。演繹論＝図式論という見立てのもとでハイデガーが読み解くところ、超越論的想像力による「解釈的再認」と超越論的図式とは連携しており、この超越論的図式は「カテゴリーへの現象の包摂」を行なう「規定的判断力」の働きを可能にしたが（A139 / B178）、経験の類推において超越論的図式の経験的応用を遂行するさい、判断力によるその包摂が行われる。アスペクト転換が不可能なアスペクト盲は想像力の欠如ゆえに生じるが、これに対して超越論的想像力が機能していれば、アプリオリな綜合判断を形成するさい、「生まれながらの才能」が問われる判断力を経験の「実例」という「あんよ車」に頼って鍛えつつ（A134 / B174）、物理的自然のアスペクト知覚やアスペクト転換の失敗を防ぐことができる。とりわけ重要なのは、「数少ない純粋悟性概念が使用されるさいの判断力の過ち（*lapsus judicii*）」（A135 / B174）を防ぐことである。

悟性と判断力の違いをアリソンはチェスを例に説明するが、概念の規則に相当するチェスのルールにかんする「こうした知識がなければ、ひとはまったくチェスで遊ぶことができないだろう」（*Allison*, p. 205f.）。「とはいえ、上手い指し方の知識は、カントの術語で言えば、〝普遍のもとへの個別の包摂〟（つまり、ゲームの規則によるチェス的に可能な〔駒の〕動き諸々のセットの規定）、こちらを含む判断力にかかわることである」（*Allison*, p. 206）。比量的な悟性はチェスの規則を理解し、その論理的可能性を考えるが、判断力はその規則を巧くか拙く使って現象を包摂し、このとき、図式がその包摂を可能にしている。言い換えれば、悟性は概念を使用する能力だが、なかでも比量的な悟性は「判断における悟性の論理的機能」（*Commentary*, p. 192）によって概念に含まれた規則の論理的可能性にかかわり（*Allison*, p. 205）、これに対して判断力では規則を個別的事例に適用するさいの巧拙が問題となるけれど、こうした適用を可能にするのが図式であった。

このように概念の論理的可能性を見定めつつ、その概念を用いて綜合する悟性、概念に現象を包摂する判断力、概念と現象を媒介する図式の想像力を区別しつつ、アリソンは或る意味でハイデガー的かつヴィトゲンシュタイン的に図式論と演繹論を重ね合わせ、こう説明する。

図式の所有を再認の能力として理解することで手に入るのは、それゆえ、図式と想像力との結びつきを理解するための鍵である。というのも、問題となっている再認の能力は本質からして解釈的だからである。概念内で考えられている基準の十全に具体的な例示として感性的所与を解釈する能力こそが特に、概念のもとへの直観の包摂を保証する。本書の最終章〔＝第十五章「理性の統整的機能」〕で確認したが、こうして包摂を保証する感性的解釈はまさしく想像力の機能である。(*Allison*, p. 209)

経験概念に基づいて「この白いものはウサギだ」という「経験判断」(A100f.) を形成するさい、[25]「感性的所与」は再認の綜合においてウサギ〈として〉解釈される。ウサギを「知覚する行為」の全体を形成する三重の綜合にあって、ウサギの経験概念にふくまれた図式はその解釈的再認のなかですでに規則的に使用されているが、ウサギの現象と受容的にかかわる「把捉の綜合」においてすでに「暗黙の規則」として働いている (*Allison*, p. 209)。ウィルフリド・セラーズの解釈を参照してアリソンは、「経験概念の図式」とヴィトゲンシュタイン「〝として見る〟という知覚」との類似性を指摘し、「カントにとって知覚はすでに或る意味で〝理論負荷的〟だ」とも言う。[26] ハイデガーの読解では、「概念が何かを概念把握するのは、その概念が感性的になるときに限られ……」（GA25, S. 88）、「直観的な所与そのものが了解可能であるのは、悟性とその概念的規定作用を通じてである」が（GA25, S. 88）、三重の綜合は、感性的直観から超越論的統覚へと向かう一方通行で判断を形成するのではなく、垂直的に相互規定しながら判断を全体論的に形成する。やや先取りして言うと、経験判断にせよ、アプリオリな綜合判断にせよ、この三重の綜合それぞれは、概念的統一による対象の解釈的な再認、概念の図式＝アスペクトに限定された範囲での親和的な再生、知覚の表層での受容的な把捉を指した。

とはいえ、ハイデガーはここで話を終わりにしない。

スコットランドのカント学者ノーマン・ケンプ・スミスは一九二九年の英訳書『純粋理性批判』で“Recognition（再認）”を“reidentification（再同定）”と訳出し（*Smith*, p. 102）、ハイデガーも再認は「同定（Identifizierung）」概念とみなす（GA25, S. 364, SS. 361-364）。

この同定を可能にするのは「予‐認（Prae-cognition）」である（GA25, S. 364）。

ハイデガー的でアリソン的なカントの『純粋理性批判』では、存在者的認識においてジャストロー図にウサギが見えるとき、解釈的再認の綜合では概念とその図式によってウサギの指意と意味とが共に同定されるが、この同定が可能であるのも、存在論的認識では何かを対象〈として〉解釈的に了解することを可能にする対象性の存在論的地平を解釈的予認の純粋綜合があらかじめ形成していたからである。世界のアスペクト知覚という存在論的認識では、こうして意味集合の可能的無限が全体的に織り合わされ形成された世界一般は物理的自然〈として〉、「存在者性（Seiendheit）」は対象性〈として〉、先行的かつ解釈的に了解され、その意味があらわになる。このとき、対象一般は、「思想の超越論的主体としてのみ表象されうるもの＝X」（A346 / B404）とペアになる「非経験的、つまりは超越論的対象X」（A109）にまで突き詰められ、これら二つのXのあいだで「……純粋悟性概念の図式は純粋悟性概念に対して客観との連関を、したがって指意を供与する」（A146 / B185）。

演繹論と図式論を重ね合わせるハイデガーならば、こうして存在者的認識と存在論的認識の重層的連関を確かめながら、具体的対象と対象一般それぞれの指意と意味との存在論的に連関する仕方を指摘できる。

本章では最後に、解釈的予認に注目しつつ、経験概念、幾何学概念、物理学概念から、アプリオリな綜合判断のアプリオリ性と綜合性を担うカテゴリーたる純粋悟性概念への移行を確認する。

四　原カテゴリー、想像力、時間性

対象の変化は因果性のカテゴリーなしに知覚されえないと『純粋理性批判』では考えられていたが、そうした因果性の超越論的図式を経験的に応用して運動三法則の一つ「慣性の法則」を基礎づけるのは「経験の第二類推」であった（*GA31*, S. 149）。そこで提示されていた経験概念の事例は、図式論における「犬」とは異なり、「家屋を知覚する事例」や（*Allison*, p. 233, A190f. /B235f. ）、「上流」から「下流」へと川を下っていく「船」の事例であった（A192 / B237）。

この第二類推を可能にする規則は、一方で『純粋理性批判』の第一版にあって「産出の原則」（A189）

と呼ばれ、「生起する（存在し始める）もの一切は、一つの規則に従ってそのあとに継起する何かを前提とする」（A189）ことがその内実であり、他方、第二版では「因果性の法則に従う時間的継起の原則」（B232）と呼ばれ、「変化一切は原因と結果を結合する法則に従って生起する」（B232）ことがその内実であった（vgl. *GA31*, S. 149）。「たとえば、どの変化もその原因をもつという命題はアプリオリな命題だが、純粋ではない」（B3）とカントは第二版の「序文」§1「純粋認識と経験的認識の区別について」のなかで述べていたが、それは、超越論的図式の経験的応用を経験の類推の規則に従って行なうかぎりでその命題はアプリオリだが、とはいえ経験的応用であるかぎり、純粋ではないからである。この変化という事象に注目して「因果性の法則は時間的継起の原則を明らかにする」（*GA31*, S. 149）。

「下流で船の位置を私が知覚することは、川が流れゆくなか、上流でその船の位置を知覚したことに後続する」が（A192 / B237）、このとき「把捉にあって諸知覚が継続する秩序」は因果的に規定されうるのでなければならない。まず、この把捉は「想像力の綜合のうちへの受容（Aufnahme）」（A190 / B235）であり、「想像力の或る綜合能力」をもちいて「私は要するに二つの知覚を時間において連結する」（A189 / B233）。とはいえ、「単なる知覚を通じてでは相互的に継起していく諸現象の客観的関係は未規定なままであり」（A189 / B234）、「私が意識することは、私の想像力が或るものを先に、他のものを後におくことだけに限られる」（A189 / B233）。次に、この先後関係を客観的で必然的なものへと変容させるのが、知覚にはふくまれていない純粋悟性概念、ここでは「原因と結果の関係の概念」である（A189 / B234）。この純粋悟性概念は、因果性の超越論的図式を介して、船が川を下る現象に妥当しえた。

この事情をまとめた「産出の原則」は、「生起する（存在し始める）こと一切は、一つの規則に従ってそのあとに継起することを前提とする」（A189）と定式化されていたが（A189 / B232）、この「一つの規則」はアプリオリな綜合判断の契機であり、「継起する何かをそれに先行する別の何か一般へと私が必然的に関係づける」規則である（A194 / B239）。ハイデガー的に言えば、それは、「何か一般」の継起的な変化における「必然的」な因果関係を規定する地平的規則として機能するわけである。

世界最大の幅をもつラプラタ川を大型客船が下り、河口から海へとでる様子をわれわれが浜辺で眺める場面など、時間的継起の水平性にそくして経験概念の対象を知覚するさい、受容的把捉、親和的再生、解釈的予認の綜合は垂直的に働くが、航行する巨大客船にせよ、倒れてアヒルに見えたミッフィにせよ、存在者的認識にさいしてこれらはあらかじめ対象一般〈として〉解釈的に了解されていなければならない。この解釈的了解は、対象一般＝対象性という一つの「存在論的アプリオリ」を開示するアスペクト知覚であり、対象性の存在論的認識であった（門脇、一四三頁、vgl. *GA25, S.* 37）。

ハイデガーのカント解釈は、「時間と〈私は考える〉のあいだでの決定的な連関」を覆う「暗闇」を取り払うことがその目的であった（*SZ, S.* 24）。それゆえ、対象性への存在論的認識にかかわる三重の綜合をハイデガー的カントの超越論的統覚概念から説明しなければならない。

ハイデガー独自の主張では、三重の綜合の根底に存する「〈私は考える〉という超越論的統覚は、いわばそれ自体で一つのカテゴリーであり、原カテゴリーである」（*GA25, S.* 376）。この原カテゴリーが「どのカテゴリーの根底にも存している」（*GA25, S.* 376）。こうして「悟性それ自体は超越論的統覚のうちにその原能力（Urvermögen）を有する」がゆえに（GA25, S. 358)、「カントは超越論的統覚のことを、すべての概念一般の『乗り物（Vehikel)』、したがってまた、カテゴリーという超越論的概念の乗り物と呼ぶ」（GA25, S. 376)。この「超越論的概念はそもそも或る対象を対象として（qua）規定し、客観性を構成する」（GA25, S. 376)。問われているのは、カテゴリーと対象性の関係である。

再確認すると、個別的対象のアスペクト知覚、つまり、存在者の解釈的了解を可能にする存在論的地平はあらかじめ解釈的に了解されていた対象性であり、このとき同時に、世界一般は物理的自然〈として〉解釈的に了解されている。「〈私は考える〉は私の表象すべてに伴いうるのでなければならない」が(B131f.)、「カテゴリーは厳密に言えば実体や因果性などではなく、〈私は実体を考える〉、〈私は因果性を考える〉である」かぎり（GA25, S. 376f.)、アプリオリな綜合判断における対象性の存在論的構成には、いわば“Ich kategoriere”という自己意識の「原統覚」が必ず伴いうるのでなければならない。

“Ich kategoriere”というその原統覚は「超越論的で脱自的な統覚」(GA25, S. 390)であり、こうした「主観の脱自態」（GA25, S. 390）は、それゆえ、カテゴリーの超越論的図式と連動する三重の綜合によって「囲い込む（umgreifend)」その働きで対象性の存在論的地平を時間的に形成する（GA25, S. 390)。

原統覚の脱自態にそなわる機能をこのように解き明かす超越論的ハイデガーは「時間と〈私は考える〉のあいだでの決定的な連関」を覆う「暗闇」の除去を遂行し（SZ, S. 24)、カントが空間的秩序との相即を見込むかぎりで語った時間的秩序の限界を打破して時間から近世認識論の存在論的秩序が構成される様子を明らかにしえた。[27] その「連関」を遂行する具体的な仕方を確認するため、統一を強調して言えば、「綜合を規則づけること一切がそのつど統一に関係づけられたこととして可能であるのは、統一する主観そのものが根源的に先行し、みずから可能的統一一般の一つの地平を与えうる場合に限られる」(*GA25*, S. 377)。

> したがって、綜合すべてはその可能的変容態一切において統一一般の一つの根源的地平のうちへと取り込まれる。この地平はしかも、対象性を可能にし、この対象性は経験的なものではないがゆえにアプリオリでなければならず、つまり、主観それ自体のうちに存していなければならない。(*GA25*, S. 377)

経験概念、幾何学概念、物理学概念に基づく存在者的認識は対象性の存在論的地平に基づき、この対象性は「一つの根源的地平」、つまり、「時間に関係づけられた想像的綜合」三つが形成する時間地平に基づくが(*GA25*, S. 430, S. 402)、対象性の存在論的構成にあって「諸綜合のアプリオリな調和と連合」はカテゴリーという規則十二個の「内的な文脈化」にそくしているかぎり(*GA25*, S. 382)、向かいに(gegen)立つこと(Stand)の「アプリオリな抗立性(Widerständigkeit)一般の地平」は(*GA25*, S. 382)[28]自然の威力に圧倒された現存在のラプソディではなく、物理的自然を対象性へと回収してその全体性となった「超越論的親和性」をそなえている(*GA25*, S. 383)。たえず変わっていく自然に迫られて現存在が古典物理学の原理であるアプリオリな綜合判断を形成するさい、時間とカテゴリーを媒介する超越論的図式と三重の綜合とが連携し、物理的自然の全体性を内蔵する対象性の存在論的企投が行なわれ、加えて古典物理学における「自然の学的企投」(*SZ*, S. 363, vgl. B. XIV) はその対象性に基づいて行なわれるが、対象性の存在論的企投と古典物理学の学的企投を媒介するのが「純粋悟性の原則すべての体系」であった。

まず「自然一般の存在論的構造を囲い込む(*umgrenzen*)」(*GA25*, S. 383) 超越論的親和性を対象性の側から見ておく。「諸現象の全総体」(*GA25*, S. 383) である「自然という領域 (Region)」の対象性にそなわる全体性を、とはいえ、カントは超越論的親和性と名づけ、この親和性にかんして曰く、それは『想像力における或る綜合の必然的な帰結』(A123) だが、この綜合は純粋に形象化する産出機能であり、経験的受容性一切に先立ちつつ、直観可能なものであるどの時間へも伸び広がることすべてにあって、時間全体を自由に囲い込んで提示することである」(*GA25*, S. 415f.)。「概念の図式が当の概念をめぐる想像力の限界」(守屋、一八四頁) であるかぎり、純粋悟性概念をめぐる想像力の限界はその図式であり、この限界に囲い込まれて対象性の全体性が形成される。

次に「時間と〈私は考える〉のあいだでの決定的な連関」のあいだで超越論的親和性を特徴づければ、「この超越論的親和性は、超越論的統覚に構成されて私へと帰属する広がり (*Dimension*) に基づく場合に限って可能である」(*GA25*, S. 383)。この「広がり」は「可能的自己意識全体」(A113) を指した (vgl. *GA25*, S. 383)。

ハイデガー的カントの超越論的構成主義である。

こうした超越論的親和性が三重の綜合において機能する様子をヴィトゲンシュタインとハイデガーのあいだで確認しておく。

ジャストロー図のウサギとアヒルのように「私はこの二つのアスペクトに類似を見る」(vgl. *PU-I*, S. 193) と言い換えうる「〜として見る」は、対象のアスペクト転換が起こりうるかぎり、「指示的に透明な」「〜を見る」と「哲学的文法」が異なるけれど(守屋、一七二頁以下)[29]、ハイデガー的カントの存在者的認識と存在論的認識の区別と多層性とに従えば、状況のアスペクト転換を可能にするアスペクトの類似一般がそれなりには超越論的親和性に相当しうる[30]。

このハイデガー的カントならば、物理的対象の存在者的認識だけではなく、物理的自然一般の存在論的認識にあっても、「〜として見る」と「〜を見る」の両者を水平的に区別せず、三重の想像的綜合が織りなす垂直的相互関係のなかに位置づけ、たとえば実体の超越論的図式というアスペクトの意味と対象一般の指意とを連動させるはずである。このとき、三重の想像的綜合は時間性の脱自連関に従い、【1】実体のカテゴリーとその図式に基づいて対象一般の指意と意味とを統一的かつ解釈的に予認することで、【2】実体の図式=アスペクトに限定される範囲で遂行される対象一般の親和的な再生に立ち返り、【3】対象一般を手前性の現在一般において把捉する。想像的綜合のこうした連動は、図式論が示すとおり、全カテゴリーで可能である。

カテゴリー十二個の全体性を内実的に形成する「時間の統一は根本においてカントが対象性や対象一般と呼ぶものを構成する『統一』である……」(*GA25*, S. 390)。

「想像力は時間に関係づけられたものとしてのみ可能であり、より明確に定式化すれば、想像力はそれ自体が時間なのだ――われわれが時間性と呼ぶ根源的時間の意味で」(*GA25, S.* 342)。

「時間と〈私は考える〉のあいだでの決定的な連関」に思索の光をあてたハイデガーは「綜合三つを純粋な想像的綜合行為として、すなわち、時間に関係づけられた純粋想像力の綜合行為として受け取る……」(*GA25, S.* 338)。

「把捉の綜合は現在に、再生の綜合は過去に関係づけられ、予-認の綜合は将来へと関係づけられている」(*GA25, S.* 364)。なかでも「純粋に先取りして受け取る働き」たる「予認の純粋綜合」は、「把捉と再生の純粋綜合の統一を担う根拠である」(*GA25, S.* 367)。「表向き、われわれは〔把捉の綜合が働く〕現在においてそれ自体を提示するものから始めるが、とはいえ根本においてそうした始まり一切は、その本質に従い、多かれ少なかれ、すでに表出的に先取りして受け取られたものからの立ち返りである」(*GA25, S.* 367)。こうして三重の純粋綜合は垂直的に相互連関するが、ただし、純粋な解釈的予認が対象性を形成するかぎり、西欧的思考の「存在史的アプリオリ」である存在者性の「固い岩盤」(*PU-I*, § 217) にぶつかっていたのは、純粋統覚的現存在が遂行するその純粋予認であった (vgl. *GA3*, XIII, *GA9*, 327f.)。

結

ハイデガー的カントの演繹論=図式論と野家的ヴィトゲンシュタインの文脈的想像力論はその内実を

互いに照らし合い、カント図式論の豊かな解釈可能性を教えてくれる。「もし或るアスペクトを見ることが或る思考に対応しているとすれば、それはさまざまに考えることからなる世界のなかにおいてのみ一つのアスペクトでありうる」（*RPP-I*, §1029, cf. 野家、三九一頁）。ハイデガー流のアスペクト知覚である解釈的了解が存在論的および存在者的に遂行可能であるのも、現存在は世界内存在という存在体制をそなえるからであった。

こうして「存在論的アプリオリ」（門脇、一四〇頁）[31]として機能する世界一般を三重の想像的綜合によって時間的に図式化し、対象性の存在論的地平へと取り囲んでいく原能力こそ、超越論的想像力である。想像力による三重の綜合は存在論的な次元および存在者的な次元で共に垂直的に相互連関する多層性をそなえるが、われわれはその多層性を辿りながら地平的全体性の一つ一つを確認することで、多種多様な概念すべての根底に純粋な原カテゴリーを、現存在の脱底的次元に超越論的想像力という時間を見出した。[32]

凡例

① 慣例に従い、本文中の敬称は省略し、原書のGesperrtと*italic*には傍点を付して訳出した。太字強調と〔 〕の補足は論者によるもの。②一次文献について。カント『純粋理性批判』はFelix Meiner社のPhilosophische Bibliothek（Nr. 38, 1788[1990]）を用い、参照頁はアカデミー版に従って指示するが、Aで第一版、Bで第二版を示す。ハイデガーの*Sein und Zeit*はMax Niemeyer社の第十一版テキストを用い、*SZ*の略号で示す。*GA*はVittorio Klostermann社版のハイデガー全集（Heideggers Gesamtausgabe）を指す。ヴィトゲンシュタインの著作は

ブラックウェル社の独英対訳版を用い、その略号は本文中で示した。紙幅の都合から参照したテキストとその頁数は本文中にもりこんだ。③二次文献の参照テキストとその略号は以下。

Allison : Allison, H., *Kant's Transcendental Idealism, An Interpretation and Defense, Revised and Enlarged*, Yale University Press, 2004.

Brandom : Brandom, R., *Tales of the Mighty Dead, Historical Essays in the Metaphysics of Intentionality*, Harvard University Press, 2002.

Smith : *Immanuel Kant's Critique of Pure Reason*, translated by N. K. Smith, Palgrave Macmillan, 1929.

Commentary : Smith, N. K., *A Commentary to Kant's 'Critique of Pure Reason'*, 2nd ed., rev. and enlarged, Humanities Press, 1962[1923].

門脇：門脇俊介『理由の空間の現象学：表象的志向性批判』、創文社、二〇〇二年。

野家：野家啓一『増補　科学の解釈学』、ちくま学芸文庫、二〇〇七年。

福谷：福谷茂『カント哲学試論』、知泉書館、二〇〇九年。

守屋：守屋唱進「アスペクトの知覚」、『理想』、六一六号、理想社、一九八四年。

註

1　Cf. Allan Janik, Stephen E. Toulmin, *Wittgenstein's Vienna*, Ivan R. Dee, 1996(1973), chap. 7, Wittgenstein the Man, and His Second Thoughts.

2　この区別にかんしては、以下の議論を参照。野矢茂樹「〈…として見る〉の文法――ウィトゲンシュタインのアスペクト知覚について」（『理想』、六三一号、理想社、一九八六年、一五〇～一六一頁）、山田圭一「言葉の意味の変化をもたらす体験とはどのようなものか――ウィトゲンシュタインの比喩的表現の考察をもとに」（科学基礎論学会編『科学基礎論研究』、第四六巻、第一号、二〇一八年、一～九頁）および「アスペクトの転換において変化するもの」（小熊正久・清塚邦彦編著『画像と知覚の哲学――現象学と分析哲学からの接近』、東信堂、二〇一五年）、荒畑靖宏「アスペクトの恒常性と脆さ――ウィトゲンシュタインとハイデガー」（成城大学編『ヨーロッパ文化研究』、第三二号、二〇一三年、三五～九七頁）、Stefan Mulhall, *On Being in the World, Wittgenstein and Heidegger on Seeing Aspectd*, Routledge Revivals, 2014[1990].

3　本章に関連するところで確認するに、カント学にあっても、ノーマン・ケンプ・スミスのように概念と時間との媒介は一切不要という立場もあれば（cf. *Commentary*, p. 195f.）、これに抗してヘンリー・アリソンのように純粋悟性概念と時間との媒介は必要という立場もある（cf. *Allison*, p. 213）。

4　Cf. Steven Crowell, Jeff Malpas, *Transcendental Heidegger*, Stanford University Press, 2007.

5　『カントと形而上学の問題』公刊の動機をその「第四版への前書き」でふりかえりつつハイデガーが述べるに、「一九二七／二八年冬学期に行なわれたカント『純粋理性批判』講義を仕上げているあいだ、私は図式論の章に〔改めて〕注目し、この図式論のうちにカテゴリーの問題、つまり、伝統的形而上学における存在問題と時間現象とのあいだの或る連関を見出した」（*GA*3, S. XIV）。ハイデガーは『存在と時間』公刊の時点で第二部第一編「カントの図式論と時間論――テンポラリテートの問題設定の前段階として」を執筆していないが、これは、『存在と時間』で提起された存在問題にかんして、すでに一九二九年に明らかになった誤認」（*GA*3, S. XIV）に起因した。すなわち、「存在者性」の下位区分として「対象性」という存在論的地平を「時間」の観点から解き明かす仕方をハイデガーは見出していなかったわけである（*GA*3, S. XIII）。こうした誤認から脱却しえたのは、件の「カント『純粋理性批判』講義」で図式論と演繹論とを重ね合わせて読み解き、「時間と〈私は考える〉のあいだでの決定的な連関」を覆う「暗闇」を取り払うことができたからである（vgl. *SZ*, S. 24）。本章では、この様子を明らかにした。

6 「比量」という訳語にかんしては、中村元、福永光司、田村芳朗、今野達編『岩波仏教辞典』（一九八九年）の項目「量」を参照。同項目によれば、「仏教では、一般的に感覚知（現量）と推理知（比量）と聖典に基づく知（聖言量）の三種が知識根拠として認められていた」が、量の「サンスクリット原語〔*pramāṇa*〕は、〈測定〉〈目盛り〉〈基準〉などを直接の語義」とした（前掲書、八三二頁）。

7 認識の客観的妥当性が成り立つには、「比量的な悟性」（*Commentary*, p. 176）の機能だけでは足りず、カテゴリーを用いて主語に述語を関係づけて判断全体を統一する「綜合的な悟性」（*Commentary*, p. 177）の機能が不可欠である（cf. *Commentary*, pp. 175–202）。

8 Vgl. I. Kant, *Kritik der praktischen Vernunft*, Erster Teil, Zweites Buch, 2. Hauptstueck, VI, Über die Postulate der reinen praktischen Vernunft.

9 アリソンが提示した「双数アスペクトの考察様式（two-aspect view）」にかんしては、以下を参照。*Allison*, chapter 1, An Introduction to the Problem, pp. 3-7. この「考察様式」にかんしては千葉清史「ヘンリー・アリソンの方法論的二側面解釈」（日本カント協会編『カントと形而上学』、日本カント研究十三、二〇一二年）を参照。その観点からアリソンの両著作『カントの超越論的観念論』『カントの自由論』に認められる連続性にかんしては、城戸淳「訳者後記」（アリソン『カントの自由論』、城戸訳、法政大学出版局、二〇一七年）の四八二頁を参照。

10 Vgl. Janik, Toulmin, *Wittgenstein's Vienna*, chap. 7.

11 横地『戦争の哲学――自由・理念・講和』（東北大学出版会、二〇二一年）の第二章「全体主義から自由へ〈2〉――一と多への問い」を参照。

12 Vgl. Heinz Heimsoeth, Metaphysische Motive in der Ausbildung des kritischen Idealismus, in: *Metaphysische Ursprünge und*

ontologische Grundlagen, *Kantstudien*, *Ergänzungshefte 71*, *Studien zur Philosophie Immanuel Kants I*, Bouvier, 1971. S. 195.

13 ただし、「カントは名辞論理学を中心とした言語観にとらわれていた」点にかんしては、内井惣七「論理、数学、言語」（内井、小林道夫編『科学と哲学――論理・物理・心・言語』所収、昭和堂、一九八八年）の八〜九頁を参照。内井が言及していた以下の論考も、参照。Cf. William Kneale and Martha Kneale, *The Development of Logic*, Oxford University Press, 1968[1962], pp. 354-358.

14 横地『戦争の哲学』の§24「カントのプラグマティック・ホーリズム」を参照。

15 図式論に続く「純粋悟性の原則すべての体系」（A148 / B187）に含まれた「経験の類推」（A176 / B218）で説明されるに、「時間様態（modi）三つは持続性と継起、同時存在である」（A177 / B219, vgl., *GA25*, S. 150）。

16 運動三法則にかんしては、有賀暢迪「ニュートンの運動の第三法則――『プリンキピア』の基本原理の二つの解釈」（『科学哲学科学史研究』、二〇二〇年、四九〜六八頁）およびアイザック・ニュートン『プリンシピア自然哲学の数学的原理』（中野猿人訳、講談社、ブルーバックス、二〇一九年）を参照。

17 出口康生「現代科学論カント風――超越論的でアプリオリな命題は科学において存在するか」（『理想』、第六六三号、理想社、一九九九年）の四頁を参照。Vgl. *GA25*, S. 140.

18 出口「現代科学論カント風」の四頁を参照。

19 それゆえ、本章ではその『論理学』講義における「経験の類推」解釈ではなく、『人間的自由の本質について』のそれを参照した。『論理学』の位置づけにかんしては、細川亮一『意味・真理・場所――ハイデガーの思惟の道』（創文社、一九九二年）の一三九頁を参照。

20 *Brandom*, p. 318f. Cf. Hubert L. Dreyfus, *Being-in-the-World: A Commentary on Heidegger's Being in Time*, The MIT Press, 1990, Chap. 4, p. 80f.

21　ここで問題となっているのは、外的対象にかんする教員の言明を〝アスペクト盲ではない学生A〟が再文脈化する言語行為である。「厳密には命題は言明の意味内容を指し、言明は話者が具体的に行う発話の内容を指す」（石川幹人、渡辺恒夫編著『マインドサイエンスの思想――心の科学をめぐる現代哲学の論争』、新曜社、二〇〇四年、六一頁、註［4］）。「これは物理のプリントだ」という発話とは異なり、「私はドイツ人だ」という自己言及的な発話の場合、たとえばカール・レーヴィットとアドルフ・ヒトラーのように話者が異なれば、異なる言明として区別されるが、命題としては同一である。

22　内実を扱わない比量的悟性と区別される狭義の理性は、この場面にあって幾何学や古典物理学、経験概念など複数の多層的文脈に開かれながら、内実を可能的に文脈化する推論能力として機能している旨、増山浩人氏からカント学的確認があった。ハイデガーならば、その理性が産出した「図式の類比物」である「理性概念」は「経験の領野における体系的な悟性使用の統整的原理を基礎づけるためのもの」であった点に注目しつつ（A771／B799）、多層的な文脈を時間的に形成する根源的機能をそなえた超越論的想像力に照らして理性の推論能力を説明するように思われる。ヘンリヒからはカント学的に正しくないことがすでに指摘されているけれど、ハイデガー独自の解釈では、「自発性」と「受容性」に「共通の根」がその超越論的想像力だったからである（*GA3*, Davoser Vorträge, 272f.）。このあたりの可能的事情にかんしては、横地『戦争の哲学』の**§17「アスペクト知覚の重層性と、ごっこ遊び」**、**§18「〈アスペクト盲〉と〈すりかえ〉」**、**§23「クラウゼヴィッツの統整的理念と建築術」**、また拙著『超越のエチカ――ハイデガー・世界戦争・レヴィナス』（ぷねうま舎、二〇一五年）の**§12「尊敬感情論の周辺」**を参照。

23　横地「ハイデガー『ソピステス』講義における「実践的推論」と「知慮」の解釈について」（日本現象学会編『現象学年報』、第三四号、二〇一八年、一九三～二〇〇頁）を参照。

24 Vgl. *GA19*, S. 172. 『ニコマコス倫理学』を英訳したテレンス・アーウィンによる「用語解説」の項目“happiness, *eudaimonia*”によれば、「幸いは究極的な目的であり、他のどの目的も促進しない唯一の目的である」が、「それが究極的である理由はもっとも包括的である点にある」(Aristotle, *Nicomachean Ethics*, Translated with Introduction, Notes, and Glossary, by Terence Irwin, 2nd Edition, Hackett, 2000, p.333)。

25 Vgl. I. Kant, *Prolegomena zu einer jeden künftigen Metaphysik, die als Wissenschaft wird auftreten können*, Universal-Bibliothek, Nr. 2468, Reclam, 1989(1783), §18.

26 Cf. H. Allison, *Kant's Transcendental Deduction, An Analytical-Historical Commentary*, Oxford University Press, 2015, p. 259f.

27 カント内在的に言えば、「かくして、カントにおいては時間の基本秩序を表す先後関係(nacheinander)(A33 / B50)とは、意識流とか純粋持続といったものではなく、はじめから空間化された先後関係であり、そのまま空間の三次元に加える第四の次元として物理学を可能にするような時間、すなわち函数F(t)の変数としてのtである」(中島義道『時間と自由』、講談社学術文庫、一九九九年、第1章「〈今〉への問い」、十六頁)。

28 M. Heidegger, *Nietzsche I*, Neske, 1961, SS. 570-577.

29 現存在の了解は、私を含む諸存在者が「存在しうること(Seinskönnen)」へと現存在がその現においてかかわることである(*GA24*, §20, SS. 390-392)。そのなかでは現存在が対象の存在可能性へとかかわること、これが「〜を見る」に当たるのかもしれない。『存在と時間』にそくして言えば、「了解」と「解釈」は概念的に区別されるが、「世界の無意義性(Unbedeutsamkeit)」(*SZ*, 186)における世界一般の開示を除けば、世界のアスペクト知覚をふくめて了解は必ず解釈的了解であり、解釈的了解による指意や意味を分節化する「語り(Rede)」が「ロゴス」であった(*SZ*, S. 219, vgl. *GA19*, S. 181.)。本章の例で言えば、或る段階ではジャストロー図が指意、アヒルとウサギのアスペクトが意味にかかわる。

一九二四年夏学期講義『プラトン：ソピステス』（*GA19*）では、「ロゴス・ティノス（これ／何かのロゴス）」概念は（cf. Plato, *Sophista*, in: *Platonis Opera I*, OCT, 1995, 262E6）、「ロゴスはこれ／何かのロゴス（*logos tinos*）である」と定式化され、それは、指意と意味とを区別しながら、とはいえ、事象をひとまとまりにつかむ「ロゴス的志向性」の原型として見定められている（*GA19*, S. 597f.）。こうして了解もロゴス・ティノスも、現存在が存在者の存在可能性とかかわることそのことを構成する働きであった。

30　ただし、哲学的認識論が思考を一般化する根本傾向に抗し、具体的な場面一つ一つにそくして「言語ゲーム」を提示し、哲学的一般化が呼び込む疑似問題を治療していくヴィトゲンシュタインの構えは、対象性へと決め打ちして超越論的親和性の成り立ちを説明するハイデガーからは欠けている。

31　この存在論的アプリオリは「第一の原初」に由来する「存在史的アプリオリ」と言える（cf. *GA65*, § 134, 野家『無根拠からの出発』、勁草書房、一九九三年、一二五四頁以下）。Vgl. *GA25*, S. 45.

32　『カント『純粋理性批判』の現象学的解釈』の翌学期に行なわれた一九二八年夏学期講義『論理学の形而上学的始元根拠』（*GA26*）において「現存在は自由なものとして世界企投である」（*GA26*, S. 247）と述べられ、現存在の超越論的構成主義に最大限の機能が見積もられるが、とはいえ、この世界企投は、現存在が時熟させるのではない時間性、つまり、「みずから時熟する時間性」（*GA26*, S. 272）の「自己企投」から条件づけられていた（vgl. *GA24*, S. 453）。「時間性一般は脱自的に地平的な自己企投そのものであり、この自己企投に基づいて現存在の超越は可能である」（*GA24*, S. 443f.）。時間性一般は、現存在の存在意味でありながらも、とはいえ、現存在の他者であった。

［付記］本章は、拙稿「カテゴリー、純粋直観、図式――全体性の諸相にそくして」（東北哲学研究会編『思索』、第五三号、二〇二〇年、一〇一～一二〇頁）に大幅な加筆と修正を施して作成したものである。その準備に続き、今回の改訂でも、増山浩人さんからは拙稿の四隅をそろえる精確な助言をいただき、嶺岸佑亮さんからは基本概念にかんする貴重な質問をいただいた。また、塩谷賢さんからは超越論的ハイデガーから後期ヴィトゲンシュタインを見たときに取りこぼされる後者の肝にかんして的確な指摘をいただいた。記して感謝します。

第15章　沈黙と饒舌

――ヴィトゲンシュタインとショーペンハウアー

千田　芳樹

序

それゆえ、人がいかなる哲学を選ぶかは、その人がいかなる人間であるかに依る。というのは、哲学体系というものはわれわれの好むままに捨てたり取ったりできる死んだ家具ではなく、それを持つ人間の心（die Seele）によって生命を与えられている（beseelt）からである。[1]

哲学に関するフィヒテの有名な文言だが、これは哲学がつまるところ人によるのであり、それを越えた格別な真理がないことを意味するのだろうか。もしそうであれば、種々の哲学を比較・検討することは、人間を比較しているに過ぎず陳腐な作業でしかないだろう。だが、哲学は普遍的な真理――人間の個別性を越えたものとしての——を探求する営みではないのか。無論、そうである。けれども、それは生ける哲学者によってである。ここには、哲学の普遍性への要求と人間の個別性との交差が存する。われわれは哲学的な営みによって自分自身の生き方に影響を及ぼす。すなわち哲学が世界了解の一形態である以上、それは世界への根本的な態度に作用せざるをえない。哲学が取り換えのきく「死んだ家具」ではないのは、真理探究それ自体が生けるわれわれの営みだからである。このように捉える限り、哲学の比較・検討は単なる人間の比較・検討を越えている。その点において、本章が扱うヴィトゲンシュタインとショーペンハウアーのいずれも自己自身の問題の解決ではなく、普遍性への要求という点において哲学とともに生きたのである。

若きヴィトゲンシュタインがショーペンハウアーの主著『意志と表象としての世界』(以下、『意志と表象』と略す)を読んでいたことは良く知られている。前期ヴィトゲンシュタインの主著『論理哲学論考』(以下、『論考』と略す)には——直接的な言及は無いにせよ——ショーペンハウアーからの影響をうかがわせる箇所が見出されうる。それは『論考』の方法や叙述形式ではなく、論理的な概念とは一線を画す「生」、「意志」、「幸福」という倫理的な概念に作用しているように思われる[2]。だが、両者が哲学において目指すものは異なる。ショーペンハウアーはカントの現象と物自体という二元論的世界観を継承しながらも、物自体を「盲目的な生への意志」と捉え、人生の苦から「解脱(Erlösung)」するための「禁欲(Askese)」を説く。それに対し、ヴィトゲンシュタインの『論考』の目的は全く消極的である。それは〈語りえるもの〉の限界を解き明かし〈語りえぬもの〉を示すだけである。喩えていえば、上り終えたのちに捨て去るべき「梯子」のようなものに過ぎない。『論考』の命題それ自体は「ナンセンス（unsinnig）」なものだからである。[3]ヴィトゲンシュタインは〈語りえぬもの〉の前に沈黙したのに対し、ショーペンハウアーは饒舌なまでに世界の本質たる「意志」について語る。〈語りうるもの〉において対照的な二人であるが、本章は若きヴィトゲンシュタインの『論考』に焦点を当てつつ、ショーペンハウアー哲学との異同を確かめ、両者の哲学がわれわれの〈生〉に対して有しうる意義を明らかにしたい。

一　自殺

ヴィトゲンシュタインの青年時代は死の影につきまとわれている。それは度重なる三人の兄の自殺[4]に他ならないが、この悲劇はヴィトゲンシュタイン自身をして自殺衝動への恐怖と苦悩に苛む原因となった。第一次世界大戦中、自ら志願して最前線で勇敢に戦う姿は、必ずしも彼の愛国的使命感だけでは説明しきれないものであろう。[5]

従軍中に執筆された『草稿』最後の文章は自殺への言及で終わっている。

自殺が許される場合には、全てが許される。
何かが許されない場合には、自殺は許されない。

このことは倫理の本質（das Wesen der Ethik）に光を投じている。というのも、自殺はいわば基本的な

罪（die elementare Sünde）だからである。［……］（TB:1917.1.10［288］）

さて『論考』によれば「世界と生は一つである」（TL: 5. 621［96］）。それゆえ、生の対極にある死は世界の終焉である（Vgl. TL：6. 431［117］）。したがって、自殺という行為は自らの「意志」で世界を終えることである。当然だが、特権的なのは私の死である。他人の死は私にとって世界のなかでの出来事に過ぎない。私は私自身の死を体験しない。自殺が「基本的な罪」であることは、私の死の特権性と切り離しえない。というのも、自殺は自らの「意志」でおのれの〈生＝世界〉を終わらせる唯一の行為である。つまりは、世界を終わらせることが基本的な罪である。したがって、かかる特権性に「基本的な罪」を置く以上、自殺が「許される」ならば、世界でのいかなる行為も「許される」ことになるだろう。また「基本的な罪」があるならば、「基本的」ではない罪も可能であろう。[6]

こうした観点から自殺は「倫理の本質」に関わっている。ところが、『論考』には自殺への言及がない。しかし、自殺が「許されない」ならば、「汝、自殺してはならぬ（＝汝、生きるべし）」は一つの倫理的な原則として捉えることは可能であろう。ここで手がかりとなるのは、『論考』の次の箇所である。

「汝……為すべし」という形式の倫理法則が立てられるとき、最初に浮かぶ考えは、「では私がそうしなければどうなるのか」ということである。しかし倫理が通常の意味での賞罰（Strafe und Lohn）と関係ないことは明らかである。したがって、行為の帰結を問うことは重要なものではありえない。

——少なくともこの帰結が出来事であってはならない。というのも、この問題提起にはなるほど正しいところがあるに違いない。たしかにある種の倫理的な賞罰が存在するに違いないが、けれども賞罰は行為そのものの中になければならないのである。

（そして賞が好ましいもの（etwas Angenehmes）、罰が好ましくないもの（etwas Unangenehmes）でなければならないことも、また明らかである。）（TL: 6. 422［117］, vgl. TB：1916. 7. 30［263f.］）

「倫理法則」[7]というものは『論考』において有意味な命題にはなりえない。それは「事実」の像になりえないがゆえに「ナンセンス」なものだからである。かかる法則は事実上の行為を通じて世界に示されうるに過ぎず、出来事として言明されえない。このことは行為における「意志」に関しても同様である。もちろん、因果連関のもとに捉えられうる心理学上の意志であれば、世界の出来事として有意味に語りうる。けれども、「倫理法則」に基づく「意志」は「事実」としては捉えられえない（Vgl. TL: 6. 423［ebd.］）。いわば「倫理法則」は示されるべき行為に関する超越論的な表現をなすものであり、事実性を越えて「私」と「世界」とのあるべき関係性を表すものである。それゆえ、倫理的行為においてその「帰結」の正否は問われず、ただ「行為そのもの」が「賞（das Lohn）」＝「好ましいもの（etwas Angenehmes）」か、「罰（das Strafe）」＝「好ましくないもの（etwas Unangehemes）」かに存する。端的にいえば、私の世界のなかで、「行為そのもの」が「好ましいもの」であるか否か。「賞―罰」は私が世界と取り結ぶ関係性（好―悪の相）である。倫理的行為は、私の世界への（事実が何一つ変わらないとしても）異なる関わり方（関係性）をもたらす。倫理的行為の「賞―罰」は、「行為そのもの」においてて世界に対峙する私の「幸―不幸」にも関わるものである。このことは終極的に私が「生」＝「世界」を受け入れることができるか否かに関係している。これは次節で改めて論及しよう。

さて、自殺についてはショーペンハウアーもまた『意志と表象』第四巻で論じ、それを否定している点でヴィトゲンシュタインと同様である。しかし、その立場は大きく異なる。周知のようにショーペンハウアーは世界を「意志」と「表象」の二つの観点から捉える。そして物自体である「意志」が現象となったのが「表象」としての世界である。世界の本質とされる「意志」は自由だが、ひとたび「表象」としての世界に現れた個別的なものは空間や時間そして因果性などの「充足根拠律（der Satz vom zureichenden Grunde）」に全く服することとなる。当然われわれの身体も物体であるから空間、時間そして因果性に規定されている。けれども、ショーペンハウアーによれば、身体のうちに「意志」は直接的に認識される。「意志」は絶え間なくわき起こる様々な「意欲」として、行為の「動機」ともなる。際限の無い「意欲」は完全には満たされることはなく、結果的に生における苦の源泉になる。それゆえ、苦から「解脱」するためには、その源泉たる「意志」を否定する以外にない。しかし、「意志の否定」は自殺によっては達せられない。

これ〔自殺〕は意志の否定であるどころか、意志の強い肯定の現象なのである。というのは、その否定の本質は苦しみを嫌悪することではなく、生の享楽を嫌悪することに存するからである。自殺者は生を意欲しているのであり、ただ生が彼に与えられたところの条件に不満であるに過ぎない。このことから、彼はけっして生への意志（Willen zum Leben）を放棄するのではなく、個別的な現象を破壊することによって生を放棄するだけである。（WL：471［3. 384］）

自殺者は生きることが苦しいから死を選ぶ。それは自殺者自身の「意志」が現状において（あるいは将来に亘って）満たされえないがゆえに、苦として生を放棄することである。その苦の源泉は自己の「意志」を満たしたいが、それが叶わないことにある。[8] だからこそ、その「意志」が強ければ強いほど、それだけ満たされない苦しみは大きい。苦しみに耐えきれなくなったとき、自殺すなわち自己の個体の破壊に至るが、その際苦しみの源泉であった「意志」は何ら否定されていない。というのも、仮に「意志」が満たされる（＝苦が取り除かれる）や否や、自殺志願者は自殺を思いとどまるだろう。[9] このことから、自殺は生の強い肯定を転倒した行為に過ぎない。以上からショーペンハウアーは自殺を「意志の肯定」として捉え、「意志の否定」である「解脱（Erlösung）」からほど遠いものと見なす。[10] そもそも、われわれの生は不断としてわき起こる「意欲」に苛まれ続けている。いわば、生は苦しみに満ちている。「意欲」は決して完全には充足されることがない以上、確かにそうであろう。しかしながら、生の苦そのものをショーペンハウアーは必ずしも否定的に捉えているわけではない。なぜなら、われわれは苦を契機とすることによって、はじめて「救済」ないし「解脱」へ至るために自分自身の本質を「認識」しうるからである。

それ〔意志〕自身は認識によって以外には、なにものによっても廃棄されえない。それゆえ、救い（Heil）の唯一の道は、意志が妨げられることなく現象し、この現象においておのれ自身の本質を認識しうるということである。この認識の結果としてのみ、意志はおのれ自身を廃棄することができ、それとともに意志の現象と結びついている苦しみをも終わらせることができる。しかし、これは〔…〕自殺のような物理的な力によっては不可能である。（WL：474［3. 388］）

ショーペンハウアーは世界の本質（苦）への「認識」が「意志」への「鎮静剤（Quietiv）」になるという。生への「意志」は苦しみを生み出すが、苦しみを無くすために「意志」を抑制し、ひいては廃棄させるのが「認識」である。これについては第三節で論及する。

ここでは「自殺」を手がかりにヴィトゲンシュタインとショーペンハウアーの哲学を瞥見した。次節では両哲学にとって重要性を占める「意志」に着目して議論を進めることにしたい。

二　意志

はじめに『論考』における次の箇所から見たい。

世界は私の意志から独立である。（TL：6. 373［115］）

たとえわれわれの望むすべてのことが生起したとしても、これは言うなれば運命の恩寵にすぎないだろう。というのも、意志と世界との間には、これを保証する論理的な連関は存在しないからである。そして物理的な連関が想定されるとしても、なおこの連関そのものを欲することはできない。(TL: 6.374 [ebd.])

通常、われわれは自分の意志によって「世界」に何らかの作用を及ぼしうると考えている。その点で、この「意志」は日常的な意味からは乖離している。ヴィトゲンシュタインによれば「意志」は「世界」と論理的な連関はなく、それゆえ何事かが生起していることと「意志」は無関係である。「世界」のあらゆる事実は「論理的」そして「物理的」に記述可能であるにせよ、「意志」は「世界」の出来事との「論理的」および「物理的」連関がなく、むしろ「世界の限界」に超越論的に連関している。つまり、『論考』において「世界」の事実を記述する命題に「意志」の入り込める余地は存在しないが、それとは異なる関係性を有する。

善なる意志、または悪なる意志が世界を変えるならば、その意志は世界の限界(die Grenzen der Welt)を変えうるのであって、事実すなわち言語によって表現されうること、を変えることはできない。つまり、この場合世界はこれによって総じて別の世界になるのでなければならない。世界はいわば全体として(als Ganzes)衰弱し(abnehemen)もしくは溌剌と(zunehmen)するのでなければならない。

幸福な人の世界は不幸な人の世界とは別の世界である。[11]（TL：6. 43［117］）

なるほど「意志」は「世界」の事実を変えることはできない。けれども、「意志」は「世界」の限界を変えることはできる。一体いかなる意味においてか。

私が「善なる意志」に従うか、それとも「悪なる意志」に従うか――それは先の「倫理法則」に従うかどうかの問題と連関している。すなわち、前節における「賞―罰」がここで参照されうる。世界の事実として行為の帰結は変わらないが、それとは別に私に対する「賞」あるいは「罰」という観点から異なる世界になりうる。それと同様に、世界の事実は同一でありながら、「善なる意志」に従うか、「悪なる意志」に従うかによって、私と世界の関係性は異なってくる。同一の行為を善意によって、あるいは悪意によって行ったとしても、その行為自体や帰結自体はやはり同一である。それでも、それを善意で為したか、それとも悪意で為したかによって、私が受け止める世界の在り方は異ならざるをえないだろう。

ヴィトゲンシュタインはそのような在り方を世界の「限界」と呼び、その関係性を「好―悪」「衰弱―溌剌」「幸福―不幸」と表現する。それはわれわれの「生」における世界の受け止め方、世界への態度の相違である。例えば、オプティミズムとペシミズムでは、同一の事実に対しても異なる見方をするであろう。そして、このような世界への態度それ自体は、事実そのものには何ら直接的な連関を持たない（事実の記述に何ら表れない）だろう。しかし、私の「意志」次第で、世界は全く別のものとして捉えられる。無論、両者の相違は世界の事実あるいは言明としては表されえず、ただ示されうるだけである。このようにして「意志」は事実を越えていながらも「私」と「世界」の在り方を規定しており、その意味で「意志」は「世界」と超越論的に連関している。これは『論考』が「倫理」を超越論的なものとして捉えることと切り離しえない（Vgl. TL: 6. 421 [116f.]）。

前節に見たように、「倫理法則」は行為の「事実性」を問題にしていない。しかし、当然ながら、われわれの行為は事実の因果連関に基づいて記述されうる。つまり、行為は「論理空間」の可能性のなかから「命題」として表される。他方、行為を「…べし」という当為によって判定することは、事実の外側からなされるものである（それゆえ、行為の「帰結」という事実は問題にならない）。行為の当為を判定することが「倫理」だとすれば、それは「命題」の外側にある。だからこそ、「倫理」は「命題」にはなりえず、「価値」も同じく「命題」として表明しえない（Vgl. TL :6. 41 [ebd.]）。「倫理」が「価値」＝「より高次のもの」に関わると考えられる以上、それは「命題」の表現を越えていかなければならない。しかし、それでもなお、「倫理」は「論理」と同様、「世界」から全く超越したものではなく、「論理」とは別の仕方で「世界」を限界づける（「私」と関連づける）という点で超越論的なのである。無論、「倫理的なものの担い手としての意志については語られえない」（TL : 6. 423 [117]）が、そうした事実の記述で語られないところにおいて、善悪や価値を担う意志は「示される」ものである。『論考』には「意志」に関して極めて限定的な言及しかないが、むしろ僅かしか語られないところにヴィトゲンシュタインの倫理思想の一端が示されているように思われる。

対してショーペンハウアー哲学における「意志」はどうか。ヴィトゲンシュタインと同様、その「意志」もまたわれわれの日常的な意味からはかけ離れている。無論、「意志」はショーペンハウアーの哲学体系の中心的概念であるから、ここでは要点のみを押さえておくことしかできない。そのために『意志と表象』において「意志」の特徴が言及されている箇所を挙げることとしたい。

意志（Wille）は純粋にそれ自体で考察すると、認識を欠いており、ただ盲目的でとどまることのない衝動（Drang）でしかない。われわれは無機的な自然や植物的な自然のうちに、またそれらの法則のうちに、さらにまたわれわれ自身の生命の植物的な部分のうちに、この衝動が現象しているのを見て取るのである。この意志に表象の世界が付け加わり、それが意志に奉仕するにいたるまで展開することによって、意志は、おのれの意欲（Wollen）についての、おのれが欲するものについての認識を手に入れる。それはすなわち、この［表象の］世界にほかならず、現にあるがままの生にほかならない、という認識である。それゆえ、われわれは現象している世界を意志の鏡、意志の客体性と呼んだのである。そして、意志の欲するものはつねに生である。というのは、まさしくこの生こそ、その意欲が表象に対して表示されたもの（Darstellung）にほかならないからである。そういうわけであるから、われわれが端的に「意志」と言うかわりに「生への意志」と言ったところで、同じことであり言葉の重複であるにすぎない。

意志は物自体である。世界の内なる実質であり、世界の本質的なものである。だが生、目に見える世

界、現象は、意志の鏡であるにすぎない。（WL：323f.［3.177f.］）

「意志」は世界の本質たる物自体であるが、それに対して認識対象たる「表象」には空間、時間、因果性、イデー[12]、概念などがある。「個別的なもの」として現象した表象は、どこまでも「充足根拠律」である空間、時間、因果性によって規定されている[13]。これは「個体化の原理（principium individuationis）」とも呼ばれる。前節で言及した通り、われわれが「意志」（正確を期せば、物自体としての「意志」ではなく、「意志」が身体において個別的に現象した限りでの衝動、意欲、動機）を直接的に認識するのは自分の身体によってのみである。当然、身体は他の事物と同様「充足根拠律」に服する単なる客観と見なしうるが、同時にわれわれは身体が「意志」の客体化したものであることを認識する。ショーペンハウアーはおのれの身体を手がかりに、世界を「意志の客体化」として捉える。つまり、身体が「意志の客体化」であるように、身体以外の世界の現象一切もまた「意志の客体化」として捉えられうる。様々な生物種の本性、物体の性質そして力もまた「意志」が客体化したものに他ならないわけである。重力、電気、磁気、化学、有機的なもの等々の各段階における現象の本質の顕現は、直観的かつ普遍的な表象として「イデー」と名づけられる。「イデー」は物自体としての「意志」ではもちろんないが、個別性を越えた「意志の客体性」として認識される表象である。

こうして、われわれの身体を通じた「意志」の認識は、本質的な世界把握（「意志としての世界」の認識）へと敷衍される。個別的なもの――当然それは有機的な生物のみならず、無機的な事物を含む――

はそうした盲目的な「意志」に突き動かされていると捉えられる。例えば、石はその本性にしたがって落下する「意志」をもつ。ただし、石が落下することに目的はなく、ただ「盲目的」にその本性たる落下衝動にしたがっているだけである。こうした点から無機物や低次の動植物は生への「認識」をもたない。それに対して、「意志の客体化」が高次の段階に達した人間は「認識」をもつ。なお、一般的に知能をもつとされている動物は人間同様に直観的表象をもつ限りでの悟性的な「認識」を有する。けれども、こうした「表象としての世界」の「認識」は、生への「意志」に奉仕するためだけのものである。われわれは「充足根拠律」に服する種々の表象を「認識」することを通じて、おのれの生に役立たせることができる。換言すれば、これは「意志の肯定」としての個体の生を満足させるに過ぎない。「個別的なもの」の「認識」は、動物も人間も程度の差こそあれ生への奉仕に限定されている。

したがって、重要なのは、個体的表象から離れた「イデー」の普遍的―直観的認識に到達することである。「イデー」によって個体が「意志の客体化」に過ぎないことを認識し、「意志としての世界」が捉えられる。われわれは、空間、時間、因果性などの物理的な現象としては、「表象としての世界」しか認識することができない。その点において、哲学以外の自然諸科学はすべて「表象としての世界」を対象としたものである。そこに「意志」の入りこむ余地はない。「意志」など無くてもすべてを「充足根拠律」によって説明し尽くすことのできる「世界」である。けれども、世界の本質は単に「充足根拠律」や抽象的な概念によってでは認識されない。われわれは少なくともおのれの「意志」を認識している。「意志」が空虚な言葉で無いとすれば、それの占める場所がどこかにあるはずである。「表象としての世界」を超越したところに哲学的真理（「意志としての世界」）はある。ショーペンハウアーがくり返し説くように、物自体としての「意志」そのものは決して認識されない（＝認識の対象ではない）。われわれが認識するのは身体によって突き動かされている個別的な衝動や動機に過ぎないのであり、「意志の客体化」として現象のうちに顕現している「イデー」という自然諸力の本質である。「意志―身体」「意志―イデー」によって、われわれは「充足根拠律」とは全く異なった世界認識を獲得する。そのような意味において、「意志」は「超越論的」である。[14] ショーペンハウアーにとって「意志」は、世界の本質を説明するために不可欠なアプリオリな認識論的原理をなしているのである。

三　論理と認識

さて、以上の議論を踏まえヴィトゲンシュタインとショーペンハウアーにおいて「意志」はいかにして「論理」や「認識」と関わるのかを検討したい。

はじめに『論考』から。

> 論理を理解するためにわれわれが必要とする「経験」は何かがかくかくであるというものではなく、何かがあるというものである。しかしそれはまさにいささかも経験ではない。
>
> 論理は何かがこのようにあるといういかなる経験よりも前にある。
>
> 論理はいかに（Wie）よりも前にあるが、何が（Was）よりも前ではない。（TL :5. 552［93］）

「経験」は「事実」として「私」に捉えられる。しかし、「論理」は「経験」の成立よりも先立たなければならない。なぜなら、「論理」によって、経験的事実ははじめて可能だからである。すなわち、「論理」は「経験」のアプリオリな超越論的条件である。このことは「論理」それ自体としては単なる「形式」として「意味」をなしえないということでもある。それゆえ、論理の形式性に拠るトートロジーや矛盾は「無意味（sinnlos）」である。したがって、「何かがあること」を条件としてのみ、「論理」は有意味でありうる。「論理」は「経験」の形式的条件であるのに対し、「経験」は「論理」の質料的条件である。「論理空間」は「世界の事実」のあらゆる記述の可能性を包含しているが、それが可能であるのも、世界が「ある」からこそである。世界があるという神秘を前にしては、「いかに」はもはや問いとして何ら重要ではない（Vgl. TL: 6. 44［118］）。自然科学的命題として表現されうる質料的なものが捨象されて、世界は限界づけられたものとして「永遠の相のもとに」捉えられる。

「論理」はわれわれの思考を制約しているように、世界の事実をも制約している。したがって、論理の外側を（つまり、非論理的に）思考することはできないように、非論理的な事実は世界に存在しえない。その限りにおいて、「ナンセンス」なもの――論理や文法の規則から逸脱したもの――は世界について何も語ることはできない。それは世界に対応しうるような「像」がなく、その外側はただ示されるしかない。「論理」とは別に、世界の限界は「言語」においても問題である。

「私の言語の限界が私の世界の限界を意味する」(TL: 5.6 [95])。

「論理」は「言語」の一般的な形式であるから、いかなる「言語」においても不変である。対して「言語」は単なる形式ではない。「言語」においては「私」が重要性をもつ。というのも、誰もが「私」の言語をもち、「私の世界」の限界を持つ。「論理」とは異なり、私の言語は他者の言語とは完全には一致しえない。それは〈生の限界〉でもあるからである。「私の言語」の在り方はすなわち「私の世界」の在り方と表裏一体である。これは「独我論」と表現されうるものに通じている。なぜなら、私は「私の言語の限界」の外に出ることは不可能だからである。私という「主体」そのものは世界のなかに存在しているというよりも、むしろ私の世界の限界そのものである。

「主体は世界に属さない。それは世界の限界である」(TL: 5.632 [97])。

「私」という視点は世界と切り離すことができず、他者の視点に立つことなどできない。それと同様に「私の言語」もまた他の誰の言語とも取り換えがきかない。「私の言語空間」は、私が世界を知りえ、かつ表現可能な臨界点としての「私の世界の限界」ということになる。その外にはもはや「ナンセンス」な問いしか残されていない。「世界の限界」が解き明かされた今、私の「生」は語られるものではなく、私自身の生き方が示されねばならないだろう。私の「意志」もまた「論理」の外側から、言わば私自身の生き様という「ナンセンス」な表現として示されねばならないだろう。そして、これは沈黙によって示されるべきものであろう。

対して、ショーペンハウアー哲学が終極的に目指すのは「意志の否定」である。既に述べたように「意志」は人間において自己認識に達するのであるが、ここには二つの認識があった。一つは、空間、時間、因果性などの相互連関、すなわち「充足根拠律」に服した表象の認識であり、「個体化の原理」において「意志」に奉仕するものである。これは、言わば生への意志を肯定する認識である。この認識はどこまでも「意志」の道具ないし手段であって、現象している行為の動機（「意欲」）はどこまでも尽きることが無い。

この認識に対峙しうるものが、「意志」の「十全な客体性」とされる「イデー」の認識である。「イデー」は直観的な類的表象として、現象の「個体化の原理」からは免れている。それは「純粋に認識する主観」によってのみ可能である。つまり、「意志」の顕現たる衝動、意欲、動機に距離を保ち、対象をただひたすら純粋に認識する主観に徹することによって「意志」に対する「鎮静剤」として働くのである。つまり、私という個別性から離れた無個性な「主観」そのものによるのであり、このような主観は意志の現象する世界をただ永遠なものとして観照する。ショーペンハウアーによれば、それを可能にするものの一つが芸術である。芸術は、直観的な仕方で「イデー」を認識させることを通じて、「意志の否定」としての認識をもたらす。しかし、芸術のもたらす認識は束の間の安息でしかない。「意志の否定」を持続的なものとするのは、しばしば宗教的実践として見られる「禁欲」だけである。個体としての衝動、意欲を否定＝禁欲することは、ひいては世界の本質である「意志」そのものを否定することへと通じている。本質たる意志が否定されれば、その現象たる表象としての世界も否定される。世界が「無」であるという「認識」へと進み、ついには苦悩のない「涅槃（Nirwana）」という境地へと至ることになる。[15]

したがって、われわれは世界の本質それ自体を意志として認識し、世界のあらゆる現象のなかに意志の客体性を認識し、暗い自然諸力の認識を欠く衝動から人間のきわめて意識的な行為に至るまでこの客体性を追求してきたからには、われわれは決して次のような帰結を避けるものではない。すなわち、意志の自由な否定ないし廃棄とともに、いまやすべての現象も廃棄される。つまり、世界がそこで成り立ちそれによって成り立つ客体性のすべての段階にわたって、目的も休息もないあの絶え間ない衝動が廃棄され、段階を追って出てくる諸形式の多様性が廃棄され、意志とともにその現象全体が廃棄され、ついにはこの現象の普遍的形式である時間・空間も、さらにその現象の根本形式である主観と客観までも廃棄される。意志がないということは、表象もなければ、世界もないということなのだ。

われわれのまえに残るのはもちろん無だけである。（WL：486［3. 403f.］）

結びにかえて

ヴィトゲンシュタインとショーペンハウアーは世界を論じる道具立てといいその文体といい全く異質である。それでもなお、ヴィトゲンシュタインとショーペンハウアー哲学には、二元論的な枠組みが看取されうるのであり、「世界の限界」を境界付けようとする思想には通底するものがある。言語と認識という違いはあるにせよ、両哲学には超越論的なもの——論理や因果性を越えた世界——への絶えざる眼差しが存している。しかし、世界を超越したものへの対峙の仕方に両哲学の相違がはっきり表れているように思われる。換言すれば、両者における哲学的真理の相違は、〈語りうること〉のうちに見いだされる。ヴィトゲンシュタインは哲学的禁欲ともいえるような沈黙にとどまったのに対し、ショーペンハウアーは饒舌なまでに世界の本質である「意志」について叙述している。『論考』では沈黙を守ったヴィトゲンシュタインだが、それから約十年後の『倫理学講和』(1929) では僅かながら「倫理」(的な表現) について語っている。

すなわち、このような無意味な表現は、私が未だ正しい表現を発見していないから無意味なのではなくて、それらの無意味さこそがほかならぬそれらの本質だからだ、ということが私には分かるのであります。なぜならば、それらの表現を使って私がしたいことはただ、世界を超えていくこと、そしてとりもなおさず有意義な言語を超えてゆくことにほかならないからであります。[16] (傍線強調は千田)

この箇所においてヴィトゲンシュタインが端的に何を「倫理」の本質と見なしたかが明らかである。沈黙は何も表現しないということではない。「倫理」が言語を超えるものであるところにこそ、その重要性が存する。なぜなら、「倫理」は、われわれの生を通じて示されるものだからである。人生に正解は無い（これまたナンセンスな命題である）[17]。哲学的営みは、それが真摯なものであれば、世界への態度の変更を迫るものである。それは当然、おのれの「生」という謎（＝答えることのできない問い）への関わり方とイコールである。『論考』の序文のなかに高らかに宣言される哲学的問題の解決、そして哲学の放棄。その放棄こそ、哲学的な「生」への回答であったのかもしれない。その点において『論考』は若きヴィトゲンシュタインにとって一つの救済（生の示し）であった。だが、その救済がもたらしたであろう一時の平穏は破られ、新たな歩み（『哲学探究』）へと赴かざるえなかったのだが。

対して、ショーペンハウアーはわれわれの世界（表象）の背後にある本質（意志）をも語り尽くそうとする。『意志と表象』の冗長さ、繰り返しの多さは同じ世界観をもとに少しずつテーマを変えながら叙述するスタイルに由来する。だが、見方を変えればこうした饒舌は、世界そのものの語り尽くせなさ、捉えどころのなさを示しているのではないか。確かに「生＝世界」は、経験という豊穣な大地に根差している。しかしながら、ショーペンハウアーは、われわれに「生＝世界」に対する「認識」を変革することを迫る。なぜなら、いかに豊穣であっても「生＝世界」は結局「苦」であり、「苦」から逃れられる唯一の方法は「意志の否定」の先にある「涅槃」（＝世界が無であることの認識）にのみあるのだから。

最後に一言するならば、ヴィトゲンシュタインは「論理」、ショーペンハウアーは「認識」という手段を介して透徹した世界観、世界の本質を捉えて「生」への態度を決定した。前者はただひたすら倫理的な行為を示すことに、後者は饒舌なまでに世界の本質を語り続けながら諦念の境地に達することに、である。いずれも哲学的真理が単なる言葉を越えたものに関わり、導かれていくものであることを、われわれに開示してくれるのである。

凡例

ヴィトゲンシュタイン『論理哲学論考』(*Tractatus logico-philosophicus.*)および『草稿一九一四―一九一六』(*Tagebuecher 1914 - 1916.*)の原文はズーアカンプ版著作集第一巻(L. Wittgenstein, *Werkausgabe.Bd.1-8*, Suhrkamp Verlag, Frankfurt am Main, 1984)に依拠した。引用および参照あたっては、前者はTLと略記してパラグラフ番号を付記し、後者はTBと略記して年月日を付記した(邦訳の巻数および頁数は〔 〕で併記している)。なお、邦訳については大修館書店版全集第一巻(一九七五年)の奥雅博訳を主に参照させていただいたが、『論考』については岩波文庫版(二〇〇三年)の野矢茂樹訳も適宜参考にさせていただいた。

また、ショーペンハウアー『意志と表象としての世界』の原文は慣例に従い、ヒューブシャー版著作集(A. Schopenhauer, *Sämtliche Werke*, hrsg. v. A. Hübscher, Bd.1-7, Wiesbaden, 1972)に依拠し、邦訳は白水社全集の新装復刊版第二、三巻、斎藤忍随、笹谷満、山崎庸佑、加藤尚武、茅野良男訳を参照させていただいた。引用および参照にあたっては、WLと略記し、巻数および頁数を付記する(邦訳の巻数および頁数は〔 〕で併記している)。

なお、〔 〕は引用に際しての筆者の補足である。

註

1　誤解の無いように付言すると、この箇所でフィヒテが浅薄な相対主義を主張しているわけではもちろんない。いかなる哲学を選び取るかは、われわれにとっての「最大の関心事」である自己に根拠をおくものに他ならない。J. G. Fichte, *Erste Einleitung in die Wissenschaftlehre* (*1797*) *: in Fichtes Werke. Bd.1*, hrsg. von I. H. Fichte. Walter de Gruyter & Co. Berlin. S.434（フィヒテ「知識学への第一序論」（岩崎武雄訳）『世界の名著フィヒテ　シェリング』岩崎武雄責任編集、中央公論社、一九八〇年に所収、八五〜八六頁。）

2　こうした影響に関しては古典的にはS・トゥールミン、A・ジャニク『ウィトゲンシュタインのウィーン』（藤村龍雄訳、平凡社ライブラリー、二〇〇一年）が挙げられる。両哲学で用いられる概念構成の比較まで踏み込んだものとしては米澤克夫「ショーペンハウアーとウィトゲンシュタイン」（『ショーペンハウアー読本』に所収、齋藤智志、高橋陽一郎、板橋勇仁編、法政大学出版局、二〇〇七年、九七〜一一四頁）がある。

3　この語には野矢訳を用いる。

4　長兄ハンス一九〇二年没、次兄クルト一九一八年没、三男ルドルフ一九〇三年没。三者が自殺に至る経緯は、マクギネス『ウィトゲンシュタイン評伝　若き日のルートヴィヒ1889-1921』（藤本隆志、今井道夫、宇都宮輝夫、高橋要訳、法政大学出版局、一九九四年）の四二〜四五頁を参照。

5　愛国的な動機は、マクギネス前掲書三六〇頁を参照。彼の戦闘行為が生命を賭したものであることは、レイ・モンク『ウィトゲンシュタイン1』（岡田雅勝訳、みすず書房、一九九四年）一四七頁以下を参照。

6　無論、他殺によっては私の世界は終わらない。他殺の罪は、私の死の特権性という観点から「基本的な」ものとはいえない。自殺という基本的な罪から、他殺（＝他者の世界を終わらせる）もまた罪であることが導き出されうるかもしれない。

7 自殺という「許されぬ」ものから、さらに他の倫理法則（例えば〈汝、殺すなかれ〉〈汝、真実を語るべし（嘘を吐くべからず）〉、など）も想定されえよう。

8 言うまでもなく、この箇所の描写は一面的かつ単純に過ぎるものである。自殺の動機が〈満たされぬこと〉にあるとしても個々の事例によって複雑な様相をもちえるであろう。しかし、本章では紙幅の都合上、その点に立ち入ることはできない。

9 次のような（卑近な）例は想像に難くないだろう。叶わぬ恋に焦がれ死を思い詰めるほどの若者がその恋が叶や否や有頂天となり、おそらくは自殺を考えていたことすら忘れてしまうような場合である。

10 ただし、自発的な餓死による自殺は例外的なものとされている（Vgl. WL. 474 [3. 388]）。われわれの身体は意志の現象の最たるものである。身体は生きんとする意志を体現しているが、極限的な禁欲は身体による意欲を全面的に否定する。

11 ここで「衰弱する（abnehemen）」「漲刺とする（zunehmen）」と訳した二語は、他の訳では「減少する」「増大する」などと訳されている。ここでは私の世界は悪なる意志によって消極的な意義（不幸）をなし、善なる意志によって積極的な意義（幸福）をなすと解釈する。あるいは私と世界の関係性が「賞―罰」において充溢するか、そうでないかを表すものとして「衰弱―漲刺」と捉えた。古田徹也は、世界の完全性から「欠けているか」「満ちているか」という解釈から訳語を選択している。古田徹也「前期ウィトゲンシュタインの意志について」（『現代思想 ウィトゲンシュタイン』所収、青土社、二〇二一年）一一五頁の注五を参照。

12 ショーペンハウアーは「イデー」を全くプラトンのイデアから取ったものと主張するが、両者は明白に異なるものである以上、ここでは「イデー」と訳す。

13 『学位論文』では、それは四重の根として「生成の根拠律」、「認識の根拠律」、「存在の根拠律」そして「行為の充足根拠律」に分岐する。なかでも前の三者と「行為の充足根拠律」(動機付けの法則)は全く性格を異にしており、前三者は表象としての世界へと展開されるのに対して、後者はいずれ意志論として展開される。

14 ショーペンハウアーの「意志」の超越論的性格については次の論文から示唆を受けた。高橋陽一郎「3 ショーペンハウアー意志論の再構築」(『ショーペンハウアー哲学の再構築〈新装版〉』法政大学出版局、二〇一〇年)に所収、二三六頁以下。

15 「意志の否定」を世界の無根拠性として読み解くものとしては、以下を参照。板橋勇仁『底無き意志の系譜ショーペンハウアーと意志の否定の思想』(法政大学出版局、二〇一六年)第二章第三および四節。

16 ヴィトゲンシュタイン「倫理学講和」杖下隆英訳(『ウィトゲンシュタイン全集5』大修館書店、一九七六年に所収)、三九四頁。

17 幸福な人生という答えは陳腐である。そもそも、何が幸福な人生か、という問いはすでに言語を超えているのだから。

[付記] 本章の執筆にあたっては、第一回「認識論集研究会」(主催:認識論集研究会、弘前大学西洋倫理思想史研究室、オンライン、二〇二一年六月十二日)に開催された発表の場において、草稿段階の本章に大変有意義なコメントをいただきました。主催の横地徳広氏、司会の増山浩人氏、コメンテーターの山田圭一氏をはじめ、石田恵理氏、入江俊夫氏、塩谷賢氏、古田徹也氏(五十音順)、以上のご参加いただいた皆様に、この場を借りて感謝申し上げます。

終　章　ドイツ哲学で認識の身分を問う

――本書をふりかえりつつ

横地　徳広

一　ドイツ語史の観点から――ラテン語およびギリシア語との関係

「日常言語学派」を代表する英国哲学者のギルバート・ライル（一九〇〇～一九七六）は、マルティン・ハイデガー（一八八九～一九七六）の『存在と時間』（一九二七年）が刊行されてすぐの一九二九年、いわゆる「本来性分析」を読み解き、こうもらしていた。「ここでハイデガーは〔日常性を問う〕重要なアウグスティヌスのテーゼを復活させており、これは、本書『存在と時間』の第二部が現象学の衣をまとった一種のエックハルト哲学とならないだろうかという疑いを読者に抱かせる」[1]。そうした読者の一人はもちろんライル本人である。

マイスター・エックハルト（一二六〇頃～一三二八頃）は十四世紀当時のパリ大学で正教授を二度ほど務め[2]、布教活動のなか、初めてドイツ語で哲学したと言われる人物。ライルの目には、エックハルトの哲学的思索が七百年の歳月を経て『存在と時間』の核心的部分で生き続けているかに見えた。では、そうした彼の十三世紀後半から、実質未完の書『存在と時間』およびルートヴィヒ・J・J・ヴィトゲンシュタイン（一八八九〜一九五一）の遺稿編集『哲学探究』（一九五三年）を代表的哲学書とする二十世紀まで、ドイツ語圏あるいはドイツ語で哲学することのエートスとは何だったのか。

　その具体的な答えは本論集『見ることに言葉はいるのか――ドイツ認識論史への試み』の各章で読者のみなさんに確かめてもらうとして、終章では、エックハルト哲学から現代ドイツ哲学までのあいだで「ドイツ認識論の諸問題」が扱われる仕方を確かめておく。[3]

　ドイツという言葉の語源は中世ラテン語の“*theodicus*”で、これは“民衆の”という意味だが、現在のイタリアに暮らす人びとが現在のドイツで暮らす人びとを見て、そう呼んだことが言葉の始まりであった。[4]こうした“*theodicus*”と“*deutsch*”のつづりを比べ見ればわかるとおり、“T”に濁音を加えると“D”へと変化し、“C”は、日本語で言えば、カ行の音へもタ行の音へも変化する。こうして“*theodicus*”は、「西フランケン地方」における初期中世ドイツ語の“diutisk（みずからの民族に属する）”を経て――「みずからの民族」は「ゲルマン民族の一部族」を指したのであろう――、たとえば「ようやく紀元千年ごろ、ノートカー・フォン・ザンクト・ガレン〔九五〇頃〜一〇二二〕による古典古代の哲学者アリストテレスの翻訳に、初めて in diuticun（ドイツ語で）という表現が登場する」。[5]“*theodicus*”から“deutsch”へと至り、その音とつづりの形はドイツという国名となった。つまりは他者からの呼び名が自身の名として使われるようになったわけである。

十七世紀初頭から「国語協会」によるドイツ語擁護活動は継続して行なわれていたが、[6]ナポレオンの東進に対する「一八一三年および一八一五年の対ナポレオン解放戦争」での勝利は、ドイツ人に「ドイツ国民」としての自覚を与え、その結果、ドイツ国家統一へと向かう「巨大な奔流」が生起する。[7]

こうしてドイツと呼ばれる地域に、多様なゲルマン民族、幾種類かの知識人層が住まい、その交流によって言語的融合を進めながら、五世紀以降に「初期中世ドイツ語圏」=「古高ドイツ語圏」が形成され、「盛期」と「後期」の「中世ドイツ語圏」を経て、「近代ドイツ語圏」、「現代ドイツ語圏」へと変容していく。[8]さまざまなドイツ語の話者たちが地理的な移動と定住を重ねるなか、ドイツ語の変化と統合は進んでいったわけである。

本書は、善を問う「現象学的倫理学」の多様な試みを紹介した第一論集『生きることに責任はあるのか』（弘前大学出版会、吉川孝、横地徳広、池田喬編著、二〇一二年）から数えて三番目のドイツ認識論史論集だが、人間が遂行する認識とその「真」がそうしたドイツ語圏あるいはドイツ語の思索でどう問われてきたか、これを具体的な哲学書に確かめている。

上記『生きることに責任はあるのか』との連続性をふまえつつ、ハイデガーが倫理学のことを「エピステーメー・エーティケー（ἐπιστήμη ἠθική）」、つまり、「エートス（=住むこと）の学知」と訳していたことを手がかりに言えば、[9]ドイツ語圏に人びとが住まうこと、その人びとがドイツ語圏で哲学することは、それ自体、勝れて原理的な思索の対象となる。このとき注目すべきは、①そのドイツ語圏にあって普遍的言語と目された「ラテン語で哲学すること」から「ドイツ語で哲学すること」への重心移動が数百年の年月をかけて起きたこと、②哲学するドイツ語の自立には、ドイツ的思索の精神的起源とみなされた古代ギリシア思想への共感と理解が決定的な役割を果たしたこと、この二点である。

ドイツ哲学史の言語的動向は、他民族と交流しつつ、ゲルマン民族の諸部族がドイツ各地に根差して形成した強い地域性と、それゆえにこそ、普遍性の哲学をむしろ希求した高い精神性とのあいだで、上記のごとく展開していくわけだが、この動向とドイツ認識論の現代的動向を考慮し、本書は四部構成をとった。

すなわち、**第Ⅰ部「哲学するラテン語とドイツ語のあいだ」**、**第Ⅱ部「ドイツ語で思索する古代ギリシア哲学」**、**第Ⅲ部「ドイツ語で哲学するユダヤ人たち」**、**第Ⅳ部「ドイツ認識論で現象を救う」**である。

まず**第Ⅰ部「哲学するラテン語とドイツ語のあいだ」**の第1章「語り得ないものを語るということ——マイスター・エックハルトにおける認識の問題」（嶺岸佑亮）ではその「知性認識」論がとりあげられるが、エックハルトは緻密な仏教哲学に伍するラテン語著作集と独特な魅力を放つドイツ語説教集を残している。わけても後者はラテン語による思索をふまえつつ、キリスト教の「伝道と司牧」のため、中高ドイツ語圏に住まう民衆の口語ドイツ語で語りだされたものである——修道士による、そうした布教での口語使用は八世紀の初期中世ドイツ語から始まっていた。[10]

彼がドミニコ会修道士として生きた十三世紀後半から十四世紀の一〇年代までは、哲学的概念のドイツ語語彙は乏しく、思索の特徴である「無（nihit）」概念も、述語動詞に接頭辞“en”をつけて否定を表わしていた十一世紀から十三世紀中葉までの「盛期中世ドイツ語」に続く「後期中世ドイツ語」（十三世紀中葉〜十五世紀末）において次第に“nicht”や“nit”が使用される動向のなか、[11] 民衆に向けて語りだされたものである。とはいえ、ドイツ語の哲学的概念は、こうしてラテン語に照らしてその開拓が始まり、[12]「宗教改革文書」をドイツ語で記して頒布したマルティン・ルターや彼の学術ブレーンで「ドイツ人文主義」を牽引したフィリップ・メランクトン（一四九七〜一五六〇）の十六世紀、[13] ドイツの大学をメランクトンのスコラ哲学から解放したクリスティアン・トマジウス（一六五五〜一七二八）が[14] ドイツの大学で初めてドイツ語で講義した一六八七年（ライプツィヒ大学）を経て、[15] 哲学術語の整備はその完成を迎え、たとえば現在でも流通する“Begriff”、“Bewußtsein”、“Bedeutung”、“Vorstellung”などが哲学体系のなかにその位置価をもつようになる。[16] この整備は、イマニュエル・カント（一七二四〜一八〇四）が対決した先達の一人クリスティアン・ヴォルフ（一六七九〜一七五四）の功績である。

こうして哲学的思索とその母語ドイツ語との成長は軌を一にしていた。

そのカントもまた最初の著作「活力測定考」から一七五〇年代半ばまでのあいだ、ラテン語で著作を書いていたが、彼の代表作である「三批判書」は十八世紀終わりのドイツ語で著わされている。その具体的な思索とライプニッツ＝ヴォルフ学派のアレクサンダー・G・バウムガルテン（一七一四〜一七六二）が残したラテン語哲学との関係は、第Ⅰ部で増山浩人が担当した二つで一つの試論「世界概念の基礎づけをめぐる思考」の第2章「バウムガルテンの存在論と世界論」と第3章「カントのカテゴリー論と理念論」で確認してほしい。

つづく**第Ⅱ部「ドイツ語で思索する古代ギリシア哲学」**では、ゲオルク・W・F・ヘーゲル（一七七九

〜一八三一）たちが牽引した古代ギリシア・ルネサンスのなか、ドイツ語による思索が古代ギリシア語による思索を範にしていたことをふまえ、ヘーゲルからハイデガーまでが古代ギリシア的思索を引き受け、独自の哲学を提示した様子を確かめる。それは、フランツ・ブレンターノ（一八三八〜一九一七）による当時のいわば「アリストテレス・ルネサンス」[17]に刺激され、ドイツや英国でアリストテレス学者たちが活躍した時代でもあった。フッサール、ブレンターノ、古代ギリシア哲学の思想的影響関係は、梶尾悠史が**第Ⅱ部**と**第Ⅳ部**に寄せた論考「フッサールとプラトン——知識の起源としての臆見」「フッサールとブレンターノ——志向・明証・反省」のそれぞれに見て取れる。

さて、エックハルト以降、思索のなかで彫琢され続けたドイツ語を指して「母語が残った」という言葉を残したのは、ナチス・ドイツから逃れて流浪の身となったユダヤ人思想家のハンナ・アレント（一九〇六〜一九七五）だが、[18]**第Ⅲ部「ドイツ語で哲学するユダヤ人たち」**では、ドイツ語を母語とするユダヤ人たちのなかでも、エマニュエル・レヴィナスの思索にまつわる潮流に注目し、マールブルク学派の頭目ヘルマン・コーエン（一八四二〜一九一八）、その弟子たちであるエルンスト・カッシーラー（一八七四〜一九四五年）やフランツ・ローゼンツヴァイク（一八八六〜一九二九）、彼ら三名に固有の思索がドイツ語で試みられた様子を論じた。馬場智一「コーエンにおける無限判断とその射程——序説」、千田芳樹「機能・シンボル化・人間学——カッシーラー哲学を読み解くための三つの観点」、佐藤香織「ローゼンツヴァイクと聖書物語——「本質認識」批判としての「語る思考」」のことである。コーエンとローゼンツヴァイクはレヴィナスへの思想的影響関係が指摘されて重要な研究が積み重ねられている最中だが、カッシーラーは現代哲学史にあって一つの事件とも言える「ダヴォス討論」（GA3, Davoser Disputation）でハイデガーを相手とした人物であり、その場にはレヴィナスもいた。この消息は、佐藤「ローゼンツヴァイクのコーエン論におけるハイデガー――「入れ替えられた前線」を起点として」に確かめてほしい。

最後に**第Ⅳ部「ドイツ認識論で現象を救う」**である。「天体運動」を説明する「仮説に保証されて、すべての現象的運動が救われるならば、天体運動が生ずるのは、こうした（周転球・離心球の組み合わさった）複雑な運動からであることを見出しても、いったい驚く必要があろうか」と「天動説の祖」クラウディオス・プトレマイオス（八三頃〜一六八）が述べたのは「現象主義的な『アルゲマスト』」においてであったが、[19]**第Ⅳ部**では、ドイツ観念論のなかで確立した「現象」概念がドイツ現象学のなかででいっそう豊かな内実を獲得していく様子を確認する。このとき念頭におくべきは、カントの批判哲学は「一般現象学」とも呼ばれ、それは「時間・空間という条件を通じてわれわれの認識の限界を定め、これをもってその限界を超える仮象を仮象として看破する学」と規定された点である。[20]これに対して「現象学」という語を最初に使用したヨハン・H・ランベルト（一七二八〜一七七七）は、"Schein（見かけ）"を現象概念の一つとして用いる。たとえば、日常生活のなかでわれわれの眼には満ち欠けして大きくも小さくも見える月は、とはいえ、物理的に大きさが一定であり、こうして同じ世界で異なったパースペクティブから多様に同一事象が多様に理解されることを重視していた。[21]彼との知的交流のなか、カントは"Schein（仮象）"と区別して"Phenomenon（現象）"や"Erscheinung（現出）"の概念整備を行ない、カントなりの仕方で「現象概念を救う」。これらの思索は、「鏡に映っているのは、私ではない（＝仮象）とともに私である（＝本質）」ことを論じて「鏡の反射すなわち反省を通した、本質否定と本質肯定とのこの反転ないし運動」を描きだしたヘーゲルの「現象学」[22]や、「現象学運動」とまで呼ばれて多彩な展開を見せるドイツ現象学[23]の礎となったドイツ語的出来事の一つであった。

二　反省、自己関係、無限――人間、チンパンジー、ＡＩ

前節では、ドイツ語圏あるいはドイツ語で哲学することの通時的確認を簡単に行なった。本節では人間、チンパンジー、ＡＩの本質が現代の諸学にあって追究されるなか、「認識とは何か」という問いが再び際立っている点を鑑み、その共時的比較をしておく。

ピエール・テイヤール・ド・シャルダン（一八八一～一九五五）は北京原人を発見し、「地球の精神圏（noosphere）」を論じた異色の思想家だが、「人間はもはや単に〈知る生き物〉ではなく、〈自分が知ることを知る生き物〉である」と述べ、人間を「省察的動物（un animal réfléchi）」と呼んでいた。[24]こうして「自分が知ることを知る」ということにかんしては、「反省（Reflection）」概念がすでにドイツ観念論の枠を見せていた。その語源は「光の反射」を指すラテン語 “*reflectio*” であり、[25]それゆえ、対象へと私の意識を向けて認識することとは逆に、対象からそうして認識する私の意識へと私の意識を向け変え、つまりは私の意識に私の意識そのものを映してその可能性／不可能性を吟味すること、これが反省であった。

もちろん、ドイツ観念論に遥かに先立ち、「わたしが欺かれるなら、わたしは存在している（*Si fallor sum*）」と述べたアウグスティヌス（三五四〜四三〇）がおり、[26] その系譜とも言われるルネ・デカルト（一五九六〜一六五〇）は『省察』（*Meditationes de prima philosophia*, 1641）で「志向（*intentio*）」を例示して「疑い、理解し、肯定し、否定し、欲し、欲さず、想像し、感覚するもの」と述べ、[27] なかでも「われ疑う、ゆえにわれ在り」という仕方ですべてを疑う私の意識へと私の意識を向ける「省察」を試みていた。[28] 私の意識がいわばその光を放射して対象を認識するさいの、その意識作用を徹底的に吟味したフッサールに至るまで、[29] 反省概念はドイツ認識論史においてくりかえし問い返されていく。ギリシア古代史家モーゼス・フィンリー（一九一二〜一九八六）がその著『オデュッセウスの世界』（*The World of Odysseus*）[30] の最終章「道徳と価値」を「ホメロスが神々を人間化したことで人間は自己知を学んだ」[31] という一文で閉じていたが、オデュッセウスの帰郷として語りだされた「汝自身を知れ（*γνῶθι σεαυτόν*）」という古代ギリシア的自己知がドイツ認識論史にあって本格的に問われ直したのは、わけてもヘーゲルの思索においてであった。

　こうしたカント、ヘーゲル、フッサールの反省概念を独特な仕方でとらえ返したのは、ハイデガーだったかもしれない。

　たとえば、登校前に筆記用具とノートを学生〈として〉用意したAくん。ふだんは当番〈として〉チンパンジーに餌を与えるため、特に意識することなく入室する飼育室のことも、その日は飼育室の空いたスペースを教室〈として〉解釈的に了解し、状況のアスペクト知覚を暗に転換していた。そうしたなか、インクを変えたばかりのポールペンが使えなくなり、それをまじまじとチェックすることもある。板書を写していたペンが使えなくなり、まじまじとそれを見て故障部分を確かめることもある。

ハイデガーは人間を「現存在（Dasein）」と呼んだが、私という存在者は世界が開かれる場所＝「現（Da）」であり、「世界一般（die Welt überhaupt）」はアスペクト知覚を介して或る図式的地平として囲い込まれ、つまり、「或る世界（eine Welt）」〈として〉生きられる。[32] たとえば対象性という存在理念によって開かれた認識世界は、世界のアスペクト知覚によって形成された存在論的地平の一種であった。

このように自己、他者、状況の共開示は、それぞれへの解釈的了解が或る文脈における同一事象へのかかわりとして相即する仕方でなされており、こうした相即的共開示から、私による自己了解は欠けることがなく、この自己関係一般を可能にする超越論的条件が時間性であった。「時間性一般は脱自的に地平的な自己企投（Selbstentwurf）そのものであり、この自己企投にもとづいて現存在の超越は可能である」（GA24, 443f.）。

人間は「類と種差による定義」によってその本質が説明されてきたが、[33] 終章であらためて強調すれば、時間性それ自体の自己関係一般から脱底的に規定された時間的動物が人間なのである。

それゆえ、自分が死ぬ可能性から記憶各種が織り合わされた有機的全体を照らし直し、自分が誕生した事実から自分が死ぬ可能性にまで至る解釈的了解の可能無限的全体を瞬視し、あるいは誕生前と死後のことまでを思い、世界が開かれる場である自分の存在を思索することができる。時間的動物である人間には、そうした思索的自己関係が可能であった。

では、チンパンジーやＡＩは、人間のような自己関係性をもつのだろうか。

ジョルジュ・アガンベン（一九四二〜）が論じるところ、人間は、「語るためには言語活動の主体としてみずからを構成しなければならず、『わたし』と言わなければならない者として、みずからを立てる」かぎり[34]、言語的な自己関係性を生きている。これに対して「動物は絶対的に言語である」と指摘され[35]、すなわち、人間のように言語の外に「沈黙」の「インファンティア（*infantia*, Infanzia）」を保持して言語の「不連続と差異」に与かることがありえないが動物は、まさしく全身が言語そのものであった[36]。だとすれば一方で、言語的自己関係を欠くがゆえにアスペクト知覚の共開示を欠いているかもしれないチンパンジーはその状況認知が対象認知と連続的であり、つまりは認知的関心の濃淡が異なるにすぎない可能性がある。

とはいえ、別の可能性もある。チンパンジーは危険を察知して木全体や状況全体を把握しなければならなかったがゆえに「短期記憶」の能力が人間以上だとも指摘されているが[37]、たとえば群れが移動するさい、その能力のもと、警戒すべき場所ではオスのチンパンジーが最初にその場所をわたって安全を確かめて群れを待ち、次いでメスや子供を含む群れが移動し、最後に別のオスがわたる[38]。この様子を霊長類学者の松沢哲郎（一九五〇〜）はその著作『想像するちから』で報告し、オスのチンパンジーたちに「役割分担」と「利他行動」を見出していたが、偵察係あるいは殿〈として〉ふるまう自己了解をもって行動しつつ、同時に、彼らは或る移動ルートを警戒すべき場所〈として〉了解する状況のアスペクト知覚を遂行しているのかもしれない。だとすれば、それは本能的な行動や状況対応ではなく、人間とは質が異なれ、自己のアスペクト知覚という自己関係的行為であり、これと相即して遂行される他者や状況のアスペクト知覚という社会的行為だと言いうる。

次にAIの自己関係性は、と言えば、イーロン・マスク（一九七一〜）が推薦図書の一冊として挙げていたマックス・テグマーク（一九六七〜）の『LIFE3.0――人工知能時代に人間であるということ』（水谷淳訳、紀伊国屋書店、二〇二〇年）をジョン・R・サール（一九三二〜）が一九八四年に行なったリース講義『心・脳・科学』（*Minds, Brains and Science*）の観点から読み解けば、人間が考えているように見えればいい「弱いAI」がみずから考える「強いAI」へといわば「進化する」ためには[39]、「知能爆発」が必要であった[40]。それへのステップの一つと見込まれていたのは、AIが内蔵のプログラムを再帰的に自己改良するプログラムである。ここに見だせるのは、何らかのプログラムを実行しながらそのプログラムをみずから改良し、この再帰的自己改良プログラムをもみずから改良するプログラムの自己関係性である。もちろん意味論や解釈学をみずから駆使することを欠く弱いAIのその再帰的自己改良プログラムは、0と1の記号列で形成された二進法的アルゴリズムの統語論にすぎないが、知能爆発はそうした再帰的自己改良プログラムを超えたブレイクスルーと規定可能である。

このブレイクスルーは、哲学的観点から言えば、「一と多の問題」であった[41]。

ただし、個別プログラムとその再帰的自己改良プログラム、このそれぞれを比較して改良し再帰的自己改良プログラム一般へと近づいていく横断的プログラム、これらの計算可能領域全体は論理的に変化することはない。円周率の計算のように、電源が維持されるかぎりはデジタル・コンピュータが可能無限的に継続する二進法的な確認の操作は、その計算可能領域全体の内部で一つ一つなされていくにすぎない。つまり、「ビット（bit, binary digit）」を情報単位としたコンピューティングを行なう弱いＡＩはその論理的可能性全体の内部で一つ一つをひたすら計算し続けるだけである。だから、その弱いＡＩはたとえば０と１と０＆１を用いる量子コンピュータやその論理的可能性全体へとみずから進化することはない。量子コンピュータのそれらに近似する論理的可能性をそれなりに確認することまではできようが。

　だとすれば、もっとも基底的でもっとも横断的な再帰的自己改良プログラムを超えたブレイクスルーは、果たしてソフトウェア開発の問題なのか？

　四足歩行から転じて直立二足歩行となった人間は脳の肥大化が可能となり、そのなかで特に「大脳皮質」という化学物質を獲得した。地球上に存在する動物のなかで最高度の知能はその大脳皮質をもつ人間の多層的な脳に創発している。このことと類比的に考えれば、知能爆発は、まずもってハードウェアあるいはウェットウェアの問題なのではあるまいか。

　ナノテクとこれにもとづいて物質までをも製造する強いＡＩが登場したＳＦ映画『トランスセンデンス』（二〇一四年）をテグマークは「ＬＩＦＥ３．０」の例として挙げていたが、発明主体が誰にせよ、これまでにないハードウェアあるいはウェットウェアに強いＡＩが宿るＬＩＦＥ３．０が生まれて初めて、ソフトウェアの知能爆発が何たるかを確認できるのかもしれない。

　このことを本論集の第８章「実践的推論において見ること――『ニコマコス倫理学』のハイデガー的現象学」（横地）の観点から言えば[42]、人間が「オレクシス（*ὄρεξις*, 欲求）」と「ディアノイア（*διάνοια*,

思想）」を結びつけて行為の「プロアイレシス（*προαίρεσις*、選択）」を行なうかぎり、強いＡＩへの知能爆発では、ＡＩがオレクシスと「ヌース（*νοῦς*、認取）」の能力を人間と同等以上に獲得しなければならないということである。ディアノイアの「ディア（*δια*）」はロゴス的媒介、「ノイア（*νοια*）」はヌースを指すが、弱いＡＩは単にロゴスの一部機能を使うかのように見えればいい統語論的プログラムにすぎず、オレクシスとヌースを端的に欠いている。これに対して人間の場合、いわばアリストテレス的現象学の観点から言えば、実践的推論のなかで（「善のイデア」という「一」ではなく）「大前提」の「幸い（*εὐδαιμονία*）」と或る行為可能性に照らして状況のアスペクト知覚を遂行でき、あるいは状況のアスペクト知覚にそくして行為可能性を形成できるが、このとき、ロゴスとヌースとが結合したディアノイアのもと、人間はオレクシスによって存在者とみずからかかわる――『存在と時間』構想の一つ『ナトルプ報告』ではオレクシスが“Sorge（関心）”概念の原型と目されていた[43]。

「世界へのわれわれ人間の脱自的な開放性[44]」に基づきながら、われわれ人間は多種多様な存在者の多種多様な「存在‐のただなかで（Inter-esse）」、たえず自身を含む何らかの存在者にかかわるかぎり、存在者の存在へのこうした「関心（Interesse, Sorge）」、つまりは存在論的「志向（*intentio*）」は人間存在の本質であった。『存在と時間』なりの「志向性（Intentionaliät）」概念である関心は「実存」と同じく「現存在の存在」を指し（*SZ*, §41）、その「意味（Sinn）」が「時間性」であるかぎり、関心や実存の意味は時間性である（*SZ*, §§64–66）[45]。

アリストテレスが『ニコマコス倫理学』第六巻で明らかにしたように、人間は複雑で多様な現実に対処すべく「実践的推論」を行なうさい、「知慮（*φρόνησις*）」や「技能知（*τέχνη*）」といった「知性的徳（*διανοητική ἀρετή*）」を発揮しているが（vgl. *GA19*, §4）、[46] ヒューバート・Ｌ・ドレイファス（一九二九〜二〇一七）は、そうした知慮や技能知を「論証知（*ἐπιστήμη*）」から再構成する「エキスパート・システム」[47]の実現にまつわる困難を指摘し、弱いＡＩでは複雑で多様な人間的現実に対処できないことを「フレーム問題」と呼んだ。[48] コンピュータの二進法的原理を開発した英国人アラン・チューリング（一九一二〜一九五四）が「機械は考えることができるのか」を言い換えた問い、「機械はイミテーション・ゲームをできるのか」における「イミテーション」とは「人間の思考に似せている（imitate human thinking）」ことであり、人間が機械に与えている見かけであって、やはり、弱いＡＩには人間の思考をみずから「真似する（imitate）」自発性はない。[49] 人間と弱いＡＩはこのように区別されるわけだが、とはいえ、自己、他者、状況の共開示がなされるなかで発揮される知慮や技能知に注目するだけでは、人間とチンパンジーの本質にかんする決定的区別は難しいかもしれない。というのも、人間ほどではないにせよ、チンパンジーもまたそれなりには人間に近い知慮や技能知をそなえている可能性があったからである。だとすれば、そうした知性的徳の考察は、道具や状況のアスペクト知覚にかんして人間とチンパンジーにわかちもたれた共通性のほうをむしろ説明してしまい、この点では霊長類内部における種差がそれほど際立たない。

本章では、それゆえ、ドレイファスが区別していた「理論的ホーリズム」と「実践的ホーリズム」[50]、あるいは、これら以外の多様なホーリズムとも可能無限的に連動するなか、さしあたりたいていは前景化して主立った或る文脈をスムースに生き、あるいは自他の存在者と状況のアスペクト知覚やそのアスペクト転換を遂行可能な人間を〈文脈的知性（contextual intelligence）をもつ時間的動物〉と規定した い。[51] この文脈的知性では、多様な文脈を形成して「事象（Sache）」の「意味（Sinn）」や「指意（Bedeutung）」を分節化するロゴスと多様な文脈のなかで生の重要事象を見抜くヌースとが有機的に連動して働くが、この働きが人間に固有な無限性の思索を可能にしているように思われる。

人間の独自性である。

カントは批判哲学の問いを「人間とは何か」へと集約していたが、[52] 認識の問題にかんする現代的吟味を確認してきた終章では、人間は、対象認識や実践的認識などとその文脈にかんするアスペクト転換を一体的に遂行可能な〈文脈的知性をもつ時間的動物〉だと強調している。これはまた、脳の重層的構造にそくして生きられる「生命を基盤とした神経系の高次現象として意識が現れる」と主張する「神経生物学的自然主義」にそれなりに対応しうる形で言えば、[53] 人間は、アレントが言うところの「行為や言論、労働といった諸活動性」や「思考や意志、判断」といった「精神の諸活動性」を重層的に連動させる「多層的人間」だということである。[54]

では、そうして文脈的知性を用いる多層的人間にとって、もっとも高次の思索はいかなる事象に向かっているのか。

無限性である。

「特殊形而上学」では「神の存在」、「魂の不死」、「世界それ自体」が問われてきたが（*GA*25, §25）、このなかでさまざまにおのれにかかわる無限性が吟味されており、それなしにはドイツ観念論はドイツ観念論たりえなかった。あるいは〈文脈的知性をもつ時間的動物〉である人間は、意味と指意とその文脈の諸々が有機的に織りあげられた可能無限的ネットワークそれ自体である世界一般が自己関係的に開かれる「場（Da）」であること、これを明らかにしたのが、「地平」概念を提出したドイツ現象学の思索であった。[55]

だとすると、何らかの無限性との自発的なかかわりを自己関係的にもちうるような知能爆発が起きれば、人間と同等か、人間以上となる強いＡＩへのブレイクスルーを実現できるのだろうか。

ここで注目すべきは、「ボディ・マシン・インターフェイス（Body-Machine Interface）」を介して電気信号を発する生体と機械とを接続する理論を示した『サイバネティクス』の著者ノーバート・ウィーナー（一八九四～一九六四）の議論である。[56] 彼はハーバード大学の最年少記録で哲学博士の学位をとったのち、英国に留学してバートランド・ラッセル（一八七二～一九七〇）のもとで数学と論理学の研究に従事し、一九一四年にはゲッティンゲン大学でフッサールの講義を受けてもいた——そのフッサールはカール・T・W・ヴァイアーシュトラス（一八一五～一八九七）やレオポルド・クロネッカー（一八二三～一八九一）に学び、「算術の哲学」から出発した現象学者であった。

こうした時代を生きたウィーナーは、サイバネティクスの宗教的な存在理由を説明するため、「ツェルメロ＝ラッセルのパラドクス」を前にして人間は諦めるべきではないと指摘したのち、「だから」、形而上学的無限である神を前にしても神への挑戦を人間は諦めないほうがいいと主張する。[57] この主張が、サイバネティクスの「創造的活動というものを、神のそれと、人間のそれと、機械のそれとにばらばらに分けてしまわずにあくまで一個の表題のもとで論じてきた」ことの積極的理由であった。[58]

人間、神、機械が並列されている。

強いＡＩをもつオートマトンの制作には数学的無限と形而上学的無限の思索への対応が必要だとウィーナーが主張したのも、人間の固有性がいくつかの無限性へと自己関係的にかかわる自発的生にあると見抜いていたからであったのか……？[59]

人間の脳をバイオ３Ｄプリンタで再現した人工脳の重層的構造にそくして人工意識が現われるならば、その人工意識は無限概念とのかかわりを自発的かつ自己関係的にもつのかもしれないが——類似例はクローン人間——、サールに発する神経生物学的自然主義のこうした発想法とウィーナーは方向を逆転し、フィードバック・システムとニューラル・ネットワークを用いて人間の心身をまずは機械的に再現する、いわば「サイバネティック・オートマトン」[60]を制作することを考えていたようである。このためには無限を自発的かつ自己関係的に思索できる知性を人工的に再現しなければならないが、それは、まさしく人間に固有なことの再現であった。

何より、その果てにウィーナーが目論んでいたのは、神がツェルメロ＝ラッセルのパラドクスを「解決する」のと同じく——つまり、「解明的に消去する」、あるいは「回避」するのではなく[61]——それを解決できるサイバネティック・オートマトンを制作することであった。

図式として用いられるアスペクト＝意味（Sinn）だけでなく、価値も含め、その閃きで世界一般を限定し或る世界を生きうる時間的動物が、文脈的知性をもつ多層的人間であった。この多層的人間は、そうした意味や価値などの多種多様を全体論的にまとめるべく、それらを可能無限的に織り上げた地平的文脈をさらに多層化し、そのなかで「省察的知能」という最高次の自己関係的機能を形成している。人間はそうして無限諸々をみずから生き、無限それ自体を思索する。

ドイツ認識論史は、そうして人間に固有なことの思索史であった。

凡例

慣例に従い、論文中の敬称は省略し、原書のＧｅｓｐｅｒｒｔと*italic*には傍点を付して訳出した。太字強調と〔 〕の補足は論者によるもの。

カント『純粋理性批判』はFelix Meiner社のPhilosophische Bibliothek（Nr. 38, 1788[1990]）を用い、参照頁はアカデミー版に従って指示するが、Aで第一版、Bで第二版を示す。ハイデガーの*Sein und Zeit*はMax Niemeyer社の第十一版テキストを用い、*SZ*の略号で示す。*GA*はVittorio Klostermann社版のハイデガー全集（Heideggers Gesamtausgabe）を指す。ヴィトゲンシュタインの著作はブラックウェル社の独英対訳版を用い、その略号は本文中で示した。紙幅の都合から参照したテキストとその頁数は本文中にもりこんだ。

註

1 Gilbert Ryle, Heidegger's *Being and Time*, in: *Mind*, No. 38, 1928, p. 367. この箇所にかんする論者の読解は、横地徳

広「無へと向かう日常的共同の気遣いについて――エックハルトと超越論的ハイデガー」（佐藤香織、横地、遠藤健樹編著『戦うことに意味はあるのか〔増補改訂版〕――平和の価値をめぐる哲学的試み』所収、弘前大学出版会、二〇二三年）を参照。

2 パリ大学にかんしては、チャールズ・H・ハスキンズ『大学の起源』（青木靖三、三浦常司訳、八坂書房、二〇〇九年）およびクリストフ・シャルル、ジャック・ヴェルジェ『大学の歴史』（岡山茂、谷口清彦訳、文庫クセジュ、白水社、二〇〇九年）の関連各所、十三、十四世紀におけるキリスト教の思想状況にかんしては、ジャック・ル・ゴフ『中世の知識人――アベラールからエラスムスへ』（柏木英彦、三上朝造訳、岩波新書、一九七七年）の第Ⅱ章「大学と知識人――十三世紀」および第Ⅲ章「知識人からユマニストへ――十四・十五世紀」を参照。

3 一九六八年の著作だが、エルンスト・フリードリヒ・ザウアーはドイツ哲学史をエックハルトから始め、ハイデガーで終えていた。Vgl. E. F. Sauer, *Deusche Philosophen, von Eckhart bis Heidegger*, Musterschmidt Verlag, 1968.

4 坂井榮八郎『ドイツ史10講』（岩波新書、二〇〇三年）の二八頁を参照。

5 ヨアヒム・シルト『図説　ドイツ語の歴史』（橘好碩訳、大修館書店、一九九九年）の五八〜六〇頁、坂井『ドイツ史10講』の二八頁を参照。

6 シルト『図説　ドイツ語の歴史』の一二二頁を参照。

7 シルト『図説　ドイツ語の歴史』の一八一頁を参照。

8 シルト『図説　ドイツ語の歴史』の xiv 頁以下を参照。

9 Martin Heidegger, *Logik, Die Frage nach der Wahrheit*, Marburger Vorlesung Wintersemester 1925/26, GA21, V. Klostermann, S. 1.

10 シルト『図説　ドイツ語の歴史』の三五頁を参照。

11　シルト『図説　ドイツ語の歴史』の一〇四頁以下を参照。
12　シルト『図説　ドイツ語の歴史』の一二九頁を参照。
13　シルト『図説　ドイツ語の歴史』の一一九頁と一二七頁を参照。
14　ベルナール・ブルジョワ『ドイツ古典哲学』（樋口善郎、松田克進訳、文庫クセジュ、白水社、一九九八年）の六二頁。
15　シルト『図説　ドイツ語の歴史』の一二六頁を参照。
16　シルト『図説　ドイツ語の歴史』の一五〇頁を参照。
17　村田純一「ブレンターノ」（野家啓一責任編集『哲学の歴史〈10〉危機の時代の哲学　二〇世紀Ⅰ：現象学と社会批判』所収、中央公論新社、二〇〇七年）の五八〜六一頁を参照。
18　ハンナ・アーレント『何が残った？　母語が残った』――ギュンター・ガウスとの対話」（『アーレント政治思想集成1――組織的な罪と普遍的な責任』所収、ジェローム・コーン編、齋藤純一、山田正行、矢野久美子訳、みすず書房、二〇〇二年）を参照。
19　伊東俊太郎『近代科学の源流』（中公文庫、二〇〇七年）の五五頁を参照。
20　中島義道「ランベルトの現象学」（『時間と自由』所収、講談社学術文庫、一九九九年）の二七六頁を参照。
21　中島「ランベルトの現象学」の二七一頁以下および二九一頁以下を参照。中島が解釈するランベルト現象学の位置づけは、佐藤透『質的知覚論の研究――世界に彩りを取り戻すための試論』（東北大学出版会、二〇一二年）の哲学的知覚論史に照らして行なわれうる。
22　石川求「カントと「形而上学への恐れ」」（日本カント協会『カントと形而上学』、日本カント研究13、二〇一二年）の二八頁を参照。山口誠一「仮象論としての現象学」（法政大学文学部編『法政大学文学部紀要』、五七巻、二〇〇八年）を参照。

23 Cf. Herbert Spiegelberg(ed.), *The Phenomenological Movement: A Historical Introduction, Phänomenologica 5/6*, 3rd edition, Springer, 1994.

24 Pierre Teilhard de Chardin, *L'apparition de l'homme*, Œuvres de Pierre Teilhard de Chardin 2a, Seuil, 1956, p. 313f.　併せてシャルダン『ヒトの出現』（高橋三義訳、みすず書房、一九七〇年）の三一二頁を参照。

25 山口祐弘『ドイツ観念論における反省理論』（勁草書房、一九九一年）の九〇頁を参照。併せて石川「カントと「形而上学への恐れ」」の三「鏡の哲学とカント」、また、清水義夫『記号論理学講義　基礎理論　束論と圏論　知識論』（東京大学出版会、二〇一三年）の「記号論理と近世哲学」を参照（前掲書、三五一～三五三頁）。

26 金子晴勇『アウグスティヌスとその時代』（知泉書館、二〇〇四年）の二六一頁を参照。

27 デカルト『省察』（山田弘明訳、ちくま学芸文庫、二〇〇六年）の四九頁を参照。

28 湯川佳一郎、野田又夫、小林道夫「鼎談――野田又夫先生を囲んで」（湯川、野田、小林編『デカルト読本』所収、法政大学出版局、一九九八年）の十一～十六頁を参照。ただし、本論集にかかわるかぎりでのいわゆる「遂行的コギト」にかんしては、拙著『超越のエチカ――ハイデガー・世界論争・レヴィナス』（ぷねうま舎、二〇一五年）の第七章「認識論的展開の地平を求めて」と下記の論考を参照。Jaakko Hintikka, "Cogito, Ergo Sum: Inference or Performance?", in: *Knowledge and the Known, historical perspectives in epistemology, Reidel*, 1974.

29 新田義弘『現象学』（岩波全書、一九七八年）の六〇～六五頁を参照。Vgl. Edmund Husserl, *Die phänomenologische Methode: Ausgewählte Texte I*, Hrsg. von Klaus Held, Reclam, 1985, SS. 189-195.

30 Moses I. Finley, *The World of Odysseus*, New York Review Books Classics, 2002 [1982].

31 Finley, *The World of Odysseus*, p. 146.

32　本書第十四章の横地徳広「ハイデガー的カントの図式論＝演繹論――或るヴィトゲンシュタインとの接点」を参照。

33　アリストテレス『形而上学（上）』（出隆訳、岩波文庫、一九五九年）のZ（七）巻、第十二章を参照。Cf. Aristotle, *Metaphysica*, revised by W. D. Jaeger, Oxford Classical Texts, 1957, vol. Z (7), chap. 12.

34　G・アガンベン『幼児期と歴史――経験の破壊と歴史の起源』（上村忠男訳、岩波書店、二〇〇七年）の九二頁を参照。

35　アガンベン『幼児期と歴史』の九一頁を参照。

36　アガンベン『幼児期と歴史』の八九〜九三頁を参照。

37　ＮＨＫ特集『チンパンジー　アイたちが教えてくれた　ヒトは想像の翼を広げる』（二〇一六年五月二九日再放送）を参照。

38　松沢哲郎『想像するちから――チンパンジーが教えてくれた人間の心』（岩波書店、二〇一一年）の七三〜七四頁を参照。

39　両者の区別にかんしては、以下を参照。松尾豊『人工知能は人間を超えるか――ディープラーニングの先にあるもの』（角川書店、二〇一五年）の「強いＡＩと弱いＡＩ」（五五〜五六頁）。John R. Searle, *Minds, Brains and Science: 1984 Reith Lectures*, Harvard University Press, reprinted edition, 1986, p. 28ff., pp. 49ff. ジョン・サール『心・脳・科学』（土屋俊訳、岩波書店、二〇〇五年）の二八〜三四頁、六五〜六九頁。
注記しておくと、本章で述べるＡＩの進化は、「効率」に注目した「遺伝アルゴリズム」のそれではなく（松田雄馬『人工知能はなぜ椅子に座れないのか――情報化社会における「知」と「生命」』、新潮選書、五一〜五八頁）、人間と同等以上の人工知能が存在するに至ることを指す。「オートマトン」の「進化」を「効率」の観点から検討可能と述べたのは、ジョン・フォン・ノイマンであった。この点は、フォン・ノイマン『自己増殖オートマトンの理論』（アーサー・W・バークス編、高橋秀俊監訳、岩波書店、一九七五年）の一一一頁を参照。

40　テグマーク『LIFE3．0』の十五頁、二〇頁、六二頁を参照。

41　一と多の哲学的観点から、たとえば、人間相手にチェスと囲碁を盤上で指せるロボット・アームのことを考えてみよう。①チェス・プログラムをインプットされた弱いAIのデジタル・コンピュータには、②そのチェス・プログラムを改良するプログラムもインプットされている。それだけでなく、③チェス・プログラム用の再帰的自己改良プログラムをみずから改良するプログラムもそのデジタル・コンピュータにはインプットされる。人間の知能と同等以上の強いAIへと進化するために、④そうしてチェス・プログラム、囲碁プログラム、ロボットアーム・プログラムそれぞれ用の再帰的自己改良プログラムをみずから改良するプログラムそれぞれが個々に断絶したままではなく、このプログラムそれぞれを比較してみずから改良できる横断的プログラムの形成を目的として設定しうるのかもしれないが、ただし、それは人間による目的の設定である。この横断的プログラムは、そうして個別プログラムの再帰的自己改良プログラムそれぞれを改良する基底的プログラム一般の近似にまでは改良されていくのだろうか。

42　ヒューバート・L・ドレイファス『世界内存在――「存在と時間」における日常性の解釈学』（門脇俊介監訳、産業図書、二〇〇〇年）の「日本語版への序文」も併せて参照。

43　この解釈は、坂下浩司「なぜ若きハイデガーは『動物運動論』を「広範な基盤」として『魂について』と『ニコマコス倫理学』を解釈する計画を『ナトルプ報告』で立てたのか」(*Heidegger-Forum*, vol.2, 2008) を参照。

44　篠憲二「世界開放性と存在開放性」（『現象学の系譜』所収、世界書院、一九九六年）の一九一頁を参照。

45　高田珠樹訳『存在と時間』（M・ハイデガー、作品社、二〇一三年）の「用語・訳者解説」、「気遣い Sorge」

の項目（前掲書、七一〇頁以下）を参照。

46　本書第八章の拙稿「実践的推論において見ること」を参照。

47　「エキスパート・システム」については、ドレイファイス『世界内存在』の九六〜九八頁を参照。ハイデガーのエキスパート論にかんしては、たとえば、以下を参照。*GA19*, §8, S. 54. この講義録『プラトン──ソピステス』（*GA19*）では、“sich auskennen”に注目して「ヘクシス（*hexis*, 習熟状態）」が論じられた。

48　ドレイファスによるＡＩ批判にかんしては、ヒューバート・Ｌ・ドレイファイス『純粋人工知能批判──コンピュータは思考を獲得できるか』（椋田直子訳、アスキー、一九八七年）の第一章「ビギナーからエキスパートまでの５段階」および第四章「エキスパート・システム対エキスパートの直観」、併せて柴田正良『ロボットの心──７つの哲学物語』（講談社現代新書、二〇〇一年）の第四章「フレーム問題」の特に一一〇〜一二〇頁を参照。

49　アラン・チューリング「計算機械と知性」（高橋昌一郎訳『ノイマン・ゲーデル・チューリング』、筑摩選書、二〇一四年、第三章「アラン・チューリング」）を参照。Cf. John R. *Searle, Minds, Brains and Science: 1984 Reith Lectures*, Harvard University Press, reprinted edition, 1986, chapter 2.

50　Cf., Hubert. L. Dreyfus, “Holism and Hermeneutics”, in: *Review of Metaphysics 34*, September, 1980, pp. 3-23.

51　「文脈的知性」概念にかんしては、以下の二点を参照。まず、拙稿「人間と時間の小史」（弘前大学人文学部編『人文社会科学論叢』、第十二号、二〇二二年）の§1「**知性をもつ時間的動物**」、次に、佐藤、横地、遠藤編著『戦うことに意味はあるのか［増補改訂版］』第七章でローカル・リベラルの思考原理を示した拙稿「米国公民権運動と新たな日常的共同──政治学とは別の仕方で」。本論集の終章でも文脈的知性概念をとりあげた目的の一つは、上記の拙稿二つと同様、ジョセフ・ナイ・ジュニアと彼が参照したハーバード・ビジネス・スクールの文脈的知性概念を批判することにあった。Cf. Tarun Khanna, Contextual Intelligence, in: *HBR's 10 Must Reads 2015: The*

Definitive Management Ideas of the Year from Harvard Business Review, Harvard Business School Press, 2015.

52 I. Kant, *Immanuel Kant's Logik*, L. Heimann's Verlag, 1876, S. 27. 併せてカント『論理学』講義（湯浅正彦、井上義彦訳、『カント全集17 論理学・教育学』、岩波書店、二〇〇一年）の三五頁を参照。

53 ジョン・M・マラット、トッド・E・ファインバーグ『意識の神秘を暴く――脳と心の生命史』（勁草書房、二〇二〇年）の一五七頁を参照。

54 横地『超越のエチカ』の§29「多層的人間の自己同一性」を参照。渡名喜庸哲『レヴィナスの企て――『全体性と無限』と「人間」の多層性』（勁草書房、二〇二一年）の終章「『人間』の多層性」を参照。

55 新田義弘『現象学とは何か――フッサールの後期思想を中心として』（講談社学術文庫、一九九二年）の第二章「発生的現象学とは何か」、§3「現象学的世界論――根源的自然の発見」を参照。

56 N. Wiener, *God & Golem, Inc.: A Comment on Certain Points where Cybernetics Impinges on Religion*, MIT Press, 1964, p. 74.「ブレイン・マシン・インターフェイス」にかんしては、美馬達哉『脳のエシックス――脳神経倫理学入門』（人文書院、二〇一〇年）の一四五頁を参照。

57 ウィーナー『神&ゴーレム商会』の邦訳『科学と神――サイバネティクスと宗教』、鎮目恭夫訳、みすず書房、一九六五年）の一〇一頁と一〇三頁を参照。

58 ウィーナー『科学と神』の一〇一頁を参照。ウィーナーの無限論とオートマトン論の関係にかんしては、別稿で論じる。

59 フォン・ノイマン『自己増殖オートマトンの理論』によれば、「オートマトン〈automata〉の形式的〈formalistic〉研究は、論理学、通信理論、生理学の中間領域に属する問題」であり（前掲書、一〇九頁）、言い換えれば「ウィーナー的問題」だが、ノイマンはその主要問題として「論理的万能性」、「組立て可能性」、「組立て万能性」、「自己増殖性」、「進化」の五つを挙げていた（前掲書、一一〇頁以下）。なかでも、論理的万能性が無限の問題にかかわる。というのも、「あるオートマトンの類が、論理的に万能になるのは、つまり、有限な（但しどんなに長くてもよい）手段によって実行可能な論理操作をすべて実行できるようになるのは、どういう場合か」が問われたからである（前掲書、一一〇頁）。その論理的万能性に不可欠の無限性とのかかわりを開始させるオレクシスは、弱いＡＩの場合、人間のオレクシスだが、おそらくノイマンは、無限性とのかかわりを開始させうる人間的オレクシスが自己増殖オートマトンに獲得されることまでを考えていた。

60　オートマトンの原型である「チューリング・マシン」とは、フォン・ノイマン『自己増殖オートマトンの理論』によれば、「無限にのばすことのできるテープをもった有限的オートマトン」のこと（前掲書、一六頁）。チューリング・マシンの論理学的規定は、清水義夫『記号論理学講義』（東京大学出版会、二〇一三年）の§2-1「チューリング・マシンＴＭ」を参照（前掲書、三六〜四三頁）。

61　清水『記号論理学講義』の九七頁、またヴォルフガング・シュテークミュラー『現代哲学の主潮流２』（中埜肇、竹尾治一郎監修、竹尾、森匡史、藪木栄夫訳、法政大学出版局、一九八一年）の二三四頁を参照。

［付記１］終章を作成するにさいし、章名から本文各所まで、塩谷賢さん、信太光郎さん、山田圭一さんからは、話をする機会のたびに貴重な助言をいただいた。ただし、終章における誤りは当然横地のものである。お三方のご教示に記して感謝します。

［付記２］本論集に収められた諸論考の脱稿日は二〇二一年一月末日である。編著者による書式統一と諸確認の後、二〇二一年四月二八日にその諸論考は弘前大学出版会に最終提出された。

［付記３］弘前大学出版会および弘前大学附属図書館の方々には、さまざまにお世話になった。記して感謝します。

あとがき

今回、若手・中堅研究者が集い、ドイツ認識論史論集を出版することとなった。「あとがき」は記さず、論考をそのままに読者のみなさんへとお届けしようと思っていたが、少しく知ってほしいことがあり、紹介する。

実は、今回の表紙絵、鉄道風景画家の松本忠さんご本人に選定していただいた。いくつか候補を挙げてくださったが、今回の作品に決まったのは、松本さんが記した次の一言がきっかけであった。

「ススキの小径」只見線　会津柳津−郷戸（福島県柳津町）も、線路がひと筋伸びている感じが表紙に良さそうに思えました。

ドイツ認識論史論集メンバーの気持ちを言い当て、代弁してくれているかに思えた。われわれは何かを見、何かではないものまでも見ようとする。あるいは、われわれは何かを語り、語りえない何かまでを言葉にしようとする。

それはなぜか。

なぜ、これらのことをわれわれは一緒に問うてきたのか。

この問いに呻吟してきたメンバー一同、われわれの思索もまた「ススキの小径」と同様に、「線路がひと筋伸びている感じ」だと思っていただければ、ただ幸いである。

＊

弘前大学出版会および弘前大学附属図書館の方々には、さまざまにお世話になった。的確なお仕事ぶりに感謝してやまない。

二〇二二年一二月　横地　徳広

＊増山　浩人（MASUYAMA Hiroto）
2014年北海道大学大学院文学研究科博士後期課程修了。博士（文学）。現在、電気通信大学准教授。専門は哲学・倫理学。

【著作】『カントの世界論――バウムガルテンとヒュームに対する応答』（単著、北海道大学出版会、2015年）、【論文】「ヴォルフにおける「理由」と「原因」の区別について――『存在論』における原因概念の二義性をてがかりにして」（『モナドから現存在へ――酒井潔教授退職記念献呈論集』所収、工作舎、2022年）、「世界への接近――カントにおける相互性のカテゴリーの役割」（日本ヘーゲル学会編『ヘーゲル哲学研究』、第26号、2020年）、【翻訳】ヴォルフガング・エアトル「「表象にほかならないということ」――心の外へと向かうためのスアレス的方法？」（『思想』、岩波書店、1135号、2018年）。

＊嶺岸　佑亮（MINEGISHI Yusuke）
2015年東北大学大学院文学研究科博士後期課程修了、博士（文学）。現在、東北大学大学院文学研究科助教。専攻は哲学・倫理学。

【著作】『ヘーゲル　主体性の哲学〈自己であること〉の本質への問い』（単著、東北大学出版会、2018年）、【論文】「万物を測ることは自己認識することである　－クザーヌスにおける人間的精神について－」（新プラトン主義協会編『新プラトン主義研究』、第20号、2021年）、「自我と認識　――イエーナ期ヘーゲルにおける哲学的思索の原理の問題――」（日本哲学会編『哲学』、第72号、2021年）。

＊横地　徳広（YOKOCHI Norihiro）
2007年東北大学大学院文学研究科博士後期課程修了。博士（文学）。現在、弘前大学准教授。専攻は哲学・倫理学。

【著作】『戦争の哲学――自由・理念・講和』（単著、東北大学出版会、2022年）、『超越のエチカ――ハイデガー・世界戦争・レヴィナス』（単著、ぷねうま舎、2015年）、『映画で考える生命環境倫理学』（共編著、勁草書房、2019年）、『生きることに責任はあるのか――現象学的倫理学への試み』（共編著、弘前大学出版会、2012年）、『戦うことに意味はあるのか［増補改訂版］――平和の価値をめぐる哲学的試み』（共編著、弘前大学出版会、2023年）。

千田　芳樹（CHIDA Yoshiki）
2008年東北大学大学院文学研究科博士後期課程単位取得満期退学。2009年博士（文学）。現在、一関工業高等専門学校准教授。専攻は哲学・倫理学。
【著作】『21世紀の哲学史――明日をひらく知のメッセージ』（共著、昭和堂、2011年）。【論文】「『シンボル形式の哲学』と多元論の問題――グッドマンのカッシーラー解釈を手がかりに」（『一関工業高等専門学校研究紀要』、第52号、2017年）、「シンボルと神話の人間学――E・カッシーラーとH・ブルーメンベルクの交差」（日本シェリング協会編『シェリング年報』、第24号、2016年）。

馬場　智一（BABA Tomokazu）
2007年一橋大学大学院言語社会研究科単位取得退学。博士（学術）。2013年ソルボンヌ・パリ第四大学大学院第五研究科概念と言語博士課程修了。博士（哲学）。現在、長野県立大学グローバルマネジメント学部教授。専門は哲学・倫理学・思想史・哲学プラクティス。
【著作】『倫理の他者――レヴィナスにおける異教概念』（単著、勁草書房、2012年）、『レヴィナス読本』（共著、法政大学出版局、2022年）、『尊厳と生存』（共著、法政大学出版局、2022年）、『個と普遍』（共著、法政大学出版局、2022年）、【論文】「哲学対話における「問い」の難しさについて」（日本哲学プラクティス学会編『対話と思考』、第4号、2022年）、「コーエンのマイモニデス読解とその余波――ゴルディーン、レヴィナス、シュトラウス」（京都ユダヤ思想学会編『京都ユダヤ思想研究』、第11号、第2巻、2020年）。【翻訳】バルバラ・カッサン『ノスタルジー――我が家にいるとはどういうことか』（花伝社、2020年）。

■執筆者紹介（五十音順、＊は編者）

＊梶尾　悠史（KAJIO Yushi）
2012年東北大学大学院文学研究科博士後期課程修了。博士（文学）。現在、奈良教育大学准教授。専攻は哲学・倫理学。
【著作】『フッサールの志向性理論――認識論の新地平を拓く』（単著、晃洋書房、2014年）、【論文】「価値づけ過程モデルに基づく道徳教育の批判と展望――自然と規範の二元論を超えて」（『奈良教育大学紀要』、第69巻、2020年）、「真理の希求と異常の忌避――フッサールにおける「正常性」概念をめぐって」（『奈良教育大学紀要』、第66巻、2017年）、「現象学的内在主義――意味志向と意識の現実」（『現象学年報』、第28号、2012年）。

佐藤　香織（SATO Kaori）
2010年東京大学大学院人文社会系研究科博士課程修了、2013年パリ第10大学博士課程修了。博士（哲学）。現在、神奈川大学兼任講師。専攻は哲学・フランス現代思想。
【著作】『戦うことに意味はあるのか［増補改訂版］――平和の価値をめぐる哲学的試み』（共編著、弘前大学出版会、2023年）、【論文】「レヴィナスとユダヤ思想」（レヴィナス協会編『レヴィナス読本』、法政大学出版局、2022年）、「〈われわれ〉の存在論」（『個と普遍：レヴィナス哲学の新たな広がり』所収、法政大学出版局、2022年）、「ローゼンツヴァイクとレヴィナス――聖書を読むことと〈対話〉」（京都ユダヤ思想学会編『京都ユダヤ思想』、11号、2020年）、「「手」が創設する倫理――『この世界の片隅に』から考える人間と環境の関わり」（『映画で考える生命環境倫理学』所収、勁草書房、2019年）。

見ることに言葉はいるのか
――ドイツ認識論史への試み――

2023年４月26日　初版第１刷発行

編　著　嶺岸佑亮・増山浩人・梶尾悠史
　　　　横地徳広
表紙絵（表・裏）鉄道風景画家 松本　忠

発行所　弘前大学出版会　HUP
〒036-8560　青森県弘前市文京町１
Tel. 0172-39-3168　fax. 0172-39-3171

印刷・製本　小野印刷所

ISBN 978-4-910425-07-8